AF277600

Callejero de bolsillo de MADRID

La realización de este callejero ha sido elaborada exclusivamente con tecnología digital, basada en datos oficiales.

Los planos están a escala 1:12.500

La información sobre direcciones y teléfonos que aparecen en este libro eran correctos en el momento del cierre de esta publicación.

© 2025, Ediciones La Librería
Mayor, 80. 28013-Madrid
Telf: 91 541 71 70
e-mail: info@edicioneslalibreria.es
www.edicioneslalibreria.es

1ª Edición: 2000
2016 y 2020 Edición Especial
(Bomberos de Madrid)
18ª Edición: 2025

Cartografía: Rafael Sanz

Distribución: Ediciones La Librería
                  Telf. pedidos: 91 541 66 70

I.S.B.N.:   978-84-9873-571-0
Depósito legal: M-3992-2025

de bolsillo

Callejero de
MADRID

ediciones
LA LIBRERÍA

CÓMO UTILIZAR ESTE CALLEJERO

Comienza con el **índice alfabético de calles** con las coordenadas para su localización en el plano. A continuación un **mapa llave** con las divisiones (en hojas) y luego los **planos** que van numerados a partir del 1 en adelante.

Los teléfonos de interés son una breve información que pretendemos sea realmente útil y por lo tanto no excesiva.

Con sólo tres números
tendrá toda la información actualizada:

Ayuntamiento de Madrid: 010
Comunidad de Madrid: 012
Urgencias: 112

Cómo buscar una calle:

Localizar la calle por orden alfabético. La primera columna indica el número del plano; la segunda su localización en ese plano y la última, corresponde al Código Postal, cuyo prefijo va indicado en la parte superior.

ÍNDICE

SIGNOS CONVENCIONALES

▢	VÍAS PRINCIPALES	🅿	APARCAMIENTOS MCPALS.
▢	ZONAS VERDES	✚	HOSPITALES PÚBLICOS
▢	EDIFICIOS	Ⓜ	METRO
▢	EDIFICIOS DE INTERÉS	◔	ESTACIÓN DE CERCANÍAS
←	SENTIDO DE CIRCULACIÓN	⊜	ESTACIÓN DE RENFE
ℹ	OFICINA DE INFORMACIÓN	— — ·	LÍMITE TÉRMINO MUNICIPAL

ESCALA 1:12.500   0   100   200   300   400   **500 m**

ABREVIATURAS UTILIZADAS

Acceso	Acc.	Ministerio	Mtrio.
Arroyo	Ayo.	Municipal	Mcpal.
Avenida	Avda. Av.	Nuestra	Ntra.
Ayuntamiento	Ayto.	Particular	Part.
Barranco	Bco.	Pasadizo	Pzo.
Calle	C.	Pasaje	Pje.
Callejón	Cjón.	Paseo	Pº.
Camino	Cº.	Plaza	Pza.
Capitán	Cptán.	Plazuela	Pzla.
Carrera	Cª.	Polígono	Pol.
Carretera	Ctra.	Postigo	Post.
Ciudad	Cdad.	Príncipe	Ppe.
Colonia	Col.	Puente	Pte.
Comandante	Cmte.	Puerta	Pta.
Conde	Cde.	Puerto	Pto.
Corregidor	Cdor.	Río	R.
Costanilla	Cost.	Rodríguez	Rdguez.
Cuesta	Cta.	Ronda	Rda.
Distribuidor	Dist.	Rotonda	Rtda.
Doctor	Dr.	Salvador	Sdor.
Fernández	Fdez.	San	S.
Fernando	Fdo.	Sánchez	Schez.
Francisco	Fco.	Santa	Sta.
García	Gcía.	Santiago	Stgo.
General	Gral.	Santo	Sto.
Glorieta	Gta.	Señor	Sr.
González	Glez.	Señora	Sra.
Hermanos	Hnos.	Señores	Sres.
Hernández	Hdez.	Sin Numerar	s/n
Industrial	Ind.	Subterráneo	Sub.
Izquierdo	Izqdo.	Teniente	Tte.
Kilómetro	K / km	Término	Tº.
Maestro	Mtro.	Transversal	Trvsal.
María	Mª.	Travesía	Trv.
Marqués	Mqués.	Urbanización	Urb.
Martínez	Mtnez.	Virgen	V.

TELÉFONOS DE INTERÉS

EMERGENCIAS:

Emergencias en General (Comunidad) 112
Bomberos 112
Policía Nacional .... 091 /112
Cruz Roja Madrid 900 22 11 22
Policía Municipal .... 092 / 112
Samur 112
Guardia Civil 062
SUMMA 112

SERVICIOS PÚBLICOS:

Información Municipal .... 010 Línea Madrid
Información de la Comunidad de Madrid (Atención al Ciudadano) 012
Consorcio de Transportes 012
Empresa Municipal de Transportes (E.M.T.) .... 914 068 810 / 900 878 331
Metro (Información al Usuario CIAC) 900 444 404
Cercanías RENFE (Información General).......... 912 320 320
Correos y Telégrafos (Información General) 915 197 197
Aeropuerto Adolfo Suarez Madrid-Barajas (AENA) 91 321 10 00
Serviberia (Reserva y Venta de Billetes) .... 900 111 500 / 91 333 67 01
Dirección General de Tráfico (DGT)
(información general sobre el estado de las carreteras) 011
Atención al ciudadano 060

INTERNET:

Ayuntamiento de Madrid .... www.madrid.es
Comunidad de Madrid .... www.comunidad.madrid.org
Cámara de Comercio .... www.camaramadrid.es
Información sobre Madrid .... www.madridiario.es
Ediciones La Librería .... www.edicioneslalibreria.com

Protocolo de medidas contra la alta contaminación

Madrid sufre altos niveles de contaminación por las emisiones del tráfico. Esto implica una peor calidad del aire que respiramos y afecta a la salud de todos los ciudadanos. Por ello, el Ayuntamiento realiza una vigilancia de esos niveles y aplica nuevas medidas para mejorar las condiciones ambientales.

NUESTRA SALUD

La contaminación es un serio problema de salud pública; la OMS la considera, fuera de dudas, un **agente causante de enfermedades**. Resulta un factor de riesgo **cardiovascular** y **cerebrovascular**, y un desencadenante de problemas respiratorios como **asma, neumonía y alergias**.

SEGUIMIENTO

En Madrid se realiza un seguimiento de los niveles de contaminación. Si dos estaciones superan los niveles de NO, durante un tiempo estableado, **se activará uno de los siguientes escenarios**.

ACTIVACIÓN

24 h. Es el plazo que el Ayuntamiento utiliza para comunicar el posible escenario de actuación.

CADA ESCENARIO INCLUYE LAS MEDIDAS DEL ANTERIOR

ESCENARIO 1
Un día con superación del nivel de preaviso.
Actuaciones:
- Medidas informativas y de recomendación.
- Medidas de promoción del transporte público.
- Limitación a 70 km/h en la M-30 y accesos.

ESCENARIO 2
Dos días consecutivos con superación del nivel de preaviso
o un día con superación del nivel de aviso.
Actuaciones:
- Prohibición de la circulación en el interior de la M-30 y por la M-30 a los vehículos a motor que no tengan la clasificación ambiental de Cero Emisiones, ECO, C o B.
- Prohibición del estacionamiento en las plazas y horario del Servicio de Estacionamiento Regulado (SER) a los vehículos a motor que no tengan la clasificación ambiental de Cero Emisiones o ECO.

ESCENARIO 3
Tres días consecutivos con superación del nivel de preaviso
o dos días consecutivos con superación del nivel de aviso.
Actuaciones:
- Prohibición de la circulación en todo el término municipal a los vehículos a motor que no tengan la clasificación ambiental de Cero Emisiones, ECO, C o B.
- Se recomienda la no circulación de taxis libres, excepto Eurotaxis y vehículos a motor que tengan la clasificación ambiental de Cero Emisiones o ECO en todo el término municipal. Estos vehículos podrán estacionar en las plazas del SER, además de en sus paradas habituales a la espera de viajeros.

ESCENARIO 4
Cuatro días consecutivos con superación del nivel de aviso.
Actuaciones:
- Prohibición de la circulación en el interior de la M-30 y por la M-30 a los vehículos a motor que no tengan la clasificación ambiental de Cero Emisiones, ECO, C o B.

ESCENARIO ALERTA
Un día de nivel de alerta.
Actuaciones:
- Prohibición de la circulación en todo el término municipal a los vehículos a motor que no tengan la clasificación ambiental de Cero Emisiones o ECO.
- Prohibición del estacionamiento en las plazas y horario del Servicio de Estacionamiento Regulado (SER) a los vehículos a motor que no tengan la clasificación ambiental de Cero Emisiones.
- Prohibición de la circulación de taxis libres, excepto Eurotaxis y vehículos que tengan la clasificación ambiental de Cero Emisiones o ECO.

Tras unos años de funcionamiento, el proyecto de gestión del tráfico denominado Madrid Central acabó siendo anulado por el Tribunal Supremo. El Ayuntamiento ha tenido que reformular este concepto y ha creado zonas de bajas emisiones en el centro de la ciudad.

Este nuevo proyecto se llama **Madrid 360** y, aunque con diferencias, se basa en la experiencia previa de Madrid Central, pues establece Zonas de Bajas Emisiones (ZBE) por las que sólo se puede circular en función del tipo de vehículo o lugar de residencia.

Madrid 360 comenzó a funcionar en pruebas, las cámaras captaban la información de los usuarios para posteriormente informarlos de la infracción cometida, pero sin formular denuncia alguna.

Tras meses de prueba, entró finalmente en funcionamiento en diciembre de 2021, momento a partir del cual todos los vehículos que se detecten circulando por una zona por la que no tienen permitida la circulación serán sancionados.

Madrid 360 estipula **dos Zonas** de Bajas Emisiones de Especial Protección (ZBEDEP); la zona Centro y la Zona Plaza Elíptica.

-En lo relativo a la **ZBE Centro**, se prohíbe el acceso a los vehículos con clasificación ambiental A, es decir, sin distintivo ambiental (es decir, los más contaminantes, aquellos vehículos que funcionan con gasolina y fueron matriculados antes del año 2000 y los vehículos diésel matriculados antes de 2006).

En lo referente a los vehículos con distintivo ambiental B y C, estos tienen prohibido acceder únicamente para atravesarla, si bien podrán hacerlo para estacionar en un aparcamiento de uso público o privado, o reserva de estacionamiento situados en su interior.

En todo caso, los criterios de acceso prevén determinadas excepciones, que afectan a residentes, empresas y autónomos, personas con movilidad reducida, servicios públicos, transporte de alumnado a centros educativos y otros colectivos y supuestos.

El **perímetro de ZBE Centro** está señalizado con una doble línea roja de unos diez kilómetros y hay señales con el logo en las calles de acceso. El control esta automatizado, con cámaras.

Coincide con el primer cinturón de circulación de Madrid, el de las rondas y bulevares. Comprende casi todo el distrito Centro

-Si hablamos de la **ZBE Plaza Elíptica**, se prohíbe a los vehículos con clasificación ambiental A, es decir, sin distintivo ambiental el acceso y la circulación por el interior de su perímetro, incluyendo el tramo de la autovía A-42 comprendido dentro del mismo.

Como en el caso anterior, se contemplan determinadas excepciones que afectan a residentes, empresas y autónomos, personas con movilidad reducida, servicios públicos, transporte de alumnado a centros educativos y otros colectivos y supuestos.

En cualquier caso, las restricciones en las Zonas de Bajas Emisiones seguirán creciendo progresivamente con el paso del tiempo. No solo en Madrid, sino también en el resto de municipios de más de 50.000 habitantes, que son los que deben contar con, al menos, una ZBE según establece la legislación vigente.

ZONA DE BAJAS EMISIONES DE ESPECIAL PROTECCIÓN
ZONA CENTRO

Viales de libre circulación:

C/ Santa Cruz de Marcenado (de Serrano Jover a Mártires de Alcalá).
C/ Mártires de Alcalá.
C/ Seminario de Nobles.
Avenida Gran Vía de San Francisco.

C/ Bailén.
C/ Algeciras.
Cuesta Ramón.
C/ Ventura Rodríguez (de Princesa a Duque de Liria).
C/ Duque de Liria (de Ventura Rodríguez a Princesa).

Ley de Memoria Histórica

El Ayuntamiento de Madrid ha adecuado el callejero de la ciudad dando cumplimiento a la Ley de Memoria Histórica (artículo 15.1 de la Ley 52/2007), por la cual las Administraciones públicas tomarán las medidas oportunas para la retirada de escudos, insignias, placas y otros objetos o menciones conmemorativas de exaltación, personal o colectiva, de la sublevación militar, de la Guerra Civil y de la represión de la Dictadura.

ESTOS CAMBIOS HAN SIDO INCORPORADOS EN LA PRESENTE EDICIÓN

Ante tales modificaciones y con el fin de facilitar al usuario la busqueda de las calles afectadas, se ha decidido mantener un doble sistema de entrada: una con el nombre antiguo (indicando entre paréntesis el actual) y otra con la nueva denominación (al que acompaña el antiguo nombre).

LISTADO COMPLETO DE LAS VÍAS Y SUS NUEVAS DENOMINACIONES

ANTIGUO NOMBRE	NUEVA DENOMINACIÓN
Alcalde Conde de Mayalde, Avenida	Ingeniero Emilio Herrera, Avenida
Algabeño, El; Calle	José Rizal, Calle
Almirante Francisco Moreno, Calle	Arquitecto Sánchez Arcas, Calle
Ángel del Alcázar, Calle	Guillermo Rovirosa, Calle
Arco de la Victoria, Avenida	Memoria, la; Avenida
Arriba España, Plaza	Charca Verde, la; Plaza
Aunós, Plaza	José Castillejo, Plaza
Batalla de Belchite, la; Calle	Juana Doña, Calle
Caídos de la División Azul, los; Calle	Memorial 11 de Marzo de 2004, Calle
Capitán Cortés, Calle	Manuel Chaves Nogales, Calle
Capitán Haya, Calle	Poeta Joan Maragall, Calle
Carlos Ruiz, Calle	Gerda Taro, Calle
Caudillo, Plaza	El Pardo, Plaza
Cerro de Garabitas, Calle	Pintora Ángeles Santos, la; Calle
Cirilo Martín Martín, Glorieta	Ramón Gaya, Glorieta
Comandante Zorita, Calle	Aviador Zorita, Calle
Crucero Baleares, Calle	Barco Sinaia, Calle
Doctor Vallejo-Nágera, Paseo	Juan Antonio Vallejo-Nájera Botas, Paseo
Eduardo Aunós, Calle	Mercedes Fórmica, Calle
Emilio Jiménez Millas, Plaza	José Moreno Villa, Plaza
Fernández Ladreda, Plaza	Elíptica, Plaza
García Morato, Calle	Robert Capa, Calle

General Aranda, Calle	Matilde Landa, Calle
General Aranda, Escalinata	Matilde Landa, Escalinata
General Asensio Cabanillas, Calle	Poeta Ángela Figuera, la; Calle
General Dávila, Calle	Max Aub, Calle
General Fanjul, Avenida	Águilas, Las; Avenida
General Franco, Travesia	Diego Torres Villarroel, Calle
General García de la Herránz, Calle	Cooperación, la; Calle
General García Escamez, Calle	Anselmo Lorenzo, Calle
General Kirkpatrick, Calle	Carlota O'Neill, Calle
General Millán Astray, Calle	Maestra Justa Freire, la; Calle
General Mola, Pasaje	Enrique Ruano, Pasaje
General Moscardó, Calle	Edgar Neville, Calle
General Orgaz, Calle	Fortunata y Jacinta, Calle
General Rodrigo, Calle	Maestro Ángel Llorca, Calle
General Romero Basart, Calle	Blas Cabrera, Calle
General Sagardía Ramos, Paseo	Maestra María Sánchez Arbós, la; Paseo
General Saliquet, Calle	Soledad Cazorla, Calle
General Varela, Calle	Julián Besteiro, Calle
General Yagüe, Calle	San Germán, Calle
Gobernador Carlos Ruiz, Plaza	Corpus Barga, Plaza
Hermanos Falcó y Álvarez de Toledo, los; Plaza	Mayor de Barajas, Plaza
Hermanos García Noblejas, los; Calle	Institución Libre de Enseñanza, la; Avenida
Héroes del Alcázar, los; Calle	Filósofa Simone Weil, la; Calle
José Luis de Arrese, Calle	Poeta Blas de Otero, Calle
José Luis de Arrese, Travesía	Poeta Blas de Otero, Travesía
Juan Pujol, Plaza	Rastrillo, Plaza
Juan Vigón, Calle	Melquíades Álvarez, Calle
Manuel Sarrión, Calle	Julián Zugazagoitia, Calle
Muñoz Grandes, Paseo	Marcelino Camacho, Paseo
Primero de Octubre, Calle	Carlos Morla Lynch, Calle
Puerto de los Leones, Calle	Melchor Rodríguez, Calle
Veintiocho de Marzo, Plaza	Baile, Plaza

En 2017 el Pleno municipal aprobó cambiar 52 nombres de vías (LMH)

Posteriormente llegarían los recurso judiciales.

En 2021 el Tribunal Superior de Justicia de Madrid acordaba mantener el antiguo nombre de 6 calles por no estar amparado el cambio por la aplicación de la Ley de Memoria Histórica (vías marcadas en negrita).

En 2024 el distrito de Moncloa-Aravaca voto a favor en Pleno extraordinario del cambio de nombre de la Avenida de la Memoria (anteriormente Av. Arco de la Victoria) por Avenida de la Concordia. ESTÁ PENDIENTE DE APROBACIÓN.

C-1 Príncipe Pío - Méndez Álvaro - Atocha - Chamartín - Aeropuerto T4

C-2 Guadalajara - Alcalá de Henares - Atocha - Chamartín

C-3 Aranjuez - Atocha - Sol - Chamartín

C-4a Parla - Villaverde Alto - Villaverde Bajo - Atocha - Sol - Chamartín - Cantoblanco - Alcobendas /San Sebastián de los Reyes

C-4b Parla - Villaverde Alto - Villaverde Bajo - Atocha - Sol - Chamartín - Cantoblanco - Colmenar Viejo

C-5 Móstoles/El Soto - Atocha - Méndez Álvaro - Villaverde Alto - Humanes

C-7 Alcalá de Henares - Atocha - Chamartín - Príncipe Pío

C-8 Guadalajara - Alcalá de Henares - Atocha - Chamartín - Villalba - Cercedilla

C-8a Villalba - El Escorial - Sta. María de la Alameda/Peguerinos

C-9 Cercedilla - Cotos

C-10 Villalba - Príncipe Pío - Méndez Álvaro Atocha - Chamartín - Aeropuerto T4

CERCANÍAS

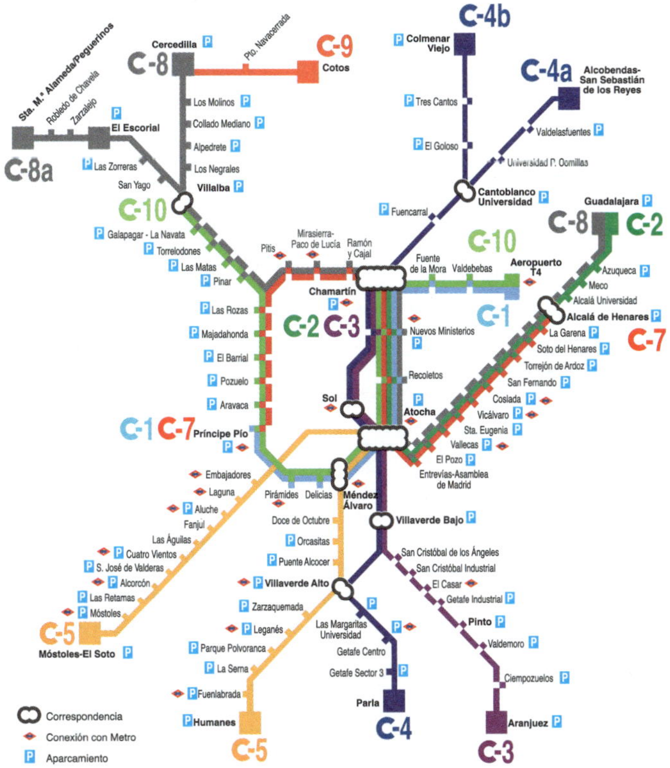

C-4b

C-9 Cotos

C-8 Cercedilla

Pto. Navacerrada

Colmenar Viejo

C-4a Alcobendas-San Sebastián de los Reyes

Sta. Mª Alameda/Peguerinos
Robledo de Chavela
Zarzalejo

C-8a El Escorial
Las Zorreras
San Yago

Los Molinos
Collado Mediano
Alpedrete
Los Negrales
Villalba

Tres Cantos

Valdelasfuentes
Universidad P. Comillas
El Goloso

Cantoblanco Universidad

Guadalajara

C-8 C-2

C-10
Galapagar - La Navata
Torrelodones
Las Matas
Pinar

Mirasierra-Paco de Lucía
Pitis
Ramón y Cajal

Fuencarral

Fuente de la Mora
Valdebebas

Aeropuerto T4

C-10

Azuqueca
Meco
Alcalá Universidad

C-1

C-7

Las Rozas
Majadahonda
El Barrial
Pozuelo
Aravaca

Chamartín

C-2 C-3

Nuevos Ministerios

Recoletos

Alcalá de Henares
La Garena
Soto del Henares
Torrejón de Ardoz
San Fernando
Coslada
Vicálvaro
Sta. Eugenia
Vallecas

C-1 C-7 Príncipe Pío

Sol

Atocha

Embajadores
Laguna
Aluche
Fanjul
Las Águilas
Cuatro Vientos
S. José de Valderas
Alcorcón
Las Retamas
Móstoles

Pirámides Delicias
Doce de Octubre
Orcasitas
Puente Alcocer

Méndez Álvaro

Villaverde Bajo

El Pozo
Entrevías-Asamblea de Madrid

San Cristóbal de los Ángeles
San Cristóbal Industrial
El Casar
Getafe Industrial

C-5
Móstoles-El Soto

Zarzaquemada
Leganés
Parque Polvoranca
La Serna
Fuenlabrada

Villaverde Alto

Las Margaritas Universidad
Getafe Centro
Getafe Sector 3

Pinto

Valdemoro
Ciempozuelos

Parla

C-4

Aranjuez

C-3

Humanes

C-5

⬭ Correspondencia
◆ Conexión con Metro
🅿 Aparcamiento

17

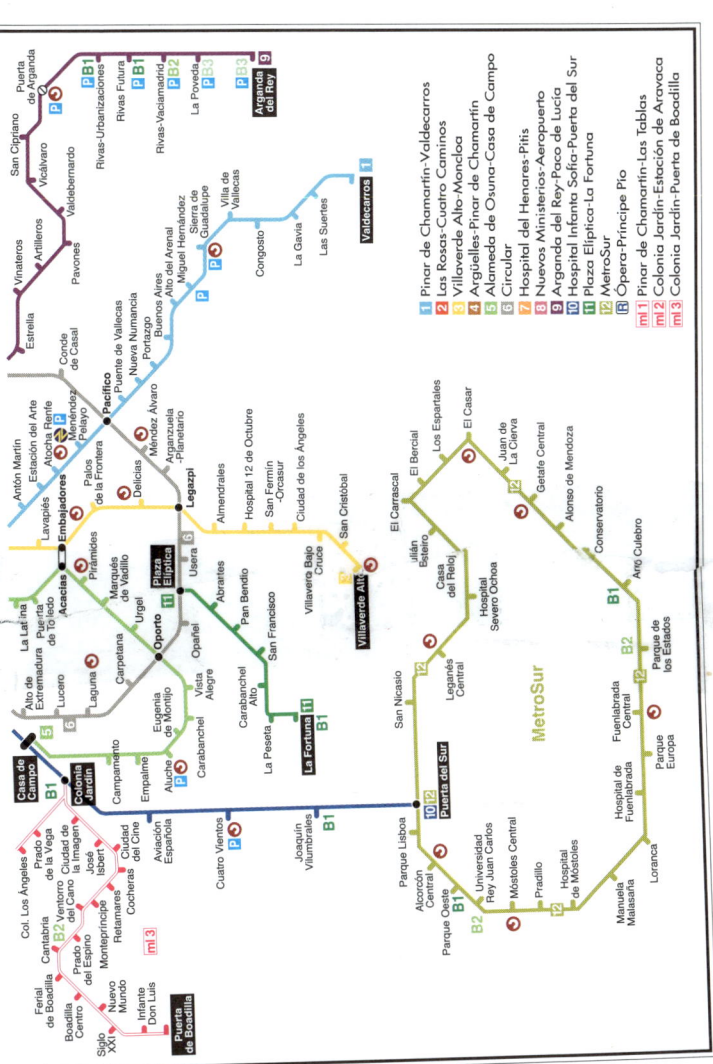

Nombre	Plano Parcial	C.P.
A-1, Autovía Madrid-Burgos	18 B-4	
A-2, Autovía Madrid-Zaragoza	90 B-1	
A-3, Autovía Madrid-Valencia	125 A-1	
A-4, Autovía Madrid-Sevilla	141 A-4	
A-5, Autovía Madrid-Badajoz	101 B-4	
A-6, Autovía Madrid-Villalba	68 C-4	
A-42, Autovía Madrid-Toledo	139 B-3	
Abad Juan Catalán	112 A-4	32
" "	130 A-1	"
Abada	104 B-1	13
Abades	104 B-4	12
Abadesa	50 B-2	39
Ábalos	73 C-1	43
Abanico	94 A-3	37
Abantos	73 A-1	02
Abardero	17 B-2	34
Abarzuza	34 A-3	33
Abay	180 A-1	21
Abdón Terradas	87 C-1	15
Abedul	51 C-1	36
Abegondo	34 A-3	33
Abejaruco	65 C-2	23
Abejuela	137 B-1	47
Abelias, Las	75 C-1	42
Abel	70 A-1	33
Abella	152 C-2	44
Abertura	34 A-3	33
Abetal	11 A-4	50
"	19 B-1	"
Abeto	44 B-1	23
Abizanda	34 A-3	33
Abolengo	138 A-1	25
Abrantes, Avda.		
2 al 10	139 A-2	25
al 135 y al 106	138 C-3	"
final de calle	154 A-1	"
Abril	79 C-3	22
"	80 A-3	"
Abtao	124 B-1	07
Abubilla, La; Rda.		
1 al 39 y 2 al 10	75 B-1	43
al 51 y al 52	55 A-4	"
Abundio García Román	121 B-4	19
Abuñol	34 A-3	33
Acacias, Las; Pº.	122 A-1	05
Academia	105 B-3	14
Academos	77 A-1	42
Acamar	44 C-4	23
Acantilado	86 B-3	08
Acantita	182 A-1	21
Acanto	124 B-4	45
Acceso a la Estación de O'Donnell		
Ctra.	78 A-3	22
Acceso a la Estación de Hortaleza		
Ctra.	33 C-3	33

Nombre	Plano Parcial	C.P.	A
Acceso a la A-1 Madrid-Burgos,			
Ctra. (M-603)	6 C-4	34	
"	10 A-1	"	
Acebeda, La	179 B-2	21	
Acebedo	34 A-3	33	
Acebes	172 A-4	21	
Acebo	53 A-4	16	
Acebuche	65 C-1	23	
Acedera	121 A-1	11	
Acentejo	93 A-2	17	
Acereiro	135 C-1	24	
Aceuchal	120 A-4		
"	138 A-1		
CÓDIGOS POSTALES			
1 al 15 y 2 al 14		19	
17 y 16 al final		25	
Achicoria, Pza.	119 B-2	47	
Achuri	92 C-3	17	
Aconcagua	55 B-1	43	
Acónito	50 B-1	29	
Acuarela	79 C-1	42	
Acuario	39 A-3	42	
Acueducto	70 A-1	39	
Acueducto de Segovia	152 C-3	54	
Acuerdo	88 A-3	15	
Adam Smith	6 B-1	49	
Adanero	117 A-4	24	
Adela Balboa	70 A-2	39	
Adelfas	124 C-1	07	
Adelina Patti	3 C-1	48	
Ademuz	138 B-2	25	
Adolfo Bioy Casares	163 C-3	51	
Adolfo Marsillach	163 C-4	51	
" "	164 A-4	"	
Adonis	135 B-1	24	
Adora	157 B-2	41	
Adra	144 A-1	38	
Adrada, La	162 C-2	51	
"	163 A-3	"	
Adrada de Haza	144 A-1	38	
Adrián Andrés	29 A-4	35	
Adrián Piera Jiménez, Gta.	56 B-2	42	
Adrián Pulido	50 A-4	39	
"	70 A-1	"	
Adriano de Utrecht	19 B-2	50	
Aduana, La	104 C-2	13	
Aeronave	38 B-4	42	
"	58 B-1	"	
Aeropuerto, Accesos	40 B-2		
Aeropuerto Madrid-Barajas	59 C-2	42	
Aeropuerto Madrid-Cuatro Vientos	150 B-2	44	
Afecto	157 A-4	41	
"	173 A-1	"	
Afluentes	171 B-3	21	
Afueras a San Roque	17 C-2	34	

A

A

Nombre	Plano Parcial	C.P.
Albacete	73 · C-4	27
Albadalejo	76 · B-4	37
"	94 · B-1	"
Albahaca	76 · B-1	42
Albaicín	156 · B-3	41
Albaida	94 · C-2	37
Albalá	94 · B-1	37
Albalate del Arzobispo	142 · C-2	53
" "	143 · A-2	"
Albania	95 · B-3	22
Albañilería, La	94 · B-4	37
Albardín	139 · B-4	26
Albares de la Ribera	153 · C-1	25
Albaricoque	153 · A-1	44
Albarracín	93 · B-2	37
Albasanz		
1 al 63 y 2 al 74	93 · B-1	37
al 75	76 · A-4	"
Albatana	34 · A-3	33
Albatros	137 · C-1	25
Albelda	73 · C-2	43
Albendiego	50 · C-1	29
Albéniz	102 · A-3	11
Albentosa	119 · C-4	19
Alberca, La	27 · A-2	35
Alberca de Záncara, La	153 · C-1	25
Alberche	124 · A-2	
CÓDIGOS POSTALES		
1 al 19 y 2 al 8		45
21 y 10 al final		07
Alberche, Pje.	124 · A-2	07
Alberdi	50 · A-1	29
Albericia, La	94 · B-4	37
"	110 · C-1	"
Alberique	94 · A-3	37
Albert Camus	139 · B-1	19
Alberto Aguilera		
1 al 17 y 2 al 24	88 · A-3	15
al 45 y al 66	87 · C-3	"
Alberto Alcocer, Avda.		
1 al 27 y 2 al 28	51 · C-3	
al 41 y al 46	52 · A-3	
CÓDIGOS POSTALES		
1 al 33 y 2 al 36		36
35 y 38 al final		16
Alberto Bosch	105 · B-3	14
Alberto de Palacio	20 · B-3	55
Alberto Insúa	28 · B-1	35
Alberto León Peralta	32 · A-4	36
" "	52 · A-1	"
Alberto Marcos	162 · A-1	31
Alberto Martín Artajo	91 · A-2	28
Alberto Palacios	179 · C-1	21
Alberto Palacios, Pº.	171 · C-4	21
"	179 · B-1	"

Nombre	Plano Parcial	C.P.
Alberto Sánchez	130 · A-4	52
"	147 · C-1	"
Albino Hernández Lázaro	172 · A-4	21
" "	180 · A-1	"
Alborea	153 · C-1	25
Albox	153 · B-1	25
Albufera, La; Avda.		
1 al 7	124 · C-3	
al 155 y al 132	125 · B-4	
al 179 y al 240	143 · C-1	
al 290	144 · C-2	
al 447 y al 456	145 · B-3	
al 492	146 · A-4	
CÓDIGOS POSTALES		
1 al 337 y 2 al 250		38
252 al 302		18
339 y 304 al final		31
Albuñuelas	156 · C-3	41
Alburquerque	88 · B-2	10
Alcacer Tejares	129 · A-2	32
Alcalá		
1 al 45 y 2 al 42	104 · C-2	
al 111 y al 58	105 · B-1	
al 117 y al 82	106 · A-1	
al 205 y al 136	90 · C-3	
al 309 y al 272	91 · C-2	
al 417 y al 406	92 · C-1	
al 443 y al 470	93 · A-1	
al 535 y al 520	75 · C-4	
al 631 y al 636	76 · A-4	
al 646	77 · A-2	
CÓDIGOS POSTALES		
1 al 69 y 2 al 58		14
71 al 195 y 60 al 150		09
197 al 237 y 152 al 212		28
239 al 551 y 214 al 550		27
553 y 552 al final		22
Alcalá, Puerta	105 · B-1	01
Alcalá Galiano	89 · A-4	10
Alcalá de Guadaira	143 · B-1	18
Alcalde Alfonso Vázquez	125 · A-4	50
Alcalde Álvarez de Villaamil	20 · A-3	50
Alcalde Andrés Madrid Dávila	195 · A-3	52
Alcalde Aristizábal Manchón	20 · A-4	50
Alcalde Brell, Pza.	138 · B-3	25
Alcalde de Canillas Cipriano Santillana Moreno, Gta	19 · B-3	50
Alcalde de Canillas Joaquín Heras Jiménez, Gta.	19 · B-1	50
Alcalde de Canillas Luis Heras Jiménez, Gta.	20 · A-4	50
Alcalde de Canillas Marco Arévalo Pérez, Gta.	19 · C-1	50
Alcalde de Canillas Vicente Lillo Soler, Gta.	19 · A-2	50

A

Nombre	Plano Parcial		C.P.
Alcalde Conde de Mayalde, Avda. (actualmente Ingeniero Emilio Herrera, Avda.)			
Alcalde Conde de Mirasol	20	A-4	50
Alcalde Garrido Juaristi	107	C-3	30
Alcalde Henche de la Plata	20	A-4	50
Alcalde de Hortaleza Ándrés Molpeceres Barceló, Gta.	20	B-3	50
Alcalde de Hortaleza Ángel Martínez Lorenzo, Gta.	20	A-2	50
Alcalde de Hortaleza Rafael Ortega López, Gta.	20	B-4	50
Alcalde de Hortaleza Victoriano Elipe Sánchez, Pzla.	34	C-3	33
Alcalde Juan de la Mata Sevillano	130	B-2	52
Alcalde López Casero	91	C-2	52
Alcalde Luis Marichalar	107	B-4	30
Alcalde Luis Silvela	77	C-2	22
Alcalde Martín de Alzaga	49	B-2	39
Alcalde Moreno Torres	19	C-4	50
Alcalde Pedro Escarbasiere	129	C-3	52
Alcalde Pedro Gutiérrez	195	B-3	52
Alcalde Redondo Aceña	20	A-3	50
Alcalde Sáinz de Baranda			
1 al 89 y 2 al 86	106	B-2	
al 109 y al 86	107	A-1	
Códigos Postales			
1 al 65 y 2 al 64			09
67 y 66 al final			07
Alcancia, La	65	B-2	23
Alcántara	90	B-3	06
Alcañices	94	A-4	37
Alcañiz	38	B-3	42
"	58	B-1	"
Alcaraván	119	C-4	47
Alcaraz	34	A-3	33
Alcarria, La	173	A-3	21
Alcatraz	139	A-1	19
Alcaudete, Pza.	34	A-3	33
Alcaudón	120	B-3	19
Alcazaba, La	157	B-1	41
Alcázar de San Juan	102	B-4	11
" "	120	A-1	"
Alción	120	A-4	19
Alcira, Pza.	49	B-2	39
Alcobendas	34	C-2	33
Alcobendas-El Goloso, Ctra. (M-616)	6	B-1	49
Alcocer	172	C-3	41
"	173	A-3	"
Alcolea	31	B-4	29
Alconera	94	B-2	37
Alcorcón a Carabanchel Bajo, Cº.	149	B-2	44
"	150	A-2	"
Alcores	158	C-1	18
"	159	A-1	"

Nombre	Plano Parcial		C.P.
Alcorisa	54	C-2	43
Alcornoque	65	C-1	23
Aldapa	138	A-2	25
Aldaya	34	A-3	33
Aldea del Fresno	122	C-4	45
Aldea Real	28	A-4	35
Aldeanueva de la Vera	135	B-4	44
" "	151	A-1	"
Aldebarán	45	A-3	23
Aldonza Lorenzo	17	B-1	34
Alegría, La	138	B-2	25
Alegría de la Huerta, La	172	B-2	41
Alegría de Oria	75	A-3	27
Aleixandre	53	A-2	33
Alejandrina Morán	119	B-2	47
Alejandro Casona	28	B-1	35
Alejandro Chacón	53	B-4	43
Alejandro de la Sota, Avda.	36	B-2	55
Alejandro Dumas	121	B-2	05
Alejandro Ferrant	123	A-4	45
Alejandro González	91	A-3	28
Alejandro Humbolt	164	A-4	51
Alejandro Morán	138	B-2	25
Alejandro Navarro	117	C-4	24
Alejandro Rodríguez	49	C-4	39
" "	70	A-1	"
Alejandro Saint Aubín	122	C-4	45
Alejandro Sánchez	139	A-1	19
Alejandro Sánchez, Trv.	139	B-1	19
Alejandro Villegas	54	A-2	43
Alemania	31	B-4	29
Alenza	70	C-3	03
Alerce	156	C-3	41
"	157	A-3	"
Alesanco	50	A-2	39
Alfa	59	A-4	42
"	79	A-1	42
Alfacar	34	B-3	33
Alfalfa, La	50	B-1	29
Alfambra	31	C-3	46
Alfar	44	B-4	23
Alfarería, La	65	B-2	23
Alfareros	94	B-3	37
Alfarnate	144	C-3	18
Alfaro	138	A-1	25
Alférez de España	120	C-3	19
Alférez Juan Usera	120	B-3	19
Alfonso VI	103	C-3	05
Alfonso VIII	52	B-1	16
Alfonso X	89	A-2	10
Alfonso XI	105	B-2	14
Alfonso XII	105	B-3	14
Alfonso XIII	125	A-2	38
Alfonso XIII, Avda.			
1 al 115 y 2 al 18	73	A-2	

A

Nombre	Plano Parcial	C.P.
al 75 y al 50	72	C-1
al 147 y al 178	52	B-3
Códigos Postales		
1 al 39 y 2 al 46		02
41 y 48 al final		16
Alfonso Cea	102 · A-4	11
Alfonso Fernández	152 · C-3	44
Alfonso Fernández Clausells	49 · A-2	35
Alfonso Gómez		
1 al 25 y 2 al 10	75 · B-4	37
al 35 y al 24	93 · C-1	"
Alfonso Martínez Conde	138 · B-3	25
Alfonso Paso	92 · C-1	17
Alfonso Peña Boeuf, Avda.	80 · B-2	22
Alfonso Rodríguez Castelao	28 · B-1	35
Alfonso Rodríguez Santamaría	71 · C-2	02
Alfonso Zamora Vicente	139 · B-1	19
Alfredo Aleix	152 · C-2	44
Alfredo Aleix, Trv.	152 · B-3	44
Alfredo Brañas	107 · B-3	30
Alfredo Castro Camba	142 · C-2	53
Alfredo Di Estéfano	201 · A-1	55
Alfredo Mahou, Pza.	89 · C-2	06
Alfredo Marquerie	16 · B-4	34
Algaba	120 · A-4	19
"	138 · A-1	"
Algabeño, El	55 · B-3	43
Algaida	157 · B-2	41
Algarrobo	8 · B-4	34
Algeciras	103 · B-4	05
Algemesí	38 · C-4	42
"	39 · A-4	"
Algemesí, Trv.	38 · C-4	42
Algenib	45 · B-3	23
Algete	141 · A-1	45
Algodón	94 · A-3	37
Algodonales	50 · B-3	39
Algodre	120 · A-4	
"	137 · C-1	
Códigos Postales		
1 al 5 y 2 al 4		19
7 y 6 al final		25
Algorta	120 · B-4	19
Alguacil, Cjón.	125 · A-4	38
Alhabia, Gta.	58 · B-1	42
Alhama de Almería, Pza.	33 · B-2	33
Alhambra, La	119 · B-1	47
Alhambra, Pje.	104 · C-1	04
Alhaurín	38 · C-3	42
Alhelíes, Los; Avda.	53 · A-4	16
Alhena	45 · B-3	23
Alhóndiga	38 · C-3	42
Aliaga	94 · C-1	22
Alianza, La	173 · B-1	41
Alicante	123 · A-4	45
Alicia Baena	28 · C-2	35
Alicún	33 · B-2	33
Aligustre	50 · B-1	39
Aliseda		
1 al 13	137 · C-4	25
al 33	153 · C-1	"
Alisios	38 · A-4	42
Aljarafe	159 · A-1	53
Allamanda	137 · A-3	47
Allariz	152 · C-3	44
Allende	135 · B-2	24
Allendesalazar	53 · A-3	43
Alloz, Pza.	138 · A-4	25
Almadén	105 · A-4	14
Almagro	89 · A-2	10
Almanaque	80 · A-4	22
Almansa	69 · C-2	
"	70 · A-2	
Códigos Postales		
1 al 61 y 2 al 68		39
63 y 70 al final		40
Almanzora	44 · B-3	23
Almarza	53 · B-1	33
Almazán	119 · B-1	11
Almazara	94 · B-4	37
Almedina	153 · C-1	25
Almenas	1 · C-2	48
Almendralejo	120 · A-3	19
Almendrales	140 · B-2	26
Almendrales, Pº	140 · B-4	26
"	156 · A-1	"
Almendrera, Gta.	37 · C-3	42
Almendro	104 · A-3	05
Almendro, Trv.	104 · A-3	05
Almería	91 · A-3	28
Almez	124 · A-3	45
Almirante	105 · A-1	04
Almirante Francisco Moreno (actualmente Arquitecto Sáchez Arcas)		
Almirante Requesens	102 · A-3	11
Almogía	144 · C-3	18
Almonacid	125 · B-3	38
Almonte	161 · B-2	31
Almoradí	153 · C-1	25
Almorox	49 · C-2	39
Almortas	50 · B-1	39
Almudena, La	103 · C-2	13
Almunia, Pza.	120 · A-3	47
Almuñecar, Pza.	86 · B-3	08
Almuradiel	142 · B-4	53
Aloe Vera	114 · C-4	52
"	132 · C-1	"
Alondra, La	138 · A-2	25

A

Nombre	Plano Parcial		C.P.
Alonso del Barco	122	B-1	12
Alonso Cano			
1 al 29 y 2 al 12	88	C-1	
al 193 y al 78	70	C-3	
Códigos Postales			
1 al 31 y 2 al 16			10
33 y 18 al final			03
Alonso Carbonell	122	C-4	45
Alonso Carbonell, Pje.	122	C-4	45
Alonso Castrillo	50	C-3	20
Alonso de Contreras	76	A-2	27
Alonso Fernández	102	C-3	11
Alonso Heredia	90	B-1	28
Alonso Martínez, Pza.	88	C-3	04
" "	89	A-3	"
Alonso Martos	123	A-3	45
Alonso Núñez	50	A-3	39
Alonso Quijano	9	B-4	34
Alonso Saavedra	33	A-4	33
Alora	144	C-2	18
Alosno, Pza.	128	B-1	32
Alozaina	157	B-2	41
Alpedrete	123	C-3	45
Alpes, Los	95	B-3	22
Alpujarras	128	A-4	32
Alquimia, La	94	B-4	37
Alsacia, Pza.	110	A-2	32
Alsasua	43	C-2	23
Alta	143	C-2	18
Altair	24	C-4	23
Altamira	92	A-3	17
Altamirano	87	B-2	08
Altea	49	B-2	39
Alto, C°	12	C-4	55
Alto Campoo	45	C-2	23
Alto del Esparragal	132	A-1	52
Alto de Hortaleza, C°.	35	C-3	50
Alto del León	125	B-3	38
Alto del Olivar, C°.	17	C-4	34
Alto del Retiro	164	A-3	51
Alto de San Isidro, C°.	121	A-3	19
Alto de la Sartenilla	162	C-3	51
Altos de Cabrejas	124	C-3	38
Altos de Lillo	162	A-1	31
Altos de Saceruela	146	A-4	31
Altozano	45	A-3	23
Alucas	93	A-2	17
Aluminio	174	A-3	21
Alustante	72	C-4	02
Alvarado	70	B-1	39
Álvarez	30	C-4	29
Álvarez Avellán	138	B-2	25
Álvarez de Baena	71	B-4	06
" "	89	B-1	"
Álvarez Cienfuegos	33	A-2	33

Nombre	Plano Parcial		C.P.
Álvarez Gato	104	B-3	12
Álvaro Caballero	21	B-3	23
Álvaro Cunqueiro	28	C-2	35
Alverja	118	C-2	11
Alzina	152	C-2	44
Alzola	155	C-3	41
Amadeo I	125	B-2	38
Amadeo I, Trv.	125	B-1	38
Amadeo Fernández	180	A-1	21
Amadeo Gómez	28	C-2	35
Amado Nervo	106	B-4	07
Amador y Fernando	49	B-4	40
Amador de los Ríos	89	A-3	10
Amador Valdés	92	A-3	17
Amaia Imaz, Pza.	125	A-4	18
Amalarico	120	C-4	19
Amalarico, Pje.	120	B-4	19
Amalia	51	A-2	20
Amalia Marcos	162	A-1	31
Amalia Marcos, Trv.	162	A-1	31
Amaltea	123	C-3	45
Amanecer	137	C-4	25
Amanecer en Méndez Álvaro, Pza.	123	C-3	45
Amaniel	88	A-4	15
Amaniel, Cta.	69	C-2	40
Amapolas	69	B-3	03
Amara	74	A-3	27
Amargura, La	102	A-4	11
Amaya	157	B-2	41
Amazonas	104	A-4	05
Ámbar	173	C-3	21
Amberes	56	B-2	42
Ambite, Pje.	109	B-4	30
Ambrós	91	A-4	28
Ambrosio Vallejo	50	A-4	39
Ambroz	129	A-1	32
Ambroz, C°.	112	A-3	32
Ambroz, Trv.	129	B-1	32
América, Avda. (A-2)			
1 al 7 y 2 al 18	90	B-1	
al 55 y al 40	72	C-4	
al km. 5	73	C-2	
al km. 6	74	C-2	
al km. 7	75	C-2	
al km. 8	76	A-2	
al km. 10	77	B-2	
final de avenida	78	A-2	
Códigos Postales			
1 al km. 4,5 (impares)			02
2 al km. 4,5 (pares)			28
km. 4,51 al km. 7,5 (impares)			43
km. 4,51 al km. 7,5 (pares)			27
km. 7,51 al final (impares)			42
km. 7,51 al final (pares)			22
América, Puerta	106	A-1	09

Nombre	Plano Parcial		C.P.
América Española, Pza.	91	A-3	28
Americio	173	C-2	21
Américo Castro	19	C-2	50
"	20	C-1	"
Ameyugo	17	B-4	34
Amistad, La	138	A-1	25
Amnistía, La	103	C-2	13
Amor de Dios	104	C-3	14
Amor Hermoso	140	B-3	26
Amorebieta	22	C-4	23
"	23	A-4	"
"	23	B-4	"
"	43	A-1	"
Amorós	90	C-2	28
Amos de Escalante	92	C-1	17
Amparo			
1 al 81 y 2 al 70	104	B-4	12
al 95 y al 90	122	B-1	"
Amparo Usera.............................	140	B-2	26
Ampélido	102	A-4	11
"	120	A-1	"
Amposta	94	A-4	37
"	110	B-1	"
Ampuero	172	C-3	21
"	173	A-3	"
Amsterdam	56	B-2	42
Amurrio	45	A-2	23
Ana Albi	138	B-3	25
Ana de Austria............................	11	C-4	50
"	19	C-2	"
Ana Diosdado, Pzla.	104	C-4	12
Ana María	50	B-2	39
Ana María Janer, Pza.	143	C-2	18
Ana Mariscal	128	A-4	32
Ana Teresa	44	C-2	23
"	45	A-3	"
Ánade	138	B-1	19
Anastasia López	17	A-2	34
Anastasio Aroca	72	B-4	02
Anastasio Herrero	50	B-4	20
Anchuelo, Pje.	127	A-1	30
Ancianos, Pje.	15	B-2	34
Anciu..	138	A-4	25
"	154	A-1	"
Áncora	123	B-2	45
Áncora, Pje.	123	B-2	45
Andaluces	144	C-1	38
"	145	A-1	"
Andaluces del Pozo	159	B-2	53
Andalucía	124	B-2	07
Andalucía (A-4), Avda.	156	C-1	
" "	157	A-3	
" "	173	A-1	
" "	181	A-1	
" "	187	A-2	

Nombre	Plano Parcial		C.P.
CÓDIGOS POSTALES			
1 y 2 al km. 8,600			41
km. 8,601 al km. 12			21
Andalucía, Pte.	140	C-1	26
Andalucía, Rda.	101	B-3	11
Andarríos...................................	55	B-4	43
"	75	B-1	"
Andes, Los; Avda.	56	B-4	42
"	75	C-1	"
Andévalo	158	C-1	53
Andorra	54	B-3	43
Andrea Jordán............................	173	B-3	21
Andrea Puech	50	B-2	39
Andrés Antón	92	A-3	17
Andrés Arteaga	140	A-1	26
Andrés Arteaga, Pza.	140	A-1	26
Andrés Bello	107	A-1	28
Andrés Borrego	88	A-4	04
Andrés Herranz	92	A-3	17
Andrés Jáuregui, Pza.	55	B-2	43
Andrés Manjón, Pza.	31	C-2	46
Andrés Mellado			
1 al 75 y 2 al 90	87	C-1	15
al 89 y al 114	69	C-4	
CÓDIGOS POSTALES			
1 al 73 y 2 al 92			15
75 y 94 al final			03
Andrés Mellado, Trv.	87	C-1	15
Andrés Obispo	54	A-2	43
Andrés Segovia, Pza.	72	A-3	02
Andrés Soloaga, Pza.	117	C-4	24
Andrés Tamayo	90	C-1	28
Andrés Torrejón			
1 al 9 y 2 al 12	123	C-1	14
al 24	105	C-4	"
Andrés de Urdaneta	141	A-1	45
Andrómeda	44	C-4	23
Andújar	102	B-4	11
Anémonas	32	C-3	23
Ángel...	103	C-4	05
Ángel, Pza.	104	B-3	12
Ángel del Alcázar			
(actualmente Guillermo Rovirosa)			
Ángel Beato	28	A-3	35
Ángel Caído, Gta.	105	C-4	09
Ángel Caído, Puerta	105	B-4	14
Ángel Carbajo, Pza.	51	A-2	20
Ángel Cavero	54	A-4	43
Ángel Díaz Zamorano	157	A-1	41
Ángel Diego Roldán.....................	52	C-4	16
"	72	C-1	"
Ángel Domínguez	29	A-2	35
Ángel Fernández Labrada..............	102	C-4	11
Ángel Francés, Pza.	125	C-3	38

Nombre	Plano Parcial	C.P.
Ángel Ganivet	106	C-4	07
Ángel González Tejedor	91	C-2	17
Ángel Gordillo	53	A-2	33
Ángel de la Guarda	76	B-3	22
Ángel Hernández	73	A-2	02
Ángel Larra	74	B-4	27
Ángel Luis de la Herrán			
2 al 34	54	A-1	43
al 38	34	A-4	"
Ángel Martín Rodríguez	132	C-3	52
Ángel Múgica	17	B-4	34
Ángel Muñoz			
1 al 13 y 2 al 16	53	C-4	43
al 29 y al 22	73	B-1	"
Ángel Pozas	87	C-2	15
Ángel Puech	50	B-2	39
Ángel Ripoll	138	B-3	25
Ángel Sanz Briz, Avda.	120	A-2	47
Ángeles García Madrid	124	B-3	07
Ángela González	125	B-3	38
Ángela Ruis Robles	172	C-4	21
Ángeles, Cost.	104	A-2	13
Ángeles Custodios, Pza.	49	C-3	39
Ángeles de las Heras	28	B-1	35
Angélica Señora, Pza.	140	C-3	26
Angelillo	144	B-3	18
Angelita Camarero	28	C-1	35
Angelita Cavero	74	B-2	27
Ángelus	140	B-3	26
Angosta	179	C-1	21
Angosta de los Mancebos	103	C-3	05
Anguiano, Pza.	73	C-1	43
Anguita	39	A-4	42
Aníbal	51	A-2	20
Aníbal González Álvarez, Gta.	37	A-2	55
Aniceto Marinas	86	C-4	08
" "	87	A-4	"
" "	103	A-1	"
Aniceto Marinas, Escalinata.	103	A-1	08
Aniceto Pérez	141	A-3	41
Anillo Verde	111	A-4	32
"	129	B-1	"
Anís	65	C-1	23
Anita Vindel	44	C-3	23
Ankara	109	C-4	30
Anna Frank	132	C-3	52
Anocibar, Pza.	138	A-4	25
Anoeta			
1 al 5 y 2 al 10	173	A-3	41
al 63 y al 54	172	C-3	"
Ansar	120	A-1	47
Anselmo Lorenzo	135	C-3	44
(antigua General Gcía. Escámez)			
Antares	44	B-2	23
Antequera	157	A-2	41

Nombre	Plano Parcial	C.P.
Antequina, Cº.	66	C-4	11
"	67	A-4	"
"	84	C-1	"
Antigua del Pardo, Ctra.	86	A-1	40
Antiguo Camino del Aeropuerto	81	A-2	42
Antillón	102	C-3	11
Antimonio	172	A-4	21
Antioquía	75	A-3	27
Antolín Dompablo	49	A-2	35
Antolina Merino	137	B-2	25
Antón Martín, Pza.	104	C-3	12
Antonia Baena	28	C-1	35
Antonia Calas	124	C-3	53
Antonia Calvo	119	B-2	47
Antonia Domínguez	50	A-4	39
"	70	A-1	"
Antonia Lancha	139	A-2	19
Antonia Lancha, Trv.	139	A-2	19
Antonia Mercé	90	B-4	09
Antonia Rodríguez Sacristán	153	B-1	44
Antonia Ruíz Soro	91	A-1	28
Antonia Usera	140	A-3	26
Antonio	51	A-1	29
Antonio Acuña	106	A-1	09
Antonio Aguilar	45	B-3	23
Antonio Antoranz	137	C-3	25
Antonio Arias	106	C-2	09
Antonio Bienvenida	106	B-4	07
Antonio Bonet, Gta.	199	C-1	55
Antonio Burgos	143	C-2	18
Antonio Cabezón.	9	C-4	34
" "	17	C-1	"
" "	18	A-4	"
Antonio Calvo	91	C-1	27
Antonio Cantalejo	91	C-1	27
Antonio Casero	106	C-1	07
" "	107	A-1	"
Antonio Cavero	53	C-3	43
Antonio Corpas	139	C-1	19
Antonio Cumella	109	A-4	30
Antonio Chenel "Antoñete", Gta.	37	A-1	55
Antonio Díaz Cañabate	106	B-4	07
" "	124	B-1	"
Antonio Durán Tovar	143	A-1	53
Antonio Flores	88	C-3	04
Antonio Flórez	201	A-1	55
Antonio Folgueras	143	B-1	18
Antonio Fuentes	55	B-4	43
Antonio Gades	164	A-3	51
"	191	C-1	"
Antonio Garisa, Gta.	143	B-3	18
Antonio Gistau	120	A-1	11
Antonio Gómez Galiana	69	C-1	39
Antonio González Echarte	51	A-1	29

Nombre	Plano Parcial		C.P.
Antonio González Porras	139	B-1	19
Antonio Grilo	88	A-4	15
Antonio Guzmán	72	B-4	02
Antonio Lanzuela	50	B-1	29
Antonio Larrazabal	55	B-3	43
Antonio Leyva			
1 al 39 y 2 al 56	121	B-4	19
al 73 y 91 92	139	B-1	"
Antonio López			
1 al 43 y 2 al 54	121	C-3	
al 97 y al 124	122	A-4	
al 219 y al 284	140	B-1	
al 247	141	A-4	
Códigos Postales			
1 al 67 y 2 al 100			19
69 al 229 y 102 al 252			26
231 y 254 al final			41
Antonio López Aguado	30	B-1	29
Antonio López Torres	35	C-2	50
Antonio López Torres, Trv.	35	C-3	50
Antonio Machado	29	A-4	35
"	49	B-3	"
Antonio Maeso Joana	132	B-3	52
Antonio Mairena	144	C-1	38
Antonio María Segovia, Pza.	146	C-3	31
Antonio Maura	105	B-2	14
Antonio Mira de Amescua	101	B-4	11
Antonio Miró Valverde	200	C-2	55
Antonio Molina	17	B-1	34
Antonio Moreno	138	C-2	25
Antonio Nebrija	86	C-1	40
Antonio Nebrija (Retiro)	123	C-1	07
Antonio Palomino	87	C-2	15
Antonio Pérez	71	C-3	02
"	72	A-4	"
Antonio Pérez Guzmán	17	C-1	34
Antonio Perpiñá, Gta.	36	B-2	55
Antonio Pinedo	101	C-4	11
Antonio Pirala	91	B-3	17
Antonio Ponz	92	B-3	17
Antonio Prieto	139	C-3	26
Antonio Reig	48	C-1	35
Antonio Riera	50	B-1	29
Antonio Rodríguez	153	B-1	44
Antonio Rodríguez Villa	71	C-3	02
" "	72	A-3	"
Antonio Romero	154	B-1	25
Antonio Salces	72	C-3	02
Antonio Salvador	140	B-2	26
Antonio Sancha	58	B-3	42
Antonio Sanfiz	44	B-3	23
Antonio Toledano	90	C-4	28
" "	91	A-4	"
Antonio Ulloa	102	B-3	11
Antonio Valdés Glez. Roldán, Gta.	201	A-4	55
Antonio Vega, Pzla.	88	B-4	04

Nombre	Plano Parcial		C.P.	A
Antonio Velasco Zazo	140	A-3	26	
Antonio Vicent	121	C-4	19	
Antonio Vico	121	A-3	19	
Antonio Zamora	102	C-3	11	
Antonio Zapata	72	C-3	02	
Antoniorrobles	17	A-4	34	
Antoñita Jiménez	139	B-1	19	
Antracita, La	141	B-1	45	
Anturio	50	A-4	39	
Anunciación, La	106	B-3	09	
Anzuola	72	C-3	02	
Añafil	141	A-3	26	
Añastro				
1 al 33 y 2 al 74	53	B-1	33	
al 41 y al 74	33	B-4	"	
Añil	56	B-4	42	
Aparejadores	94	B-4	37	
Apeadero	129	A-2	32	
Apodaca	88	C-3	04	
Apolo	93	A-1	37	
Apolonio Morales	51	C-2	36	
"	52	A-2	"	
Apóstol Santiago	91	C-3	17	
Apóstoles, Avda.	119	C-1	11	
Aprendices	94	B-4	37	
Aquiles	76	C-4	22	
"	94	C-1	"	
Aquilino Domínguez	70	B-1	20	
Aquitania	110	C-1	32	
Ara	64	B-1	23	
Arabell	44	B-3	23	
Aracataca	34	C-4	33	
Aracena	45	B-3	23	
Aracne	78	B-3	22	
Aragón	72	A-2	02	
Aragón, Avda. (A-2)				
al km. 11	78	C-2	22	
al km. 12	79	C-2	"	
al km. 13	80	A-2	"	
al km. 16	82	A-3	"	
Aragón, Pza.	70	B-2	20	
Aragoneses	144	B-3	18	
Aragonito	65	A-1	23	
Araiz	45	A-3	23	
Aralar	107	A-1	28	
Aralia	53	A-4	16	
Arama	172	C-3	41	
Aramayona	79	A-3	22	
Aramis	102	B-4	11	
Aramunt	44	B-3	23	
Arándano	50	B-1	29	
Arándiga	44	B-3	23	
Arandilla	45	A-3	23	
Aranjuez	70	A-2	39	
Aránzazu	54	A-1	43	
Aranzo	17	C-3	34	

A

Nombre	Plano Parcial		C.P.
Aranzueque	44	B-2	23
Arapiles	88	A-2	15
Araquil	45	A-3	23
Arascues	44	B-3	23
Aratoca, Pza.	35	A-3	33
Arauca	35	A-4	33
Araucaria, La	50	C-3	39
Araujo Costa	145	B-4	31
Aravaca	69	C-2	40
Árbol del Cielo	136	A-3	44
Arboleda, La	145	C-2	31
Árboles	65	C-1	23
Arbucias	8	B-4	34
Arcadia	38	C-4	42
Arcángel San Rafael	102	A-4	11
Arcaute	79	A-3	22
Arcentales, Avda.	94	C-2	
"	95	A-2	
CÓDIGOS POSTALES			
1 y 2 al cruce con la Avda. de Ajalvir			37
Avda. Ajalvir hasta la Pza. de Grecia			22
Arcentales, Gta.	94	A-2	37
Arces, Avda.	56	B-4	42
"	76	A-1	"
Archanda	43	A-1	23
Archidona	157	B-3	41
Archiduque Alberto	19	C-2	50
Archipiélago	86	A-3	08
Archivo	146	A-3	31
Archivo de Indias	152	B-3	54
Arcilla, La	172	A-4	21
Arciniega	49	C-2	39
Arcipreste de Hita	87	B-2	15
Arco del Triunfo	104	A-2	12
Arco de la Victoria, Avda. (actualmente Memoria, La; Avda.)			
Arcos, Los	34	B-2	33
Arcos de la Frontera	44	C-3	23
"	45	A-3	"
Arcos del Jalón			
2 al 78	110	A-1	37
al 118	94	C-3	"
Ardales	44	C-3	23
Ardemáns	90	C-2	28
Ardite	152	C-3	54
Arechavaleta	172	C-3	41
Arechavaleta, Trv.	172	C-3	41
Arenal	104	A-2	13
Arenal, Trv.	104	A-2	13
Arenal de Maudes	51	C-2	36
Arenaria, La	139	B-4	26
"	155	B-1	"
Arenas	179	C-1	21

Nombre	Plano Parcial		C.P.
Arenas de Iguña	144	B-1	38
Arenas y Navarro	23	C-4	23
"	44	A-1	"
Arenas del Rey	156	C-3	41
Arenas de San Pedro	117	A-4	24
Arequipa	54	C-1	43
"	55	A-1	"
Aretha Franklin	35	A-1	50
Arévalo	137	C-1	25
Arévalo Lara	75	A-4	27
Arfe, Los	74	B-4	27
Arga	72	A-2	02
Arganda	122	A-2	05
Arganzuela, La	103	C-4	05
"	122	A-1	"
Arganzuela Mercamadrid, Avda.	174	C-1	53
Argensola	89	A-4	04
"	94	B-4	37
"	110	B-1	"
Argente	124	C-4	53
Argentina	92	A-2	27
Argentina, Pº.	105	B-2	09
Argentona	46	A-2	23
Argos	93	A-1	37
Argüelles, Pza.	87	B-3	08
Argüeso	138	C-2	
CÓDIGOS POSTALES			
1 al 23 y 2 al 16			19
25 y 18 al final			25
Argumosa	104	C-4	12
"	122	C-1	"
Ariadna (M-11)	37	B-4	42
"	57	C-1	"
"	58	B-1	"
"	59	A-3	"
Arias Montano	106	B-4	07
Ariel	124	A-4	45
Aries	39	B-4	42
Aristóteles	74	A-3	27
Ariza	119	C-3	47
Arizónicas	156	C-3	41
Arjona	45	A-3	23
Arlabán	104	C-2	14
Arlanza	139	B-2	19
Armada Española	89	B-4	01
Armando Palacio Valdés	71	B-1	02
Armas, Las	1	C-2	48
Armengot	121	B-3	19
Armenteros	49	C-2	39
Armería, Pza.	103	C-2	13
Armilla, Pza.	152	A-1	44
Arminza	23	B-4	23
Armonía	56	C-4	42
"	76	C-1	"
Armónica, La	195	A-4	52
Arnedillo	8	B-4	34

A

Nombre	Plano Parcial		C.P.
Códigos Postales			
1 al 97 y 2 al 120			27
99 y 211 y 122 al 208			43
213 y 210 al final			33
Arzobispo Cos	75	A-4	27
"	93	A-1	"
Arzobispo Morcillo	30	C-1	29
"	31	B-2	"
Arzua	34	B-3	33
Asamblea de Madrid, Pza.	143	A-3	18
Asambleas, Pza.	156	A-3	41
Ascao			
1 al 57	92	C-3	17
al 63 y al 86	93	A-2	"
Ascensión Bielsa	125	B-3	38
Asfalto	172	A-4	21
Asociación, Pza.	156	A-2	41
Asombro de Damasco, El	172	B-1	41
Aspariegos	94	A-4	37
Aster, Avda.	53	A-4	16
Asteroides	129	C-2	32
Astillero	179	C-1	21
Astorga	92	A-3	17
Astorga de las Cárcavas	35	B-1	50
Astrolabio	45	A-4	23
Astros, Los	106	C-4	07
Astros, Los; Pza.	106	C-4	07
Astún	45	B-1	23
Asturianos	144	C-3	18
Asturias, Avda.	30	A-4	29
"	51	A-1	"
Asunción	140	B-3	26
Asunción Castell	50	B-4	20
Asunción Cuestablanca	11	C-3	50
Asunción Pérez Vizcaíno	53	A-2	33
Asura			
1 al 59	74	A-1	43
al 125 y al 134	53	C-4	"
Atajo	69	B-3	03
Atalaya	72	C-2	03
Atanagildo	120	C-3	19
Atapuerta	152	B-4	54
"	168	B-1	"
Ataquines	54	A-2	43
Atazar, El	123	B-3	45
Ateca	119	C-4	47
Atenas	127	C-2	30
Athletic	32	A-1	34
Athos	102	B-4	11
"	120	B-1	"
Atlético de Madrid	137	B-4	25
"	153	C-1	"
Atocha			
1 al 85 y 2 al 96	104	C-4	12
al 127 y 114	105	A-4	"

Nombre	Plano Parcial		C.P.
Atocha, Rda.			
1 al 17	123	A-1	12
al 37	122	C-1	"
Augusto Figueroa	104	C-1	04
Augusto González Besada	108	B-4	30
Augustóbriga	173	C-1	21
Aulencia	44	A-4	23
Aunós, Pza.			
(actualmente José Castillejo, Pza.)			
Auñón	174	A-3	21
Aureliano Beruete	76	B-2	22
Aurelio González de Gregorio	17	B-2	34
Aurelio de la Torre	21	C-3	23
Auriga, El	45	A-1	23
Aurora	49	A-2	35
Aurora Boreal, Avda.	128	C-2	32
"	129	B-3	"
Aurora Iglesias	125	A-3	38
Aurora Redondo	35	B-2	50
Austria	95	A-4	22
Autillo	65	C-2	23
Autogiro	38	C-4	42
Autogiro, Trv.	38	C-4	42
Autol	73	B-2	43
Ave María	104	C-3	12
Ave del Paraíso	64	B-1	23
Avecilla	138	A-1	25
Avefría	138	B-2	25
Aveiro	139	A-2	25
Avelino Fernández de la Poza	142	B-2	53
Avelino Montero Ríos	70	A-1	39
Avellana	74	C-4	27
Avena	139	B-4	26
"	155	B-1	"
Avendaño	106	B-4	07
Avenencia, Pje.	173	B-1	41
Averroes	106	B-4	07
Aves, Las	102	A-2	11
Avestruz	137	B-1	47
Aviación, Avda.	134	C-4	
"	151	C-1	
Códigos Postales			
1 al 9 y 2 al 10			24
11 y 12 al final			44
Aviación Española	69	C-4	03
Aviador Franco	49	A-2	35
Aviador Lindbergh	72	A-4	02
Aviador Zorita	70	C-1	20
(antigua Comandante Zorita)			
Avicultura	94	A-3	37
Ávila	70	C-1	20
Avilés	102	B-4	11
Avión Club	60	C-4	42
Avoceta	65	C-2	23

A

Nombre	Plano Parcial		C.P.
Avutarda, Rda.	75	A-1	43
Ayacucho	54	C-1	43
"	55	A-1	"
Ayala			
1 al 45 y 2 al 56	89	C-3	
al 121 y al 160	90	B-3	
Códigos Postales			
1 al 73 y 2 al 100			01
75 y 103 y 102 al 146			06
105 y 148 al final			09
Ayamonte	153	B-1	25
Ayerbe	39	A-4	42
"	58	C-1	"
"	59	A-1	"
Ayllón	117	B-3	24
Aytona	135	A-1	24
Azabache	120	C-4	19
Azafrán	66	A-2	23
Azagra	34	B-3	33

Nombre	Plano Parcial		C.P.
Azahar	51	A-2	20
Azaleas, Las	76	B-1	42
Azcoitia	152	C-1	44
Azcona	90	C-1	28
"	91	A-1	"
Azofra	18	C-1	50
Azor	117	C-3	24
Azorín, Gta.	103	A-3	13
Azpeitia	22	C-4	23
Azuaga	49	C-2	39
Azucenas, Las...............................	50	C-2	39
Azufre	173	B-4	21
Azul	11	A-4	50
"	19	A-1	50
Azul, Pº.	102	C-1	11
Azulejo	91	A-4	28
Azulinas	51	C-2	36
Azuqueca	174	A-4	21
Azurita	65	B-1	23

B

Nombre	Plano Parcial		C.P.
Babilafuente	161	C-2	31
Babilonia	58	C-1	42
Bacares...	33	B-3	33
Bacoy	120	A-1	11
Badajoz, Avda.	74	A-3	27
Badalona..	16	C-2	34
"	17	A-3	"
Baena	102	C-3	11
Baeza, La	72	C-3	02
Bahía	86	A-3	08
Bahía de Alcudia	58	A-2	42
Bahía de Algeciras	34	A-3	33
Bahía de Alicante	58	A-2	42
Bahía de Almería	58	A-3	42
Bahía de Cádiz	58	A-3	42
Bahía de Cartagena	58	A-3	42
Bahía de la Concha	58	A-2	42
Bahía de Gando	58	A-2	42
Bahía de Mahón	58	A-3	42
Bahía de Málaga	58	A-1	42
Bahía de Palma	58	A-3	42
Bahía de Pollensa	58	A-2	42
Bahía de Santa Pola	58	A-2	42
Bahía de Santander	58	A-1	42
Bahía de Santoña	58	A-2	42
Baile, Pza.	17	A-2	48
(antigua Caudillo, Pza.)			

Nombre	Plano Parcial		C.P.
Bailén	103	C-1	
Códigos Postales			
1 al 21 y 2 al 12			13
23 y 14 al final			05
Bailén, Cta.	103	C-3	05
Baja de la Iglesia	44	C-3	23
Bajamar...	171	B-2	21
Bajo Virgen del Puerto, Pº.	103	A-2	05
Balaguer	34	A-4	33
Balandro			
1 al 31 y 2 al 26	78	A-1	42
al 45 y al 40	58	B-4	"
Balbina Valverde	71	B-2	02
Balcánica	58	B-1	42
Balcón de Corralejos......................	58	B-1	42
Balear, Pº.	101	B-3	11
Baleares	121	C-4	19
"	139	C-1	"
Ballesta, La	104	B-1	04
Balmaseda	58	B-1	42
Balmes	88	C-1	10
Balsaminas	50	C-2	20
Baltanás	153	A-2	44
Baltasar	53	C-1	43
Baltasar del Alcázar	92	C-1	17
Baltasar Gracián	87	C-3	15
Baltasar Santos..............................	125	B-2	38

B

Nombre	Plano Parcial		C.P.
Bambú	32	B-3	36
Bami, Pza.	91	C-3	17
Banana, La	153	A-2	44
Bande	58	B-2	42
Bandera, La	120	A-3	19
Baña, La	58	C-1	42
Bañeza, La	29	C-3	
Códigos Postales			
1 al 37 y 2 al 40			29
39 y 42 al final			35
Baños de Montemayor	122	B-3	05
Baños de Valdearados	162	C-3	51
Baracaldo	30	C-4	29
"	50	B-1	"
Barajas, Cº. Viejo	97	B-1	22
Barajas a Alcobendas, Ctra.	38	B-1	42
Baranoa	34	C-3	33
"	35	A-3	"
Barbadelo	6	B-4	50
Barbadillo	78	C-1	42
"	79	A-1	"
Barbados, Pza.	75	A-3	27
Bárbara de Braganza	89	A-4	04
Barbastro	76	C-3	22
Barbatáin, Pza.	137	C-4	25
Barbate	138	B-3	25
Barberán	28	B-3	35
Barbieri	104	C-1	04
Barca	130	A-3	52
Barca, La; Cº.	131	C-3	52
Barcarrota	58	B-1	42
Barceló	88	C4	04
Barcelona	104	B-2	12
Barcenilla	77	A-1	42
Barco	88	B-4	04
"	104	B-1	"
Bardala	50	C-1	29
Bardegueral	65	C-1	23
Barichara	35	A-3	33
Barichara, Pza.	35	A-3	33
Bariloche	58	A-1	42
Bario	174	A-4	21
Barlovento	93	B-4	17
Barón del Castillo de Chirel	50	B-3	39
Barón de la Torre	54	C-3	43
"	55	A-1	"
Barquillas, Pº	37	C-3	42
Barquillo			
1 al 21	104	C-1	04
al 56	89	A-4	"
Barraco, El	162	C-1	51
Barrafón	102	B-3	11
Barragán, Pza.	153	A-1	44
Barranca, La	157	A-2	41

Nombre	Plano Parcial		C.P.
Barranco del Novillo	162	C-2	51
"	163	A-2	"
Barranquilla, La; Avda.	34	C-3	33
Barrencalle	23	A-4	23
"	43	B-1	"
Barrial, Cº.	44	B-2	23
Barrilero	124	B-3	07
Barrio Camarillas	39	A-4	42
Barrio de la Fortuna, Ctra.	152	A-2	44
Barrionuevo	119	C-1	53
Barros, Los	142	C-4	53
"	158	C-1	"
"	159	A-1	"
Basalto, Pza.	140	B-3	26
Basauri	43	C-1	23
Bascones	50	C-1	29
"	51	A-1	"
Bascuñana	58	A-1	42
Bascuñuelos	179	C-2	21
Basella	58	B-2	42
Basilea, Pza.	91	A-1	28
Basilica, La	70	C-2	20
"	71	A-2	"
Basilio Paraíso	107	A-1	28
Basilio de Prado	28	C-2	35
Bastero	104	A-4	05
Batalla de Belchite, La (actualmente Juana Doña)			
Batalla de Farsalia, La	113	B-4	52
Batalla de Garellano, La	44	A-4	23
Batalla de Mulgberg, La	70	B-3	03
Batalla de Otumba, La	70	B-3	03
Batalla del Salado, La	122	C-2	45
Batalla de Salamina, La	113	B-4	52
"	131	C-1	"
Batalla de las Termópilas, La	113	A-4	52
"	131	B-1	"
Batalla de Tesalia, La	113	B-4	52
"	131	B-1	"
Batalla de Torrijos, La	137	C-2	25
Batallón	1	C-2	48
Batán, Cº.	84	C-4	11
Batán, Ctra.	101	B-3	11
Batán, Pta.	118	B-2	11
Batel	78	B-1	42
Baterías	74	A-4	27
Batres	162	A-3	51
Bausá	32	C-4	33
"	52	C-1	"
"	53	A-1	"
Baviera, Avda.	73	A-4	28
Bayona	91	A-1	28
Bayunca	35	A-3	33
Baza	58	C-2	42
Beasaín	155	C-3	41

MADRID

B

Nombre	Plano Parcial		C.P.
Beata María Ana de Jesús, Pza.	123	A-4	45
Beatas, Las; Trv.	88	A-4	15
"	104	A-1	"
Beato Berrio Ochoa	92	A-2	27
Beatriz Agredano	129	B-3	52
Beatriz de Bobadilla	69	C-2	40
Beatriz Galindo	103	B-3	05
Becerrea	29	C-4	29
Becerril de la Sierra	54	A-3	43
Begonias, Las	76	B-1	42
Begoña	107	A-1	28
Beire	70	A-1	39
Béjar	90	B-1	28
Belalcázar	71	B-3	06
Belalcázar, Pje.	71	B-3	06
Belén	88	C-4	04
Belén, Trv	88	C-4	04
Beleño	53	A-4	16
Belfast	79	A-2	22
Bélgica	95	B-3	22
Belianes	34	B-4	43
Belice	75	A-3	27
Belisana	53	C-3	43
Bella Altisidora, La	17	A-1	34
Belladona	135	C-1	24
Bellas Vistas, Pje.	50	A-4	39
Bellaterra	58	B-1	42
Bellatrix	45	C-4	23
Belleza, La	91	A-1	28
Bellver	50	B-2	39
Bellver, Trv.	50	B-2	39
Bélmez	142	B-4	53
Belmonte de Tajo	121	A-4	19
" "	139	A-1	"
Belorado	17	C-4	34
Belt Figueras	199	C-1	55
Belvis	88	B-2	10
Belvis de la Jara	153	B-1	25
Belzunegui	137	C-4	25
"	153	C-1	"
Bembibre	33	B-3	33
Benadalid	144	C-2	18
Benalauria	144	C-2	18
Benalmádena	144	C-2	18
Benamargosa	144	C-3	18
Benameji	142	C-4	53
"	143	A-4	"
Benarraba	144	C-2	18
Bendición de los Campos	51	C-2	36
Benéfica Belén	74	C-4	27
Beneficencia, La	88	C4	04
Benetúser	8	B-4	34
"	16	B-1	"
Benicarló	58	B-1	42
Benicasim	102	A-4	11
Benidorm	92	A-2	17

Nombre	Plano Parcial		C.P.
Benifayó	58	B-2	42
Beniferri	181	A-1	21
Benigno Soto	72	B-2	02
Benimamet	181	C-1	21
Benisoda	58	B-1	42
Benita Ávila	54	A-2	43
Benita López	173	B-4	21
Benítez	39	A-4	42
Benito Castro	90	C-4	28
Benito Gutiérrez	87	B-2	08
Benito Monfort	58	A-4	42
Benito Muñoz	35	A-3	50
Benito Prieto	139	A-2	19
Benito Valderas	122	C-4	45
Benjamín	50	B-2	39
Benjamín Palencia	125	C-3	38
"	126	B-4	"
Bentaiga	93	A-2	17
Berango	23	A-4	23
Berástegui	92	C-4	17
Bercial	121	B-1	05
Bercianos del Real Camino	10	A-1	50
Berdún	10	A-3	50
Berenisa	44	C-3	23
"	45	A-3	"
Berenjena, La	105	A-3	14
Bergantín	58	C-3	42
Berilo	123	A-3	45
Berlanas	119	A-2	47
Berlanga de Duero	33	B-4	33
Berlín	73	B-4	28
Bermeo	25	B-4	23
"	45	B-1	"
Bermúdez Cañete	52	B-2	16
Berna (urb. Casa de Campo)	64	B-3	23
Berna	73	A-4	28
Bernarda García	130	A-2	52
Bernardina Aranguren	137	C-1	25
Bernardina García	119	B-2	47
Bernardino de Antequera	140	A-1	26
Bernardino Obregón	122	C-1	12
Bernardino de Pantorba	163	B-3	51
Bernardo López García	88	A-4	15
Bernedo	78	C-2	22
Berrioplana	154	A-1	25
Berrocal	182	B-2	21
Berrocales, Cº.	148	C-4	31
Berrueco, El	179	B-3	21
Berruguete	50	B-4	39
Berruguete, Trv.	50	B-3	39
Bertrand Russell	6	C-1	49
Berzosa del Lozoya	179	B-3	21
Besolla	138	A-4	25
Besolla	154	B-1	25
Betancunia	93	B-4	17

B

Nombre	Plano Parcial		C.P.
Betania	124	B-1	07
Betanzos, Avda.	29	C-2	
CÓDIGOS POSTALES			
1 al 75 y 2 al 58			29
77 y 60 al final			34
Biarritz	91	A-1	28
Bicicleta, La	128	A-2	32
Bidasoa	71	C-2	02
Bielsa	58	A-1	42
Bigastro	135	C-2	24
Bilbao, Gta.	88	B-3	04
Binefar	137	B-3	25
Biombo	103	C-2	13
Biombo, Pza.	103	C-2	13
Biombo, Trv.	103	C-2	13
Biosca	34	A-4	43
Biosca, Trv.	34	A-4	43
Biota	50	C-3	39
Bisbal, La; Pje.	91	A-3	28
Bismuto	180	A-1	21
Bisutería	93	C-4	37
Blanca, La	153	A-3	54
Blanca de Castilla	44	C-1	23
Blanca Luna, La	142	C-1	53
Blanca de Navarra	89	A-3	10
Blancafort	58	B-1	42
Blandón	137	C-1	25
Blanes	58	B-1	42
Blas Cabrera	135	B-4	44
" "	136	A-4	44
(antigua General Romero Basart)			
Blas de Lezo, Avda.	114	C-4	52
" "	132	C-4	"
Blasa Pérez	120	C-4	19
Blasco de Garay			
1 al 67 y 2 al 82	87	C-1	
al 75 y al 100	69	C-4	
CÓDIGOS POSTALES			
1 al 71 y 2 al 92			15
73 y 94 al final			03
Blasco de Garay, Cjón.	87	C-2	15
Blasón	137	C-3	25
Blenda, La	65	B-1	23
Blesa	94	C-1	22
Boada	125	C-4	38
Boadilla del Camino	10	C-4	50
" "	11	A-4	"
Boadilla del Monte	120	C-4	19
Boadilla del Monte, Cº.	115	A-4	24
" "	116	B-4	"
" "	133	C-1	"
Boadilla del Monte, Ctra.	117	C-3	
CÓDIGOS POSTALES			
1 y 2 al km. 1,200			24
km. 1,201 al km. 6			23

Nombre	Plano Parcial		C.P.
Boalo, El	162	B-3	51
Bobby Deglané	132	A-3	52
Bocángel	91	A-3	28
Boccherini, Gta.	103	B-3	13
Bochalema	34	C-3	33
Boecillo	54	A-3	43
Boetticher y Navarro	172	C-4	21
Bohemios			
1 al 7 y 2 al 4	173	A-2	41
al 15 y al 8	172	C-2	"
Bohonal	142	B-4	53
Boiro	58	C-1	42
Boix y Morer	70	A-4	03
Boj	56	B-4	42
Bola, La	103	C-1	13
Bola del Mundo, La	45	A-4	23
Bolaños	142	B-3	53
Bolarque	46	B-3	23
Boldano	74	C-4	27
" "	92	C-1	"
Bolívar	123	B-4	45
" "	141	A-1	"
Bolivia	52	A-3	16
Bolivia, Pº	105	C-1	09
Bolonia	73	A-4	28
Bolsa, La	104	B-3	12
Boltaña			
2 al 80	76	C-2	22
al 116	77	A-2	"
Bombita	74	B-1	43
Bondad, La	91	A-1	28
Bonetero	52	A-3	16
Bonetillo	104	A-2	13
Bonn, Avda.			
1 al 13 y 2 al 10	73	A-4	28
al 12	91	B-1	"
Bordadores, Los	104	A-2	13
Borgoña	111	A-1	22
Borja	119	C-4	47
Borjas Blancas	34	A-4	33
Bormonia	93	A-1	37
Bornos	58	A-1	42
Borox	58	C-1	42
Bosco, El	125	C-2	38
" "	126	A-3	"
Bosque	52	C-2	16
Boston	91	A-1	28
Boston, Pza.	91	A-1	28
Botánica, La	90	C-1	28
Botánico Mutis	140	A-1	26
Botica, La	39	A-4	42
Botijo	65	B-1	23
Botoneras	104	A-3	12
Boyaca	35	A-4	33
Boyer	130	B-1	52

B

Nombre	Plano	Parcial	C.P.
Boyero, El	45	A-3	23
Braceros	94	B-3	37
Braganza	139	A-2	25
Braille	16	C-2	34
"	17	A-2	"
Braojos	28	A-1	35
Brasil, Avda.	51	A-3	20
"	71	A-1	"
Brasilia, Avda.	73	B-4	28
"	91	B-1	"
Braulio Gutiérrez	93	A-3	17
Bravo	79	A-1	42
Bravo Murillo			
1 al 37 y 2 al 38	88	B-1	
al 185 y al 172	70	B-2	
al 307 y al 308	50	C-3	
al 365 y al 338	51	A-2	
Códigos postales			
1 al 47 y 2 al 40			15
49 al 99 y 42 al 94			03
101 y 96 al final			20
Brea de Tajo	119	C-2	47
Bremen	73	A-4	28
"	91	A-1	"
Breña	93	A-2	17
Brescia	91	B-1	28
Bretaña	95	B-3	22
Bretón de los Herreros			
1 al 47 y 2 al 46	70	C-4	03
al 61 y 70	71	A-4	"
Brezos, Los	58	C-3	42
Brigadas Internacionales, Pza.	129	A-2	32
Brígida Alonso	125	B-3	38
Brihuega	120	A-4	19
Bringas, Trv.	104	A-2	05
Briones	58	B-2	42
Brisa	69	B-3	03
Bristol	73	A-4	28
Briviesca	33	A-1	33
Brocado	94	A-3	37
Bronce	123	B-4	45
"	141	B-2	"
Brujas	127	C-2	30
Brújula	44	C-4	23
Brunete	4	A-3	48
Bruno Abúndez	145	B-3	31
Bruno Ayllón	70	C-1	20
Bruno García	137	C-1	25
Bruno Hernández	139	C-4	26
Bruselas, Avda.	73	A-4	28
"	91	A-1	"
Bubierca	162	A-1	31
Bucaramanga, Avda.	34	C-4	33
" "	35	A-4	"

Nombre	Plano	Parcial	C.P.
Bucarest	95	B-4	22
Budapest	95	B-4	22
Buen Gobernador	91	C-2	27
Buen Suceso	87	B-3	08
Buenafuente	46	A-3	23
Buenavista	104	C-4	12
Buendía	142	C-3	53
Buenos Aires, Avda.	143	C-3	
Códigos postales			
1 al 11 y 2 al 30			38
13 y 32 al final			18
Bueso Pineda			
1 al 31 y 2 al 10	73	C-1	43
al 59 y al 62	53	C-4	"
Buganvilla	32	A-4	36
Buganvilla del Rey, Rda.	46	A-4	23
Bugedo	78	C-1	42
Búho	65	C-2	23
Buitrago de Lozoya	29	B-4	35
Bujalance	102	C-4	11
Bujía, La	94	B-4	37
Bulevar Indalecio Prieto	128	A-2	32
Bulevar José Prat	128	A-3	32
Bulevar de la Naturaleza	161	B-2	31
Bulevar Norte	180	B-3	21
Bulevar Sur	180	B-4	21
Bulgaria	110	B-2	32
Burdeos, Pza.	91	A-1	28
Bureta, La	58	B-2	42
Burgo de Osma	33	A-4	33
" "	53	B-1	"
Burgohondo	21	B-3	23
Burgos (Cuatro Caminos)	50	A-3	39
Burgos, Avda.	32	B-1	
"	52	B-1	
Códigos postales			
1 al 59 y 2 al 58 (km. 4,500)			36
61 y 60 al final (km. 8,300)			50
Burgos, Cº. Viejo	35	B-1	50
Burgos, Ctra. (A-1)			
al km. 10	18	C-2	50
al km. 11	19	B-1	"
al km. 13	11	B-3	"
Burguete	10	A-4	50
Buriticá	34	C-4	33
"	35	A-4	"
Burjasot	181	B-1	21
Burriana	58	C-2	42
Busaco	138	C-3	25
Buscón Don Pablos	58	C-1	42
"	59	A-1	"
Bustamante	123	B-2	45
Bustarviejo	51	A-2	20
Bustillo de Oro	50	A-3	39

B

Nombre	Plano Parcial		C.P.
Bustos	124	C-3	38
"	125	A-3	"
Butarque, Gta.	171	C-2	21

Nombre	Plano Parcial		C.P.
Butrón	94	C-4	22
"	95	A-4	"

C

Nombre	Plano Parcial		C.P.
Caballero Andante	181	A-4	21
Caballero de la Blanca Luna	9	B-3	34
Caballero del Bosque	181	A-4	21
Caballero de la Cruz	181	B-4	21
Caballero de los Espejos	9	B-3	34
Caballero de Gracia	104	B-1	13
Caballero de los Leones	9	B-4	34
Caballero de la Mancha, Rda.	9	B-4	34
"	17	B-1	"
Caballero de la Triste Figura	9	B-3	34
Caballero del Verde Gabán	181	A-4	21
Caballeros, Los	4	A-2	48
Cabanillas de la Sierra	29	B-4	35
Cabaña, La	162	A-2	31
Cabarrús	69	C-3	03
Cabellera de Berenice	24	B-4	23
"	25	A-4	"
Cabello Lapiedra	102	B-4	11
Cabestreros, Los	104	B-4	12
Cabestreros, Los; Trv.	104	B-4	12
Cabeza, La	104	B-3	12
Cabeza Grande	72	B-1	02
Cabeza de Hierro	48	C-2	35
Cabeza de Lijar	25	A-4	23
Cabeza de Manzaneda	45	A-2	23
Cabeza Mesada	161	C-1	31
Cabeza Reina	72	C-2	02
Cabeza de Villar	118	C-2	11
Cabezuelas	16	B-2	34
Caboalles	46	B-3	23
Cabo Cañaveral	46	A-1	23
Cabo de Creus	159	B-1	53
Cabo de Infantería Idoia Rodríguez Bujan	134	B-3	24
Cabo López Martínez	4	B-3	48
Cabo Machichaco	159	B-2	53
Cabo Nicolás Mur	120	A-4	19
Cabo Suceso Terrero	120	B-3	19
Cabo de Tarifa	159	B-2	53
Cabrera, La	29	B-4	35
Cacabelos	35	B-1	50
Cacereños, Los	171	B-4	21
"	179	B-1	"
Cacereños, Los; Trv.	179	B-1	21
Cáceres	122	C-3	45
"	123	A-3	"

Nombre	Plano Parcial		C.P.
Cachero	124	C-4	53
Cáchira	35	A-4	33
Cactus	50	C-3	39
Cadalso de los Vidrios	29	A-2	35
Cadaqués	144	B-1	38
Cadarso	103	C-1	08
Cadete Julio Llompart	120	A-3	19
Cádiz	104	B-2	12
Cádiz, Gta.	140	C-2	26
Cafeto, El	124	B-3	07
Caídos de la División Azul, Los	52	B-1	16
Cairo, El	127	C-1	30
Caja de Ahorros, Pje.	104	B-2	13
Cal, La	141	A-3	41
Cala Basa, Rda.	54	C-3	43
"	55	A-3	"
Calabria	95	B-2	22
Calahorra	110	C-4	32
"	128	C-1	"
Calamina, La	171	C-4	21
Calamocha	179	C-1	21
Calamón	117	C-3	24
Calanda	54	C-2	43
Calandria, La	65	C-2	23
Calas, Las	52	C-4	16
Calasparra	33	C-4	33
Calatañazor	94	C-3	22
Calatayud	102	B-4	11
Calatorao	94	C-3	22
Calatrava	103	C-4	05
Calcio	174	A-3	21
Calcografía, La	106	C-3	07
Caldas de Estrach	16	C-2	34
Caldera, La	39	B-3	42
Calderería, La	94	A-4	37
Calderera, La	130	A-3	52
Calderilla, La	153	C-3	54
Calderón	38	C-4	42
Calderón de la Barca	103	C-2	13
Calella	126	A-4	38
Calendario	80	A-3	22
Caléndula, La	35	B-2	50
Caleras, Las	72	A-2	02
Calero Pita	142	C-3	53
Calero, Cost.	91	C-1	27

MADRID C

Nombre	Plano Parcial		C.P.
Calero, Puente	91	B-1	27
Caleros, Cº	41	C-3	23
"	42	C-2	"
"	43	B-2	"
Caleruega	32	C-1	33
Caleruega, Pje.	32	B-2	33
Calesas, Las	140	B-1	26
Calesera, La	172	B-3	41
Cali	35	A-4	33
Calicanto, Pza.	50	B-1	29
Calidón	74	A-2	43
Californias, Las, Pza.	124	B-3	07
Caliza	129	B-3	32
Callao, Pza.	104	A-1	13
Callejo	142	C-1	53
Calvario	104	B-3	12
Calverón a Fuencarral, Cº	7	C-2	34
Calvo Asensio	87	C-2	15
Calvo Sotelo	21	B-3	23
Cámaras	17	B-3	34
Camarena			
1 al 101 y 2 al 108	118	C-4	47
al 213 y al 324	136	C-1	"
Camarillas	39	A-4	42
Camarines	45	C-3	23
Camarma de Esteruelas, Pje.	72	A-4	02
Camas, Las	182	A-2	21
Cambados	35	C-2	50
Camborio	171	C-2	21
Cambrijas	152	B-3	44
Cambrils	16	A-4	34
Camelias, Las	76	B-1	42
Camichi	137	C-1	25
Camilo José Cela, Avda.	72	C-4	28
" "	73	A-1	"
" "	90	C-1	"
Camino Ganapanes	29	C-4	35
Camino de Hormigueras			
inicio de calle	160	A-1	31
al 155 y 158	160	C-1	"
al 163 y 164	161	A-1	"
al 173 y 180	145	B-4	"
Camino del Río	156	B-2	41
Camino de Santiago, Avda.	10	B-4	50
" "	11	A-2	"
" "	18	B-1	"
Camino de los Talleres	145	C-4	31
Camino de los Vinateros			
1 al 59 y 2 al 40	107	C-4	30
al 105 y 102	108	A-4	"
al 127 y 196	126	B-1	"
Camino Viejo de Burgos, C/	35	B-1	50
Camino Viejo de Leganés	121	A-4	
CÓDIGOS POSTALES			
1 al 109 y 2 al 80			19

Nombre	Plano Parcial		C.P.
111 y 82 al final			25
Camino Viejo de Vicálvaro, Calle	128	A-1	32
Camino Viejo de Villaverde	155	C-2	41
Caminos, Los	53	C-3	43
Camoens y Valero, Pº	86	C-2	08
Camorritos, Pza.	92	A-2	27
Campamento, Cº	101	B-4	11
"	118	C-1	"
Campanar	90	C-2	28
Campanar, Gta.	90	C-2	28
Campanas, Las	151	C-1	54
Campanillas, Las	72	C-2	02
Campánulas, Las	52	C-2	16
Campaña, La	1	C-3	48
Campaspero	54	A-3	43
Campeche	75	B-4	27
Campezo	78	C-2	22
Campillo, Del	102	B-4	11
"	120	B-1	"
Campillo de Arenas	158	C-1	53
"	159	A-1	"
Campillo del Mundo Nuevo, Pza.	122	A-1	05
Campiña, La	142	C-4	53
Campo (Casa de Campo)	101	C-3	11
Campo (Usera)	157	A-2	41
Campo de Calatrava, Avda.	9	A-4	34
"	17	A-1	"
Campo de Criptana, Pza.	140	C-3	26
Campo de la Estrella	10	B-4	50
Campo Florido	117	B-3	24
Campo de Montiel	17	B-1	34
Campo de la Paloma	144	B-3	18
Campo Real	50	A-3	39
Campo Real, Pje.	72	B-4	02
Campo de la Torre	129	A-3	32
Campoamor	88	C-2	04
"	89	A-4	"
Campomanes	104	A-2	13
Camporredondo	54	A-3	43
Campos de Castilla	152	C-4	54
Campos Ibáñez	173	B-3	21
Campotejar	156	B-2	41
Campus Sur, Avda.	145	C-1	31
Campuzano	92	C-1	17
Can Mayor, Pje.	106	C-3	07
"	107	A-3	"
Can Menor, Pje.	106	C-3	07
"	107	A-3	"
Canal, Cº	109	B-2	17
Canal del Bósforo	76	C-4	22
"	77	A-4	"
Canal de Isabel II	69	C-1	39
Canal de Isabel II, Pza.	50	B-4	39
Canal de la Mancha	76	C-4	22
Canal de Mozambique	74	A-4	27
Canal de Panamá	74	A-4	27

C

Nombre	Plano Parcial	C.P.
Canal de Suez...........................	39	A-3	42
Canal de Suez, Pje....................	59	A-4	42
Canaleja, C°.	166	B-1	44
Canalejas, Pza.	104	C-2	14
Canalillo..................................	73	A-4	28
Canalización, Pje.	140	C-1	26
Canapiare	35	B-4	33
Canarias, Las			
1 al 9 y 2 al 10	122	C-2	45
al 61 y al 68	123	B-2	"
Canario, P°.	101	B-3	11
Canarios, Los	114	C-4	52
Cáncer	79	B-2	42
Canchal...................................	174	A-4	21
Canchas del Manzanares	48	C-2	35
Cancillería, Pza.	86	B-2	08
Canción del Olvido, La	172	C-1	41
Candelaria Mora	141	A-2	45
Candeleda...............................	48	C-2	35
Cándido Mateos	29	B-4	35
Candilejas	143	B-2	18
Canela, La...............................	172	C-4	21
Canencia de la Sierra	162	A-3	51
Canet de Mar	53	C-2	43
Cangas de Narcea	93	B-3	37
Cangas de Onís	93	B-3	37
Cangrejo	145	B-3	31
Canillas	72	C-3	02
Canillas, C°.	72	B-4	28
" "	90	B-1	"
Canillas, Ctra.			
1 al 13 y 2 al 12	53	C-2	43
al 119 y al 140	54	A-2	"
al 144	55	A-2	"
Canillejas a Vicálvaro, Avda. (M-602)			
1 al 39 y 2 al 24	76	B-4	
al 113 y al 190	94	C-2	
final de calle	110	C-1	
Códigos Postales			
1 al 147 y 2 al 190			22
149 y 192 al final			32
Canoa, La			
1 al 37 y 2 al 46	78	A-1	42
al 48	58	A-4	"
Cánovas del Castillo, Pza.	105	A-3	14
Cantabria, Avda.	58	C-4	42
" "	78	B-1	"
Cantalapiedra	125	C-4	38
" "	143	C-1	"
Cantalejo	27	C-3	35
" "	28	A-3	"
Cántaro	65	B-1	23
Canteras, C°.	161	B-1	44
Canteras de las Peñuelas	195	A-3	52
Canteras de Tilly	129	B-2	32
Canteros, Los	94	B-4	37

Nombre	Plano Parcial	C.P.
Canto del Tolmo, Pje.	48	C-2	35
Cantoria, Pza.	121	A-4	19
Cantos Negros	21	B-3	23
Cantueso	50	B-1	
Códigos Postales			
1 al 51 y 2 al 40			39
53 y 42 al final			29
Cañada, La	126	B-1	30
Cañada Real Galiana................	195	B-2	52
Cañada del Santísimo	163	B-4	51
Cañada del Santísimo, C°.	164	C-2	31
Cañada de Vicálvaro a San Fernando	114	B-4	52
Cañamar	53	C-3	43
Cañas	53	B-4	43
Cañas, Trv.	53	B-4	43
Cañaveral			
1 al 51	51	A-1	29
al 105	31	A-4	"
Cañete	120	A-4	19
Cañizares	104	B-3	12
Caño, Trv.	44	C-3	23
Cañón del Río Lobos	127	B-1	30
Caños, Los; Gta.	100	B-3	11
Caños del Peral	104	A-2	13
Caños Quebrados, C°.	4	C-3	48
Caños de San Pedro	129	B-2	32
Caños Viejos, Cta.	103	C-3	05
Caoba, La	122	A-2	05
Caolín	123	B-4	45
Capiscol	10	B-3	50
Capital de España-Madrid, Avda. ...	56	B-2	42
Capitán Blanco Argibay	29	C-4	29
" "	50	B-1	"
Capitán Cortés			
(actualmente Manuel Chaves			
Nogales)			
Capitán de la Gándara	138	B-1	19
Capitán Haya			
(actualmente Poeta Joan			
Maragall)			
Capitán de Oro	138	C-1	19
Capitán Salas	4	A-2	48
Capitán Salazar Martínez	103	C-4	05
" "	121	C-1	"
Capote, Cjón.	91	C-2	27
Capri......................................	110	B-2	32
Caprichos, Los; Avda.	120	C-1	11
Capricornio	80	A-2	42
Capuchina, La	66	A-1	23
Capuchinos, Cost.	104	C-1	04
Capuchinos, Pza.	4	A-2	48
Capuchinos, Puente (El Pardo) ...	3	C-1	48
Caquetá	35	B-4	33
Carabanchel, Pza.	137	C-3	25

Nombre	Plano Parcial		C.P.
Carabanchel Alto (M-421), Avda......	152	C-3	44
" " " ...	153	A-1	"
Carabanchel Alto a Villaverde, Cº.	170	B-2	44
Carabanchel a Aravaca, (M-502), Ctra. .	116	C-1	
" " ...	117	B-3	
Códigos Postales			
1 al 69 y 2 al 70			24
71 y 72 al final			23
Carabanchel Bajo	153	B-1	
Códigos Postales			
1 al 21 y 2 al 18			25
23 y 20 al final			44
Carabanchel a Villaverde (M-602),			
Ctra.	155	B-4	41
"	171	C-2	"
"	172	A-3	"
Carabaña	141	A-2	45
Carabela, La	58	A-4	42
Carabelos	157	B-1	41
Carabias	117	C-3	24
Cárabo	65	C-2	23
Caracas	88	C-2	10
"	89	A-3	"
Caracoli	35	A-3	33
Caramanta	35	B-4	33
Caramuel	102	C-3	11
"	120	B-1	"
Caranavajos	162	A-2	31
Carare	35	A-4	33
Caravaca	104	B-4	12
Carazo	117	C-3	24
Carballido	120	A-1	11
Carballino	117	C-3	24
Carballo, Pza.	30	B-2	29
Carboneras	119	A-2	47
Carbonero y Sol	71	B-3	06
Carboneros, Los	4	A-2	48
Carbono	173	B-3	21
Carburo	159	B-1	53
Carcagente	102	A-4	11
Carcastillo	138	A-4	25
Cardaño	117	C-3	24
Cardenal Belluga	91	A-3	28
Cardenal Cisneros	88	B-2	10
Cardenal Cisneros, Pza.	68	C-4	40
Cardenal Herrera Oria, Avda.			
1 al 219 y 2 al 116	17	B-3	
al 158	16	B-4	
al 257 y al 268	29	B-1	
al 381 y al 338	28	C-2	
al 380	27	B-3	
Códigos Postales			
1 al 219 y 2 al 238			34
221 y 240 al final			35

Nombre	Plano Parcial		C.P.
Cardenal Marcelo Spínola	52	C-1	16
Cardenal Mendoza	102	C-3	11
Cardenal Pamcili, Pza.	138	B-4	25
Cardenal Siliceo	72	C-3	02
Cardenal Solís	122	C-2	12
Cardenal Tavera	19	B-2	50
Cardenal Vicente Enrique y Tarancón .	164	A-3	51
Cardencha	117	A-3	24
Cardenio	17	B-1	34
Cardeña	142	C-4	53
Cardeñosa	142	C-4	53
Cardeñuela de Riopico	10	C-4	50
Carena, Pje.	106	C-4	07
Caribe	73	C-4	27
Caridad, La	124	B-2	07
Cariñena	117	C-3	24
Carlina	119	A-1	11
Carlos II	95	A-3	22
Carlos II, Trv.	95	A-3	22
Carlos III	103	C-2	13
Carlos III, Pº.	105	A-4	14
Carlos IV	94	B-1	37
Carlos Arniches	104	A-4	05
"	122	A-1	"
Carlos Arniches Moltó	37	A-2	55
Carlos Auríoles	142	C-3	18
"	143	A-3	"
Carlos Balenchana	72	C-3	02
Carlos Bravo	17	B-1	34
Carlos Caamaño	52	C-2	16
Carlos Cambronero, Pza.	88	B-4	04
Carlos Dabán	120	B-3	19
Carlos Domingo	137	B-1	47
Carlos Dubois	22	A-4	23
Carlos Fernández Casado	36	C-1	55
" "	200	C-4	"
Carlos Fuentes	119	C-2	47
Carlos Gardel	44	A-3	23
Carlos y Guillermo Fdez-Shaw	124	C-1	07
Carlos Heredero	138	B-3	25
Carlos Hernández	92	A-3	17
Carlos Latorre	70	A-2	39
Carlos Llamas, Gta.	77	A-2	22
Carlos María Castro, Pza.	71	C-4	06
Carlos Marín	140	A-3	26
Carlos Martín Álvarez..................	143	A-1	18
Carlos Maurrás	51	B-2	36
Carlos Morla Lynch	4	A-2	48
(antigua Primero de Octubre)			
Carlos Paino	137	B-2	47
Carlos Pereyra	73	A-1	02
Carlos Rubio	70	A-2	39
Carlos Ruiz			
(actualmente Gerda Taro)			

C

Nombre	Plano Parcial		C.P.
Carlos San José	44	C-2	23
" "	45	A-1	"
Carlos Solé	126	A-4	38
" "	144	A-1	"
Carlos Trías Bertrán, Pza. (Sub.)	71	A-1	20
Carlota O'Neill	74	A-3	27
(antigua General Kirkpatrick)			
Carme Chacón	14	C-3	35
Carmelitas, Las	173	C-3	21
Carmen	104	B-2	13
Carmen, Cjón.	173	C-3	21
Carmen, Pza.	104	B-2	13
Carmen Amaya	107	C-3	30
Carmen Barrios	119	A-1	11
Carmen Bordiú	179	C-1	21
Carmen Bruguera	140	B-1	26
Carmen de Burgos	173	C-1	21
Carmen Cobeña	121	C-2	05
Carmen Conde, Pza.	35	C-4	50
Carmen Garrido Pérez	91	B-3	17
Carmen Laforet	81	B-3	22
Carmen Martín Gaite	152	A-1	44
Carmen Montoya	30	C-4	29
Carmen Portones	50	A-2	39
Carmen Rico Godoy	35	A-2	55
Carmen del Río, Pza.	140	B-1	26
Carmen Sánchez Carrascosa	51	B-1	46
Cármenes, Los; Gta.	119	B-4	47
Carmona, Pza.	117	C-3	24
Carnero	104	A-4	05
Carnicer	70	B-2	39
Caroli	44	C-3	23
Caroli, Trv.	44	C-3	23
Carolina, La; Pza.	29	C-1	34
Carolina Baeza	152	B-3	44
Carolina Coronado	92	B-3	17
Carolina Paíno	137	C-2	25
Carolinas, Las	70	B-1	39
Carondelet, Avda.	74	C-2	43
" "	75	A-1	"
Caronte	121	A-3	19
Carpesa	117	C-4	24
Carpintería, La	94	A-4	37
Carpio y Torta	152	C-4	54
Carpio y Torta, Trv.	152	C-3	54
Carracedo	117	C-4	24
Carranque	155	C-1	05
Carranza	88	B-3	04
Carrasca, La	162	A-2	31
Carrascales, Los	140	A-3	26
Carrero Juan Ramón	138	B-3	25
Carretas	104	B-2	12
Carretería	94	B-4	37
Carril de los Caleros	44	A-2	23

Nombre	Plano Parcial		C.P.
Carril del Conde	53	C-3	43
" "	53	C-4	"
Carrión de los Condes	33	B-3	33
Carrocería, La	94	A-4	37
Carros, Los; Pza.	103	C-3	05
Cartagena			
1 al 93 y 2 al 90	90	C-2	
al 131 y al 142	72	B-4	
Códigos Postales			
1 al 93 y 2 al 92			28
95 y 94 al final			02
Cartagena de Indias, Avda.	160	B-3	31
" " "	161	A-4	31
Cartago	77	A-3	22
Cartama	144	C-2	18
Cartaya	117	C-3	24
Cartaya, Pza.	118	A-3	24
Carvajales	122	B-3	05
Casablanca	182	A-3	21
Casa del Cerro del Coto, Ctra.	21	B-4	23
Casa Milá, La	152	B-4	54
Casa de Murcia, La; Cº.	184	B-3	21
Casa Quemada, Avda.	21	B-2	23
Casa Quemada, Cº.	21	C-2	23
" "	22	A-1	"
Casa de Tilly, La	195	A-1	52
Casa de Vacas	66	B-2	11
Casabermeja	145	A-2	18
Casado del Alisal	105	B-3	14
Casalarreina			
1 al 29 y 2 al 20	110	C-4	32
al 37	128	B-1	"
Casanare	35	A-4	33
Casar de Cáceres, Pza.	123	A-3	45
Casar de Palomero	120	B-4	19
" "	138	B-1	"
Casarabonela	157	B-3	41
Casarrubuelos	88	A-2	15
Casas de Miravete	160	C-1	31
Casatejada	152	B-3	44
Cascada, La; Trv.	173	B-3	21
Cascaes	138	C-3	25
Cascajares	119	A-2	47
Cascanueves			
1 al 29 y 2 al 20	55	B-4	43
al 37	75	B-1	"
Casco Antiguo	129	A-2	32
Cascorro, Pza.	104	A-4	05
Caserío, El	172	B-2	41
Casilda de Vandalia	17	B-1	34
Casimiro Escudero	137	B-1	25
Casimiro Gómez Ortega, Pº.	105	A-4	14
Casimiro Mahou Bierhans	121	B-2	05
Casino	122	B-1	05

Nombre	Plano Parcial		C.P.
Casiopea	24	A-4	23
"	44	B-1	"
Casón, Cº.	86	B-4	11
"	102	B-1	"
Casón, Pza.	102	A-1	11
Casón de Comedias	129	A-2	32
Caspe	77	A-2	22
Castalia (Canillejas)	77	A-2	22
Castalia (Vallecas)	125	B-4	38
Castañares, Pza.	73	B-1	43
Castaños, Pº.	102	A-2	11
Castejón de Henares	161	A-2	31
Castelar	91	A-3	28
Castelflorite	120	A-4	19
Castellana, La	128	B-1	32
Castellana, La; Pº.			
1 al 51 y 2 al 68	89	B-2	46
al 93 y al 144	71	B-1	"
al 209 y al 234	51	B-2	"
al 261 y al 300	31	C-2	"
Castellano	152	C-4	54
Castellanos, Pº.			
1 al 33	137	B-4	25
al 65 y al 52	153	B-1	"
Castelló			
1 al 9 y 2 al 10	105	C-1	
al 113 y al 128	90	A-1	
<small>Códigos Postales</small>			
1 al 73 y 2 al 70			01
75 y 72 al final			06
Castellón de la Plana	71	C-4	06
Castelo Branco	138	C-3	25
Castelo Branco, Pje.	138	C-3	25
Castiello de Jaca	10	A-3	50
Castilla	70	B-1	39
Castilla, Ctra. (M-500)	46	A-4	
" "	66	C-2	
" "	67	B-4	
" "	85	C-1	
<small>Códigos Postales</small>			
km. 2,301 al km. 5			40
resto			23
Castilla, Puente	86	A-1	08
Castilla, Pza.	51	B-1	46
Castillejos	50	A-4	39
Castillo	88	C-2	10
Castillo de Arévalo	93	B-3	37
Castillo de Aysa	55	A-3	43
Castillo de Candanchú	10	A-4	50
"	18	B-1	"
Castillo de Coca	93	C-3	37
Castillo Madrigal de las Altas Torres	93	C-3	37
Castillo de Manzanares	93	C-3	37
Castillo de la Mota, Pza.	93	B-3	37
Castillo de Oropesa	93	B-4	37
" "	93	C-3	"
Castillo de Simancas	93	C-3	37
Castillo de Uclés	93	C-3	37
" "	94	A-2	"
Castillo de Peñafiel	93	C-3	37
Castillo de Piñeiro	70	A-2	39
Casto Fernández Shaw, Pza.	200	C-2	55
Casto Plasencia	88	A-4	04
Castor	76	C-3	22
Cástor y Pólux	123	B-3	45
Castrejón	72	C-1	02
Castrillo de Aza			
1 al 19 y 2 al 10	147	A-2	31
al 32	146	C-3	"
Castrillo de Polvazares	6	A-4	50
" "	10	A-1	"
Castro de Oro	138	B-1	19
Castro de Vigo	102	A-4	11
" "	120	A-1	"
Castrobarto	78	C-1	42
Castrojeriz	137	C-2	25
Castromonte	54	A-2	43
Castronuño	54	A-2	43
Castropol	93	B-3	37
Castroserna	119	A-2	47
Castroverde	94	A-4	37
"	110	A-1	"
Castuera	119	B-2	47
Casuarina, La	136	A-3	44
Casuario	137	C-2	25
Catalina de Austria	19	B-1	50
Catalina Suárez	124	C-2	07
Cataluña, Pº.	101	A-3	11
Cataluña, Pza.	72	A-2	02
Catamarán	78	A-1	42
Catania	95	A-2	22
Catedral de Burgos, La	152	B-4	54
Catedral de Cuenca, La	152	B-4	54
Catedral de S. de Compostela, La	152	B-2	54
Catedral de Toledo, La	152	B-4	54
Catorce Olivas, Las	153	C-3	54
Cauca	35	A-4	33
Caucho	94	B-4	37
Caudillo, Pza.			
(actualmente Pardo, El; Pza.)			
Cauñedo	93	A-1	37
Cava Alta, La	104	A-3	05
Cava Baja, La	104	A-3	05
Cava de San Miguel, La	104	A-2	05
Cavanilles	124	B-1	07
Cavanilles, Cjón.	124	B-1	07
Cavanilles, Pje.	124	B-1	07
Cavilas, Los	130	B-2	52
Cayetano Pando	119	B-2	47
Cayetano Rodríguez	117	C-4	24
Cazador, El; Pza.	138	B-4	25
Cazalegas	154	C-1	25

Nombre	Plano Parcial		C.P.
Cazorla	142	C-4	53
"	143	A-4	"
"	159	A-1	"
Cea Bermúdez	69	C-4	03
"	70	A-4	"
Cebada, La	103	C-4	05
Cebada, La; Pza.	104	A-4	05
Cebreiro	11	B-3	50
Cebreros	118	C-2	11
"	119	A-1	"
Cecilio Perucha	125	A-3	38
Cedaceros	104	C-2	14
Cedillo del Condado	136	A-2	47
Cedros, Los	31	B-4	29
"	51	A-1	"
Cefeo	121	B-3	19
Ceferino Ávila	117	B-4	24
Ceferino Rodríguez	50	C-1	29
Céfiro, Pza.	77	A-2	22
Ceiba, La	122	A-2	05
Celanova	29	C-4	29
Celenque, Pza.	104	A-2	13
Celeorama Gómez	14	B-1	49
Celeste	53	B-4	43
Celestino Mutis, Pº.	105	B-4	14
Celindas	53	A-4	16
"	73	A-1	"
Celio Villalba, Avda.	34	C-3	33
"	35	A-3	"
Cella	179	C-1	21
Cementerio, Cº.	136	C-3	47
Cementerio de Carabanchel	154	B-3	44
Cementerio de Ntra. Sra. de la Almudena	108	B-2	17
Cemento	141	A-3	41
Cenagales	35	A-2	55
Cenicero	105	A-4	14
Cenicienta, La	143	B-3	18
Cenicientos	50	B-3	39
Censo	156	A-2	41
Centauro	45	B-3	23
Centén	152	C-4	54
Centenera	92	C-2	17
Centeno	139	C-4	26
Central, Avda.	58	C-4	42
"	59	A-4	"
"	79	B-1	"
"	80	B-1	"
Central, Pza.	30	A-2	29
Centrúm, Avda. (sub.)	71	A-2	20
Cerámica, La	125	C-1	38
Ceramistas, Los	94	B-4	37
Cerceda	113	A-3	52
"	131	A-1	"
Cercedilla	88	B-1	15
Cerceta, La	65	C-2	23

Nombre	Plano Parcial		C.P.
Cercis	46	A-1	23
Cereales, Los	94	B-2	37
Cerecinos	139	C-2	26
Cereda	72	B-1	16
Ceres, Pza.	111	B-4	32
"	129	B-1	"
Cereza, La	139	C-3	26
Cerezal	110	A-1	37
Cerezos, Pº.	53	A-4	16
"	73	A-1	"
Cerezuela	44	C-3	23
Cerler	46	A-2	23
Cerraja	117	B-3	24
Cerrajería, La	94	A-4	37
Cerilleras, Las	154	C-1	54
Cerrillo	17	B-2	34
Cerro	32	C-2	33
Cerro del Águila, Cº.	66	B-1	23
Cerro del Aire	12	A-4	50
Cerro de Almodóvar	147	B-3	31
Cerro del Almodóvar, Cº.	147	C-2	47
Cerro de la Gavia	160	C-4	31
Cerro de los Ángeles	173	C-3	21
Cerro de los Ángeles, Avda.	139	C-4	26
Cerro de Álamos Blancos	14	C-4	35
Cerro de la Alcazaba	142	B-3	53
Cerro Bermejo	102	B-4	11
Cerro Bermejo, Pza.	102	B-4	11
Cerro Blanco	139	B-3	26
Cerro del Campo	195	A-1	52
Cerro de los Caños	172	A-2	41
Cerro Carrasco	146	A-4	31
Cerro de la Carrasqueta	14	C-4	35
" "	15	A-4	"
Cerro del Castañar 1 al 17 y 2 al 28	16	A-4	34
al 23 y al 60	15	C-2	"
Cerro Castelo, Pza.	144	A-1	38
Cerro Garabitas (actualmente Pintora Ángeles Santos)			
Cerro de los Hombres	193	A-4	52
Cerro de la Mica	119	C-3	47
Cerro Milano, Avda.	162	C-4	51
"	163	A-4	"
"	164	C-4	"
"	191	C-2	"
"	192	C-1	"
Cerro Minguete	14	C-4	35
"	15	B-4	"
Cerro del Monte	195	A-1	52
Cerro del Murmullo	164	C-4	51
Cerro Negro	124	B-3	07
Cerro Ortigoso	16	A-4	34
Cerro Piñonero	15	B-4	35

44

Nombre	Plano Parcial		C.P.
Cerro de la Plata	124	B-2	07
Cerro de San Pedro	25	B-4	23
Cerro del Tesoro	195	A-1	52
Cerro de Valdecahonde	64	B-2	23
Cerro de Valdemartín	16	A-3	34
Cerros, Los; C.º	196	B-2	52
Cervantes	104	C-3	14
"	105	A-3	"
Cervantes, Avda.	4	A-1	48
Cervera	34	A-4	33
César Cort Boti	200	C-2	55
César González Ruano	73	C-4	27
César González Ruano, Trv.	73	C-4	27
César Manrique	29	A-4	35
César Pastor Llopis	146	B-3	31
Cestona	155	C-2	41
Ceuta	50	C-2	39
Chamberí, Pza.	88	C-2	10
Champagnat, Avda.	74	C-1	43
Chantada	29	B-4	
Códigos Postales			
1 al 39 y 2 al 34			29
41 y 36 al final			35
Chaparral	34	C-4	33
"	35	A-4	"
Chapinería	27	C-3	35
Chapistería, La	93	C-4	37
Charalá, Gta.	34	C-4	33
Charca Verde, La	72	B-2	02
Charca Verde, La; Pza.	72	B-1	02
(antigua Arriba España, Pza.)			
Charco Alto	195	B-2	52
Charco Hondo	195	B-2	52
Charleroi	145	B-3	31
Charlie	59	A-4	42
"	79	A-1	42
Charquilla, La	195	B-2	52
Chavasca	17	B-2	34
Chiclana	138	B-2	25
Chicuelo	55	B-3	43
Chile	52	B-3	16
Chile, Pº.	105	C-2	09
Chima	35	A-3	33
Chimbo	138	C-3	25
Chimenea	129	B-3	32
Chimichagua	35	A-4	33
China, Cº.	160	A-4	31
"	175	C-1	"
Chinchilla	104	B-1	13
Chinchón, Pje.	127	A-1	30
Chindasvinto	120	B-4	19
Chindasvinto, Pje.	120	C-4	19
Chipiona	33	C-3	33
Chiquinquirá	34	C-4	33
"	35	A-4	"

Nombre	Plano Parcial		C.P.
Chiquita, La	172	B-4	21
Chirimoya, La	153	A-2	44
Chirivel	33	B-2	33
Chirivita	153	B-1	44
Chisperos	120	B-1	47
Chisperos de Chamberí, Pza.	88	C-2	10
Choco	34	C-3	33
Choconta	35	B-4	33
Chopera, La; Pº.	122	C-4	45
" "	140	C-1	"
Chopera, La; Pº. (Retiro)	105	B-3	05
Chopo	65	C-1	23
Chopos, Pº.	102	B-1	11
Chorrillo, Cº.	29	C-4	29
"	49	C-1	"
Chozas de Canales, Pza.	173	A-3	21
Chozas de la Sierra	73	A-2	02
Chucurí	35	A-4	33
Chueca, Pza.	104	C-1	04
Chulapona, La	172	C-1	41
Chulapos, Los	103	A-4	11
Chumbera	50	A-3	39
Chunga, La	174	B-1	18
Churruca	88	B-3	04
Cibeles, Pza.	105	A-1	14
Cicerón	70	B-2	20
Ciclón	38	A-4	42
Ciconia	74	B-4	27
Cid	105	B-1	01
Cidacos	71	C-1	02
Cidamón	73	C-1	43
Cidamón, Pza.	73	C-1	43
Cidra, La	74	B-4	27
Cidro	153	B-3	44
Ciegos, Cta.	103	B-3	05
Ciencias, Pza.	68	C-1	40
Ciento Cinco	158	C-4	53
Ciento Cuatro	158	C-3	53
Ciento Dos	158	C-3	53
Ciento Seis	158	C-4	53
Ciento Siete	158	B-4	53
Ciento Tres	158	C-3	53
Ciento Uno	159	A-3	53
Cierzo	38	A-3	42
Cieza, Pza.	29	C-1	34
Cifuentes	172	C-4	21
"	173	A-4	"
Cigarreras, Las	122	A-1	05
Cigoitia	79	A-2	22
Cigüeña	139	A-1	19
Cilantro	114	B-4	52
Cimarra	21	C-3	23
Cinabrio	65	B-1	23
Cinca	72	A-2	02
Cinceladores, Los	94	B-4	37

C

Nombre	Plano Parcial		C.P.
Cinco	77	C-2	22
Cinco Lagunas	44	B-3	23
Cincovillas	161	C-3	51
Cincuentín	153	A-4	54
Cine	117	B-4	24
Cine, Pza.	143	C-4	18
Cine París, Pza.	143	A-2	18
Cintra	138	C-2	25
Cipreses, Los	51	C-2	36
Cipriano Sancho	91	C-2	17
Cirauqui	18	B-1	50
Circe	76	C-4	22
"	77	A-4	"
Circón	123	B-3	45
Circonita	123	A-4	45
Circular, Pza.	52	A-1	36
Círculo	157	A-4	41
Cirilo Martín Martín, Gta.	45	A-4	23
Cirilo Martínez Novillo	147	B-4	31
Ciruela, La	153	A-2	44
Cisne, El	25	A-4	23
"	45	A-1	"
Ciudad de Águilas	109	B-4	30
Ciudad de Barcelona, La; Avda.	124	A-2	07
Ciudad Encantada	109	C-4	30
Ciudad de Frías	179	B-3	21
Ciudad Lineal, Pza.	92	C-1	27
Ciudad de Plasencia, La; P°.	103	B-3	05
Ciudad Real	122	C-2	45
"	123	A-2	"
Ciudad Rodrigo	104	A-2	12
Ciudad de Salta, La; Pza.	53	B-4	43
Ciudad Vieja de Cáceres, La	152	B-3	54
Ciudad de Viena, La; Pza.	69	B-2	40
Ciudad Universitaria, La; Ctra.	66	B-2	11
" "	84	A-1	"
" "	100	C-2	"
Ciudadanía	173	A-2	41
Cívica, Pza.	94	B-3	37
Civiles, Cjón.	124	C-3	53
Clara Campoamor	138	B-3	25
Clara del Rey	72	C-3	02
Clara Schumann	173	B-2	21
Clarinetes, Los	152	A-2	54
Clarisas	138	C-1	19
Claudio Coello			
1 al 25 y 2 al 20	105	B-1	
al 177 y al 132	89	C-1	
Códigos Postales			
1 al 89 y 2 al 84			01
91 y 86 al final			06
Claudio Ferrero Ferrero	146	B-3	31
Claudio Moyano	105	B-4	14
Claudio Sánchez Albornoz	117	B-3	24
Clavel	104	C-1	

Nombre	Plano Parcial		C.P.
Códigos Postales			
1 y 2			13
3 y 4 al final			04
Clavellinas, Las	50	C-1	29
Clavijo	128	B-1	32
Clavileño	72	C-1	02
Clemente Alonso	137	C-2	25
Clemente Fernández	102	A-4	11
"	120	A-1	"
Cleopatra	143	C-3	18
Clivia	120	B-4	19
Coalición	157	B-4	41
"	173	B-1	"
Cobalto	172	B-4	21
"	180	B-1	"
Cobeña, Pje.	127	B-1	30
Cobos de Segovia	121	B-1	05
Cobre	123	B-4	45
Coca	119	B-2	47
Cochabamba	52	A-4	16
Cocheras	124	A-2	07
Cocherón de la Villa	145	A-3	31
Cocheros, Los	139	C-3	26
Coco Chanel	132	B-3	52
Cocuy	35	A-4	33
Codo	104	A-2	05
Codorniz, La	137	A-3	47
Cogolludo	174	A-3	21
Coimbra, Pje.	138	C-3	25
Coimbra, Pza.	139	A-3	25
Coín	144	C-2	18
Colada del Congosto, C°.	191	B-2	51
Colada de la Torrecilla, C°.	190	B-4	51
Colada de Valdeculebra, C°.	192	C-3	51
Colegiata, La	104	A-3	12
Colegiata de Cervatos	9	A-2	34
Colegiata de Elines	9	C-2	34
Colegiata de Lebeña	9	A-1	34
Colegiata de Sar	8	C-4	34
Colegio Ateneo Politécnico, Pza.	72	B-3	02
Colina, La	86	A-3	08
Colindres	32	A-1	34
Colios	76	B-1	42
Collado Albo	15	A-3	35
Collado Bajo	142	C-2	53
Collado Cerro Malejo	15	B-3	34
Collado del Hornillo	15	B-3	35
Collado de Marichiva	15	B-3	35
Collado Mediano	15	C-3	34
Collado de la Mina	15	B-3	35
Collado Mostajo	15	A-3	35
Collado del Piornal	15	B-2	34
Collado de Tirobarra	15	B-2	34
Collado de las Vertientes	124	C-4	53
"	142	C-1	"
Collado del Viento	16	B-3	34

C

Nombre	Plano Parcial		C.P.
Collado Villalba, Pje.	72	A-4	02
Collados, Los	92	A-2	17
Colmena, La; Gta.	131	A-3	52
Colmenar Viejo	162	A-1	31
Colmenar Viejo, Ctra. (M-605)	1	C-3	48
" "	2	A-4	"
" "	4	B-1	"
Colmenar Viejo, Ctra. (M-607)	5	B-2	"
" "	9	B-2	"
" "	16	C-2	"
CÓDIGOS POSTALES			
1 y 2 al km. 11,650			34
km. 11,651 al km. 20,300			49
Colmenarejo	48	B-2	35
Colmenarejo, Pje.	48	B-2	35
Colmenares	104	C-1	04
Colombia	52	C-4	16
Colombia, Pº.	105	C-2	09
Colomer	91	A-2	28
Colón	88	B-4	04
Colón, Pza.	89	B-4	46
Colorantes	94	B-4	37
Coloreros	104	A-2	13
Columba	130	C-2	52
Columela	105	B-1	01
Columnas, Las; Pza.	101	C-3	11
Comadre, Trv.	104	B-4	12
Comandante Azcárraga	52	C-3	16
Comandante Benítez	122	C-3	45
Comandante Fontanes			
1 al 17	121	C-1	19
al 75 y al 38	120	C-4	"
Comandante Fortea, Pº.	86	B-4	08
Comandante Franco, Avda.	52	B-2	16
Comandante Las Moreras, Pza.	104	A-2	13
Comandante veterinario J. Antonio Fernández Martínez	134	B-3	24
Comandante Zorita (actualmente Aviador Zorita)			
Comendadoras, Las; Pza.	88	A-3	15
Comercial	143	C-2	18
Comercial, Pza.	94	A-3	37
Comercio	123	C-2	07
CÓDIGOS POSTALES			
1 al 7 y 2 al 8			07
9 y 10 al final			45
Comercio, Pje.	104	B-2	13
Cometa	39	A-4	42
Complutense, Avda.	48	C-4	40
" "	68	C-3	"
Comuneros de Castilla, Los	121	A-3	19
Comunidades, Avda.	128	C-4	32
" "	129	A-4	"
Concejal Benito Martín Lozano	121	C-1	05
Concejal Fco. José Jiménez Martín	118	C-2	47
" " "	119	B-2	"

Nombre	Plano Parcial		C.P.
Concejal Ginés Meléndez	79	B-4	22
Concejal Julio Gómez	92	A-2	27
Concejal Victorino Granizo	132	B-2	52
Concejales	14	C-4	35
Concejo de Teverga	142	B-2	53
Concepción, La	143	C-3	18
Concepción Arenal	104	B-1	04
Concepción Ávila	117	B-4	24
Concepción Bahamonde	91	A-4	28
Concepción Jerónima	104	A-3	12
Concepción Jerónima, Cjón.	104	A-3	12
Concepción de la Oliva	173	C-2	21
Concha Espina, Avda.			
1 al 47 y 2 al 28	71	C-1	
al 69 y al 48	72	A-1	
CÓDIGOS POSTALES			
1 al 3 y 2 al 16			36
5 y 18 al final			16
Conchas, Las	104	A-2	13
Conchita Montenegro	132	A-2	52
Conchita Montes	35	B-2	50
Concierto	102	C-3	11
Conciliación, La	173	B-1	41
Concordia, La	125	A-4	53
Concordia, La; Puente	201	B-3	55
Condado de Treviño	32	C-2	33
Condado de Treviño, Trv.	32	C-2	33
Conde	103	C-3	05
Conde, Trv.	103	C-3	05
Conde de Aranda	105	C-1	01
Conde de Barajas, Pza.	104	A-3	05
Conde Belchite	74	B-3	27
Conde Belchite, Pje.	74	B-3	27
Conde de Benavente, Pza.	138	B-4	25
Conde de Cartagena	106	B-4	07
" "	124	B-1	"
Conde Casal, Pza.	124	C-1	07
Conde de la Cimera	69	C-2	40
Conde de Covatillas, Pza.	126	B-2	30
Conde Duque	88	A-3	15
Conde Duque, Trv.	87	C-4	15
Conde de Elda	91	A-2	28
Conde Eleta	137	B-3	25
Conde Eleta, Pza.	137	B-3	25
Conde de Lemos	103	C-2	13
Conde Miranda	104	A-2	05
Conde Miranda, Pza.	104	A-3	05
Conde de Morphy	137	B-4	25
Conde de Peñalver	90	B-2	06
Conde de las Posadas	76	C-1	42
Conde Rodríguez de San Pedro	142	B-2	53
Conde de Romanones	104	B-3	12
Conde del Serrallo	51	A-1	29
Conde de Toreno, Pza.	88	A-4	15
Conde de Torralba	31	C-2	46

C

Nombre	Plano Parcial	C.P.
Corte del Faraón, La	156	C-4	41
" "	157	A-4	"
Cortes, Las	104	C-2	14
Cortijillo	195	B-1	52
Cortijo	180	C-3	21
"	181	A-3	"
Corumba	74	C-3	27
"	75	A-3	"
Coruña, La	50	C-4	20
Coruña, La; Ctra.	21	A-3	
CÓDIGOS POSTALES			
1 y 2 al km. 7			40
km. 7 al km. 15			23
Coslada	90	B-1	28
Coslada, C°.	80	A-2	22
Coslada a Rejas, C°.	80	A-4	22
"	97	C-1	"
Coslada y San Fernando			
de Henares (M-215), Ctra.	112	C-4	52
" "	113	A-2	"
Cosmos	50	A-1	39
Costa Azul	127	B-1	30
Costa Blanca	109	C-4	30
"	127	C-1	"
Costa Brava			
1 al 43 y 2 al 22	16	B-2	34
al 53	15	C-1	"
Costa Brava, Trv.	16	C-2	34
Costa Rica	52	C-3	16
Costa Rica, Pza.	105	C-1	09
Costa del Sol, La	34	A-4	33
Costa Verde	50	C-1	29
"	51	A-1	29
Costillares	74	C-1	43
Costureras	94	B-3	37
Cotos, Los	72	B-1	02
Covachuelas	172	A-4	21
Covaleda	33	A-4	33
Covarrubias	88	C-3	10
Covatillas	65	B-1	23
Covatillas, C°.	66	A-3	11
Cracovia	95	A-4	22
"	111	A-1	"
Crevillente	71	C-1	36
Crisantemo	50	A-2	39
Cristina Arce y Rocío Oña, Pza.	58	B-4	42
Cristino Martos, Pza.	87	C-4	15
Cristo	88	A-3	15
Cristo del Camino	123	A-2	45
Cristo de la Fe	140	C-3	26
Cristo de la Guía	128	C-1	32
Cristo de Lepanto	140	B-3	26
Cristo de las Limpias	140	B-3	26
Cristo de la Luz	140	B-3	26
Cristo de El Pardo, Ctra.	3	B-2	48

Nombre	Plano Parcial	C.P.
Cristo Rey, Pza.	69	B-4	40
Cristo de Serradilla	138	C-2	19
Cristo de la Vega	140	B-4	26
Cristo de la Vera Cruz	17	C-2	34
Cristo de la Victoria	140	A-4	26
Cristóbal Aguilera	137	B-2	25
Cristóbal Bordiú	70	C-3	03
"	71	A-3	"
Croat	153	A-4	54
Cromo	141	B-1	45
Cronos	76	B-4	37
"	94	A-1	"
Cronos, Pza.	76	B-4	37
Crotón	50	A-1	
CÓDIGOS POSTALES			
1 al 39 y 2 al 32			39
41 y 34 al final			29
Crucero 25 de Mayo	52	C-2	16
Crucero Baleares	125	B-4	38
Cruces, C°.	152	B-2	44
Cruz, La	104	B-2	12
Cruz, La; C°.	44	C-3	23
Cruz del Carnero, La	129	A-2	32
Cruz Latina, La; Pza.	33	B-3	33
Cruz de la Misa, La	129	A-2	32
Cruz del Sur, La			
1 al 27 y 2 al 30	106	C-4	07
al 31	124	C-1	"
Cruz Verde, La	88	A-4	04
Cruz Verde, La; Pza.	103	C-3	05
Cruz Verde, La; Trv.	88	A-4	04
Cruzada, La	103	C-2	13
Cuacos de Yuste, Pza.	135	A-4	44
Cuart de Poblet	119	A-3	47
Cuarta	52	C-4	16
Cuarta, Avda.	77	C-2	22
Cuartel de Simancas	125	A-4	18
Cuartel, C°.	59	A-1	42
Cuarto	153	A-4	54
Cuarzo, Gta.	91	A-2	28
Cuatro	77	C-2	22
Cuatro Amigos	51	A-1	29
Cuatro Caminos, Gta.	70	B-2	20
Cubillos	110	A-1	37
Cuchilleros	104	A-3	05
Cucillo	138	B-1	19
Cucuta	34	C-3	33
Cuelgamuros, Pza.	125	B-1	38
Cuéllar	28	B-2	35
Cuenca	70	B-2	20
Cuerda, La; C°. (Chamartín)	32	C-3	33
Cuesta	140	A-1	26
Cuesta de los Ciegos	103	B-3	05
Cuesta de las Descargas	103	C-4	05

C

Nombre	Plano Parcial		C.P.
Cuesta del Galbán.........................	65	C-1	23
Cuesta Nueva	101	C-3	11
Cuesta de Ramón	103	C-3	05
Cuesta de la Vega	103	B-3	05
Cuesta del Villorio	195	B-2	52
Cueva de Montesinos	17	B-1	34
Cueva Valiente..............................	72	C-1	02
Cuevas	50	C-2	39
Cuevas de Almanzora	33	B-3	33
Cuevas de Altamira, Las	152	B-4	54
Cuevas Bajas	157	A-2	41
Cuevas del Valle	21	B-4	23
Culla..	162	A-2	31
Cullera..	119	B-3	47

Nombre	Plano Parcial		C.P.
Cultura, La	32	C-2	33
"	33	A-2	"
Cumare	35	A-4	33
Cundinamarca...............................	35	B-4	33
Cupido, Pza.	76	C-3	22
Cuqueña Vieja	130	A-4	52
"	148	A-1	"
Cura Tomás Rubio, Pzla.	181	B-1	21
Curití	35	A-4	33
Curruca, Cjón.	137	C-3	25
Custodio Moreno, Gta.	199	A-1	55
Cutanga	35	A-4	33
Cuzco, Pza.	51	B-3	46
Cyesa	91	C-3	17

D

Nombre	Plano Parcial		C.P.
Daganzo	72	B-4	02
Dagua	35	A-4	33
Daimiel	103	A-4	11
Dalia, La	33	A-2	33
Damasco.......................................	127	C-2	30
Dámaso Alonso..............................	197	A-3	55
Damasquillo	136	A-3	44
Daniel	51	C-1	36
Daniel Segovia..............................	117	B-4	24
Daniel Urrabieta............................	71	B-2	02
Daniel Vázquez Díaz	31	C-3	46
Daniel Zuazo, Pza.	117	C-4	24
Daniel Zuloaga	107	A-1	28
Dante	101	B-4	11
Danza, La	151	B-1	54
Daoiz	88	B-3	04
Daoiz y Velarde, Pza.	124	A-2	07
Daoiz (Retiro)...............................	105	B-3	09
Darío Aparicio	25	C-4	23
"	46	A-1	"
Darío Gazapo	117	A-4	24
"	135	A-1	"
Daroca, Avda.	91	C-3	
"	92	C-4	
"	108	C-1	
"	109	B-2	
"	110	B-4	
"	128	C-1	
Códigos Postales			
1 al 99 y 2 al 98			17
101 y 100 al final			32
Darro..	71	C-1	02
Darwin..	6	C-2	49
Dátil...	137	A-4	25
"	153	B-1	"

Nombre	Plano Parcial		C.P.
David Lara.....................................	125	A-4	53
Dávilas, Los; Pza.	128	A-1	32
Décima	52	C-4	16
Decoradores	94	A-2	37
Dédalo	76	B-4	37
Dehesa de Vicálvaro	128	C-3	32
"	129	A-3	"
Dehesa Vieja	130	A-4	52
"	148	C-1	"
Dehesa de la Villa, Ctra.	48	A-4	40
" "	49	A-3	"
Delfín	51	A-1	29
Delicias	123	A-1	45
Delicias, Las; Pº.	123	A-1	45
Delineantes, Los	94	B-4	37
Delmira Agustini	173	B-2	17
Delta	79	A-1	42
Demetrio López..............................	91	C-1	27
Demetrio Sánchez..........................	91	A-4	28
Democracia, Avda.	128	B-2	
"	146	A-1	
Códigos Postales			
1 y 2 al km. 2			32
km. 2,001 al final			31
Denia	49	C-2	39
Deportistas, Los	94	A-3	37
Deportividad, La	35	B-2	50
Depósito del Agua.........................	159	B-1	53
Depósito de Aguas, Cº.	85	B-1	11
Depósito de Renfe, Pje.	87	A-3	08
Derechos Humanos........................	73	C-4	27
"	91	C-1	"
Desagüe del Canal	54	A-2	43
Desamparados, Los; Cost.	104	C-3	14

D

Nombre	Plano Parcial	C.P.
Doctor Juan Bravo	17	B-2	34
Doctor Juan José López Ibor	28	C-4	35
" "	48	C-1	35
Doctor Juan Pedro Moreno Glez.	69	A-3	40
Doctor Laguna, Pza.	106	B-3	09
Doctor Larra y Cerezo	102	A-4	11
Doctor Letamendi	103	C-3	05
Doctor Lozano	125	B-2	38
Doctor Lozano, Pza.	125	B-1	38
Doctor Luis Montes Mieza, Gta.	29	A-4	35
Doctor Marañón, Pza.	89	B-1	46
Doctor Marco Corera	72	A-1	02
Doctor Mariani	50	B-4	39
Doctor Martín Arévalo	172	B-4	21
Doctor Mata	105	A-4	12
Doctor Mazuchelli	28	C-2	35
Doctor Mediavilla	4	A-3	48
Doctor Olóriz	91	A-4	28
Doctor Pérez Domínguez	172	A-4	21
Doctor Piga	104	C-4	12
Doctor Ramón Castroviejo	28	B-4	35
" "	29	C-2	"
Doctor Reinosa	28	B-2	35
Doctor Salgado	125	A-2	38
" "	125	A-3	"
Doctor Sánchez	142	C-3	18
" "	143	A-3	"
Doctor Sánchez, Trv.	142	C-3	18
Doctor Sanchís Banús	140	A-2	26
Doctor Santero	70	A-2	39
Doctor Severo Ochoa	68	C-4	40
" "	69	A-3	"
Doctor Teófilo Hernando Ortega	69	C-2	40
Doctor Thebussen	91	A-1	28
Doctor Tolosa Latour	140	C-4	41
" "	156	B-1	"
Doctor Urquiola	137	B-2	25
Doctor Vallejo	74	B-4	27
" "	92	B-1	"
Doctor Vallejo Nágera, Pº. (actualmente Juan Antonio Vallejo-Nájera Botas, Pº.			
Doctor Velasco	105	B-4	14
Doctor Zamenhof	75	C-3	27
Doctor Zofio	120	A-4	19
Doctora Gabriela Morreale, Pza.	124	B-1	07
Dodge	155	C-3	41
Dolores	50	B-3	39
Dolores, Los; Pje.	73	A-2	02
Dolores Armengot	137	C-2	25
Dolores Barranco	140	A-3	26
Dolores Bejarano	50	C-2	29
Dolores Coca	137	C-2	25
Dolores Folgueras	125	B-4	38
Dolores Romero	91	A-4	28

Nombre	Plano Parcial	C.P.
Dolores Sánchez Carrascosa	52	A-1	36
Dolores Sopeña	140	A-1	26
Dolorosa, La	173	A-2	41
Doménico Scarlatti	69	B-4	03
Dómine, Cjón.	17	C-2	34
Dominicos, Los; Pte.	11	B-4	35
Domingo de Alboraya	137	B-4	25
Domingo Álvarez	21	B-3	23
Domingo Fernández	51	C-3	36
Domingo Fontán	91	A-4	28
Domingo Garrido	22	B-4	23
Domingo Mendizábal, Pza.	93	C-3	37
Domingo Parraga	179	C-1	21
Domingo Pérez del Val	122	C-4	45
Domingo de Silva	101	C-4	11
Domingo Zaizita	101	C-4	11
Don Álvaro de Bazán.....................	70	B-3	03
Don Antonio de Andrés, Pza.	129	A-2	32
Don Bosco, Rda.	152	C-1	44
" "	153	A-1	"
Don Felipe	88	B-4	04
Don Justo	52	B-2	16
Don Pedro	103	C-3	05
Don Quijote	70	C-2	20
Don Ramón de la Cruz	90	A-3	
Códigos Postales			
1 al 79 y 2 al 68			01
81 y 70 al final			06
Don Rodrigo	120	C-3	19
Donados, Los	104	A-2	13
Donato Bañares	17	B-2	34
Dondiego	117	B-3	34
Donflor	179	C-2	21
Donoso, Pza.	50	C-1	29
Donoso Cortés	88	A-1	15
Donoso Montesinos	51	C-1	36
Donostiarra, Avda.	91	C-2	27
Doña Berenguela	102	C-3	11
Doña Carlota, Pje.	73	A-2	02
Doña Francisquita	172	B-2	41
Doña Guiomar	33	C-3	33
Doña Juana I de Castilla	75	B-2	27
Doña Leonor de Cortina	39	B-3	42
Doña Mencía	102	C-3	11
Doña Urraca	102	C-3	11
Doña Urraca, Trv.	102	C-3	11
Dora	121	A-4	19
Dorado, Pje.	106	C-3	07
Doré, Pje.	104	C-3	12
Dorotea	9	B-3	34
Doroteo Benache	49	B-2	39
Doroteo Laborda...........................	179	B-1	21
Dos (Campamento)	117	B-4	24

D

Nombre	Plano Parcial		C.P.
Dos (Ciudad Pegaso)	77	C-2	22
Dos Amigos	87	C-4	15
Dos Caballos	156	A-3	41
Dos Castillas, Las; Pº	101	A-3	11
Dos Castillas, Las; Pza.	92	A-2	27
Dos Castillas, Las; Vía (M-503)	65	C-2	23
Dos Hermanas	104	A-4	12
Dos de Mayo	88	B-4	04
Dos de Mayo, Pza.	88	B-3	04
Dos Ríos, Los	17	B-2	34
Drácena	52	C-2	16
Dragón	45	A-3	23
Dresde	110	C-1	32
Drogeros, Los	94	B-4	37
Dublín, Vía	56	C-2	42
Ducado	153	A-4	54
Dulce	156	C-2	41
Dulce Chacón	18	C-4	33
"	33	A-1	"
Dulce Nombre de María	125	A-1	38
Dulcinea	70	C-1	20
Dulzaina	33	A-2	33
Dulzura	173	B-1	41
Duque	39	A-4	42
Duque de Alba	104	A-3	12

Nombre	Plano Parcial		C.P.
Duque de Alba, Pza.	104	A-3	12
Duque de Fernán Núñez	104	C-3	12
Duque de Fernán Núñez, Pº	106	A-3	09
Duque de Liria	87	C-4	15
Duque de Medinaceli	104	C-3	14
Duque de Módena, Pza.	138	B-4	25
Duque de Nájera	103	C-3	05
Duque de Osuna	87	C-4	15
Duque de Pastrana, Pza.	52	A-1	36
Duque de Rivas	104	A-3	12
Duque de Sesto	106	B-1	09
Duque de Sevilla	72	A-4	02
Duque del Sevillano	129	A-2	32
Duque de Tamames	73	C-2	43
Duque de Tovar	121	A-2	05
Duquesa de Castrejón	53	B-2	33
Duquesa de Parcent	119	A-3	47
Duquesa de Santoña	140	A-1	26
Duquesa de Tamames	153	A-2	44
Durán	72	A-3	02
Durango	22	A-4	23
Duratón	119	B-1	11
Durazno	153	A-1	44
Dúrcal	156	C-2	41
Duro	153	B-4	54

E

Nombre	Plano Parcial		C.P.
Ebanistería	94	A-4	37
Ébano	65	C-1	23
Ebro	71	C-2	02
Echegaray	104	C-2	14
Echo	79	A-1	42
Écija	87	A-2	08
Edgar Neville	70	C-1	20
(antigua General Moscardó)			
Edimburgo, Gta.	55	C-1	42
Edison	72	A-4	06
Eduardo Adaro	49	C-4	39
"	69	C-1	"
Eduardo Aunós			
(actualmente Mercedes Fórmica)			
Eduardo Barreiros, Avda.	156	C-3	41
"	172	B-1	"
Eduardo Benot	103	B-1	08
Eduardo Chillida	164	B-4	51
"	192	B-1	"
Eduardo Dato, Pº.			
1 al 5 y 2	88	C-2	10
al 27 y al 20	89	A-2	"

Nombre	Plano Parcial		C.P.
Eduardo García "El Chata", Cjón.	129	B-2	32
Eduardo Haro Tegglen	35	B-1	55
Eduardo Maristany	173	C-3	21
Eduardo Marquina	121	C-4	19
"	140	A-1	"
Eduardo Mazón	76	C-1	42
Eduardo Minguito	173	B-4	21
Eduardo Minguito nº. 2, Cjón.	173	B-4	21
Eduardo Minguito nº. 3, Cjón.	173	B-4	21
Eduardo Morales	138	A-1	25
Eduardo del Palacio	71	B-2	02
Eduardo Requenas	143	A-1	53
Eduardo Rivas	139	C-1	19
Eduardo Rojo	143	A-2	18
Eduardo Saavedra	68	B-2	40
Eduardo Sanz	124	C-4	53
Eduardo Terán	76	B-3	22
Eduardo Urosa	137	B-1	25
Eduardo Vela	45	A-2	23
Eduardo Vicente	72	B-4	28
"	90	C-1	"
Educación, La	33	A-2	33
Efigenia	129	C-1	32

Nombre	Plano Parcial		C.P.
Encarnación González	142	C-1	53
Encarnación López "Argentinita"	14	B-3	35
Encarnación Oviol	173	B-3	21
Encarnación del Pino	171	B-4	21
Encierros, Los	156	A-2	41
Encinar, Puente	12	A-3	50
Encinas, Las	52	B-3	16
Encinas, Las; Trv.	52	B-3	16
Enciso	128	B-1	32
Encomienda	104	A-4	12
Encomienda, Trv.	104	A-4	12
Encomienda de Palacios			
1 al 217 y 2 al 250	126	B-2	30
al 235 y 380	127	A-3	"
Encuentro, Pza.	126	A-1	30
Endrinas, Las	53	A-4	16
Enebro	65	C-1	23
Enero	80	A-2	22
Enlace entre M-30 y Ctra. de			
Andalucía, Ctra.	182	A-3	
Enlace entre M-30 y A-4, Ctra.	174	B-3	
" "	187	B-1	
Enlace entre M-30/M-40 y A-4, Ctra.	158	A-3	
Enlace A-5 y M-40, Ctra.	149	C-4	
Enrique I	70	A-1	39
Enrique Aguilar	50	A-3	39
Enrique de Aldama	28	A-3	35
Enrique Azcoaga	11	C-4	50
Enrique Borrás	119	C-1	11
Enrique D'Almonte	107	A-1	28
Enrique Fuentes	139	C-2	26
Enrique García Álvarez	146	B-3	31
Enrique Granados	102	A-4	11
Enrique Jardiel Poncela	52	C-3	16
Enrique Lafuente Ferrari	12	C-3	55
Enrique Larreta	51	B-1	36
Enrique Leyra	28	B-2	35
Enrique López	76	C-2	22
Enrique Martínez	152	C-3	54
Enrique de la Mata			
Gorostizaga, Puente	89	B-2	46
Enrique de Mesa, Pza.	146	C-3	31
Enrique Moyano	139	C-1	19
Enrique de Oro	153	C-2	54
Enrique de Prada	56	C-4	42
"	76	C-1	"
"	77	A-1	"
Enrique Ruano, Pje.	90	A-4	01
(antigua General Mola, Pje.)			
Enrique Ruiz	70	A-1	39
Enrique Simonis	141	A-2	45
Enrique Trompeta	122	C-4	45
Enrique Urquijo	132	B-2	52
Enrique Velasco	125	B-4	38
Enrique Velasco, Pje.	125	A-3	38

Nombre	Plano Parcial		C.P.
Enrique Velasco, Trv.	125	A-3	38
Ensanche de Vallecas, Avda.	146	C-4	51
" "	162	B-2	"
" "	163	B-4	"
" "	192	A-1	"
Ensidesa, Pza.	75	C-3	27
Entre Arroyos	107	C-4	30
Entrena	73	B-2	43
Entrepeñas	162	C-3	51
"	163	A-2	"
Entrevías, Avda.	142	C-3	53
"	143	A-4	"
"	159	C-1	"
Eolo, Gta.	76	B-2	22
Epifanía	93	C-3	37
Época, La	137	B-4	25
Eras, Las	34	C-3	33
Eras Altas	146	A-3	31
Erasmo de Rotterdam	6	B-1	49
Eraso	90	C-1	28
Ercilla	122	B-2	05
Eresma	71	C-2	02
Erial de la Abuela	193	A-4	52
"	195	A-1	"
Erica	136	C-4	47
"	137	A-3	"
Eridano	44	C-4	23
Ermita, La; Pº.	45	A-2	23
Ermita del Santo, La; Pº.			
1 al 17 y 2 al 22	103	A-4	
al 70	120	C-1	
Códigos Postales			
1 al 63 y 2 al 70			11
65 y 72 al final			18
Ermita de la soledad	129	B-2	52
Ermita Virgen de la Soledad, La; Gta.	58	C-1	42
Ermua, Pza.	155	B-2	41
Ernest Hemingway	139	B-1	19
Eros	124	A-4	45
"	142	A-1	45
Ernestina Manuel de Villena	140	A-1	26
Ervigio	120	B-4	19
Escala	144	B-1	38
Escalerilla de Piedra	104	A-3	12
Escalinata	104	A-2	13
Escalinata del Fotógrafo Alfonso	103	C-3	05
Escalinata del General Aranda	30	C-4	29
Escalona	118	B-3	24
Escalonilla	119	C-3	47
Escandón	179	C-1	21
Escaramujo	50	B-1	29
Esclavas Sagrado Corazón			
de Jesús, Pza.	88	C-2	10
Escocia	120	C-4	19
Escorial, El	88	B-4	04

E

Nombre	Plano Parcial		C.P.
Escoriaza	172	C-3	41
"	173	A-3	"
Escorpión	79	C-2	42
Escorzonera, Ctra.	42	A-1	23
Escosura	88	A-1	15
Escribanos, Los.......................	179	C-1	21
Escritor, El	143	C-1	38
Escuadra................................	104	C-4	12
Escuadrón	1	C-2	48
Escudo, Pje.	106	C-4	07
Escudo de Oro	153	B-4	54
Escuelas, Las	140	A-1	26
Ecuela de Vallecas, La.............	192	A-1	51
Esculano................................	93	C-4	37
Escultor Peresejo	44	B-4	23
"	64	A-1	"
Escultores, Los	94	B-4	37
Esencieros..............................	94	B-4	37
Esfinge	76	C-3	22
"	77	A-4	"
Esgrima	104	B-4	12
Esmaltina	182	B-1	21
Esmeralda	139	C-2	26
Espada	104	B-3	12
Espalter	105	B-3	14
España, Pza.	87	C-4	08
"	103	C-1	"
España, Puerta	105	B-2	09
Español, Pje.	121	A-4	19
Española, La	109	B-1	17
Españoleto	88	C-2	10
"	89	A-2	"
Esparta	76	B-2	22
Esparteros	104	B-2	12
Espartinas	90	A-4	01
Espejo	104	A-2	13
Esperanza, La	104	C-4	12
Esperanza, La; Pº.	122	B-3	05
Esperanza García	162	A-1	31
Esperanza Macarena	173	A-3	21
Esperanza Sánchez Carrascosa	50	B-1	29
Espinal	18	C-1	50
Espinar	137	C-3	
CÓDIGOS POSTALES			
1 al 19 y 2 al 14			47
21 y 16 al final			25
Espinela, Avda.	172	A-4	21
"	179	C-1	"
Espinillo, Cº.	148	A-2	31
Espino..................................	122	B-1	12
Espinos	45	B-2	23
Espirea	76	B-1	42
Espíritu Santo	88	B-4	04
Espliego	33	A-3	33
Espoz y Mina	104	B-2	12

Nombre	Plano Parcial		C.P.
Espronceda			03
1 al 19 y 2 al 22	70	C-4	03
al 39 y al 40	71	A-4	03
Espuela, La	75	C-1	42
Esquilache..............................	70	B-3	03
Esquivel	88	A-2	15
Esquivias, Pza.	29	C-1	34
Estación, La; Avda.	21	A-3	23
Estación, La; Cº. (Moncloa)	21	B-4	23
Estación, La; Pº.	173	C-2	21
Estación Depuradora Santa Catalina	158	A-3	18
Estación de Hortaleza, Ctra.	33	C-3	33
Estación de la Ristra	129	A-3	32
Estaciones.............................	79	C-2	22
Estafeta, La	157	A-2	41
Estanislao Figueras	103	B-1	08
Estanislao Gómez	76	C-1	42
"	77	A-1	"
Estanislao Pérez Pita	200	C-4	55
"	201	A-4	"
Estanque, Pº.	105	C-2	09
Estaño	180	B-1	21
Este, Pza.	31	B-4	29
Esteban de Arteaga	122	A-4	19
Esteban Carros	159	B-2	53
Esteban Collantes	92	C-2	17
"	93	A-2	"
Esteban Mora	73	C-4	27
"	91	C-1	"
Esteban Palacios	56	A-4	43
Esteban Terradas	51	C-1	36
Estébanez Calderón	51	B-2	20
Estefanita	174	B-4	21
"	182	B-1	"
Estella	18	B-1	50
Estepal	17	C-3	34
Estévez	72	A-2	02
Estibaliz	34	A-4	43
"	53	C-1	"
"	54	A-1	"
Estigia, La	75	B-4	37
Estocolmo..............................	95	B-3	22
Estoril	139	A-2	25
Estoril, Pje.	139	A-2	25
Estoril, Pza.	139	A-2	25
Estrada, La	17	A-3	34
Estrasburgo............................	56	B-2	42
Estrecho de Corea	74	A-4	27
Estrecho de Gibraltar	92	C-1	27
Estrecho de Mesina	74	A-1	43
Estrecho de Ormuz	34	B-4	33
Estrecho de Torres	54	A-4	43
Estrella, La	104	A-1	04
Estrella, La; Puente	107	A-4	30
Estrella Denébola.....................	123	C-4	45
Estrella Hadar	124	A-4	45

E

Nombre	Plano Parcial		C.P.
Estrella Naos	123	C-3	45
Estrella Polar, La			
2 al 8	106	C-4	07
al 17	107	A-4	"
Estrella Shaula	123	C-4	45
Estrellita Castro	127	C-4	32
Estremera	162	B-3	51
Estroncio	173	B-4	21
Estudiantes	69	C-2	40
Estudio	44	C-3	23
Estudios, Los	104	A-3	12
Etna	144	B-2	38
Etreros	121	B-1	05
Etruria	94	C-1	22
"	95	A-1	"
Eucalipto	53	A-4	16
"	73	A-1	"
Eudides	6	C-1	49
Eugenia de Montijo			
1 al 73 y 2 al 98	137	B-4	
al 103 y al 106	150	A-1	
Códigos Postales			
1 al 79 y 2 al 96			25
81 y 98 al final			44
Eugenio	31	B-4	29
Eugenio Caxes	122	B-4	26
"	140	B-1	"
Eugenio D'Ors	107	C-3	30
Eugenio María de Hostos, Pza.	69	A-3	40
Eugenio Pérez	4	A-2	48
Eugenio Salazar	72	B-3	02
Eugenio Sellés	122	C-3	45
Eugenio Zubia	125	A-2	38
Eulalia Ayúcar	118	A-3	24
Eulalia Gil	137	C-2	25
Eulalia Paino	138	B-3	25

Nombre	Plano Parcial		C.P.
Eulogio Pedrero	162	A-2	31
Eunate	10	A-3	50
Eurico	120	C-4	19
Eurípides, Pza.	77	A-2	22
Euro, Avda.	153	C-3	54
Europa	51	C-1	36
Europa, Avda.	64	C-3	23
Eusebio Blasco	121	B-3	19
Eusebio Isidro	29	A-1	35
Eusebio Martínez Barona	53	B-4	43
Eusebio Morán	139	A-2	19
Euskalduna	173	C-2	21
Eustaquio Rodríguez	70	A-4	03
Euterpe	78	A-2	22
Evangelina Sobredo Galanes	45	B-2	23
Evangelios	140	B-3	26
Evaristo San Miguel	87	B-4	08
Évora	139	B-2	19
Excelente	153	A-4	54
Explanada, La	69	C-2	40
Expropiación, La	156	A-2	41
Extremadura, P°.			
1 al 171 y 2 al 184	102	C-3	
al 247 y 246 (A-5)	119	A-1	
al 387 y al 308 (A-5)	118	A-3	
al 439 y al 368 (A-5)	117	C-3	
al 461 y 390 (A-5)	135	A-1	
al 543 y al 396 (A-5)	134	C-3	
s/n (A-5)	149	C-1	
Códigos Postales			
1 al 351 y 2 al 298			11
353 y 300 al final			24
Extremeños, Los	144	B-2	18
Ezcaray	110	C-4	32
Ezequiel Peñalver	80	C-2	42
Ezequiel Solana	92	B-2	17

F

Nombre	Plano Parcial		C.P.
Fabián Fernández Halcón, Pza.	125	C-3	38
Fábrica de Mosaicos	182	B-2	21
Factor	103	C-2	13
Fagot	152	A-2	54
Faisanes, Los	128	A-2	32
Falcinelo	138	B-3	25
Falúa	58	B-4	42
Fantasía	143	C-4	18
Faraday	6	C-1	49
Farmacia	88	C-4	04
Faro	138	C-3	25

Nombre	Plano Parcial		C.P.
Farolillo	120	B-4	19
Fausta Elorz	140	A-1	26
Faustina Calvo	119	B-2	47
Faustina Mena	14	C-4	35
Faustina Peñalver	73	B-1	43
Faustino Cordón Bonet	134	C-2	24
Faustino Garijo	22	A-4	23
Faustino Osorio	120	B-1	47
Fausto Elvira Sánchez	135	A-2	24
Fausto Domingo	138	B-3	25
Favila	120	C-4	19

F

Nombre	Plano Parcial	C.P.
Fe, La	104	C-4	12
Febrero	79	C-3	22
"	80	A-3	"
Federica Montseny	14	C-3	35
Federico Agustí	21	B-3	23
Federico Carlos Sainz de Robles, Pº.	49	A-1	35
Federico García Lorca, Pº.	146	A-4	31
" "	162	A-1	"
Federico García Sanchiz	51	C-4	36
Federico Grases
1 al 21 y 2 al 42	137	B-4	25
al 39 y al 56	153	B-1	"
Federico Gutiérrez	92	B-1	27
Federico Mayo	101	C-4	11
"	120	A-1	"
Federico Mompou	10	A-2	50
Federico Moreno Torroba	124	C-1	07
Federico Núñez	54	A-1	43
Federico Oriol	21	A-3	23
Federico Romero	44	A-4	23
Federico Salmón	52	C-2	16
Feijoo	88	B-1	10
Felicidad, La; Avda.	173	B-1	41
Felipe II, Avda.	90	B-4	09
Felipe III	104	A-2	12
Felipe IV	105	B-2	14
Felipe IV, Puerta.	105	B-2	09
Felipe V	103	C-2	13
Felipe Álvarez	146	A-3	31
Felipe Campos	72	A-3	02
Felipe Castro	140	A-2	26
Felipe Díaz	140	C-2	26
Felipe de Diego	143	A-4	18
Felipe de Diego, Trv.	143	B-4	18
Felipe Fraile	125	A-3	38
Felipe El Hermoso	88	C-1	10
Felipe Herranz	34	A-3	33
Felipe Juvara, Puente	75	C-2	27
Felipe Mora	50	A-1	39
Felipe Moratilla	86	B-3	08
Felipe Pérez y González	71	B-3	06
Felipe Pingarrón	171	C-4	21
Felipe Trigo	73	C-4	27
Felisa Méndez	124	C-4	53
Felisa Pizarro	28	B-3	35
Félix Avellar Beotero, Pº.	105	B-4	14
Félix Boix	51	B-2	36
Félix Candela	200	A-2	55
Félix López	138	B-2	25
Félix Portones	50	A-3	39
Félix Rodríguez de la Fuente	107	B-3	
Códigos Postales
1 al 85 y 2 al 24			17
87 y 26 al final			30

Nombre	Plano Parcial	C.P.
Fenelón	77	A-4	22
"	94	C-1	"
"	95	A-1	"
Fénix	45	B-4	23
Fereluz	50	B-2	39
Ferenc Puskas	132	C-4	52
"	195	B-3	"
Feria	94	A-3	37
Ferial	102	B-3	11
Ferial, Pº.	102	A-3	11
Feriantes, Los	39	A-4	42
"	59	A-1	"
Fermín Caballero
1 al 23 y 2 al 22	16	B-4	
al 51 y al 52	30	A-1	
al 90	29	B-2	
Códigos Postales
1 al 75 y 2 al 80			34
77 y 82 al final			35
Fermín Domínguez Ortiz	92	A-2	17
Fermín Donaire	139	C-4	26
Fermín Izquierdo	50	B-1	29
Fermina Sevillano	79	C-3	22
"	80	A-2	"
Fernán Caballero	121	C-4	19
"	139	C-1	"
Fernán González
1 al 11 y 2 al 12	90	B-4	09
al 75 y al 76	106	B-1	"
Fernán Núñez	52	C-4	16
Fernández Cancela	52	B-2	16
Fernández Caro	74	B-3	27
Fernández Cid	28	B-2	35
Fernández de la Hoz
1 al 41 y 2 al 62	89	A-1	
al 59 y al 92	71	A-4	
Códigos Postales
1 al 47 y 2 al 66			10
49 y 68 al final			03
Fernández Ladreda, Pza.
(actualmente Elíptica, Pza.)
Fernández Llamazares	53	C-2	43
"	54	A-1	"
Fernández Navarrete	76	C-2	22
Fernández de Oviedo	72	B-2	02
Fernández de los Ríos
1 al 17 y 2 al 46	88	A-1	15
al 91 y al 108	87	C-1	"
Fernández Shaw
(Carlos y Guillermo)	124	C-1	07
Fernández Silvestre	31	C-3	46
Fernando VI	88	C-4	04
Fernando VII	94	B-2	37
Fernando Arbós	201	A-2	55
Fernando de Castro Rodríguez	68	C-3	40

Nombre	Plano Parcial		C.P.
Fernando el Católico			
1 al 21 y 2 al 22	88	A-2	15
al 77 y 88	87	C-2	"
Fernando Chueca Goitia	164	A-3	51
Fernando Delgado........................	137	A-3	47
Fernando Díaz de Mendoza	121	C-4	19
Fernando Díaz de Mendoza, Pje. ...	121	C-4	19
Fernando Gabriel.........................	92	C-4	17
"	93	A-4	"
Fernando García Mercadal, Pza. ...	200	C-2	55
" "	201	A-2	"
Fernando Garrido	88	A-2	15
Fernando Giráldez	125	B-2	38
Fernando González	121	A-4	19
"	139	A-1	"
Fernando Higueras	36	C-1	55
"	37	A-1	"
Fernando Mijares	76	B-2	22
Fernando Mora	120	A-4	19
Fernando Lázaro Carreter	44	A-3	23
Fernando Oriol	21	A-3	23
Fernando Ortiz	156	B-3	41
Fernando Ossorio	50	B-4	39
Fernando Pastor	125	B-2	38
Fernando Pessoa	73	C-4	27
Fernando Poo	122	C-3	45
Fernando de Rojas	20	A-3	50
Fernando el Santo	89	A-3	10
Fernando Vizcaino Casas	44	A-3	23
Fernanflor	104	C-2	14
Ferraz	87	B-4	08
"	103	C-1	"
Ferreira	138	B-1	19
Ferrer del Río.............................	90	C-1	28
Ferretería, La	94	A-4	37
Ferrocarril			
1 al 13 y 2 al 16	123	A-2	45
al 43 y al 44	122	C-2	"
Ferrocarril del Tajuña	129	C-1	52
Ferrol, El; Avda.	30	A-3	29
Ferroviarios, Los	140	B-3	26
Ferroviarios, Los; P°.			
1 al 37	171	B-4	21
al 69	179	B-1	"
Fidias	102	B-4	11
Figueras	144	B-1	38
Filadelfia	76	B-3	22
Filipinas	51	C-1	36
Filipinas, Avda.	70	A-4	03
Filósofa Simone Weil	125	A-1	38
(antigua Héroes del Alcázar)			
Fin de Semana, Avda.	80	A-2	22
Fina de Calderón.........................	200	B-2	55
Finisterre	30	B-3	29
Finlandia	111	B-1	22

Nombre	Plano Parcial		C.P.
Fitero	157	B-2	41
Fivé	52	A-1	16
Flamisell	49	B-4	40
Flandes	109	B-4	30
"	127	B-1	"
Flautas, Las	152	A-2	54
Flecha	72	C-2	02
Flor Alta	104	A-1	04
Flor Baja	103	C-1	13
Flor del Coral	117	C-4	24
Flor de Lis	31	B-4	29
Flor de Pascua	117	C-4	24
Flora	104	A-2	13
Flora Tristán	173	C-2	21
Florencia	127	C-2	30
Florencia Pinar...........................	15	A-2	35
Florencio Cano Cristóbal	109	B-4	30
Florencio Castillo	55	C-3	43
"	56	A-3	"
Florencio Díaz	91	A-4	28
Florencio García	74	C-4	27
"	92	C-1	"
Florencio Llorente	91	C-2	27
"	92	A-2	"
Florencio Rodríguez.....................	45	A-3	23
Florencio Sanz...........................	137	C-1	25
Florencio Sánchez Ropero, Pza.	136	B-1	47
Florentino Gascón	54	A-1	43
Florentino Rodríguez Alonso	35	C-2	50
Flores, Las; Pza.	102	C-2	11
Flores, Las; Rda.	66	A-2	23
Florestán Aguilar	90	C-3	28
Florida, La; P°	86	C-4	08
"	87	A-4	"
"	103	A-1	"
Florida, La; Trv.	88	C-3	04
Floridablanca	104	C-2	14
Florín	153	B-4	54
Fluorita	65	A-1	23
Fobos	109	A-4	30
Focha, La	65	C-2	23
Fomento	103	C-1	13
"	104	A-1	"
Fompedraza	54	A-3	43
Fondón	33	C-2	33
Fonsagrada, Pza.	30	A-2	29
Fontanería	54	A-4	43
Fontiveros	137	B-2	25
Forges	129	B-1	32
Forjas	130	C-2	52
Forment	84	B-4	27
Formigal	45	B-2	23
Fornillos	139	C-3	26
Fornitura, La	94	A-4	37
Foresta	18	C-1	50
"	19	A-1	50

59

F

Nombre	Plano Parcial		C.P.
Foronda	17	B-3	34
Forsitia	152	C-3	54
Fortaleza, La	1	C-2	48
Fortín	1	C-2	48
Fortuna, La	102	A-4	11
Fortuna, La; Ctra.	167	B-2	44
Fortuna, La; Pje.	138	B-1	19
Fortunata y Jacinta (antigua General Orgaz)			
" " "	50	C-4	20
" " "	51	A-4	20
" " "	70	C-1	20
" " "	71	A-1	20
Fortuny	89	B-2	10
Fósforo	103	A-4	05
Fósil	141	A-4	41
Fotografía	94	A-4	37
Foxtrot	79	A-1	42
Fraga	76	C-3	22
Fragata	120	A-4	19
Fraguas, Las	39	B-4	42
Frambuesa, La	153	A-1	44
Franceses, Puente	86	A-2	40
Francfort	95	A-4	22
"	111	A-1	"
Francisca Armada	119	C-1	47
"	120	A-2	"
Francisca Calonge	50	B-1	29
Francisca Conde	50	C-1	29
Francisca Moreno	90	A-4	01
Francisca Pacheco, Pza.	138	B-4	25
Francisca de Torres Catalán	112	A-4	32
" " "	130	A-1	"
Franciscanos, Los; Pza.	119	A-1	11
Francisco Abril	124	C-2	07
Francisco Alcántara	71	B-2	02
Francisco Altimiras	91	A-2	28
Francisco Álvarez	164	C-3	51
Francisco Andrés	49	A-1	35
Francisco de Asís Méndez Casariego	71	B-2	02
Francisco Asís Cabrero, Pza.	200	C-3	55
Francisco Balseiro	69	C-1	39
Francisco Bayeu y Subias, Gta.	28	A-4	35
Francisco Brizuela	101	C-4	11
Francisco de las Cabezas, Gta.	75	A-2	27
Francisco Cabo	51	A-1	29
Francisco Campos	72	A-3	02
Francisco Díaz de Madrid	28	C-3	43
Francisco de Diego	49	B-4	40
Francisco Fatou	146	A-3	31
Francisco Fernández Ordóñez, Gta.	54	A-1	43
Francisco de la Fuente	162	A-1	31
Francisco García	138	A-2	25
Francisco Gervás	51	A-3	20
Francisco Giner de los Ríos	73	C-4	27
" " "	91	C-1	"

Nombre	Plano Parcial		C.P.
Francisco Giralte	72	A-4	02
Francisco de Goya	52	A-3	16
Francisco Grande Covián	132	B-2	52
Francisco Gutiérrez	53	A-2	33
Francisco Guzmán	138	B-2	25
Francisco Huesca	91	C-4	17
Francisco de Icaza	138	C-2	25
Francisco Iglesias	124	C-3	38
"	125	A-3	"
Francisco Íñiguez Almech	94	C-3	37
Francisco y Jacinto Alcántara	87	A-3	08
Frco. Javier Sáenz de Oiza, Avda.	20	C-2	55
"	199	B-2	"
"	201	A-1	"
Francisco Javier Torronteras Gadea	121	B-4	19
Francisco Jareño, Gta.	200	B-2	55
Francisco José Arroyo	76	C-1	42
Francisco Laguna	142	C-1	53
Francisco Largo Caballero, Avda.	93	B-4	17
" "	108	A-1	"
" "	109	A-1	"
Francisco Lastres	91	A-4	28
Francisco Lizcano	152	B-3	44
Francisco López	139	C-3	26
Francisco Lozano	87	A-2	08
Francisco Luján	74	B-4	27
Francisco Madariaga	92	C-1	17
Francisco Medrano	50	C-3	20
Francisco Morano, Pza.	121	B-1	05
Francisco Morejón	56	A-3	43
Francisco Mosqueda	55	C-2	43
Francisco Navacerrada	90	C-2	28
"	91	A-2	"
Francisco Nieva	121	B-2	05
Francisco Ordóñez	172	A-4	21
Francisco Paino	138	B-3	25
Francisco Palomo	34	A-3	33
Francisco Pi y Margall, Avda.	19	B-3	50
"	20	A-4	"
Francisco del Pino	173	B-3	21
Francisco Piquer	104	A-2	13
Francisco del Pozo	17	B-2	34
Francisco Puertas	119	C-4	19
Francisco Remiro	90	C-1	28
"	91	A-1	"
Francisco Requena	91	C-4	17
Francisco Ricci	87	C-2	15
Francisco Rioja	92	C-3	17
"	93	A-3	"
Francisco Rodríguez	153	B-1	04
Francisco Rojas	88	C-3	10
Francisco Romero	137	C-3	25
Francisco Ronquillo	101	C-4	11
Francisco Ruano, Pza.	140	A-2	26

Nombre	Plano Parcial		C.P.
Francisco Ruiz	140	B-3	26
Francisco Salas	70	A-1	39
Francisco Sancha	17	B-4	34
Francisco Sanfiz	45	B-3	23
Francisco Santos	90	C-1	28
"	91	A-2	"
Francisco Silvela	90	B-2	
Códigos Postales			
1 al 87 y 2 al 86			28
89 y 88 al final			02
Francisco Suárez	51	C-2	36
"	52	A-2	"
Francisco Tárrega	10	B-2	50
Francisco Tejada	101	C-4	11
Francisco Tomás y Valiente	6	C-1	49
Francisco Umbral	35	C-2	55
Francisco Villaespesa	92	B-3	17
Francisco Vitoria	106	B-4	07
"	124	B-1	"
Francisco Vivancos	73	A-2	02
Francisco Zea	90	C-2	28
Franco	71	C-3	02
Francolín	137	C-2	25
Francos Rodríguez			
1 al 57 y 2 al 82	50	A-4	39
al 101 y al 112	49	C-3	"
Frascuelo	54	C-4	43
Fray Bernardino de Sahagún	51	C-3	36
Fray Ceferino González	104	A-4	05
Fray José Cerdeiriña	134	C-2	24
" "	135	A-2	"
Fray Juan Gil	71	B-2	02
Fray Junípero Serra	50	C-2	39
Fray Luis de León	122	C-1	12
Fresa, La	104	A-3	12
Fresnedillas	27	C-2	35
Fresno de Cantespino	163	A-1	51
Fresno de la Vega	54	A-1	43
Freud	6	B-2	49
Frías	78	C-1	42
Frida Kahlo	164	A-3	51
Frigiliana	141	A-1	45
Frómista	10	B-2	50
Fronteras de Portugal	38	A-3	42
Fruela	102	B-3	11
Frutos, Los	101	C-3	11
Fúcar	104	C-4	14
Fucsia, La	66	A-2	23
Fuembellida	79	B-2	22
Fuencaliente	93	B-3	17
Fuencarral			
1 al 49 y 2 al 42	104	B-1	
al 145 y al 158	88	B-3	

Nombre	Plano Parcial		C.P.
Códigos Postales			
1 al 107 y 2 al 110			04
109 y 112 al final			10
Fuencarral, Cº.	28	B-2	35
Fuencarral a Hortaleza, Cº.	10	A-3	50
" "	18	A-1	"
Fuencemillán	79	B-2	22
Fuendetodos	120	B-1	47
Fuengirola	144	C-2	18
Fuenlabrada	121	B-3	19
Fuensalida	48	C-1	35
Fuensaviñán	79	C-2	22
Fuente, La	172	A-4	21
Fuente, La; Cjón.	58	A-4	42
Fuente, La; Cº.	100	B-2	11
Fuente, La; Pza.	58	A-4	42
Fuente de Aravaca, La	44	C-4	23
Fuente de Arriba, La; Cº.	128	C-2	32
Fuente del Berro, La	90	C-4	09
Fuente de la Capona, La	173	C-2	21
Fuente del Carolo, La	66	A-1	23
Fuente de la Carra, La; Gta.	17	B-1	34
Fuente Carrantona, La	109	B-4	30
" "	126	C-3	"
" "	127	A-2	"
Fuente Chica, La	17	A-2	34
"	17	B-2	"
Fuente de los Cinco Caños, La	128	C-2	32
Fuente de la Cuesta, La	66	A-1	23
Fuente de Lima, La			
1 al 7 y 2 al 22	134	C-3	24
al 39 y al 44	135	A-3	"
Fuente del Molino, La	25	C-4	23
Fuente de la Mora, La; Avda.	19	A-4	50
Fuente de la Mora, La; Cº.	19	A-4	33
Fuente del Pavo, La	58	C-3	42
Fuente del Peral, La	66	A-1	23
Fuente de Piedra, La	144	C-3	18
Fuente del Rey, La	45	B-4	23
Fuente del Romero, La	66	A-1	23
Fuente de San Juan	129	A-2	32
Fuente San Pedro, La	129	B-2	32
Fuente del Saz, La	72	A-1	16
Fuente del Tiro, La	134	C-2	24
"	135	A-3	"
Fuente de Torrejona, La	39	A-4	42
Fuentelahiguera	79	C-2	22
Fuentelapeña	110	A-1	37
Fuentelarreina, Avda.	27	B-3	35
Fuentelencina	79	C-2	22
Fuentemilanos	27	B-3	35
Fuentemilanos, Avda.	27	A-2	35
Fuentenebro	78	C-1	42
Fuentenovilla	79	C-2	22
Fuenteovejuna	102	C-4	11

F

F

Nombre	Plano Parcial		C.P.
Fuentepelayo	17	B-3	34
Fuenterrabía	123	C-1	14
Fuentes, Las	104	A-2	13
Fuentes Claras, Pza.	94	C-1	22
Fuentes de San Jorge	129	A-2	32
Fuentesauco	117	C-3	24
Fuentespina	147	A-4	31
Fuentidueña	162	A-2	31
Fuentidueñas, Gta.	106	B-4	07
Fueros, Los;Avda.	157	B-2	41
Fuerte Navidad	136	A-3	44

Nombre	Plano Parcial		C.P.
Fuerzas Armadas, Las; Avda.	34	C-1	55
"	36	A-2	"
"	37	A-2	"
Fulgencio de Miguel	50	B-4	39
Fumistería, La	94	A-4	37
Fundación, La; Pje.	91	A-2	28
Fundadores, Los			
1 al 15 y 2 al 10	90	C-4	28
al 29	91	A-4	"
Fundiciones, Las	130	C-3	52
Furelos	11	A-3	50

G

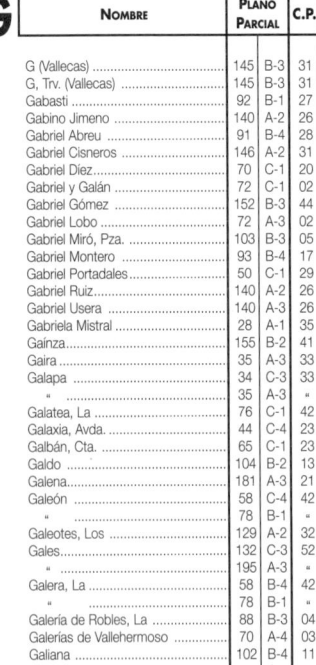

Nombre	Plano Parcial		C.P.
G (Vallecas)	145	B-3	31
G, Trv. (Vallecas)	145	B-3	31
Gabasti	92	B-1	27
Gabino Jimeno	140	A-2	26
Gabriel Abreu	91	B-4	28
Gabriel Cisneros	146	A-2	31
Gabriel Díez	70	C-1	20
Gabriel y Galán	72	C-1	02
Gabriel Gómez	152	B-3	44
Gabriel Lobo	72	A-3	02
Gabriel Miró, Pza.	103	B-3	05
Gabriel Montero	93	B-4	17
Gabriel Portadales	50	C-1	29
Gabriel Ruiz	140	A-2	26
Gabriel Usera	140	A-3	26
Gabriela Mistral	28	A-1	35
Gaínza	155	B-2	41
Gaira	35	A-3	33
Galapa	34	C-3	33
"	35	A-3	"
Galatea, La	76	C-1	42
Galaxia, Avda.	44	C-4	23
Galbán, Cta.	65	C-1	23
Galdo	104	B-2	13
Galena	181	A-3	21
Galeón	58	C-4	42
"	78	B-1	"
Galeotes, Los	129	A-2	32
Gales	132	C-3	52
"	195	A-3	"
Galera, La	58	B-4	42
"	78	B-1	"
Galería de Robles, La	88	B-3	04
Galerías de Vallehermoso	70	A-4	03
Galiana	102	B-4	11
Galicia	117	C-3	24
Galicia, Pza.	105	C-1	09

Nombre	Plano Parcial		C.P.
Galileo			
1 al 85 y 2 al 100	87	C-1	
al 93 y al 110	70	A-4	
Códigos Postales			
1 al 85 y 2 al 100			15
87 y 102 al final			03
Gallarza	72	A-3	02
Gallegos, Los	128	C-2	32
"	129	A-2	"
Gallo (Vicálvaro)	128	C-1	32
Gallo, El (Hortaleza)	74	B-1	43
Gallur	120	A-3	47
Gálvez	152	B-1	44
Gamonal	160	C-1	31
Ganadería, La	102	B-2	11
Ganados del Salobral	182	A-2	21
Gándara de Oro, Pza.	138	B-1	19
Gandhi	93	A-4	17
Gandía	124	C-2	07
Gando	136	A-4	44
"	151	C-1	"
Ganges	91	C-2	27
Ganimedes	44	C-1	23
"	45	A-1	"
Ganímedes, Trv.	25	A-4	23
"	45	A-1	"
Garabitas, Cº.	84	C-1	11
"	85	A-2	"
Garabitas, Ctra.	84	C-2	11
"	85	A-2	"
Garabitas, Pº.	84	A-2	11
Garapalo	136	A-4	44
Garceta, La	120	B-3	19
García Cea, Cjón.	50	C-3	20
García Gutiérrez	89	A-4	44
García Llamas	142	C-2	53
García Luna	72	B-2	02

Nombre	Plano Parcial		C.P.
García Miranda	143	A-3	18
García Molinas	104	A-1	15
García Morato (actualmente Robert Capa)			
García de Paredes			
1 al 49 y 2 al 66	88	C-1	10
al 65 y al 94	89	A-1	"
García de la Parra	45	A-3	23
García Plaza, Gta.	137	B-4	25
García Quintanilla	74	C-3	27
García Salazar	92	C-4	17
García Treviño	44	A-4	23
Garcilaso	88	C-2	10
Garci-Nuño	50	B-1	29
Gardenias, Las	50	A-2	39
Garellano	70	A-2	39
Garganchón	78	C-1	42
"	79	A-1	"
Garganta de Aisa, La	125	B-2	38
Garganta de los Montes	123	C-2	45
Gargantas, Las	72	C-1	02
Gargantilla	122	B-3	05
Garibay	124	C-2	07
Garita	1	C-2	48
Garmur	92	C-1	27
Garrovillas	135	A-3	44
Garza, La	65	C-1	23
Gascones	28	A-3	35
Gascueña	79	C-2	22
Gasómetro	122	A-2	05
Gasteria	120	C-4	19
Gavia, La; Avda.	147	A-4	51
"	162	B-2	"
"	163	A-1	"
Gavia, La; Trv.	146	A-3	31
Gavia Seca, La	146	A-4	31
Gavia Seca, La; Trv.	146	A-4	31
Gavilanes, Los	28	A-2	35
Gaviota, La	138	A-1	25
Gazania, La	66	A-2	23
Gaztambide			
1 al 77 y 2 al 64	87	B-1	
al 91 y al 78	69	B-4	
Códigos Postales			
1 al 77 y 2 al 64			15
79 y 66 al final			03
Gelsa de Ebro, Pza.	119	C-4	47
Géminis	38	C-3	42
"	39	A-3	"
Genciana, La	50	B-1	39
General, Avda.	39	A-4	42
General Álvarez de Castro	88	B-1	10
General Álvarez de Castro, Gta.	88	B-1	10
General Ampudia	69	B-3	03

Nombre	Plano Parcial		C.P.
General Aranaz			
1 al 29 y 2 al 40	75	A-4	
al 83 y al 78	74	C-3	
Códigos Postales			
1 al 107 y 2 al 88			27
109 y 90 al final			43
General Aranda (actualmente Matilde Landa)			
General Aranda, Escalinata (actualmente Matilde Landa, Escta)			
General Arrando			
1 al 9 y 2 al 18	88	C-2	10
al 19 y al 24	89	A-2	"
General Asensio Cabanillas (actualmente Poeta Ángela Figuera, La)			
General Cabrera	50	C-4	20
"	70	C-1	"
General Cadenas Campos	49	C-3	39
General Castaños	89	A-4	04
General Dávila (actualmente Max Aub)			
General Díaz Porlier	90	B-2	
Códigos Postales			
1 al 53 y 2 al 56			01
55 y 58 al final			06
General Fanjul, Avda. (actualmente Águilas, Las; Av.)			
General Franco, Trv. (actualmente Diego Torres Villarroel)			
General Gallegos	51	C-3	36
General García Escámez (actualmente Anselmo Lorenzo)			
General García de la Herranz (actualmente Cooperación, La)			
General Hierro Martínez, Trv.	49	C-3	39
General Ibáñez Ibero	69	C-3	03
General Juan Van-Halen	107	C-3	30
General Kirkpatrick (actualmente Carlota O'Neill)			
General Lacy	123	A-2	45
General López Pozas	51	C-2	36
General Lorenzo	102	B-4	11
General Manso	102	A-4	11
General Margallo	50	C-3	20
"	51	A-3	"
General Maroto, Pza.	122	C-4	45
General Martín Cerezo	121	B-4	19
General Martínez Campos, Pº.			
1 al 15 y 2 al 22	88	C-1	10
al 33 y al 48	89	A-1	"
General Marvá	140	A-1	26

Nombre	Plano Parcial		C.P.
Godella	181	B-1	21
Goiri	50	B-4	39
"	70	B-1	"
Goitia	74	C-3	27
Goleta, La; Pza.	58	C-3	42
Golf	79	A-1	42
Golfo de Darien	144	A-3	18
Golfo de Guayaquil	144	A-2	18
Golfo de Salónica	33	A-2	33
Golmayo, Pza.	53	B-1	33
Golondrina, La	44	C-4	23
"	45	A-4	"
"	64	C-1	"
Goloso	21	B-2	23
Gómez Acebo	179	C-1	21
Gómez Acebo, Cjón.	180	A-1	21
Gómez Acebo, Pza.	180	A-1	21
Gómez de Arteche	152	C-2	44
Gómez Avellaneda	92	C-2	17
Gómez de Baquero	53	C-2	43
Gómez Cano	72	A-2	02
Gómez Hemans	33	A-4	33
Gómez Mora	104	A-3	05
Gómez Ortega	72	A-3	02
Gomeznarro	54	A-3	43
Gomeznarro, Trv.	54	B-3	43
Góndola, La	78	B-1	42
González Amigó	53	A-1	33
González Arias	140	A-3	26
González Dávila	144	C-4	31
"	160	C-1	"
"	161	A-1	"
González Feito	141	A-4	41
González Sola	51	A-1	29
González de Soto	125	A-2	38
Gonzalo de Berceo	92	C-3	17
Gonzalo de Céspedes	39	A-4	42
Gonzalo de Córdoba	88	B-2	10
Gonzalo Herrero	50	C-2	39
Gonzalo Jiménez de Quesada	104	B-1	04
Gonzalo López	138	B-2	25
Gonzalo Sandino	50	C-2	39
Gonzalo Torrente Ballester	77	A-3	22
Gordejuela, Gta.	43	A-1	23
Gordolobo	135	C-1	24
Gorrión	120	C-3	19
Gotarrendura	120	A-4	47
Goya	90	A-4	
Códigos Postales			
1 al 89 y 2 al 70			01
91 y 72 al final			09
Goyeneche	140	A-1	26
Grabadores, Los	94	A-4	37
Gracita Morales, Gta.	14	B-4	35
Graduado, El	143	B-4	18

Nombre	Plano Parcial		C.P.
Graena	156	C-2	41
Grafal	104	A-3	05
Grafito	171	B-4	21
"	179	B-1	"
Grama	35	C-2	50
Gran Avenida	156	A-2	41
Gran Capitán, Gta.	88	A-3	15
Gran Plaza	30	A-2	29
Gran Poder	38	B-4	42
Gran Vía	104	B-1	13
Gran Vía del Este, Avda. (Vicálvaro)	129	B-3	32
" " (Vallecas)	146	A-3	31
" " (Vicálvaro)	147	A-1	32
Gran Vía de Hortaleza	53	C-1	
" "	54	A-1	
Códigos Postales			
Del 1 al 13 y del 2 al 26			33
Del 15 al final y del 28 al final			43
Gran Vía de San Francisco	103	C-4	05
Gran Vía del Sureste, La; Avda (Cañaveral)	132	C-3	52
Gran Vía del Sureste, La; Avda (Vallecas)	164	B-4	51
" "	192	A-1	"
Gran Vía de Villaverde	173	B-4	21
" "	180	B-2	"
Granada	124	B-2	07
Granada, Puerta	106	A-3	09
Granaderos, Los	134	B-3	24
Granadilla, La	93	B-3	17
Granado	103	C-3	05
Granado, Pza.	103	C-3	05
Grande, Puerta	102	A-3	11
Grandeza Española, La	102	B-3	11
Granito	123	B-4	45
Granito de Oro	14	B-1	49
Granja, La	69	B-3	03
Granja de San Ildefonso, La	162	A-3	51
Granja de Torrehermosa, La	118	A-3	24
Granjilla, La	90	B-1	28
Granjuela, La; Gta.	161	C-1	31
Grañón	10	B-3	50
Gravina			
1 al 13 y 2 al 6	88	C4	04
al 19 y al 16	104	C-1	"
Grazia Deledda	173	C-1	31
Grecia, Pza.	95	A-1	22
Greco, El (Latina)	101	B-4	11
Gregorio del Amo, Avda.	69	A-3	40
Gregorio Benítez	74	A-2	43
Gregorio Donas	92	C-3	17
"	93	A-3	"
Gregorio López Madera	94	C-3	37
Gregorio Navas	142	C-1	53
Gregorio Ortiz	180	A-1	21
Gregorio Sánchez Herráez	34	C-3	33
"	35	A-2	"

65

G

Nombre	Plano Parcial		C.P.
Gregorio Sanz	124	C-4	53
Gregorio Vacas	119	B-2	47
Gremios	94	B-4	37
Grifería, La	94	A-4	37
Grijalba	71	B-3	06
Grijalba, Pje.	71	B-3	06
Griñón	72	A-4	02
"	90	A-1	"
Guabairo	137	B-2	47
Guabairo, Trv.	137	B-2	47
Guacamayo	137	C-1	25
Guadaira	144	A-2	18
Guadalajara	76	B-1	42
Guadalajara, Avda.	95	A-4	32
"	110	C-1	"
Guadalajara, Avda. (posterior)	110	A-1	32
Guadalaviar	179	C-1	21
Guadalcanal	160	C-2	31
Guadalcázar	142	C-4	53
Guadalete	139	B-1	19
Guadalix	50	A-4	39
Guadalquivir	71	B-2	02
Guadarrama	102	B-3	11
Guadiana	71	C-2	02
Guadiato	144	B-2	38
Guadix	156	B-2	41
Guaimaral	35	A-3	33
Guajaro	35	A-3	33
Gualanday	35	B-4	33
Gualda	79	C-2	22
Guamo	35	B-4	33
Guancha, La	93	A-2	17
Guapotá	34	C-4	33
"	35	A-4	"
Guaramillos, Los	72	C-1	02
Guardia, La; Avda.	4	B-3	48
Guardia Civil, La	4	A-2	48
Guardia Municipal, La	28	C-3	35
Guardias de Corps, Los; Pza.	87	C-3	15
Guareña	136	A-2	44
Guarnicioneros	94	B-2	37
Guarromán	159	A-1	53
Guatavita	35	A-4	43
Guatemala	52	C-3	16
Guatemala, Pza.	106	A-2	09
Guayaba, La	153	B-2	44
Guayabal	35	A-4	33
Guecho	22	A-3	23
Guernica	22	C-4	23

Nombre	Plano Parcial		C.P.
Guerrero y Mendoza	72	C-1	02
Guetaria	155	B-2	41
Guilhou, Pza.	50	B-1	39
Guillén de Castro	92	B-3	17
Guillermo de Osma	122	C-4	45
Guillermo Pingarrón	144	A-2	18
Guillermo Rolland	103	C-1	13
Guillermo Rovirosa	92	A-2	27
(antigua Ángel del Alcázar)			
Guindalera, La; Avda.	73	A-4	28
Guindos, Los	50	C-1	29
Guipúzcoa	70	B-2	20
Guisando			
1 al 7 y 2 al 20	48	C-1	35
al 25	28	B-4	"
Guisando, Pje.	28	B-4	35
Guisona	53	C-1	33
Guitarra, La	152	C-2	44
Guitarra, La; Trv.	153	A-2	44
Gumersinda Rosillo	140	A-2	26
Gumersindo Azcárate	139	C-2	26
"	140	A-2	"
Gumersindo Llorente, Avda.	80	A-3	22
Gumiel, Pza.	17	C-3	34
Gundemaro	120	C-3	19
Gunderico	102	A-4	11
Gurtubay	105	C-1	01
Gustavo Fernández Balbuena	72	C-2	02
Gustavo Pérez Puig	37	A-1	55
"	201	A-3	"
Gutenberg	106	A-4	14
"	124	A-1	"
Gutierre de Cetina			
1 al 111 y 2 al 138	92	C-2	17
al 159	93	A-4	"
Gutiérrez Canales	76	C-2	22
Garapalo	136	A-4	44
Gutiérrez Mellado	200	A-2	55
Gutiérrez Sañudo	125	C-2	38
Gutiérrez Solana	71	B-1	36
Guzmán el Bueno			
1 al 89 y 2 al 74	87	C-1	
al 159 y al 136	69	C-4	
Códigos Postales			
1 al 101 y 2 al 76			15
103 y 78 al final			03
Guzmán el Bueno, Gta.	69	C-4	03
Guzmania	50	B-1	39

Nombre	Plano Parcial		C.P.
Habana, La; Pº.			
1 al 41 y 2 al 72	71	C-1	36
al 141 y al 152	51	C-4	"
al 189 y al 208	52	A-1	"
Hachero	142	C-1	53
Hacienda, La	121	A-2	19
Hacienda de Pavones, La			
1 al 121 y 2 al 244	126	A-1	30
al 253 y al 306	127	A-2	"
Haendel....................................	55	C-2	43
Haití...	54	B-1	43
Halcón......................................	137	C-1	25
Halconero del Rey	154	B-2	54
Hamburgo, Gta.	56	C-2	42
Haro	54	A-1	43
Hartzenbusch	88	B-3	10
Haya, La	153	B-3	44
Helecho	71	C-3	02
Helena de Troya	129	C-1	32
Hélices	38	B-4	42
Heliófilo	179	C-1	21
Heliotropo	31	B-4	29
Hellín, Avda.	94	B-3	37
Helsinki	95	B-4	22
Henares....................................	71	C-2	02
Heno	139	B-4	26
Henri Dunant............................	51	C-3	36
Herbolarios, Los	94	B-4	37
Herce	128	C-1	32
Hércules, Pza.	138	B-4	25
Herencia	94	C-3	37
Hermanas Alonso Barceló (part.)......	137	C-2	25
Hermandad, La	138	C-3	25
Hermandad de Donantes de			
Sangre, La	172	B-2	41
Hermandades del Trabajo	121	B-4	19
Hermano Gárate	50	C-3	20
Hermanos Álvarez Quintero, Los	88	C-3	04
Hermanos de Andrés, Los	31	B-4	29
Hermanos Bécquer, Los	89	B-1	06
Hermanos Carpi, Los	124	C-2	38
" "	125	A-2	"
Hermanos Falcó y Álvarez de Toledo			
Manuel y Tristán, Los; Pza.			
(actualmente Mayor de Barajas,			
Pza.)			
Hermanos García, Los	143	C-3	18
Hermanos García Noblejas, Los			
1 al 95 y 2 al 128..................	93	A-2	37
al 145 y al 196......................	109	C-1	"
final de calle	110	A-2	"
Hermanos Gascón, Los	35	A-1	50
Hermanos Gómez, Los	92	A-3	17
Hermanos Granda, Los; Avda.	80	B-3	22

Nombre	Plano Parcial		C.P.
Hermanos Machado, Los	92	A-3	17
Hermanos del Moral, Los	121	A-4	19
" "	139	A-1	"
Hermanos de Pablo, Los...........	92	B-1	27
Hermanos Pinzón, Los	71	B-2	36
Hermanos Roldán, Los	92	B-1	27
Hermanos Ruiz, Los	124	B-2	07
Hermanos Tercero, Los; Trv.	52	A-2	16
Hermanos Trueba, Los	143	A-2	18
Hermenegilda Martínez	72	A-3	02
Hermenegildo Bielsa	140	B-1	26
Herminio Minguez, Pza.	31	C-2	46
Herminio Puertas......................	102	A-4	44
" "	120	A-1	"
Hermosilla	90	A-4	
"	91	A-4	
Códigos Postales			
1 al 93 y 2 al 88			01
95 al 101 y 90 al 94			06
103 al 137 y 96 al 122			09
139 y 124 al final			28
Hernán Cortés..........................	88	C-4	04
Hernández Colón	34	B-4	43
"	54	B-1	"
Hernández Iglesias	74	B-4	27
Hernández Mas	142	C-3	53
Hernández Requena	140	C-4	26
Hernández Rubín	74	A-2	43
Hernández de Tejada	74	A-2	27
Hernani	70	C-2	20
"	71	A-2	"
Hernani, Puerta	105	B-1	09
Héroes del Alcázar			
(actualmente Filósofa Simone Weil)			
Heroísmo..................................	1	C-2	48
Herradores, Pza.	104	A-2	13
Herradura, La	102	C-2	11
Herramienta, La; Pza.	94	B-4	37
Herrera	50	C-1	29
Herrera, Trv.	50	C-1	29
Herrería, La	93	C-4	37
Herreros de Tejada	51	C-4	16
" "	71	C-1	"
" "	72	A-1	"
Hervás......................................	119	C-1	11
Hexágonos, Los	101	C-3	11
Hidra, La	45	B-4	23
Hidratos, Los............................	181	A-3	21
Hidrógeno, Pza.	140	A-3	26
Hiedra, La	32	A-4	36
"	51	C-1	"
Hiendelaencina	46	A-3	23
Hierbabuena, La	50	C-2	39
Hierbas, Las	65	C-1	23

H

Nombre	Plano Parcial		C.P.
Hierro	141	B-2	45
Higinio Rodríguez	143	A-2	18
Higuera, La	29	B-3	35
Higueras, Las	101	C-4	"
"	119	B-1	"
Códigos Postales			
1 al 49 y 2 al 26			11
51 y 28 al final			47
Hijas de Jesús, Las	140	B-2	26
Hilanderas, Las; Pza.	154	B-1	25
Hilario Herranz Establos	154	C-1	54
Hilario Peñasco	76	C-2	22
Hilario Sangrador	101	C-4	11
Hilarión Eslava	69	B-4	15
"	87	B-1	"
Hileras	104	A-2	13
Hinojal	94	C-2	37
Hinojo	65	B-1	23
Hinojosa del Duque	94	C-2	37
Hipódromo, Ctra.	46	B-2	23
Hipólito Aragonés	35	C-2	50
Hiruela, La	29	B-4	35
Hispanidad, La; Avda. (M-14)	58	C-4	42
"	59	A-3	"
"	78	B-3	"
Hispanidad, La; Pza.	101	A-3	11
Historias de la Radio	143	C-4	18
Hobbes	6	C-2	49
Hoces de la Hermida	45	C-3	23
Hogar de Belén	93	C-3	37
Hojalatería, La	94	A-4	37
Homero	106	B-4	07
Honduras	52	A-3	16
Honduras, Pza.	105	C-3	09
Honrubia	161	B-2	31
Hontalvilla	17	B-3	34
Hontanares	27	A-3	35
Hontanas	10	B-3	50
Hontoria del Pinar	32	C-2	33
Horcajo	179	B-1	21
Horcajuelo	72	A-4	02
Horche	46	A-3	23
Horizon	156	A-3	41
Hornachos	157	C-1	53
Hornero	139	A-1	19
Hornillos	54	A-3	43
Horno de Labradores	129	B-2	32
Horno de la Mata, Trv.	104	B-1	04
Hortaleza			
1 al 51 y 2 al 68	104	C-1	04
al 79 y al 106	88	C-4	"
Hortaleza, Cº. Alto	35	C-3	50
Hortaleza, Cº. Viejo	38	B-3	42
Hortelano	48	C-2	35

Nombre	Plano Parcial		C.P.
Hortensias, Las	52	B-2	16
Hospital	104	C-4	12
"	105	A-4	"
Hospital de Órbigo	10	C-2	50
Hospital de San Pau	152	A-2	54
Hospitalet de Llobregat	16	C-2	34
"	17	A-2	"
Hospitalet de Llobregat, Trv.	16	C-2	34
"	17	A-2	"
Hospitalidad, La; Avda.	151	C-4	44
Hotel	79	A-1	42
Hoyo de Manzanares, Pje.	72	A-4	02
Hoyo de Pinares	117	A-4	24
Hoyos, Pje.	48	B-1	35
Hoyos del Espino	28	B-4	35
"	48	B-1	"
Hoyuelo	124	A-2	07
Hoyuelo, Pje.	124	B-2	07
Huarte de San Juan, Pza.	102	C-3	11
Huelga, La	162	A-2	31
Huelva	73	A-2	02
Huerta, La; Cº	12	C-3	55
Huerta de Ambroz, La	111	B-4	32
"	129	B-1	"
Huerta del Bayo, La	104	A-4	05
Huerta de Castañeda, La	101	C-4	11
"	119	C-1	"
Huerta del Convento, La	129	A-2	32
Huerta del Obispo, La	50	B-3	39
Huerta del Obispo, La; Trv.	50	B-3	39
Huerta de los Rueda	130	B-4	52
"	148	A-1	"
Huerta de Villaverde, La	171	C-4	21
Huertas	104	C-3	
"	105	A-3	
Códigos Postales			
1 al 17 y 2 al 20			12
19 y 22 al final			14
Huertas, Cº.	182	C-1	21
"	183	A-2	"
Huertas del Río	182	A-2	21
Huesca	50	C-3	20
"	51	A-4	"
Huesa	158	C-1	53
Huésped del Sevillano	172	C-2	41
Hulla, La	182	A-2	21
Humanes	126	B-4	38
Humanes, Trv.	126	B-4	38
Humanitarias	137	C-2	25
Humanitarias, Trv.	137	C-2	25
Húmera	44	C-4	23
"	64	C-1	"
Húmera a Aravaca, Ctra.	45	A-4	23
"	65	A-1	"
Humildad, La	132	B-1	52

Nombre	Plano Parcial		C.P.	H
Humilladero	103	C-4	05	
Humilladero, Pza.	103	C-3	05	
Hungría	110	B-2	32	

Nombre	Plano Parcial		C.P.
Huracán	38	A-4	42
Hurtumpascual	119	C-2	47
Húsares, Pº.	134	B-3	24

Nombre	Plano Parcial		C.P.	I
Ibaiondo	22	B-4	23	
Ibáñez Marín	120	B-3	19	
Ibarra.................................	155	B-2	41	
Iberia.................................	39	A-3	42	
Ibiza	106	B-2	09	
Ibor	157	C-1	53	
Ibros	159	A-1	53	
Iceberg	171	C-3	21	
Ichaso	155	B-2	41	
Idioma Esperanto	109	C-2	17	
Iduna	74	C-4	27	
Iglesia, La (Carabanchel) ...	121	B-3	19	
Iglesia, La; Pza.	34	B-4	33	
Iglesias Extramuros, Las	152	A-3	54	
Ignacio Aldecoa.................	20	A-1	50	
Ignacio Ellacuría	91	C-3	17	
Ignacio García	76	C-3	22	
Ignacio Sánchez Mejías	74	B-2	43	
Ignacio Santos Viñuelas	173	B-3	21	
Ignacio Ugalde, Pza.	94	C-3	37	
Ignacio Villalonga, Pza.	53	C-1	33	
Igualdad, La	132	C-1	52	
Ildefonso Cerdá, Gta.	199	C-1	55	
Ildefonso González Valencia	155	A-2	44	
Iliada, La				
1 al 21	94	C-1	22	
al 33	95	A-1	"	
Illescas				
1 al 183 y 2 al 78	118	B-4		
al 213 y al 90	136	C-1		
al 215 y al 100	137	A-1		
Códigos Postales				
1 al 147 y 2 al 62			24	
149 y 64 al final			47	
Illora	156	C-3	41	
Ilusión, La	132	C-1	52	
Ilustración, La	103	B-1	08	
Ilustración, La; Avda. (M-30)	27	C-3		
" 　　"	28	C-4		
" 　　"	29	C-2		
" 　　"	30	B-1		
Códigos Postales				
1 al 207			29	
2 al 68			39	
209 y 70 al final			35	

Nombre	Plano Parcial		C.P.
Imagen, La	142	C-3	18
Impala	35	A-4	33
Imperial	104	A-3	12
Imperial, Pº.	121	B-2	05
Imperio Argentina	132	B-2	52
Indalecio Fernández	141	A-3	41
Indalecio Prieto, Bulevar	128	A-2	32
Independencia, La.............	104	A-2	13
Independencia, La; Pza.	105	B-1	01
Independencia, La; Puerta ..	105	B-1	09
India	79	B-1	42
Indulgencia, La	74	A-4	27
Industria, La	102	B-4	11
Infancia, La; Pza................	32	A-4	36
Infanta Catalina Micaela.....	19	C-4	50
Infanta Isabel, Pº.	105	B-4	14
"	123	B-1	"
Infanta María	19	A-3	50
Infanta María Teresa, La	51	C-4	16
" 　　"	72	A-1	"
Infanta Mercedes, La			
1 al 13 y 2 al 20	70	C-1	20
al 73 y 62	50	C-3	"
al 103 y el 96	51	A-2	"
Infanta Mercedes, La; Trv. ..	50	C-4	20
Infantas, Las	104	C-1	04
Infante..............................	104	C-3	14
Infante Diego	19	C-1	50
Infante Fernando	19	A-3	50
Infante Jaime	19	C-1	50
Infiesto	93	B-3	37
Ingeniero Conde de Torroja, Avda. .	80	B-2	22
Ingeniero Emilio Herrera, Avda.	19	C-3	50
(antigua Alcalde Conde de			
Mayalde, Pza.)			
Ingeniero Torres Quevedo	80	B-3	22
Ingenieros, Cº....................	137	B-2	47
Ingenioso Hidalgo, Rda.	9	B-4	34
"	17	B-1	"
Inglaterra, Pº. (Aravaca)	64	B-3	23
Inglaterra (San Isidro).........	121	A-4	19
Inmaculada Concepción, La	139	C-1	19
Inmaculada Concepción, La; Pza. ..	121	C-4	19
Innovación, La; Avda.	158	C-3	53
Inocencia Sánchez	152	C-3	44

Nombre	Plano Parcial		C.P.
Inocencio Fernández	28	B-3	35
Inocenta de Mesa	76	B-4	37
Ínsula Barataria, La	9	B-3	34
Intermedia Norte	180	B-3	21
Intermedia Sur	180	B-4	21
Invencibles, Los	121	A-3	19
Inventores	94	B-2	37
Invernadero, Pte.	122	B-4	26
Invierno, Avda.	79	B-4	22
Íñigo Cavero, Gta.	55	A-2	43
Iquitos	75	C-4	27
Irabia, Pza.	157	A-3	41
Irati	71	C-2	02
Irene Caba Alba	14	B-4	35
Irene Gutiérrez Caba, Gta.	14	A-4	35
Iriarte	90	C-1	28
Iridio	182	A-1	21
Iris	120	B-4	19
Irlanda, Pº. (Aravaca)	64	C-3	23
Irlanda (Carabanchel)	121	A-4	19
Irlandeses	103	C-4	05
Irún	103	B-1	08
Isaac Albéniz	121	A-3	19
Isaac Jiménez	93	B-1	37
Isaac Peral	69	B-4	
"	87	A-1	
Códigos Postales			
1 al 11 y 2 al 42			15
13 y 44 al final			40
Isaac Rabín, Gta.	28	C-4	35
Isaac Ramos	93	C-1	37
Isabel II, Pza.	104	A-2	13
Isabel Ana	120	C-4	19
Isabel Baeza	138	B-2	25
Isabel la Católica	104	A-1	13
Isabel Clara Eugenia	19	C-2	50
" "	20	A-3	"
Isabel Colbrand	10	C-1	50
Isabel Fornieles	140	A-2	26
Isabel Méndez	125	A-3	38
Isabel Oyarzabal	200	C-3	55
Isabel Patacón	153	B-2	44
Isabel Serrano	50	B-1	29
Isabel Tintero	103	C-4	05
Isabel de Valois, Avda.	19	C-1	50
Isabela, La	136	A-3	44
Isabela Saverana	152	B-2	44
Isabelita Usera	140	A-3	26
Isandro	93	C-4	37
Iscar, Pza.	54	A-2	43
Isidoro Álvarez Álvarez	123	A-4	45
Isidra Jiménez	140	A-3	26
Isidro Dompablo	49	A-2	35
Isidro Fernández	31	B-1	34
Isidro González Velázquez, Gta.	35	C-1	55

Nombre	Plano Parcial		C.P.
Isis	76	C-2	42
Isla de Alborán, La; Pza.	69	B-2	40
Isla de la Alegranza, La	49	A-2	35
Isla de Arosa, La; (Fuencarral)	29	B-2	35
Isla de Arosa, La; (Hortaleza)	35	A-3	50
Isla Barber, La	29	A-3	35
Isla Bisagos, La	49	B-1	39
Isla de Ceilán, La	32	A-1	34
Isla de Cerdeña, La	28	C-3	35
Isla de Chipre, La	17	B-1	34
Isla de Comores, La	28	B-4	35
Isla de Córcega, La	50	A-3	39
Isla de Creta, La	28	B-4	35
Isla Cristina, La	28	C-4	35
Isla de Cuba, La	76	C-1	42
Isla de Formosa, La	17	B-1	34
Isla de Formosa, La; Trv.	17	B-1	34
Isla de Fuerteventura, La; Pza.	17	B-3	34
Isla de Galápagos, La	28	C-2	35
Isla de Gomera, La	50	A-3	39
Isla de Guam	160	C-2	31
" "	161	A-3	"
Isla Graciosa, La	17	C-2	34
Isla de Hierro, La	128	A-4	32
Isla de Jamaica, La	17	C-3	34
Isla de Java, La	17	C-4	34
Isla de Lanzarote, La; Pza.	17	B-3	34
Isla de Long, La	49	B-2	39
Isla de Luzón, La	160	C-2	31
	161	A-2	"
Isla Malaita, La	29	A-3	35
Isla de Malta, La	31	C-1	34
Isla de Mindanao, La	17	C-2	34
Isla de Mindoro, La	49	A-2	35
Isla de Nelson, La	49	A-2	35
Isla de Ons, La	29	A-2	35
Isla de Oza, La	48	C-2	35
" "	49	A-2	"
Isla Palmira, La	29	A-3	35
Isla de Paragua, La	17	B-2	34
Isla de Rodas, La	17	A-2	34
Isla de Saipán, La	28	B-3	35
Isla de Sálvora, La	17	B-2	34
Isla de Sicilia, La	17	A-3	34
Isla de la Soledad, La	48	C-1	35
" "	49	A-1	"
Isla Sumatra, La	17	C-2	34
Isla de Tabarca, La	29	A-2	35
Isla de Tagomago, La	49	A-2	35
Isla de Tavira, La	29	B-1	35
Isla Timor, La	17	C-2	34
Isla Trinidad, La	17	A-1	34
Isla de Yeso, La	29	A-2	35
Isla de Zanzíbar, La	29	A-3	35

Nombre	Plano Parcial		C.P.
Islas, Las	171	B-2	21
Islas Aleutianas, Las	28	C-2	35
" "	28	C-3	"
Islas Almirantes, Las	49	C-2	39
Islas Antipodas, Las	17	B-2	34
Islas Azores, Las; Pza.	17	B-2	34
Islas Bahamas, Las	29	A-3	35
Islas Bermudas, Las	17	B-2	34
Islas Bikini, Las	28	C-3	35
Islas Británicas, Las	17	B-2	34
Islas de Cabo Verde, Las	28	A-2	35
Islas de Cabo Verde, Las; Trv.	28	B-2	35
Islas Chafarinas, Las	28	A-2	35
Islas Cies, Las	29	B-2	35
Islas Columbretes, Las	17	C-1	34
Islas Gilbert, Las	50	A-3	39
Islas Hébridas, Las	28	C-2	35
" "	29	A-2	"
Islas Jarvi, Las	17	B-3	34
Islas Kuriles, Las	28	B-3	35

Nombre	Plano Parcial		C.P.
Islas Luisiadas, Las	17	A-2	34
Islas Marianas, Las	49	A-2	35
Islas Marquesas, Las	28	C-3	35
Islas Marshall, Las	28	C-2	35
Islas Mascareñas, Las	28	B-2	35
Islas Molucas, Las	18	A-4	34
" "	32	A-1	"
Islas Palaos, Las	17	C-1	34
Islas Samoa, Las	17	B-2	34
Islas Vírgenes, Las	17	B-2	34
Islas Visayas, Las	160	C-3	31
Istúriz	70	B-2	20
Italia, Pza.	141	A-1	45
Itálica	52	A-3	16
Itero de la Vega	6	A-4	50
Iturbe	106	C-1	28
Iván Pavlov	6	C-2	49
Iván de Vargas, Trv.	121	A-2	19
Izarra	43	A-1	23

Nombre	Plano Parcial		C.P.
Jabino	156	C-3	41
Jabirú	137	C-2	25
Jaca, Avda.	76	C-2	22
Jacaranda, La	124	A-3	45
Jacinto Benavente, Pza.	104	B-3	12
Jacinto Camarero	121	B-3	19
Jacinto Verdaguer	121	B-3	19
Jacintos, Pº.	53	A-4	16
" "	73	A-1	"
Jacobeo	152	A-3	54
Jacobinia	136	C-4	47
" "	137	A-4	"
Jacobo de Armijo	60	B-4	42
Jacometrezo	104	A-1	13
Jadraque	126	A-3	38
Jaén	70	C-1	20
Jaenar	74	A-1	43
Jaime Campmany, Gta.	73	A-4	28
Jaime el Conquistador	122	C-3	45
Jaime Hermida	93	A-1	37
Jaime Tercero	102	B-4	11
Jaime Vera	102	C-4	11
Jaizquibel, Pza.	155	B-2	41
Jaraiz de la Vera	119	C-1	11
Jarama (Chamartín)	71	C-2	02
Jarama (Vicálvaro)	130	C-1	52

Nombre	Plano Parcial		C.P.
Jaramagos	30	B-4	29
" "	50	B-1	"
Jarandilla	135	A-4	44
" "	151	A-1	"
Jardín Álvaro de Luna	33	B-4	33
Jardín Arturo Vallejo Baeza	147	A-2	31
Jardín Botánico (Cdad. Universitaria)	68	C-2	40
Jardín Botánico (Pº. del Prado)	105	B-4	14
Jardín Campo del Toro	145	A-1	38
Jardín Casa Miranda	152	B-4	54
Jardín Cerro Ventoso	72	C-1	02
Jardín de la Chocolatera	152	A-4	54
Jardín Concejal Alejandro Muñoz Revenga	87	C-2	15
Jardín Cuartel Grande	168	B-1	54
Jardín de los Combatientes de la Nueve	93	B-4	17
Jardín de las Cuestas	153	B-3	54
Jardín de las Delicias	141	B-1	45
Jardín de la Duquesa	129	B-1	32
Jardín Espíritu de Ermua	44	C-3	23
Jardín de Gregorio Ordóñez	90	A-2	06
Jardín de la Hidalga	152	A-4	54
Jardín Jimena Quirós	123	B-1	14
Jardín José Antonio González	155	A-3	41
Jardín José Luis Sampedro	87	C-2	15

J

Nombre	Plano Parcial		C.P.
Jardín José Manuel Caballero Bonald..	49	C-4	40
Jardín José María Íñigo	30	A-1	34
Jardín Juan Carlos Argüello "Muelle"	117	C-3	24
Jardín Juan Carmona "Habichuela"	117	B-2	24
Jardín las Lluvias	56	C-3	42
Jardín Luis de Trelles	73	A-3	02
Jardín Luly Zabala	74	A-1	43
Jardín Matilde Ucelay	69	B-4	03
Jardín Mesonero Romanos	152	C-2	44
Jardín Monotemáticos	57	A-3	42
Jardín de Nuestros Mayores	173	B-1	41
Jardín Obispo Alberto Iniesta	125	C-4	38
Jardín de los Parrales	152	A-3	54
Jardín del Párroco Sánchez Cámara	122	B-2	05
Jardín de Peñachica	29	B-4	35
Jardín de los Pozuelos	154	C-1	35
Jardín del Rastro	122	A-1	05
Jardín de San Federico	90	C-4	09
Jardín de San Miguel	17	B-2	34
Jardín de las Tres Culturas	57	B-2	42
Jardín Verónica Forqué	72	C-1	16
Jardinera, La	145	B-3	31
Jardines, Los	104	B-2	13
Jardines Alcalde de Hortaleza Jonás Aragoneses Molpeceres..	34	B-3	33
Jardines de Aranjuez	77	B-1	42
Jardines del Arquitecto Herrero Palacios	106	A-3	09
Jardines del Arquitecto Ribera	88	C-4	04
Jardines del Cabo Noval	103	C-2	13
Jardines del Campo de la Paloma	144	B-3	38
Jardines Carlos París	69	C-1	39
Jardines de Cecilio Rodríguez	106	A-3	09
Jardines de la Constitución Española	127	A-3	30
Jardines del Descubrimiento	89	B-4	01
Jardines de Dionisio Ridruejo	108	C-4	30
Jardines de Doña Concha Piquer	121	C-2	05
Jardines de Enrique Herreros	70	B-4	03
Jardines de Ferraz	103	B-1	08
Jardines de Gloria Fuertes	52	B-3	16
Jardines Guardia Civil Miguel Miranda Puertas	127	A-2	30
Jardines Huerfanos de la Guardia Civil	52	B-4	16
Jardines de Lepanto	103	C-2	13
Jardines del Maestro Padilla	121	A-1	05
Jardines Mari Luz Nájera	58	C-3	42
Jardines de Mª Eva Duarte de Perón	90	C-3	28
Jardines Mercado Fraile	72	C-3	02
Jardines del Palacio Real	103	C-1	13
Jardines Próspero Soynard	72	B-2	02
Jardines de Sabatini	103	C-1	13
Jardines de San Fernando	51	B-3	36
Jardines San Luis Granella	52	A-1	16
Jardines de Sancho Dávila	91	B-3	28

Nombre	Plano Parcial		C.P.
Jardines Teniente Coronel Vesteiro	134	A-4	24
Jardines de las Vistillas	103	B-3	05
Jarilla	75	C-1	43
Jarro	65	C-2	23
Jaspe	140	A-4	26
Játiva	124	B-3	07
Javalquinto, Cta.	103	B-3	05
Javier Bellosillo, Gta.	201	A-3	55
Javier de Burgos	146	A-4	31
Javier Ferrero	72	C-2	02
Javier de Miguel	143	B-2	18
Javier del Quinto	54	C-1	43
Javier Tusell	28	A-3	35
Jayena	156	B-2	41
Jazmín	32	C-2	33
"	33	A-1	"
Jemenuño	103	B-4	05
Jenara Gómez	152	B-3	44
Jengibre	114	C-4	52
"	132	C-1	"
Jenner	89	B-2	10
Jerez	52	A-2	16
Jerez de los Caballeros	39	A-4	42
Jericó	106	C-4	07
Jerónima Llorente 1 al 21 y 2 al 38	50	A-4	39
al 63 y al 48	70	A-1	"
Jerónimo de la Quintana	88	B-2	10
Jerte	103	B-4	05
Jerusalén	139	C-1	26
Jesuitas, Los; Pº	102	B-4	11
"	120	A-1	"
Jesús	104	C-3	14
Jesús, Pza.	104	C-3	14
Jesús Aprendiz	106	C-4	
Códigos Postales			
1 al 5 y 2 al 6			09
7 y 8 al final			07
Jesús Carrizo	125	B-2	38
Jesús Castellanos	137	C-2	25
Jesús Fernández Santos	11	C-4	50
Jesús del Fresno	120	C-4	19
Jesús Goldero	141	A-2	45
Jesús del Gran Poder	140	B-2	26
Jesús Jiménez	143	C-1	18
Jesús Maestro	69	C-4	03
Jesús y María	104	B-4	12
Jesús Méndez	90	C-2	28
Jesús Montoya	139	C-3	26
Jesús del Pino	145	C-3	31
"	146	A-3	"
Jesús El Pobre; Pza.	103	C-3	05
Jesús de Polanco	28	B-3	35
Jesús del Valle	88	B-4	04
Jilguero	138	B-3	25
Jiloca	72	A-1	16

Nombre	Plano Parcial		C.P.
Jimena	138	B-3	25
Jimena Menéndez Pidal	26	A-4	23
Jirafa, La	50	B-1	29
Joan Miró, Pza.	71	A-1	20
Joaquín Arjona	50	A-4	39
"	70	A-1	"
Joaquín Arroyo	53	A-1	33
Joaquín Bau	51	B-2	36
Joaquín Cimas	34	A-3	33
Joaquín Costa	71	C-3	02
Joaquín Dicenta	31	A-4	29
Joaquín Dicenta, Pza.	31	A-4	29
Joaquín Fernández Leiva	55	B-2	43
Joaquín Garrigues Walker, Avda.	159	B-2	31
Joaquín Garrigues Walker, Trv.	159	A-2	53
Joaquín Ibarra	58	A-4	42
Joaquín Jorge de Alarcón	28	C-3	35
"	29	A-3	"
Joaquín Lorenzo	28	B-3	35
"	29	A-3	"
Joaquín María López	87	C-1	15
Joaquín Márquez	140	A-2	26
Joaquín Martín	121	A-4	19
Joaquín Martínez Borreguero	121	C-4	19
"	139	C-1	"
Joaquín Montes Jovellar	72	A-3	02
Joaquín Pol	28	B-3	35
Joaquín Reig	48	C-1	35
Joaquín Rivero	153	A-1	44
Joaquín Rodrigo, Pza.	72	A-3	02
Joaquín Ruiz-Giménez Cortés	146	A-2	31
Joaquín Turina	152	B-2	44
"	153	A-1	"
John Lennon, Pº.	106	C-2	07
" "	107	A-2	"
Jordán	88	B-2	10
Jordi Solé Tura	200	C-3	55
" "	201	A-3	"
Jorge Guillén	197	B-4	55
Jorge Juan			
1 al 45 y 2 al 40	89	C-4	
al 99 y al 48	90	A-4	
al 139 y al 112	106	C-1	
al 175 y al 156	107	A-1	
Códigos Postales			
1 al 61 y al 60			01
63 al 133 y 62 al 108			09
135 y 110 al final			28
Jorge Luis Borges	197	B-4	55
Jorge Manrique	71	B-3	06
José	50	C-1	29
"	51	A-1	"
José Abascal			
1 al 29	70	B-4	03
2 al 38	88	C-1	"
al 65 y al 58	89	A-1	"

Nombre	Plano Parcial		C.P.	J
José Álvarez de Toledo	55	B-3	43	
José Andrés	153	B-2	44	
José Anduiza	17	C-4	34	
José Anespere	140	A-2	26	
José Anselmo Clavé	123	C-1	14	
José Antonio Coderch	200	A-2	55	
José Antonio Corrales, Avda.	36	C-1	55	
" " "	37	A-1	"	
José Antonio de Armona	122	C-1	12	
José Antonio Egido Puerta, Gta.	107	B-3	30	
José Antonio Fernández Ordóñez	200	C-3	55	
" " "	201	A-3	"	
José Antonio Jiménez Salas, Gta.	200	C-4	55	
José Antonio Navarrete	55	A-3	43	
José Antonio Novais	68	C-2	40	
José Antonio Rebolledo y Palma	164	B-3	51	
José Antonio Zapata	141	A-2	45	
José Arcones Gil				
2 al 40	92	C-1	17	
al 155 y al 156	93	B-4	"	
José Arcones Gil, Trv.	92	C-1	17	
José Banús, Pza.	91	C-2	27	
José Barbastre	92	A-3	17	
José Bardasano Baos	52	B-1	02	
José Bastos	24	B-4	23	
"	25	A-3	"	
José Benito de Churriguera, Gta.	200	C-3	55	
José Bergamín				
2 al 30	108	C-4	30	
al 56	109	A-4	"	
José Bielsa	140	A-3	26	
José de Blas	93	C-4	37	
José Cabrera	152	B-1	44	
José Cabrera, Cjón.	153	A-1	44	
José de Cadalso				
2 al 80	135	C-4	44	
al 130	151	C-1	"	
José Calvo	50	A-4	39	
José Camíns	125	A-3	38	
José Cano Heredia	76	C-2	22	
José Cárdenas	137	B-4	25	
José Castán Tobeñas	51	A-2	20	
José Castillejo, Pza.	72	A-2	02	
(antigua Aunos, Pza.)				
José Celestino Mutis	91	A-4	28	
" "	107	A-1	"	
José Cubero "Yiyo"	76	B-4	37	
José Die y Más	55	A-2	43	
José Domingo Rus	55	A-2	43	
José Donoso	20	A-1	50	
José Escobar y Saliente	132	A-1	52	
José Espelius	102	A-4	11	
José Feliu y Codina	92	B-3	17	
José Fentanes	48	C-2	35	
José Francisco de la Isla, Gta.	29	C-2	34	

J

Nombre	Plano Parcial		C.P.
José Francisco Iturzaeta e Izaguirre	50	B-2	39
José García Granda	126	A-4	38
José García Vara	152	B-1	44
José Garrido	120	A-4	19
José Granero	35	C-1	55
José Grases Riera	35	B-1	55
José Gutiérrez Abascal	71	B-4	06
José Gutiérrez Maroto	163	B-3	51
José del Hierro			
2 al 10	92	A-1	27
al 61 y al 62	74	B-4	"
José Ignacio Ávila	55	C-3	43
José Inzenga	121	C-4	19
José Joaquín Ortiz	55	A-3	43
José Jordán	152	B-1	44
José Lázaro Galdiano	51	B-4	36
José Lombana Iglesias	21	C-4	23
José Luis Arrese			
(actualmente Poeta Blas de Otero)			
José Luis Arrese, Trv.			
(actualmente Poeta Blas Otero, Trv.)			
José Luis Bermúdez Sologuren, Pza. ..	54	A-2	43
José Luis Coll	35	B-1	55
José Luis de Hoys, Pza.	140	A-2	26
José Luis Fernández del Amo, Gta. ..	34	C-1	55
José Luis Ozores, Gta.	143	C-3	38
José Luis Pécker	35	A-1	55
José Luis Saura, Pza.	126	A-4	38
José Macías	137	B-2	47
José Marañón	88	C-3	10
José María Aguirre Gonzalo	200	B-1	55
José María del Boto	120	A-1	11
José María Cavero	74	B-2	27
José María de Castro	70	C-1	20
José María Fernández Lanseros	91	B-2	17
José María Galván	120	C-4	19
José María García de Paredes, Gta. ..	36	B-1	55
José María Lozano Sáinz	172	C-4	21
" " "	173	A-4	21
José María Morelos	34	A-4	43
" "	54	A-1	"
José María Pemán	120	A-4	19
Jose María Pereda	92	A-3	17
José María Rodero	109	C-1	17
José María Roquero	123	A-2	45
José María Sánchez-Silva	73	A-4	28
José María Soler, Pza.	52	C-3	16
José Martínez de Velasco	106	C-2	07
José Massó	52	A-3	16
José Maurelo	119	B-4	47
" "	137	B-1	"
José Miguel Gordoa	122	C-4	45
José Miguel Guridi	55	A-3	43
" "	55	B-3	"
José Montalvo	120	B-3	19

Nombre	Plano Parcial		C.P.
José Moñino Conde			
de Floridablanca, Pza.	30	C-1	29
José Moreno Villa, Pza.	87	C-4	08
(antigua Emilio Jiménez Millas, Pza.)			
José Noriega	91	C-4	17
José Noriega, Trv.	91	C-4	17
José Ortega y Gasset	90	A-3	06
José Ortuño Ponce	172	A-4	21
José Paulete	125	C-4	38
José Paz Maroto, Gta.	201	A-2	55
José Pérez	172	A-2	41
José Pérez Pla, Pje.	70	A-4	03
José Picón	90	C-1	28
José del Pino	173	B-3	21
José del Pino Jiménez	171	B-4	21
" "	179	B-1	"
José del Prado y Palacio	107	C-4	30
José Prat, Bulevar	128	A-3	32
José Quer, Pº.	105	A-4	14
José Ramón Vizcaíno	94	B-3	37
José Ribera	72	B-2	02
José del Río	120	C-4	19
José Rodríguez Pinilla	52	A-3	
Códigos Postales			
1 al 9 y 2 al 6			36
11 y 8 al final			16
José Romero	49	C-3	39
José Sánchez Pescador	124	A-1	07
José Sánchez Pescador, Pje.	124	A-1	07
José Serrano	142	C-2	53
José Silva	53	B-4	43
José Tamayo	163	B-3	51
José Urioste y Velada	155	A-2	44
José Vasconcelos	31	C-4	46
José de Villarreal, Pza.	122	C-4	45
José Villena	91	C-3	17
Josemaría Escrivá de Balaguer, Pza ...	54	C-2	43
Josefa Alonso	119	C-1	47
Josefa Díaz	125	B-4	38
Josefa Fernández Buterga	139	B-1	19
Josefa Herradón	54	A-2	43
Josefa Honrado	119	C-4	47
" "	137	C-1	"
Josefa Valcárcel	74	C-2	27
" "	75	C-2	"
" "	76	B-2	"
Josefina Aldecoa	200	B-2	55
Josefina Carabias	35	B-2	50
Josefina García	162	A-1	31
Josefina Veredas	140	A-3	26
Joselito	74	C-1	43
Josep Pla	72	A-3	02
Josué Lillo	142	C-2	53
Jovellanos	104	C-2	14
Joyería, La.	94	A-4	37
Juan XXIII, Pº.	69	B-2	40

Nombre	Plano Parcial		C.P.
Juan Agüí	11	A-4	50
"	19	A-1	"
Juan Alonso	137	B-2	47
Juan Álvarez de Mendizábal	87	B-3	08
Juan de Andrés, Avda.			
2 al 26	49	A-1	35
al 64	29	A-4	"
Juan Antón	102	A-4	11
Juan Antonio Bardem	163	C-3	51
Juan Antonio Maroto	143	C-2	18
Juan Antonio Samaranch, Avda.	36	B-1	55
" "	200	B-2	"
Juan Antonio Suances, Pza.	75	C-3	27
Juan Antonio Vallejo-Nájera Botas, Pº.	122	A-2	05
(antigua Doctor Vallejo-Nágera, Pº.			
Juan Arespacochaga y Felipe	93	C-2	37
Juan de Arolas	92	B-3	17
Juan de Austria	88	C-2	10
Juan Bautista Sacchetti................	123	B-1	14
Juan Bautista de Toledo	72	B-3	02
Juan Belmonte	54	C-4	43
"	74	C-1	"
Juan Benet, Pza.	128	A-2	32
Juan Boscán	92	C-3	17
"	93	A-3	"
Juan Bravo	90	A-2	06
Juan Carlos Onetti, Pza.	128	A-2	32
Juan Carreño de Miranda	132	B-3	52
Juan de la Cierva	71	C-3	06
Juan Clemente Núñez...................	55	C-2	43
Juan Daniel Fullaondo	35	C-2	55
Juan de La Cosa, Pza.	52	A-4	16
Juan de la Cueva	106	B-4	07
Juan de Dios	87	C-4	15
Juan Duque	103	B-3	05
Juan de la Encina	50	A-4	39
Juan Español	139	C-2	26
"	140	A-2	"
Juan Esplandiú	107	A-2	07
Juan Francisco	138	B-2	
Códigos Postales			
1 y 2			19
3 y 4 al final			25
Juan Francisco, Trv.	138	B-2	25
Juan Francisco Pascual	34	A-3	33
Juan de la Fuente	162	A-1	31
Juan García Hortelano..................	197	B-4	55
Juan Goytisolo, Pza.	105	A-4	12
Juan de Herrera	103	C-2	13
Juan de Herrera, Avda.	68	C-4	40
Juan de la Hoz	90	B-1	28
Juan Hurtado de Mendoza	51	B-3	36
Juan Ignacio Luca de Tena	75	B-2	27
Juan de Iziar	91	C-3	17
Juan de Jáuregui..........................	106	B-4	07

Nombre	Plano Parcial		C.P.	**J**
Juan José Bautista	120	B-3	19	
Juan José Gureña	55	C-4	43	
Juan José Martínez Seco	173	B-3	21	
Juan de Juanes............................	124	C-2	07	
Juan Limón	143	C-2	18	
Juan Lozano	31	C-1	34	
Juan de Malasaña, Pza.	146	A-4	31	
Juan de Mariana	123	B-3	45	
Juan Martín el Empecinado	123	B-2	45	
Juan Martínez Arroyo	56	B-4	42	
" "	76	B-1	"	
Juan de la Mata Gómez, Cjón.	92	B-2	17	
Juan Mazo	143	B-2	18	
Juan Mazo, Trv.	143	B-2	18	
Juan de Mena	105	B-2	14	
Juan Mieg	154	C-2	54	
Juan Montalvo............................	69	C-2	40	
"	70	A-2	"	
Juan Muñoz Martín, Pza...............	70	B-2	39	
Juan Navarro...............................	124	C-3	53	
Juan de Olías	70	B-1	20	
Juan Pablo Forner, Pza.	30	A-1	34	
Juan Pantoja	70	B-1	39	
Juan Pascual...............................	92	C-2	17	
Juan Pascual de Mena	101	C-4	11	
Juan Peña	28	B-2	35	
Juan Peñalver				
1 al 43 y 2 al 34	171	C-4	21	
al 58	179	C-1	"	
Juan Peñalver, Trv.	179	B-1	21	
Juan Pérez Almeida......................	139	B-1	19	
Juan Pérez Zúñiga	74	B-3	27	
Juan Portas	143	A-1	53	
Juan Pradillo	70	A-1	39	
Juan Pujol, Pza.				
(actualmente Rastrillo, Pza.)				
Juan Ramón Jiménez	51	B-3	36	
Juan de los Ríos	91	A-2	28	
Juan del Risco	50	B-3	39	
Juan Rizi	75	A-2	27	
Juan Rof Carballo, Pza.	128	A-3	32	
Juan Ron	154	B-1	54	
Juan del Rosal	68	B-1	40	
Juan Salas	140	A-3	26	
Juan Sánchez	29	B-3	35	
Juan Sánchez Ron	53	B-2	33	
Juan Tornero	102	C-3	11	
Juan de Urbieta				
1 al 41 y 2 al 44	124	A-1	07	
al 71	106	B-4	"	
Juan Valera	105	C-4	14	
Juan de Vera	123	A-3	45	
Juan Vigón				
(actualmente Melquíades Álvarez)				

J

Nombre	Plano Parcial		C.P.
Juan Zapata	80	B-2	42
Juan Zofío	139	C-3	26
Juan Zorrilla, Pza.	70	B-4	03
Juana Doña	123	A-4	45
(antigua Batalla de Belchite)			
Juana Elorza	125	A-4	53
Juana Fuentes	120	B-3	19
Juana Urosa	137	B-2	25
Juanelo	104	A-4	12
Juanita	137	B-2	25
Juanita Cruz	15	A-2	35
Jubilado, Pza.	39	A-3	42
Juego de Bolos	129	B-2	32
Juglares, Los	128	A-2	32
Juguetería, La	94	A-4	37
Julia Balenchana	53	A-2	33
Julia García Boután	94	C-3	22
"	95	A-3	"
Julia Mediavilla	142	C-1	53
"	143	A-1	"
Julia Moreno	172	B-4	21
Julia Nebot	138	A-2	25
Julia Solá	173	C-2	21
Julián Besteiro	51	A-3	20
"	71	A-1	20
(antigua General Varela)			
Julián Camarillo			
1 al 41 y 2 al 30	93	C-1	37
al 55 y al 42	94	B-1	"
al 83	76	B-4	"
Julián del Cerro	125	A-1	38
Julián Gascón	54	A-2	43
Julián Gayarre	105	C-4	14
"	123	C-1	"
Julián González	121	B-3	19
Julián González Barbero	11	A-4	50
Julián González Segador	54	B-1	43
Julián Hernández			
1 al 13	73	C-1	43
al 25 y al 28	54	A-4	"
Julián Marías, Pza.	140	A-2	26

Nombre	Plano Parcial		C.P.
Julián Otamendi, Gta.	37	B-1	55
Julián Rabanedo	141	A-2	45
Julián Romea	69	B-3	03
Julián Zugazagoitia	70	A-1	39
(antigua Manuel Sarrión)			
Juliana Sancho	143	C-2	18
Juliette	79	C-1	42
Julio	79	C-4	22
"	80	A-4	"
Julio Aguirre	140	C-2	26
Julio Antonio	138	B-3	25
Julio Calvo	29	A-1	35
Julio Camba	91	A-2	28
Julio Cano Laso	37	B-1	55
"	201	B-3	"
Julio Caro Baroja	12	B-3	55
Julio Casares	20	B-3	50
Julio Chellini	125	B-4	38
Julio Cortázar, Pza.	120	B-3	19
Julio Danvila	33	A-4	33
Julio Domingo	139	A-2	19
Julio López	73	A-2	02
Julio Lois, Pza.	144	A-3	18
Julio Merino	140	B-3	26
Julio Montero	17	B-2	34
Julio Montero, Trv.	17	B-2	34
Julio Nombela	87	C-2	15
Julio Palacios	31	A-1	29
Julio Rey Pastor	106	B-4	07
Julio Romero de Torres, Pº.	106	A-3	09
Junco	172	A-4	21
Junio	79	C-3	22
"	80	A-3	"
Junquera, La	94	A-4	37
Júpiter	39	A-3	42
Justa García	140	A-3	26
Justicia, La; Pza.	72	C-1	02
Justina de la Fuente	162	A-1	31
Justiniano	89	A-4	04
Justo Martínez	53	B-4	43
Juventud, La; Pza.	111	A-4	32

K

Nombre	Plano Parcial		C.P.
Kant	6	B-2	49
Kelsen	6	C-2	49
Kentia, La	124	B-4	45

Nombre	Plano Parcial		C.P.
Keynes	6	B-1	49
Kilo	79	C-1	42
Kriptón	173	C-2	21

Nombre	Plano Parcial		C.P.
Labajos	17	B-3	34
Labastida	17	B-3	34
Laboral, Avda.	180	C-1	21
"	181	A-1	"
Laboratorio	94	B-4	37
"	110	B-1	"
Labrador	122	B-2	05
Labradores	94	B-2	37
Lacoma	29	A-1	35
Ladera, La	50	B-1	29
Ladera de los Almendros	127	C-3	32
Lagartera, La	142	B-3	53
Lagartijo	74	B-1	43
Lagasca			
1 al 19 y 2 al 24	105	C-1	
al 127 y al 144	89	C-1	
Códigos Postales			
1 al 75 y 2 al 88			01
77 y 90 al final			06
Lago, Rda.	102	A-2	11
Lago Balatón	129	B-2	32
Lago Calafate	144	A-3	18
Lago Como	129	A-2	32
Lago Constanza	92	B-3	17
Lago Enara	129	B-2	32
Lago Erie	129	A-1	32
Lago Iseo	129	B-2	32
Lago Lemán	129	A-1	32
Lago Maracaibo	144	A-3	18
Lago Mirim	144	A-3	18
Lago Nicaragua	144	A-3	18
Lago Salado	93	A-2	17
Lago San Martín	144	A-3	18
Lago Sanabria	129	A-2	32
Lago Titicaca	129	A-2	32
Lago Van	111	A-4	32
"	129	A-1	"
Laguardia	78	C-3	22
"	79	A-3	"
Laguna, La	119	C-4	
"	137	C-1	
Códigos Postales			
1 al 81 y 2 al 12			47
83 y 14 al final			25
Laguna de Cameros, La	179	C-4	21
Laguna Dalga, La	180	B-4	21
Laguna del Duero, La; Pza. ...	54	A-3	43
Laguna Grande	16	A-4	34
Laguna del Marquesado, La ...	180	B-4	21
Laguna Negra	127	B-1	30
Laguna de los Pájaros, La	24	B-4	23
Laguna Rodrigo, La	172	A-3	21
Laguna de Santiago, La	172	A-3	21
Lagunas de Neila, Las	172	A-3	21
Laín Calvo	102	C-3	11

Nombre	Plano Parcial		C.P.
Lalín, Gta.	10	C-2	50
Lamiaco	22	A-3	23
Lanceros, P°.	134	A-4	24
Landelino Lavilla, Gta.	11	A-4	50
Lanjarón	156	B-3	41
Lanuza	91	A-4	28
Lanzada, La	86	A-3	08
Lanzahita	48	C-2	35
Laponia	127	C-1	30
Larango	136	A-4	44
Lardero	110	C-4	32
Laredo	137	C-2	25
Larra	88	C4	04
Las Cruces, C°.	152	C-1	32
Lasarte	22	C-4	23
"	23	A-4	"
Latina	119	A-2	47
Latoneros	104	A-3	05
Laud	33	A-1	33
Laureano Leonor	120	C-4	19
Laurel	122	B-2	05
Laurín	54	A-4	43
Lavadero, C°.	25	B-4	23
"	45	B-1	"
Lavadero Viejo	128	C-2	32
Lavanda, La	35	B-2	50
Lavanderas, Las	128	C-2	32
Lavapiés	104	B-4	12
Lavapiés, Pza.	104	B-4	12
Laviana	93	B-3	37
Lavoisier	6	B-1	49
Lazaga	50	C-3	20
Lazarillo de Tormes	131	A-2	52
Lazarillo de Tormes, P°.	101	B-3	11
Lazcano	173	A-3	41
Lazo	103	C-2	13
Lealtad, La; Pza.	105	A-2	14
Leandro Silva	200	C-1	55
Lebreles	152	C-2	44
Lebrillo	65	B-1	23
Lechuga, La	104	A-3	12
Lecumberri	157	B-2	41
Ledesma	92	B-3	17
Leganés	123	C-3	45
Leganés (M-425), Ctra.	169	B-1	
Leganés, C°. (Villaverde)	179	C-1	21
Leganés, C°. Viejo	121	A-4	
Códigos Postales			
1 al 109 y 2 al 80			19
111 y 82 al final			25
Leganés, Trv.	179	C-1	21
Leganitos	104	A-1	13
Legazpi, Pza.	140	C-1	45
"	141	A-1	"
Legazpi Mercamadrid, Avda. ..	159	B-4	53

L

Nombre	Plano Parcial		C.P.
Legionario Poeta Queixa	120	B-3	19
Leibniz...	6	B-1	49
Leira	54	A-2	43
Leire, Pza.	157	B-2	41
Leiria	139	A-2	25
Leitariegos...	46	A-2	23
Leiza	155	C-2	41
Leizarán	71	C-2	02
Lele del Pozo	159	B-1	53
Lenceros, Los	94	B-3	37
Lenguas	180	B-1	21
Leñeros...	50	A-4	39
"	70	A-1	"
Leo	106	C-4	07
"	124	C-1	"
León	104	C-3	14
León V de Armenia	119	B-4	47
" "	137	C-1	"
León Bonat	107	A-1	28
León Felipe	144	C-2	38
"	145	A-2	"
León Gil de Palacio	124	A-2	07
León Pinelo	101	C-4	11
Leonardo Prieto Castro	69	A-1	40
Leoncio Bautista	120	B-3	19
Leoneses, Los....................................	144	B-3	18
Leonor de Austria	19	A-2	50
Leonor Góngora	173	B-3	21
Leonor González	125	A-2	38
Leonor López de Córdoba	15	A-2	35
Leonor de la Vega	121	B-1	05
Leopoldo Alas "Clarín".....................	28	A-2	35
Leopoldo Calvo Sotelo	146	B-2	31
Leopoldo Torres Balbás, Gta.	201	A-4	55
Leovigildo	120	C-3	19
Lepanto	103	C-2	13
Lequeitio	22	C-4	23
"	42	C-1	"
Lérez	71	C-2	02
Lérida			
1 al 35 y 2 al 24	70	B-1	20
al 95 y al 94	50	C-3	"
Lesaca	155	C-2	41
Lesya Ukrainka, Gta.	55	A-4	43
Letras, Las; Pza.	105	A-4	14
Letrillas	110	A-1	37
Levante	52	A-1	36
Levante, Avda.	53	A-4	16
Levante, Rda.	101	B-3	11
Lezama	17	B-3	34
Lezo	173	A-3	41
Liberación, La	34	C-4	33
Libertad, La	104	C-1	04
Libra	45	B-3	23
Libreros, Los	104	A-1	04

Nombre	Plano Parcial		C.P.
Licenciado Vidrieras	142	C-2	53
Liceo	54	C-4	43
Liceo, Pza.	54	B-4	43
Lido	54	A-4	43
Liebre, La	54	B-4	43
Lignito	181	A-3	21
Ligonde	10	C-2	50
Lígula	51	C-3	36
Lilas, Las	51	C-1	36
Lilí Álvarez	14	A-4	35
Lillo	156	C-4	41
Lima, Pza.	71	B-1	46
Limón	88	A-3	15
Limonero	50	C-2	20
"	51	A-2	"
Limonita	182	B-1	21
Lina Morgan, Pzla.	104	A-4	12
Linares	138	A-1	25
Lince, Pje.	106	C-4	07
Lineo	103	A-3	05
Lino	50	C-3	20
Lira	106	C-4	07
"	107	A-4	"
Lira, Puente	107	A-4	30
Lirios, Los	53	A-3	16
Lisboa	87	A-2	08
Litago	172	A-4	21
Litio	141	B-1	45
Litos	172	B-4	21
Lituania	107	B-4	30
Liverpool	95	B-2	22
Llanes	93	B-3	37
Llano Castellano, Avda.	17	C-4	34
Llanos, Los	182	A-2	21
Llanos de Escudero	92	C-4	17
" "	93	A-3	"
Llansá	144	B-1	38
Llodio	17	B-3	34
Lodosa	157	B-2	41
Loeches	86	B-2	08
Logroño, Avda. (M-110)	38	C-4	42
" "	57	C-3	"
" "	76	C-2	"
" "	77	B-1	"
Logrosán	151	A-1	44
Loja...	156	B-3	41
Lola Flores	81	B-3	22
Lola Membrives	121	B-3	19
Loma, La	69	B-3	03
Loma de los Bailanderos, La	25	A-3	23
Lomas Horcajo, Las	125	A-4	53
Lombia	90	B-4	09
Londres...	90	C-2	28
"	91	A-2	"

Nombre	Plano Parcial		C.P.
Longares	94	C-2	22
"	95	A-3	"
Longares, Trv.	94	C-3	22
Lonja de la Seda, La	152	B-3	54
Lope de Haro	50	B-4	39
Lope de Rueda	106	A-1	09
Lope de Vega	104	C-3	14
"	105	A-3	"
López de Aranda	74	C-4	27
"	75	A-3	"
López de Aranda, Trv.	75	A-4	27
López Grass	125	B-3	38
López de Hoyos			
1 al 15 y 2 al 22	89	B-1	
al 149 y al 202	72	B-3	
al 171 y al 222	73	A-2	
al 341 y al 450	53	B-3	
al 357 y al 468	54	A-1	
al 409 y al 500	34	A-4	
Códigos Postales			
1 al 33 y 2 al 58			06
35 al 215 y 60 al 252			02
217 al 223			16
225 y 254 al final			43
López de Hoyos, Gta.	72	A-4	02
López Mezquía	120	A-4	19
López de la Plata, Pza.	55	C-3	43
López Puigcerver	48	C-2	35
López Recuero	125	A-3	38
López Silva	104	A-4	05
Lorca	33	C-4	33
Lorenza Correa	44	C-4	39
"	70	A-1	"
Lorenzana	50	A-4	39
Lorenzo Castresana	92	C-3	17
Lorenzo González	92	C-2	17
Lorenzo San Nicolás	92	C-2	17
Lorenzo Solano Tendero	73	C-1	43
" "	74	A-1	"
Loreto y Chicote	104	B-1	04
Lóriga	72	A-3	02
Lóriga, Pje.	72	A-3	02
Loto	50	C-1	29
Lourdes	17	C-1	34
Loyola	140	B-3	26
Loza	94	B-4	37
Lozano	124	C-4	53
Lozares, Gta.	180	A-2	21
Lozoya	88	B-1	15
Lozoyuela	91	A-1	28
Lubián	180	A-1	21
Luca de Tena, Pza.	123	A-2	45
Lucano	76	C-4	22
"	94	C-1	"
Lucas Mallada	94	B-3	37
Lucena, Pza.	102	C-3	11

Nombre	Plano Parcial		C.P.
Lucero	119	B-1	47
Lucero, Pje.	119	B-2	47
Lucero del Alba, El	172	B-1	41
Luces de Bohemia	143	B-2	18
Luchana	88	C-2	10
Luciente	103	C-4	05
Lucio del Valle	70	A-4	03
Lucrecia Pérez Matos, Gta.	44	C-3	23
Lugar de los Poetas	49	B-1	39
Lugo	102	B-4	11
Luis I	144	C-4	31
"	160	B-1	"
Luis Adaro	90	C-2	28
Luis Aragonés, Avda.	77	B-4	22
" "	95	B-1	22
Luis Blanco Soler, Gta.	36	B-3	55
Luis Buitrago	34	A-4	33
Luis Buñuel	144	B-2	18
Luis Cabrera	72	C-3	02
Luis Calvo	91	A-1	28
Luis Camoens	105	C-4	14
Luis Campos	93	B-3	17
Luis Carandell	73	A-4	28
Luis Carlos Vázquez	53	C-4	43
Luis Cernuda	73	C-4	27
Luis Chamizo	136	A-2	44
Luis Claudio	152	B-2	44
Luis Cubillo, Gta.	35	B-2	55
Luis Díaz Cobeña	90	C-2	28
Luis Domingo	138	C-3	25
Luis Esteban	31	B-4	29
Luis Feito	119	B-4	47
"	137	B-1	"
Luis Federico Sepúlveda, Pza.	56	A-4	43
Luis de la Fuente	162	A-1	31
Luis García Berlanga, Gta.	201	A-1	55
Luis Gómez	138	B-2	25
Luis de Góngora	88	C-4	04
Luis Gutiérrez Soto	60	C-4	42
Luis de Hoyos Sáinz	126	C-1	30
"	127	B-2	"
Luis Jiménez de Asúa	19	C-3	50
Luis Lacasa, Gta.	200	B-2	55
Luis Larrainza	72	C-1	02
Luis López	124	C-4	53
"	142	C-1	"
Luis Marín			
2 al 6	126	C-4	38
al 12	144	C-1	"
Luis Martínez Feduchi	20	C-1	55
"	199	B-1	"
Luis de la Mata	76	C-1	42
Luis Missón	50	A-3	39
Luis Mitjans	124	C-2	07
Luis de Moya Blanco	200	B-2	55

L

Nombre	Plano	Parcial	C.P.
Luis Muriel	71	B-2	02
Luis Ocaña	132	C-3	52
"	195	A-4	"
Luis Pando	119	B-2	47
Luis de Oro	153	B-4	54
Luis Paret	123	A-4	45
Luis Peidró	124	B-3	07
Luis Pernas	49	C-1	39
Luis Piernas	91	C-4	17
Luis Portones	50	B-2	39
Luis Rosales, Gta.	53	C-1	43
Luis Ruiz			
1 al 23 y 2 al 38	92	C-2	17
al 89 y al 82	93	A-4	"
Luis Salazar	72	C-2	02
"	73	A-2	"
Luis Sánchez Polack "Tip"	93	C-1	37
Luis Sánchez Zorrilla	76	B-4	37
Luis de la Torre	140	A-3	26
Luis Usera	140	A-4	26
Luis Vélez de Guevara	104	B-3	12
Luis Villa	90	C-4	09

Nombre	Plano	Parcial	C.P.
Luis Villalvilla, Gta.	162	A-1	31
Luis Vives	72	B-3	02
Luis de Zulueta	153	A-1	44
Luisa Andrés	49	A-1	35
Luisa Carvajal	94	B-1	37
Luisa Fernanda	87	C-4	08
Luisa Muñoz	138	B-1	19
Luisa Muriel	120	B-1	47
Lumbrales	161	C-2	31
Lumbreras	128	B-1	32
Luna, La	88	A-4	04
"	104	B-1	"
Luruaco	35	A-4	33
Luscinda	17	B-1	34
Luva	92	C-1	27
Luxenburgo, Gta.	56	A-2	42
Luz, La; Cjón.	17	B-2	34
Luz Casanova	44	A-3	23
Luzmela	144	B-1	38
Lyón	109	C-4	30
"	127	C-1	"

M

Nombre	Plano	Parcial
M-11. Acc. Aeropuerto desde Manoteras	32	C-1
M-12. (Eje Aeropuerto)	37	B-3
M-13 (Eje Aeropuerto, E-O)	38	A-2
M-14. Acc. Aeropuerto desde Eisenhower	78	B-1
M-21. Variante de A-2 (Coslada)	78	B-4
M-23. Prolongación de O'Donnell	108	B-3
M-31. Eje Sureste	159	C-1
M-30. Nudos:		
1: Manoteras (Avda. Paz)	32	B-1
2: Pío XII (Avda. Paz)	32	B-4
3: Cta. Sagrado Corazón (Avda. Paz)	52	C-1
4: Costa Rica (Avda. Paz)	53	A-3
5: Ramón y Cajal (Avda. Paz)	73	B-1
6: A-2 Barcelona (Avda. Paz)	73	B-3
7: Parque Avenidas (Avda. Paz)	91	B-1
8: Puente de Ventas (Avda. Paz)	91	B-3
9: O'Donnell (Avda. Paz)	107	B-2
Túnel Acceso/Salida By-Pass Sur	107	A-4
10: A-3 Valencia (Avda. Paz)	125	A-1
11: Pte. de Vallecas (Avda. Paz)	124	C-3
12: Méndez Álvaro (Avda. Paz)	124	B-4
13: Sur	141	B-3
Túnel Acceso/Salida Soterramiento M-30	140	C-1

Nombre	Plano	Parcial
14: A-42 Toledo		
(Avda. Manzanares)	122	B-4
15: Pirámides		
(Avda. Manzanares)	121	C-3
16: A-5 Extremadura		
(Pº. Mqués. de Monistrol)	103	A-2
Túnel Acceso/Salida Soterramiento M-30	102	C-1
17: Pte. de los Franceses		
(Pº. Mqués. de Monistrol)	86	A-1
18: A-6 La Coruña		
(Ctra. de Madrid a El Pardo)	47	C-4
19: Ctra. del Pardo		
(Ctra. de Madrid a El Pardo)	27	A-3
20: Cantalejo (Avda. Ilustración)	28	A-3
21: Isla Tabarca		
(Avda. Ilustración)	29	A-3
Túnel Ventisquero de la Condesa	29	C-2
22: Betanzos (Avda. Ilustración)	29	C-2
23: Ginzo de Limia		
(Avda. Ilustración)	30	B-1
24: Ctra. Colmenar	17	A-4
25: Norte	31	C-1
M-40. Nudos:		
1: Supernorte (Dist. Norte)	11	B-2
R-2: Radial Madrid-Guadalajara	168	B-2

M

Nombre	Plano Parcial	
2: Acc. Aeropuerto (Dist. Norte)	34	C-2
3: Gran Vía de Hortaleza		
(Avda. de Manuel Azaña) ..	55	C-1
4: Silvano (Avda. de Manuel Azaña).....	56	A-2
5: Recintos Feriales		
(Avda. de Manuel Azaña) ..	56	B-4
Túnel Eje Aeropuerto (M-12).................	56	C-4
6: Avda. de Logroño		
(Avda. de Manuel Azaña) ..	77	A-1
7: Variante A-2 (Avda. M. Azaña)........	78	A-4
8: Coslada-Las Musas		
(Distribuidor Este).............	95	C-3
9: Ajalvir-Vicálvaro (Dist. Este)	110	C-2
10: Eje O'Donnell (Dist. Este)	110	B-3
R-3: Radial Madrid-Arganda del Rey	110	B-3
11: Moratalaz-Vicálvaro (Dist. Este)	128	A-1
12: A-3 Valencia (Dist. Sur)	127	B-4
13: Avda. de la Albufera (Dist. Sur)......	145	B-2
Eje SurEste (M-31)............................	159	C-1
14: Mercamadrid (Dist. Sur)	159	B-3
15: Supersur	158	C-4
16: Avda. de Andalucía.....................	157	A-3
17: A-42 Toledo (Dist. Sur)................	155	B-4
18: Ctra. de Leganés (Dist. Sur).........	153	B-4
R-5: Radial Madrid-Navalcarnero.........	153	C-4
19: Avda. Carabanchel (Dist. Sur)	168	C-1
20: Bº. de la Fortuna (Dist. Sur)	151	A-4
21: A-5 Extremadura (Dist. Sur)	149	B-2

Nombre	Plano Parcial	
22: M-511 Boadilla		
(Término Mcpal. de Pozuelo)		
23: Eje Pinar		
(Término Mcpal. de Pozuelo)		
24: Pozuelo (Dist. Oeste)	42	C-3
25: El Barrial (Distribuidor Oeste)	44	A-2
26: M-605 El Pardo (Dist. Norte)	27	A-3
Conexión Ventisquero de la Condesa ..	15	A-1
27: M-607 Colmenar (Dist. Norte)........	5	B-4
M-45. Nudos:		
1: M-40/A-5 (Madrid-Extremadura) ..	168	A-1
2: Radial R-5 (Madrid-Navalcarnero)..	168	B-2
3: M-421/M-425		
(Carabanchel-Leganés)	169	A-3
4: A-2 (Madrid-Toledo)..................	178	C-4
5: M-403 (Villaverde Alto-Getafe) ..	185	B-1
6: A-4 (Madrid-Andalucía).............	187	B-2
7: M-301		
(Villaverde-San Martín de la Vega) ..	182	C-3
8: M-31 Eje Sureste	176	C-4
9: Villa de Vallecas	190	C-1
10: A-3 (Madrid-Valencia)................	163	C-2
11: M-203 (Vallecas/Santa Eugenia,		
Vicálvaro y Mejorada del Campo)..	148	B-3
12: Radial R-3		
(Madrid-Arganda del Rey)..	131	C-2
13: Coslada	114	C-4

M

Nombre	Plano Parcial	C.P.
Macarena	52	A-3	16
Machaquito	55	C-4	43
Machupichu, Avda.	55	B-3	43
" "	56	A-4	"
Macuaje	55	B-1	33
Madarcos	54	A-2	43
Madera, La	88	B-4	04
" "	104	A-1	"
Maderuelo	17	B-3	34
Madrazo, Los	104	C-2	14
" "	105	A-2	"
Madre Antonia París, La	74	A-3	27
Madre Cándida María de Jesús, La ..	140	B-3	26
Madre del Carmen del Niño Jesús, La ..	72	A-1	02
Madre Celeste, La	152	C-1	44
Madre de Dios, La	52	B-2	16
Madre Isabel Larrañaga, La; Pza.	180	A-1	21
Madre María Ana Mogas, La; Pza.	17	B-2	34
Madre Molas, La; Pza.	51	C-2	36
Madre Nazaria	153	A-1	44
Madre Rosa Blanco, La....................	156	B-2	41
Madre Teresa de Calcuta, La............	14	C-3	35
" " "	15	A-2	35

Nombre	Plano Parcial	C.P.
Madres Plaza de Mayo, Las	92	C-2	17
Madreselva	52	B-2	16
Madrid...	103	C-3	05
Madrid, Puerta	105	C-1	09
Madrid a Alcorcón, Cº. Viejo	166	B-1	44
Madrid a Boadilla del Monte			
(M-511), Ctra.	116	A-3	24
" "	117	C-3	"
Madrid a Leganés (M-421), Ctra. ...	168	C-2	44
Madrid a El Pardo, Ctra. (M-30).......	47	B-2	35
Madrid a El Pardo, Ctra. (M-605).....	4	B-4	35
" "	13	A-4	"
" "	27	A-1	"
Madrid Mercamadrid, Avda.	159	A-4	53
Madridejos	140	A-3	26
Madrigal	48	C-2	35
Madrigal de la Vera	135	A-4	44
Madroños, Los; Avda.			
2 al 14	74	B-1	43
al 35 y el 30	54	C-4	"
al 75 y el 88	55	B-4	"

M

Nombre	Plano Parcial		C.P.
Maese Nicolás...............	142	C-2	53
Maestra Dolores Marco...................	35	B-1	55
Maestra Felisa Lozano...................	77	A-1	42
Maestra María Sánchez Arbós, La; Pº.	49	C-3	39
(antigua Gral. Sagardá Ramos, Pº.)			
Maestro, Gta.	86	C-2	08
Maestro Alonso	91	A-3	28
Maestro Ángel Llorca	69	C-3	03
(antigua General Rodrígo)			
Maestro Arbós....................	140	C-1	45
"	141	A-1	"
Maestro Chapí.......................	52	B-2	16
Maestro García Navarro	164	A-4	51
Maestro Guerrero	87	C-4	15
Maestro Guille Sotillo, Pza.	138	A-2	25
Maestro Guridi...................	92	C-4	17
Maestro Lassalle	52	B-2	16
Maestro Navas	102	A-4	11
Maestro Rípoll	71	B-3	06
Maestro Sorozábal	103	A-1	08
Maestro Tellería	105	A-3	14
Maestro Victoria	104	A-2	13
Maestro Villa	104	A-3	05
Maestro Villa, Pza.	105	C-1	09
Maestro Vives	106	C-1	09
Maestros Ladrilleros, Pje.	50	C-2	39
Magacela	157	A-3	41
Magallanes	88	A-1	15
Magallón	119	C-4	47
Magallón, Pza....................	119	C-4	47
Magangué.........................	35	A-3	33
Magdalena, La	104	B-3	12
Magdalena, La; Cº.	160	C-4	31
"	161	C-4	"
"	175	C-3	"
"	176	C-1	"
Magdalena Díaz..................	29	A-4	35
Magdalena Díez..................	50	C-2	39
Magín Calvo	102	A-4	11
Magnesia, La......................	180	B-1	21
Magnolias, Las	31	B-4	29
"	51	A-1	"
Mahonia	56	A-4	43
Maicara	130	C-1	52
Maiquez	106	B-1	09
Maíz	139	B-4	26
"	155	B-1	"
Majuelo, El........................	122	A-2	05
Málaga	71	A-4	03
Málaga, Gta.	157	A-1	41
Malagón	54	C-1	43
Malagosto	72	B-2	02
Malaquita, La.....................	65	B-1	23
Malcampo	72	B-3	02
Maldonadas, Las	104	A-4	05

Nombre	Plano Parcial		C.P.
Maldonado	90	B-2	06
Malecón, Cº.	174	B-3	51
"	175	A-4	"
"	183	B-2	"
"	184	A-4	"
Malgrat de Mar	126	C-4	38
Maliciosa, La; Pza.	92	A-2	27
Malinche	54	A-1	43
Mallorca	122	C-1	12
Malmoe	110	A-3	22
Malpica de Tajo	162	A-2	31
Malvaloca, La	66	A-1	23
Mamerto López	140	B-3	26
Mamolar	17	C-3	34
Mampostería, La	94	B-4	37
Manantial..........................	86	A-3	08
Manantiales, Los	111	A-4	32
Manatí	35	A-3	33
Mancebos, Los	103	C-3	05
Mancha, La	142	C-3	53
Manchegos, Los	50	C-1	29
Manchester	95	B-3	22
Manco de Lepanto	125	A-2	38
Mandarina, La	74	B-4	27
" "	92	B-1	"
Manganeso	173	C-3	21
Mangirón, Pje.	72	B-4	02
Manipa	74	C-4	27
Manises...........................	152	A-1	44
Manizales	35	A-4	33
Manojo de Rosas, La del	172	C-2	41
Manola y Rosario	179	C-1	21
Manolete, Pza.	51	A-4	20
Manoteras, Avda.	18	C-4	50
" "	19	B-4	"
Manresa	17	A-3	34
Mansilla	17	C-3	34
Mantuano	72	B-3	02
Manuel (Centro)	87	C-4	15
Manuel Aguilar Muñoz	58	B-3	42
Manuel Aleixandre	141	A-1	45
Manuel Alexandre, Gta.	201	B-3	55
Manuel Alonso	4	A-1	48
Manuel Altolaguirre	197	B-3	55
Manuel Álvarez	137	B-1	25
Manuel Arranz	125	B-1	38
Manuel Azaña, Avda. (M-11) ..	33	B-1	
" "	34	B-2	
Manuel Azaña, Avda. (M-40) ...	35	B-4	
" "	56	B-4	
" "	77	C-2	
Manuel Badía	144	A-2	18
Manuel Bartolomé Cossío	69	A-4	40
Manuel Becerra, Pza.	90	C-3	28
Manuel Benedito	51	C-3	36

Nombre	Plano Parcial		C.P.
Manuel de Bofarull	117	C-4	24
Manuel Caldeiro	31	C-3	46
Manuel Canales	121	B-4	19
Manuel Cano	145	C-4	31
Manuel Carmona	121	B-3	19
Manuel Cavero	74	A-2	27
Manuel Chaves Nogales	33	C-3	33
(antigua Capitán Cortés)			
Manuel Comín	74	A-1	43
Manuel Cortina	88	C-2	10
Manuel Dorado Sáiz, Gta.	101	A-4	11
Manuel Escobar, Pza.	76	C-4	22
Manuel de Falla	51	B-4	36
Manuel Fernández Caballero	121	B-3	19
Manuel Fernández y González	104	C-3	14
Manuel Ferrero	51	C-1	36
Manuel Fraga Iribarne, Avda.	37	A-1	55
" "	201	A-3	"
Manuel Galindo	138	A-2	25
Manuel García	117	B-4	24
Manuel Garrido	28	B-3	35
Manuel Gascón	54	A-1	43
Manuel Gómez Moreno, Pza.	71	A-2	20
Manuel González Longoria	88	C-3	10
Manuel Granero, Rda.	55	C-4	43
Manuel Laborda	173	C-3	21
Manuel Laguna	143	A-3	18
Manuel Lamela	138	B-2	25
Manuel Linares	92	A-3	17
Manuel Luna	50	B-4	20
Manuel Machado	107	B-3	30
Manuel Marañón	53	C-4	43
Manuel Marchamalo	51	A-1	29
Manuel María Arrillaga	125	B-1	30
Manuel María Iglesias	73	C-1	43
Manuel Maroto	142	C-1	53
Manuel Mateo, Pza.	152	B-1	44
Manuel Montero Vallejo	140	C-2	26
Manuel Montilla	52	B-2	16
Manuel Muiño Arroyo	102	B-4	11
" "	120	B-1	"
Manuel Muñoz	140	B-2	26
Manuel Muñoz Monasterio, Gta.	35	C-3	55
Manuel Nieto	48	C-1	35
Manuel Nogueiro	125	B-3	38
Manuel Noya	139	C-1	35
Manuel Pavía	146	A-3	31
Manuel Pombo Angulo	11	C-3	50
Manuel de la Quintana, Pza.	108	B-4	30
Manuel Rodrigo, Pza.	55	B-3	43
Manuel Sarrión			
(actualmente Julián Zugazagoitia)			
Manuel Silvela	88	C-3	10
Manuel Tovar	17	B-4	34
Manuel Uribe	53	A-2	33
Manuel del Valle	73	C-1	43

Nombre	Plano Parcial		C.P.
Manuel Vázquez Montalbán	81	C-3	22
Manuel Vélez	146	A-4	31
Manuel Villarta	17	C-1	34
Manuela Malasaña	88	B-3	04
Manuela Mínguez	30	B-4	29
" "	50	B-1	"
Manuela Torregrosa	91	A-4	28
Manzana, La	88	A-4	15
Manzanar	54	A-2	43
Manzanares	103	B-3	05
Manzanares, Avda. (M-30)			
2 al 24	103	A-4	
al 158	121	A-2	
al 202	122	A-4	
al 216	140	C-1	
final de avda.	141	A-2	
Códigos Postales			
1 al 53 y 2 al 54			11
55 al 179 y 56 al 180			19
181 y 182 al final			26
Manzanilla, La	65	B-1	23
Maño	143	C-1	18
Maqueda			
1 al 41 y 2 al 56	118	A-4	24
al 149 y al 134	136	B-2	"
Maquileros	94	A-4	37
Maquinaria, La	94	A-4	37
Maquinilla, La	145	A-4	31
Mar, Pza.	78	B-1	42
Mar Adriático	34	C-4	33
Mar Amarillo	34	C-3	33
Mar de las Antillas	34	B-3	33
Mar de Aral	34	C-3	33
Mar Báltico	34	C-4	33
Mar de Bering	34	C-4	33
Mar Cantábrico	34	C-4	33
Mar Caribe, Gta.	56	A-4	42
" "	76	A-1	"
Mar Caspio	34	B-4	33
Mar del Coral	34	C-3	33
Mar de Cristal, Gta.	54	C-1	43
" "	55	A-1	"
Mar del Japón	34	C-3	33
Mar de Kara	34	B-4	33
Mar Mediterráneo	34	C-4	33
Mar Menor	34	B-3	33
Mar Negro	34	B-3	33
Mar de Omán	34	C-4	33
Mar de la Plata, Pza.	34	C-4	33
Mar de la Sonda	34	C-4	33
Mar Tirreno	34	B-4	33
Maracena	156	C-2	41
Maragatería	35	A-1	50
Marañosa, La	125	B-4	18
Marathón, La	75	C-4	37

83

M

Nombre	Plano Parcial		C.P.
Maravedí	153	A-4	54
Maravilla	135	C-1	24
Marbella	16	A-2	34
Marceliano Santa María	71	B-1	36
Marcelina	50	C-1	29
"	51	A-1	"
Marcelino, Pº.	101	A-3	11
Marcelino Álvarez	91	C-3	17
Marcelino Camacho, Pº.	137	C-2	25
(antigua Muñoz Grandes, Pº.)			
Marcelino Castillo	119	B-4	47
Marcelino Roa Vázquez	92	C-3	17
Marcelino Muñoz Diaz	140	C-3	26
Marcelo Usera			
1 al 121 y 2 al 116	140	A-2	26
al 171 y al 176	139	C-2	"
Marcenado	72	B-3	02
Marchamalo	126	B-3	38
Marconi, Avda.	180	C-3	21
Marconi, Avda.	181	A-3	21
Marcos de Orueta	31	C-1	34
Marcudos	140	B-1	26
Marcudos, Pje.	140	B-1	26
Mareas, Las	171	C-2	21
Margaret Tatcher, Pza.	89	B-4	46
Margarita Nelken	14	C-3	35
Margarita Lugo	162	A-1	31
Margarita de Parma	19	B-1	50
Margarita Xirgu	35	C-4	50
Margaritas, Las	50	A-4	39
Mari Luz, Pza.	155	B-2	41
Mari Pepa Colomer	14	B-3	35
María Alonso	29	A-2	35
María Antonia	139	C-2	26
María Auxiliadora	49	C-3	40
María Barrientos	173	B-2	21
María Blanchard	35	B-3	50
María Blanco	48	C-1	35
María Bosch	124	C-3	53
María Callas	173	B-2	21
María del Carmen	102	B-4	11
"	120	B-1	"
María Casares	15	A-2	35
María Domingo	138	B-2	25
María Droc, Pº.	181	A-1	21
María de Echarri	173	C-3	21
María Encinas	142	C-1	53
María Francisca	72	A-3	02
María Gilhou	52	A-1	16
María Goyri	14	B-4	35
María Guerrero	121	C-4	19
"	139	C-1	"
María Guerrero, Pza.	71	B-2	02
María de Guzmán	70	C-3	03
María Ignacia	70	A-1	39

Nombre	Plano Parcial		C.P.
María Isabel	102	B-4	11
María Isabel Navarro	14	C-4	35
María Isidra	29	A-1	35
María Isidra, Trv.	29	A-1	35
María Jenara	124	C-3	18
María Jesús	120	B-3	19
María Josefa	172	A-4	21
María Juana	50	B-3	39
María Juana, Trv.	50	B-3	39
María Juana Ontañón, Pza.	69	C-4	03
María Lejarraga	137	C-4	25
María Lombillo	74	C-3	27
"	75	A-3	"
María Luisa	50	B-3	39
María Luisa Suárez Roldán	72	C-2	02
María de Maeztu	14	C-3	35
"	15	A-2	"
María Malibrán	71	B-2	02
María Martínez	138	B-3	25
María Martínez Oviol	173	A-3	21
María de las Mercedes de Borbón	36	B-1	55
" "	200	B-3	"
María de Molina	89	C-1	06
María Moliner	35	B-3	50
María Montessori	14	C-3	35
María Nistal	91	C-1	27
María Odiaga	137	C-4	25
"	153	B-1	"
María Orúe	173	C-3	21
María Panés	70	C-3	03
María Paz Unciti	125	A-4	53
María Pedraza	69	C-1	39
"	70	A-1	"
María Pérez	31	C-4	46
María Pérez Medel	146	B-4	31
María Pignatelli, Gta.	90	C-1	28
María Pita	132	C-3	52
María de Portugal	19	A-2	50
María Reiche	200	C-4	55
"	201	A-4	"
María Reina, Gta.	44	B-3	23
María Sevilla de Diago	94	C-2	22
" "	95	A-2	"
María Tarín	76	A-2	22
María Teresa	90	C-1	28
María Teresa Acosta	102	B-4	11
María Teresa León	163	C-4	51
María Teresa Madrazo	49	C-4	40
María Teresa Robledo	143	B-2	18
María Teresa Sáenz Heredia			
1 al 11 y 2 al 16	107	C-1	17
al 22	91	C-4	"
al 48	92	A-4	"
María Tubau	10	B-1	50
María Tudor	19	C-1	50

Nombre	Plano Parcial		C.P.
María de Villota, Gta.	201	B-1	55
María Zambrano	74	A-4	27
María Zambrano, Trv.	74	A-4	27
María Zayas	50	B-3	39
María Zayas, Trv.	50	B-3	39
María Zurita	152	C-3	44
Mariana Pineda, Pza.	125	C-4	38
" "	143	C-1	"
Marianela	70	A-1	39
Marianistas	152	B-2	44
Mariano Agüi	17	B-3	34
Mariano Benlliure	142	C-2	53
Mariano Carderera	102	B-4	11
Mariano de Cavia, Pza.	106	A-4	07
" "	124	A-1	"
Mariano Díaz Alonso	74	B-4	27
Mariano Fernández	50	B-4	39
Mariano Lanuza, Pza.	101	C-4	11
Mariano Matesanz	173	C-2	21
Mariano Salvador Maella, Gta.	29	A-3	35
Mariano Serrano	30	B-4	29
Mariano Usera	140	A-3	26
Mariano Vela	139	C-3	26
Maricara	182	A-3	21
Mariblanca	140	A-1	26
Marie Curie	6	C-2	49
Marina Española, La; Pza.	103	C-1	13
Marina Lavandeira	137	C-2	25
Marina Usera	139	C-3	26
Marina Vega	139	C-4	26
Marina Vega, Trv.	139	B-4	26
Marineros, Los	94	B-2	37
Mario Cabré	126	C-1	30
" "	127	A-1	"
Mario Moreno "Cantinflas"	132	B-1	52
Mario Recuero	28	C-2	35
Mario Roso de Luna	80	A-2	22
Marisa Bravo, Pzla.	35	C-3	50
Mariscal Gutiérrez de Otero	180	A-1	21
Marismas, Las	125	C-2	38
Mármol	121	A-1	05
Marmolina	128	C-4	32
" "	129	A-3	"
Marmolistas, Los	94	C-3	37
Marojal	19	A-1	50
Marqués de Ahumada	90	C-1	28
Marqués de Altamira	32	C-3	33
" "	33	A-3	"
Marqués de Berna	58	B-1	42
Marqués de Camarines, Pza.	44	C-3	23
Marqués de Casa Jiménez	137	B-4	25
Marqués de Casa Riera	104	C-2	14
Marqués de Casa Tilly	195	A-1	52
Marqués de Cerralbo, Pza.	87	B-4	08
Marqués de Comillas, Pza.	69	B-3	40

Nombre	Plano Parcial		C.P.
Marqués de Corbera, Avda.			
1 al 5 y 2 al 10	107	C-1	17
al 25 y al 18	91	C-4	"
al 62	92	A-4	"
Marqués de Cortina	51	A-2	20
Marqués de Cubas	104	C-2	14
" "	105	A-2	"
Marqués del Duero	105	A-1	01
Marqués de Encinares	31	B-4	29
Marqués de la Ensenada	89	A-4	04
Marqués de Fontalba	36	C-1	55
" "	200	C-4	"
Marqués de la Hermida	107	A-1	28
Marqués de Hoyos	74	C-3	27
Marqués de Jura Real	122	A-4	19
" "	139	C-1	"
Marqués de Leganés	104	A-1	04
Marqués de Leis	50	C-4	20
Marqués de Lema	70	A-3	03
Marqués de Lozoya	106	C-2	07
" "	107	A-2	"
Marqués de Monasterio	105	A-1	04
Marqués de Mondéjar	90	C-4	28
" "	91	A-3	"
Marqués de Monistrol, Pº. (M-30)	86	A-3	"
" " "	102	C-1	
Códigos Postales			
1 al 7 y 2 al 6			11
9 y 8 al final			08
Marqués de Monteagudo	90	C-1	28
Marqués de Oliva, Gta.	17	A-1	34
Marqués de Pico de Velasco	74	B-4	27
Marqués de Pontejos	105	B-3	09
Marqués de Portugalete	74	B-3	27
Marqués de Riscal	89	A-3	10
Marqués de la Romana	88	C-1	10
Marqués de Salamanca, Pza.	90	A-3	06
Marqués de San Gregorio	140	A-3	26
Marqués de Santa Ana	88	B-4	04
Marqués de Santillana	72	B-2	02
Marqués de Toca	104	C-4	12
Marqués de Torrelaguna	31	C-4	46
Marqués de Torroja	32	B-4	36
Marqués de Urquijo	87	B-3	08
Marqués de Vadillo, Gta.	121	B-3	19
Marqués de la Valdavia	122	C-1	12
Marqués de Valdecilla	72	A-3	02
Marqués de Valdeiglesias	104	C-1	04
Marqués de Vallejo	107	A-1	28
Marqués del Vasto	70	B-3	03
Marqués de Viana	50	B-2	39
Marqués de Villabrágima	28	B-3	35
Marqués de Villamagna	89	B-3	01
Marqués de Villamejor	89	B-2	06
Marqués Viudo de Pontejos	104	B-2	12
Marqués de Zafra	91	A-4	28

M

Nombre	Plano Parcial		C.P.
Marqués de Zafra, Gta.	91	B-4	28
Marqués de Zafra, Pº.			
2 al 6	90	C-4	28
al 39 y al 64	91	A-4	"
Marqués de Zurgena (part.)	89	B-4	01
Marquesa de Argüeso, La	121	A-4	19
" "	138	C-1	"
" "	139	A-1	"
Marquesa de Silvela, La	139	B-2	26
Marquesa de Torrecilla, La	74	C-4	27
" "	92	C-1	"
Marquesado de Santa Marta	76	A-2	27
Marroquina, La			
1 al 21 y 2 al 6	126	A-1	30
al 63 y al 114	108	B-4	"
Marsella	110	C-1	22
"	111	A-1	"
Marta Rodríguez-Tarduchy, Anfiteatro ..	30	A-3	29
Marte	39	B-4	42
Martell	142	C-2	
Códigos Postales			
1 al 29 y 2 al 34			53
31 y 36 al final			18
Marti	90	C-3	06
Martín Ferreiro	76	B-2	22
Martín Fierro, Avda.	86	B-1	40
Martín de los Heros	87	B-3	08
Martín Machío	73	A-2	02
Martín Martínez	72	B-2	02
Martín Mora	125	A-4	53
Martín Muñoz de las Posadas	161	C-1	31
Martín Pescador	42	C-1	23
Martín Sarmiento	106	B-4	07
Martín Soler	122	C-2	45
Martín de Vargas	122	B-2	05
Martina Díaz	18	C-3	50
Martínez	50	B-3	39
Martínez Corrochano	124	C-2	07
Martínez Izquierdo			
1 al 49 y 2 al 36	90	C-2	28
al 87 y al 88	91	A-1	"
Martínez Molina	75	A-4	27
Martínez Olmedilla, Pza.	146	C-4	31
Martínez Oviol	173	B-3	21
Martínez Page	51	A-1	29
Martínez de la Riva			
1 al 21 y 2 al 18	124	C-4	
al 32	125	A-4	
al 103 y al 72	143	A-2	
Códigos Postales			
1 al 95 y 2 al final			53
97 al final			18
Martínez de la Riva, Pza.	143	A-1	53
Martínez de la Rosa	89	B-2	06
Martínez Seco	171	C-4	21

Nombre	Plano Parcial		C.P.
Martínez Villergas			
1 al 3 y 2 al 6	74	A-4	27
al 22	73	C-4	"
Mártires, Los; Pza.	17	C-2	34
Mártires de Alcalá, Los	87	C-3	15
Mártires Concepcionistas, Los	90	C-3	06
Mártires Maristas, Los; Avda.	48	C-3	35
"	49	A-2	"
Mártires de Paracuellos, Los	70	C-1	20
Mártires de la Ventilla, Los	31	A-4	29
Martos	159	A-1	53
Maruja, Pza.	31	C-1	34
Maruja García Romero	125	B-2	38
Maruja Mallo, Avda.	35	B-3	50
Marx	6	B-1	49
Marzo	79	C-3	22
"	80	A-3	"
Mascaraque	152	B-1	44
Maseda	50	A-3	39
Masilla, La	94	B-4	37
Maslama Al-Mayriti, Pza.	72	C-1	16
Masó, La			
1 al 41 y 2 al 14	16	A-2	34
al 101 y al 78	15	C-3	"
al 103	29	C-1	"
Mastelero	33	B-4	33
Mata del Agua, La	162	A-2	31
Matacán, Pza.	152	A-1	44
Matachel	173	C-3	21
Matadero	50	B-2	39
Matadero, Pte.	140	C-1	45
Matadero Viejo	129	A-2	32
Mataelpino	72	B-4	02
Matamorosa	109	C-1	17
Matapozuelos	54	A-3	43
Mataró	17	A-2	34
Matas, Las	50	A-3	39
Mateo García	91	C-3	17
Mateo Guill	101	C-4	11
Mateo Inurria			
1 al 29 y 2 al 30	51	C-1	36
al 37	52	A-1	"
Mateo López	106	C-1	07
Matheu, Pje.	104	B-2	12
Matías de la Fuente	17	B-2	34
Matías Turrión	53	B-3	43
Matilde Díez	72	B-3	02
Matilde Gayo	140	B-1	26
Matilde González Estúa	102	A-4	11
Matilde Hernández			
2 al 24	120	B-4	
al 49 y al 80	138	A-1	
Códigos Postales			
1 al 35 y 2 al 54			19
37 y 56 al final			25

Nombre	Plano Parcial		C.P.
Matilde Landa	31	A-4	29
(antigua General Aranda)			
Matilde Landa, Escalinata	30	C-4	29
(antigua General Aranda, Escta.)			
Matilde Téllez	17	C-1	34
Matillas	161	C-2	31
Matute, Pza.	104	C-3	12
Maudes	70	C-3	03
Mauregato	102	A-4	11
Mauricio Legendre........................	31	C-2	46
"	51	B-1	"
Mauricio Ravel	31	B-4	46
Mauro	72	C-3	02
Max Aub	69	C-3	03
(antigua General Dávila)			
Máximino Blázquez	48	C-1	35
Máximo Carazo	139	C-3	26
Máximo San Juan	92	A-2	17
Mayo	79	C-3	22
"	80	A-3	"
Mayólicas	94	B-3	37
Mayor	104	A-2	13
Mayor, Pza. (Centro)	104	A-2	12
Mayor, Pza. (Villaverde)	172	A-4	21
Mayor de Barajas, Pza.	39	A-4	42
(antigua Hermanos Falco y			
Álvarez de Toledo Manuel y			
Tristán, Pza.)			
Mayor de Ciudad Pegaso, Pza........	77	C-2	22
Mayorazgo, Avda.	161	C-3	51
" "	162	B-4	"
" "	190	B-1	"
Mayorazgo de Duarte	193	A-4	52
" "	195	B-1	"
Mayorga	54	A-3	43
Mazarambroz	154	C-1	35
Mazarredo	103	B-3	05
Mazaterón	147	A-4	51
"	163	A-1	"
Mazo	93	A-2	17
Mealla, La	153	B-3	54
Mecánico Rada	49	A-2	35
Medea	76	A-4	37
Medellín	88	C-1	10
Media, La	140	A-2	26
Medidas	94	A-3	37
Medina Pomar	78	C-1	42
Medina Sidonia	137	B-3	25
Medinilla	77	A-1	42
Mediodía, Ctra.	12	A-2	50
Mediodía Chica	103	C-4	05
Mediodía Grande	103	C-4	05
Mediterráneo, Avda. (A-3)			
1 al 35 y 2 al 58	124	C-1	
al km 4	125	C-1	
al km 5	126	C-4	
al km 6	127	B-4	

Nombre	Plano Parcial		C.P.
al km 8	146	C-1	
al km 10	147	B-4	
al km 12	164	B-3	
Códigos Postales			
1 al 71 y 2 al 62			07
73 y 64 al km 6,700			30
km 6,701 al km. 12,000			31
km 12,001 al final			51
Mediterráneo, Puente	125	A-1	30
Médulas, Las	152	B-4	54
Medusa, La; Gta.	76	C-1	42
Megeces	54	A-3	43
Mejía Lequerica	88	C-3	04
Méjico	90	B-1	28
Méjico, Avda.	105	B-2	09
Mejorada del Campo	123	C-3	45
Mejorana	142	B-2	53
Melancólicos, Pº	103	B-4	05
"	121	B-2	"
Melchor Cano	86	B-3	08
Melchor Fernández Almagro	30	B-3	29
"	31	A-2	"
Melchor Rodríguez	45	A-4	23
(antigua Puerto de los Leones)			
Meléndez Valdés	87	C-2	15
Melide	29	B-4	35
Melilla	122	C-2	05
Meliloto	135	C-1	24
Melisa	137	C-3	25
Mellizo, Cjón.	104	A-4	05
Melquíades Álvarez	69	C-4	00
(antigua Juan Vigón)			
Melquíades Biencinto	124	C-3	53
Membézar	142	C-4	18
Membrillo	32	A-4	36
"	51	C-1	"
Memoria, La; Avda.	68	C-4	40
" " "	87	A-1	40
(antigua Arco de la Victoria, Av.)			
Memoria Trans, Pzla.	88	C-4	04
Memoria Vinculante, La; Pza.	155	C-2	41
Menasalvas	156	C-4	41
Menchu Ajamil.............................	14	C-2	35
Méndez Álvaro			
1 al 73 y 2 al 60	123	B-2	
al 72	124	A-4	
final de calle	142	B-1	
Códigos Postales			
1 al 83 y 2 al 80			45
85 y 82 al final			53
Méndez Núñez	105	B-2	14
Méndez Parada, Pza.	138	B-2	25
Mendívil	125	A-3	38
Menéndez Pelayo, Avda.			
1 al 91	106	A-2	
al 44 y al 109	124	A-1	

M

Nombre	Plano Parcial		C.P.
Códigos Postales			
1 al 69 y 2 al 14			09
71 y 16 al final			07
Menéndez Pelayo, Pza.	68	B-2	40
Menéndez Pidal			
1 al 23	51	C-3	36
al 39	52	A-2	"
Meneses	123	C-3	45
"	123	C-4	"
"	141	C-1	"
Meninas, Las; Pza.	138	B-4	25
Menorca	106	B-1	09
Menta, La	65	B-1	23
Méntrida	54	A-2	43
Mequinenza............................	77	A-2	22
Mercancías	182	A-3	21
Mercator	145	B-2	31
Mercedes, Las	50	B-4	20
Mercedes Arteaga	121	A-2	19
"	139	A-1	"
Mercedes Domingo	139	A-4	19
Mercedes Fórmica....................	107	A-1	28
(antigua Eduardo Aunós)			
Mercedes Manjón	140	A-2	26
Mercedes Rodríguez	152	C-3	44
Mercurio	129	A-1	32
Mercurio, Pza.	39	A-3	42
Mérida	109	A-4	30
"	127	A-3	"
Mesejo, Los............................	124	C-2	07
Mesena			
1 al 71 y 2 al 108	53	B-2	33
al 89 y al 140	33	A-4	"
Meseta, La; Pza.	86	A-3	08
Mesías, Pza.	93	C-3	37
Mesón de Paños.......................	104	A-2	13
Mesón de Paredes			
1 al 73 y 2 al 70	104	B-4	12
al 83 y al 80	122	B-1	"
Mesonero Romanos	104	B-1	"
Códigos Postales			
1 al 11 y 2 al 16			13
13 y 18 al final			04
Mestanza	142	B-3	53
Metal	173	C-3	21
Metales, Pza.	182	B-2	21
Metro, Pza.	30	B-2	29
Mezquita, La...........................	157	A-1	41
Mezquita de Córdoba, La	152	B-3	54
Mezquite	123	C-3	45
Miami	75	B-3	27
Mica, La	174	A-3	21
Mieres	93	B-3	37
Miguel Ángel	89	A-1	10
Miguel Ángel Asturias	20	A-3	50
Miguel Ángel García Oca, Cno.	125	C-4	38

Nombre	Plano Parcial		C.P.
Miguel Aracil	28	C-3	35
" "	29	A-3	"
Miguel Arredondo	122	C-4	45
Miguel Delibes, Avda.	113	C-4	52
" "	132	C-2	"
Miguel Fisac	28	B-3	35
Miguel Fleta	93	B-2	37
Miguel Gila	44	B-1	23
Miguel Hernández, Avda.			
2 al 6	126	C-4	
al 8	127	A-4	
al 50	145	A-1	
al 92	144	C-3	
Códigos Postales			
1 al 49 y 2 al 50			38
51 y 52 al final			18
Miguel Hidalgo	54	A-1	43
Miguel de la Iglesia	74	B-4	27
Miguel Mayor..........................	139	B-1	19
Miguel Miura, Gta.	90	C-1	28
Miguel Moya	104	A-1	04
Miguel Palacios	125	A-2	38
Miguel Riesco	55	B-2	43
Miguel de la Roca	142	B-3	53
Miguel Rubiales, Gta.	70	A-1	39
Miguel San Narciso	143	C-2	18
Miguel Servet	122	B-1	12
Miguel Solas	174	A-3	21
Miguel Soriano	139	C-1	19
Miguel Unamuno	92	A-3	17
Miguel Yuste			
1 al 21 y 2 al 30	75	C-4	37
al 37 y 62	94	A-1	"
Miguela del Burgo, Pso.	35	A-3	33
Mijancas	79	A-2	22
Mijas	144	C-3	18
Mijo	139	B-4	26
Mike	80	A-1	42
Mil Delegados, Los; Pza.	156	A-2	41
Milagros, Los; Cjón.	124	C-3	53
Milagrosa, La..........................	102	A-4	11
Milán	54	B-4	43
Milaneses, Los	104	A-2	13
Milanos, Los	114	B-4	52
Milenrama	135	B-2	24
Milmarcos	162	A-1	31
Milquinientas, Las	156	A-2	41
Mimosa, La	66	A-2	23
Minarete, Pza.	157	A-1	41
Minas, Las	88	A-4	04
Minaya	55	A-1	43
Minerales, Los	65	A-1	23
Minería, La	94	A-4	37
Mineros, Los; Avda.	138	C-3	25
Minerva	129	B-3	32
Mingorria...............................	117	A-4	24

Nombre	Plano Parcial		C.P.
Mingorrubio, Ctra.	1	B-1	48
Ministriles	104	B-4	12
Ministriles Chica	104	B-4	12
Ministro Ibáñez Martín	87	B-1	15
Miño	71	C-2	02
Miosotis...	50	C-2	39
Mir	130	C-3	52
"	131	A-4	"
Mira Ceti	45	B-3	23
Mira el Río	4	A-2	48
Mira el Río Alta	104	A-4	05
Mira el Río Baja	104	A-4	05
" "	122	A-1	"
Mira el Sol	104	B-4	05
" "	122	A-1	"
Mirabel	135	A-4	44
Mirador de Orcasitas, Pza.	140	A-4	26
Mirador de la Reina	14	C-4	35
"	15	A-3	"
Mirador de la Sierra......................	49	A-2	35
Mirador del Sur, Gta.	171	B-4	21
Miraflores, Avda.	28	B-4	35
"	48	B-1	"
Mirallos	11	A-3	50
Miramadrid	140	A-3	26
Miranda de Arga	34	A-3	33
Mirasierra	140	B-1	26
Miravalles, Avda.	23	C-4	24
Mirlo	117	C-3	24
Mirto	50	C-1	29
Mirueña	117	A-4	24
Misericordia	104	A-2	13
Misterios, Los	74	C-4	27
"	92	C-1	"
Mistral	37	C-4	42
"	58	A-1	"
Mitra	56	A-4	43
Mizar	44	C-4	23
Mocetes, Los	128	B-3	24
Mochuelo	120	A-3	19
Modesto Alonso	125	A-3	38
Modesto Lafuente			
1 al 11 y 2 al 18	88	C-1	
al 65 y al 54	70	C-4	
Códigos Postales			
1 al 11 y 2 al 22			10
13 y 24 al final			03
Modistas, Las	94	A-3	37
Mogambo	143	C-4	18
Moguer	49	C-4	40
Mohernando	126	A-3	38
Mojácar	33	B-2	33
Molar	70	A-1	39
Molina	30	C-4	29
"	50	C-1	"
Molina de Aragón	45	B-2	23

Nombre	Plano Parcial		C.P.
Molina de Segura	109	A-4	30
" "	127	A-1	"
Molinaseca	10	B-2	50
Molino, C°.	181	C-4	21
"	182	C-2	"
Molino, P°.......................................	141	A-1	45
Molino Viejo	129	A-3	32
Molino de Viento	88	B-4	04
Molinos, Los	50	B-3	39
Molins de Rey	17	A-2	34
Molturadores	94	B-4	37
Mombeltrán, Pje.	28	B-4	35
Mombuey	35	A-1	50
Mompós	35	A-4	33
Mónaco	95	B-3	22
Monasterio de Arlanza	9	B-3	34
Monasterio de Batuecas	8	B-3	34
Monasterio de Caaveiro	8	C-3	34
"	9	A-4	"
Monasterio de El Escorial, Avda. ..	8	C-3	34
" "	9	A-2	"
Monasterio de El Paular	8	B-4	34
" "	8	C-4	"
" "	16	A-1	"
" "	16	C-1	"
Monasterio de Guadalupe	8	B-3	34
Monasterio de La Rábida	8	B-4	34
Monasterio de Las Huelgas...........	8	A-3	34
" "	16	A-1	"
Monasterio de Leyre	50	C-2	29
"	51	A-2	"
Monasterio de Liébana	9	A-3	34
Monasterio de Montesclaros	8	B-3	34
Monasterio de Oseira	8	C-2	34
"	9	A-2	"
Monasterio de Poblet	152	B-4	54
Monasterio de Poyo	8	C-2	34
"	9	A-3	"
Monasterio de Samos	8	C-3	34
"	9	A-3	"
Monasterio de Silos, Avda.	8	A-4	34
" "	9	B-2	"
" "	15	C-1	"
Monasterio de Sobrado.................	9	A-2	34
Monasterios de Suso y Yuso	8	C-4	34
" "	9	A-3	"
Moncada..	181	A-2	21
Moncloa, La; Avda.	69	B-2	03
Moncloa, La; Pza.	87	B-2	08
Mondariz, Pza.	30	B-2	29
Mondoñedo, Pza.	30	B-3	29
Mondragón	23	A-4	23
"	43	A-1	"
Moneda, La	106	C-3	07
Monederos	140	B-2	26

M

MADRID

Nombre	Plano Parcial		C.P.
Moralzarzal			
1 al 15 y 2 al 50	16	A-3	34
al 179 y al 104	15	C-2	"
Morando	50	C-1	29
Moras, Las	127	C-3	32
Morata de Tajuña	160	C-3	31
Moratalaz, Avda.			
1 al 91 y 2 al 40	125	C-1	30
al 151 y al 162	126	B-1	"
al 199 y al 196	108	C-4	"
Moratalaz-Vicálvaro, Ctra.	128	A-1	30
Moratalla	33	C-4	33
Moratilla de Henares	163	A-1	51
Moratilla de los Meleros, Avda.	160	C-2	31
Moratín	104	C-3	14
"	105	A-3	"
Moratines	122	B-2	05
Moreja	156	C-3	41
Morejón	88	C-1	10
Morena Clara.............................	143	A-3	18
Morenés Arteaga........................	121	A-4	19
" "	139	A-1	"
Moreno	137	C-4	25
Moreno Nieto	103	A-3	05
Moreno Navarro, Cjón.	125	A-4	18
Moreras, Las	125	A-2	38
Moreras, Las; Avda.	69	C-1	40
Moreras, Las; Pº.	171	C-4	21
Morería, La	103	C-3	05
Morería, La; Pza.	103	C-3	05
Moreruela	35	B-1	50
Moret, Pº.	86	C-2	08
"	87	A-2	"
Moreto	105	B-3	14
Moriles	102	C-4	11
Mortero	65	B-1	23
Moscareta	120	B-1	11
Moscatelar	54	B-4	43
Moscú	95	B-4	22
Mosqueta	117	A-3	24
Mostenses, Los; Pza.	88	A-4	15
Móstoles	72	C-1	
CÓDIGOS POSTALES			
1 y 2 al 24			02
3 y 26 al final			16
Mota del Cuervo	55	B-2	43
Motilla del Palancar	55	B-2	43

Nombre	Plano Parcial		C.P.
Motrico	22	C-4	23
"	23	A-4	"
Motril	157	A-3	41
Movimiento Ciudadano, Pza.	156	A-2	41
Movinda	93	A-1	37
Mozart	87	A-4	08
"	103	A-1	"
Mudela	142	A-4	53
Muela de San Juan	162	B-1	31
Muelas de Pan, Las....................	110	A-1	37
Muelle	145	B-4	31
Muguet	153	B-2	44
Muiños	160	C-3	31
Mujeres, Las; Pza.	129	A-2	32
Müller	50	C-1	
CÓDIGOS POSTALES			
1 al 45 y 2 al 36			39
47 y 38 al final			29
Mundillo	50	C-2	29
Mungia, Pza.	155	C-2	41
Munich	127	C-1	30
Munilla, Pza.	128	B-1	32
Muntadas	152	A-1	44
Muñana	135	C-1	24
Muñico	119	C-2	47
Muñopedro	121	C-1	05
Muñoz Grandes, Pº.			
(actualmente Marcelino Camacho)			
Muñoz Torrero	104	B-1	04
Muñoza, La; Ctra.	62	A-4	22
" "	82	A-1	"
Muralla, La	1	C-3	48
Murallas de Ávila, Las	152	C-3	54
Murallas de Lugo, Las	152	C-3	54
Murcia	123	A-1	45
Murcia, Cjón.	92	B-3	17
Murias	29	B-4	35
Murias de Paredes	35	A-1	50
Murillo	88	B-2	10
Murillo, Pza.	105	A-3	14
Murillo, Puerta.	105	B-3	09
Muro	38	C-4	42
"	58	C-1	"
Musas, Las	95	A-1	22
Musgo	43	C-1	23
Música, La	94	A-4	37
Mutual, La.................................	153	B-4	54

N

Nombre	Plano Parcial		C.P.
Nacimiento	93	C-3	37
Naciones, Las	90	B-4	06
Nadir	44	B-2	23
Nador	31	A-4	29
Najarra	159	B-1	53
Nájera	137	B-3	25
Nalda, Pza.	73	C-1	43
Nanclares de Oca	78	C-3	22
" "	79	A-3	"
Nantes	95	A-2	22
Nao, La	104	B-1	04
Nápoles	54	B-3	43
Naranjo	50	C-3	39
Naranjo de Bulnes	143	A-2	18
Narcís Monturiol	30	C-1	34
Narciso Serra	124	A-1	07
Narcisos, Los	53	A-4	16
" "	73	A-1	"
Nardo	51	A-1	29
Nardo, Trv.	51	A-1	29
Narváez			
1 al 7 y 2 al 6	90	B-4	09
al 67 y al 90	106	B-1	"
Natalia de Silva	74	B-3	27
Nati Mistral	121	B-1	05
Natividad, La	93	C-3	37
Nava de Roa, La	17	B-3	34
Navacepedilla	135	C-1	24
Navacerrada, Gta.	91	A-2	28
Navafría, Pza.	92	A-2	27
Navahermosa, Cº.	1	C-1	48
Navahonda	121	B-4	19
Navalafuente	72	C-2	02
Navalcán	64	B-2	23
Navalcarnero, Pje.	72	A-4	02
Navaleno	33	B-4	33
" "	53	B-1	"
Navalmanzano	27	B-3	35
Navalmoral de la Mata	135	A-4	44
" "	151	A-1	"
Navalmorales, Los	152	B-1	44
Navalperal	48	C-3	35
Navaluenga	27	B-3	35
Navamures	161	C-1	31
Navaridas	78	C-3	22
" "	79	A-2	"
Navarra	70	B-1	39
Navarredonda de Gredos	27	C-2	35
Navarrete	18	C-1	50
Navarro Amandi	53	B-3	33
Navarros, Los; Pza.	153	C-1	25
Navas, Las	50	C-2	39
Navas de Buitrago, Las	179	B-3	21
Navas de Oro	25	B-4	23
Navas del Rey	102	A-4	11

Nombre	Plano Parcial		C.P.
Navas del Rey	120	A-1	11
Navas de Tolosa	104	A-1	13
Navascués	157	B-2	41
Navasecas	21	A-2	23
Navegación, La	171	B-3	21
Naves, Las	122	A-3	05
Navia	136	A-2	24
Navío, Pza.	58	B-4	42
Nazaret, Avda.	106	B-4	09
Nazarín	131	A-2	52
Nebli	137	C-3	25
Nebreda	17	C-3	34
Nebulosas	123	C-4	45
Néctar	76	C-3	22
Negras, Las	87	C-4	15
Neguilla	102	C-4	11
" "	103	A-4	"
Neguri	179	C-1	21
Nelson Mandela, Pza.	104	B-4	12
Nelly Sachs	173	B-2	21
Nenúfar	50	B-2	39
Nereida	124	A-4	45
Nerine	120	C-4	19
Nerja	141	A-1	45
Nervión	71	C-2	02
Nestares	141	A-2	45
Néstor	77	A-2	22
Nevado del Cumbal	35	B-4	43
" "	55	B-1	"
Nevado del Ruiz	35	A-4	33
" "	55	A-1	"
Newton	6	C-1	49
Nicaragua	52	C-4	16
Nicaragua, Pza.	105	C-2	09
Nicasio Gallego	88	C-3	10
Niceto Alcalá Zamora, Avda.	19	C-1	50
" "	20	B-3	"
" "	34	A-1	"
Nicolás Arocena	50	A-3	39
Nicolás Cabrera	6	C-1	49
Nicolás Godoy	140	C-2	26
Nicolás María Urgoiti	28	B-2	35
Nicolás Morales	138	B-1	19
Nicolás Salmerón	109	B-2	17
Nicolás Sánchez	140	A-3	26
Nicolás Usera	140	A-3	26
Nicolasa Gómez	76	C-4	22
" "	94	C-1	"
Nielfa	72	A-4	02
Nieremberg	72	C-2	02
Nikola Tesla	145	C-1	31
Nimes	110	B-2	32
Niño	129	B-2	32
Niño Jesús, Pza.	106	B-4	09
Níquel	174	A-3	21

Nombre	Plano Parcial		C.P.
Níscalo	46	A-1	23
Níspero	52	A-1	36
Nivar, Avda.	156	B-2	41
Niza, Avda.	95	A-3	22
Nobelio	173	C-2	21
Noblejas	103	C-2	13
Nochebuena, La	139	C-1	26
Noez	172	C-3	41
Nogal	50	B-2	39
Nogales, Los	122	A-2	05
Nopalera	135	C-1	24
Noray	77	C-1	42
Norberto	142	C-1	53
Normandía	95	C-2	22
Normas, Las	73	B-1	43
Norte	88	A-3	15
Norte, Pza.	31	A-4	29
Noruega	94	C-2	22
Novecento	143	C-4	18
November	60	B-4	42
"	80	A-1	42
Novena	52	C-4	16
Noviciado	88	A-4	15
Noviembre	79	C-2	22
Nuestra Señora de las Angustias	52	A-1	36
Nuestra Señora de la Antigua	137	C-4	25
Nuestra Señora de Araceli	39	A-4	42
" "	59	A-1	"
Nuestra Señora de Begoña	179	C-1	21
Nuestra Señora de Begoña, Avda.	23	A-4	23
" "	43	A-1	"
Nuestra Señora de la Blanca	77	A-2	22
Nuestra Sª del Buen Camino, Pza.	45	A-3	23
Nuestra Señora del Buen Consejo, Pza.	45	A-3	23
Nuestra Sª de la Candelaria, Pza.	94	B-2	37
Nuestra Señora del Carmen	50	B-3	39
Nuestra Señora de los Dolores	50	B-1	39
Nuestra Señora de la Esperanza	121	A-4	19
Nuestra Señora de Fátima, Avda.	137	B-2	47
Nuestra Señora de Gracia	152	C-3	44
Nuestra Señora de Guadalupe	91	A-2	28
Nuestra Señora de Loreto, Pza.	38	B-4	42
Nuestra Señora de Luján	52	A-3	16
Nuestra Señora de la Luz	137	A-2	
Códigos Postales			
1 al 37 y 2 al 54			25
39 y 56 al final			47

Nombre	Plano Parcial		C.P.
Nuestra Señora de las Mercedes	125	A-3	38
Nuestra Señora de la Paz	124	B-1	07
Nuestra Sª del Perpetuo Socorro	125	A-4	53
Nuestra Señora del Pilar, Pza.	72	B-4	02
Nuestra Señora del Prado, Pza.	29	C-1	34
Nuestra Señora del Recuerdo	52	A-1	36
Nuestra Señora del Rosario	152	C-1	44
" "	153	A-1	"
Nuestra Señora de la Soledad	153	A-2	44
Nuestra Señora de la Torre	145	C-4	31
Nuestra Señora del Tránsito, Pza.	54	B-3	43
Nuestra Señora de Valvanera, Avda.			
1 al 101 y 2 al 102	138	A-1	
al 179 y al 158	119	C-4	
Códigos Postales			
1 al 121 y 2 al 118			25
123 y 120 al final			47
Nuestra Señora de Valverde	9	C-3	34
" "	17	B-2	"
Nuestra Señora del Villar	92	A-4	17
" "	107	C-1	"
Nueva Almodóvar, Pza.	138	A-1	19
Nueva Caledonia	49	A-2	35
Nueva de El Pardo	4	A-1	48
Nueva Orleans, Pza.	73	C-3	27
Nueva Zelanda	49	A-2	35
Nueve	77	C-3	22
Nueve, Los; Trv.	50	B-1	39
Nuevo Baztán	124	C-3	07
Nuevos Ministerios, Pza.	71	A-4	03
Numancia	49	C-4	39
Nuncio	104	A-3	05
Nuncio, Trv.	103	C-3	05
Núñez de Arce	104	B-3	12
Núñez de Balboa			
1 al 15 y 2 al 12	105	C-1	
al 133 y al 122	89	C-2	
Códigos Postales			
1 al 73 y 2 al 68			01
75 y 70 al final			06
Núñez Morgado	51	C-1	36
Nuño Gómez	179	B-1	21
Nuñomoral	135	A-4	44
Núremberg	110	B-2	32
Nuria			
1 al 83 y 2 al 64	16	B-3	34
al 93 y al 80	15	C-2	"

O

Nombre	Plano Parcial		C.P.
Oasis	171	C-4	21
"	179	C-1	"
Obanos	18	B-1	50
Obenque	78	A-1	42
Oberón	109	A-4	30
"	127	A-1	"
Obertura	102	C-3	11
Obispo, Pje.	104	A-3	05
Obispo Trejo	86	C-1	40
Oblicuo, Pte.	103	A-3	11
Oboe	33	A-1	33
Óbolo	153	C-2	54
Obra, La; Pza.	94	B-4	37
Obradoiro, Pza.	11	A-1	50
Oca, La	138	A-1	25
Ocaña			
1 al 147 y 2 al 88	136	C-2	47
al 207 y al 106	137	A-1	"
Occidente	137	B-4	25
Ochagavía	49	B-2	39
Ochandiano	22	B-4	23
"	42	B-1	"
Ocho	78	A-2	22
Octava	52	C-4	16
Octavio Paz	19	C-3	50
Octubre	79	C-3	22
O'Donnell	106	B-1	
"	107	A-1	
Códigos Postales			
1 al 63 y 2 al 52			09
65 y 54 al final			07
O'Donnell, Eje.	108	C-3	30
"	109	B-3	"
O'Donnell, Puente	107	B-2	30
Oeste, Pza.	30	C-4	29
Ofelia Nieto	50	A-3	39
Ojos de las Mezquitas, Los; Pza.	157	A-1	41
Olas, Las	171	C-3	21
Olavide, Pza.	88	B-2	10
Óleo	94	B-4	37
Olesa de Monserrat	17	A-3	34
Olga Ramos, Gta.	15	A-3	35
Oliana	34	A-4	33
Olid	88	B-2	10
Oligisto	157	B-3	41
Olimpiada, La	69	C-1	40
Olimpio López	54	A-1	43
Olimpo	54	B-4	43
Olite	70	A-1	39
Oliva de Plasencia	135	A-4	44
Olivar	104	B-3	12
Olivar, Cº	35	C-3	50
Olivas, Las; Pza.	75	C-3	27
Olivillo	119	B-1	11

Nombre	Plano Parcial		C.P.
Olivino	65	B-1	23
Olivino, Pje.	65	B-1	23
Olivo	44	C-3	23
"	45	A-3	"
Olivos, Los	69	B-3	03
Olivos, Los; Cost.	120	A-1	11
Olivos, Los; Pº.	120	A-1	11
Olmo	104	C-3	12
Olmos, Los; Pº.	121	C-1	05
Olombrada	17	B-3	34
Oltra	73	A-4	28
"	91	A-1	"
Olvega	53	B-1	33
Olvido	140	B-3	26
Olvido, Trv.	140	B-2	26
Ombú	124	A-4	45
Omega	129	B-2	32
Once	77	C-3	22
Once Vigas, Las	153	A-4	54
Ondárroa	22	B-4	23
Ónice	123	B-4	45
"	141	B-1	"
Onil	136	A-2	24
Ontaneda	144	B-1	38
Ontanilla	154	B-1	25
Oña	18	C-4	50
"	19	B-3	"
Oñate	51	A-2	20
Ópalo	172	B-4	21
Opañel, Trv.	139	A-1	19
Opón	34	C-4	33
Oporto, Avda.	139	A-2	19
Ópticos	94	B-4	37
Oquendo	71	C-4	06
Orcasitas	91	A-1	28
Orcasur, Avda.	156	B-2	41
Orcasur, Pº.	156	A-1	26
Orden	70	B-2	20
Ordizia	155	C-3	41
Ordóñez	31	A-4	29
Ordoño	102	A-4	11
Ordoño, Pza.	102	A-4	11
Orduña	17	B-3	34
Orégano	65	B-1	23
Oreja, La	155	B-2	41
Orellana	88	C-4	04
"	89	A-4	"
Orense			
1 al 35 y 2 al 30	71	A-1	20
al 83 y al 70	51	A-3	"
Orfebrería, La	93	C-4	37
Orfeo	76	B-3	22
Orfila	89	A-3	10
Orgaz	121	C-3	19

Nombre	Plano Parcial		C.P.
Órgiva	156	B-3	41
Oria	71	C-2	02
Oriana	123	C-4	45
Oriente	103	C-4	05
Oriente, Pza.	103	C-2	13
Orio	172	C-3	41
Orión	39	A-3	42
Orizaba	75	B-4	27
Oro	174	A-3	21
Oropéndola, La	138	B-3	25
Orotava, La; Pza.	93	A-2	17
Orovilla, Avda.	157	B-4	41
"　　"	173	B-1	"
Oroya	120	C-4	19
Orquídeas, Las	50	B-2	39
Ortega y Munilla, Pza.	121	C-2	05
Ortigosa, Pza.	73	B-1	43
Ortiz Campos	140	A-2	26
Oruro	52	A-4	16
Orusco, Pje.	109	B-4	30
Orza, La	65	B-1	23

Nombre	Plano Parcial		C.P.
Osa Mayor, La; Avda.			
1 al 61 y 2 al 44	45	A-3	23
al 95 y al 84	44	B-3	"
Osa Menor, La	45	A-3	23
Osa de la Vega, La	151	B-1	44
Óscar	80	B-1	42
Osiris	76	B-4	37
Oslo	95	B-4	22
Oso	104	B-4	12
Oswaldo Payá Pardiñas, Gta.	55	A-2	43
Otamendi	50	A-4	39
Oteiza	157	B-2	41
Otero	91	A-1	28
Otero y Delage	28	C-3	35
"　　"	29	A-3	"
Otero de los Herreros	17	B-3	34
Oteruelo del Valle	14	B-2	49
Otoño	79	C-3	22
Oudrid	50	A-4	39
Oviedo	70	C-2	20
Oxalis	120	B-4	19
Oxígeno	172	B-4	21
Oxígeno, Trv.	172	A-4	21
Oyarzun, Pza.	155	B-3	41

O

Nombre	Plano Parcial		C.P.
Pablo Aranda	71	C-4	06
Pablo Casals	102	C-4	11
"　　"	103	A-3	"
Pablo Gargallo	28	A-3	35
Pablo Iglesias, Avda.	49	C-4	
"　　"	69	C-1	
Pablo Iglesias, Avda.	70	A-2	
Códigos Postales			
1 al 19 y 2 al 26			03
21 y 28 al final			39
Pablo Jiménez Cano	92	A-2	17
Pablo Lafargue	107	C-1	17
Pablo Luna	31	C-2	46
Pablo Montesinos	121	B-3	19
Pablo Neruda, Avda.			
2	126	C-4	
al 55 y al 102	144	B-2	
al 75 y al 116	143	C-3	
Códigos Postales			
1 al 23 y 2 al 68			38
25 y 70 al final			18
Pablo Ortiz	140	A-2	26
Pablo Rica	142	C-1	53

Nombre	Plano Parcial		C.P.
Pablo Sánchez	73	C-4	27
Pablo Sarasate	120	B-1	47
Pablo Serrano (Hortaleza)	34	B-4	43
"　　　　"	54	B-1	"
Pablo Serrano (part.) (Fuencarral)	14	B-1	49
Pablo Vidal	53	B-3	43
Paca Díaz	45	A-3	23
Pacífico, Puerta	106	A-4	09
Paco Martínez Soria, Gta.	143	B-3	18
Pacorro	138	B-1	19
Padilla	90	A-2	06
Padilla de Duero	34	A-4	43
Padornelo	11	A-3	50
Padre Amigó	137	C-4	25
Padre Arrupe	197	A-4	55
Padre Cipriano, Avda.	4	A-2	19
Padre Claret	73	A-2	02
Padre Coloma	73	C-4	27
Padre Damián	51	C-3	36
"　　"	71	B-1	"
Padre Francisco Palau y Quer, Avda.	31	C-3	46
Padre Gregorio de Céspedes	132	C-3	52
Padre Huidobro, Avda. (A-6)			
al km. 7	47	B-4	

P

P

Nombre	Plano Parcial	C.P.
al km. 8	46	B-3
al km. 10	45	B-2
al km. 11	44	C-1
al km. 12	43	C-1
al km. 13	42	C-1
al km. 14	22	A-4
Códigos Postales		
1 y 2 al km. 7,000		40
km. 7,001 al final		23
Padre Indalecio Hernández	72	B-4	02
Padre Jesús Ordóñez	72	A-4	02
Padre José María	156	C-3	41
Padre Llanos, Avda.	159	C-1	53
Padre Oltra	121	C-4	19
Padre Piquer, Avda.		
1 al 23 y 2 al 36	117	C-4	24
al 57 y 56	136	A-1	"
Padre Poveda	81	B-3	22
Padre Rubio	30	C-4	29
"	31	A-4	"
Padre Rubio, Trv.	31	A-4	29
Padre Xifré	72	B-4	02
Padres Dominicos	11	C-4	50
Padrino, El	143	B-3	18
Padrón, Pza.	30	A-3	29
Padul	156	C-3	41
Paisaje de Aranjuez	152	B-2	54
Paipa	35	A-4	33
Paja, La; Pza.	103	C-3	05
Pajarera Real	137	C-3	25
Pajaritos, Los	124	C-1	07
Pajarones, Los	38	C-3	42
Pajarones (part.)	38	C-3	42
Pajarones, Pza.	38	C-3	42
Palacio, Avda.	4	B-3	48
Palacio de la Zarzuela, Cº.	3	B-3	48
Palacios	50	B-3	39
Palafox	88	B-3	10
Palamós	144	B-1	38
Palanquinos	94	A-4	54
Palas de Rey	10	C-2	50
"	11	A-3	"
Palau de la Música	152	A-4	54
Palazuelos	162	A-2	31
Palencia	70	C-2	20
Palermo	54	B-3	43
Palestina	145	C-3	31
Palma del Río	51	C-1	36
Palma, La	88	B-4	
Códigos Postales		
1 al 55 y 2 al 48		04
57 y 50 al final		15
Palmas, Las	90	C-2	28
Palmera, La	31	A-4	29
Palmeral de Elche	152	A-3	54

Nombre	Plano Parcial	C.P.
Palmipedo	119	B-1	47
Palmito	52	B-2	16
Palo de la Rosa	122	A-2	05
Paloma, La	103	C-4	05
Paloma de la Paz, Pza.	181	B-1	21
Palomares	171	C-4	21
"	172	A-4	"
Palomares, Trv.	172	A-4	21
Palomeras	142	C-1	53
"	143	A-1	"
Palomeras, Avda.	144	A-2	"
Códigos Postales		
1 al 101 y 2 al 98		18
103 y 100 al final		38
Palomeras, Trv.	142	C-1	53
Palos de la Frontera	122	C-2	
"	123	A-2	
Códigos Postales		
1 al 13 y 2 al 28		12
15 y 30 al final		45
Palosanto	65	C-1	23
Pamplona	50	A-4	39
Pan	94	B-2	37
Pan de Azúcar	16	A-3	34
Pan y Toros	173	A-1	41
Panaderos	28	C-2	35
Panaderos, Cº.	25	A-1	23
Panamá	51	B-4	36
Pancorbo	17	C-4	34
Pando	50	A-1	29
Pando, Trv.	50	B-1	29
Pandora	76	B-4	37
Panecillo, Pzo.	104	A-3	05
Panizo	50	B-3	39
Panticosa	16	B-4	34
Pantoja	72	C-2	02
Pañería, La	94	B-3	37
Papa	60	B-4	42
"	80	B-1	42
Papa Negro, Avda.	55	C-4	43
"	75	B-1	"
Papagayo	138	B-3	25
Papelería, La	94	A-4	37
Paquitín, Pje.	75	C-4	37
Parada, Trv.	104	A-1	15
Paradinas	121	B-1	05
Parador de Santa Lucía	76	C-2	22
Parador del Sol	121	C-4	19
"	139	C-1	"
Paradores, Los	21	C-2	23
Paraguay	52	C-3	16
Paraguay, Pº.	105	C-2	09
Paraguaya, La	152	C-1	44
Paraíso	128	C-2	32
Paramento	94	C-3	37

Nombre	Plano Parcial		C.P.
Paraninfo, Avda.	68	C-1	40
Paravicinos	50	A-4	39
Pardo, Pº.	1	C-4	48
"	4	A-1	"
Pardo Bazán	72	C-1	16
Pardo, El; Ctra. (M-30)	67	C-3	
" "	86	A-1	
Códigos Postales			
Puente de Castilla al km. 3,500			35
km. 3,501 al final			48
Pardo, El; Ctra. (antigua)	86	A-1	40
Pardo, El; Pza.	4	A-2	48
(antigua Caudillo, El; Pza.)			
Pardo a Fuencarral, Ctra. (M-612)			
al km. 2	7	B-3	
al km. 7	4	C-3	
Códigos Postales			
Inicio al F.F. C.C. de enlace			34
F.F. C.C. al Canal de Isabel II			49
Canal de Isabel II al final			48
Pardo a la Playa de Madrid, Ctra.	26	C-2	23
Paredes de Nava............................	109	C-1	17
Parma	54	A-4	43
"	74	A-1	"
Parodia	119	A-1	11
Parque, Avda.	130	B-4	52
Parque Agustín Rodríguez Sahagún ..	49	C-1	39
Parque Ajofrin	93	C-4	37
Parque Alcalde Agustín San José			
San José	111	A-4	32
Parque Alcalde Jesús Pérez Quijano	127	C-2	32
Parque Alfredo Kraus	34	C-4	33
Parque Alfredo Landa	135	C-4	44
Parque Almansa	69	C-2	40
Parque de la Almudena....................	109	B-1	17
Parque Aluche	118	B-4	47
Parque de la Amistad	173	A-4	21
Parque Amós de Acero	143	A-1	53
Parque Ana Tutor	15	B-4	35
" "	29	B-1	"
Parque Antonio Pirala	91	B-3	17
Parque Arcos de Jalón	109	C-1	37
Parque de la Arganzuela	122	A-3	05
Parque Arquitecto Antonio Palacios	76	C-4	22
Parque de Arriaga	92	C-4	17
Parque Arroyo del Fresno Tomás			
y Valiente	15	B-2	34
Parque Arroyo de los Pinos..............	29	A-4	35
Parque Arroyo Pozuelo	64	B-1	23
Parque de Atenas	103	B-3	05
Parque Atlético de Madrid................	121	A-2	05
Parque de Atracciones	101	A-3	11
Parque de Azorín............................	143	C-1	18
Parque de Barajas...........................	75	C-2	42
Parque de Begoña	31	C-1	34

Nombre	Plano Parcial		C.P.
Parque de Berlín	72	B-1	02
Parque Biológico	128	B-2	32
Parque de Blas de Otero..................	49	B-2	39
Parque de la Bombilla	86	C-3	08
Parque Bosque de los Ausentes	105	B-3	14
Parque de Breogán	91	B-1	28
Parque Caballerizas de			
Carabanchel Alto	153	C-4	54
Parque de Calero	92	A-1	27
Parque del Canalillo	69	C-1	40
Parque de Canillejas	76	C-2	22
Parque de Caramuel	102	C-4	11
Parque Carlos Matallana	152	A-1	44
Parque Cedral	53	A-2	33
Parque Cerro Almodóvar	119	B-4	47
Parque Cerro de las Balas	69	A-1	40
Parque de Cerro Peñabel	29	B-3	35
Parque Cerro del Tío Pío	125	C-3	38
Parque Charles Darwin	125	C-1	30
Parque Ciudad de los Ángeles	172	C-2	41
Parque Clara Campoamor-			
Santa Margarita	135	A-3	44
Parque de las Cocheras	124	A-2	07
Parque Concejal Martín Vela	4	A-2	48
Parque de Comillas	121	C-4	19
Parque de la Cornisa.......................	103	B-4	05
Parque del Cruce	173	A-3	41
Parque de las Cruces	136	C-4	44
Parque Cuña Verde de Latina	119	B-3	47
Parque Cuña Verde de O'Donnell	108	B-3	30
Parque de la Dehesa Boyal	173	B-4	21
Parque de la Dehesa de la Villa........	49	A-4	40
Parque Doctor Fernández Catalina .	33	A-2	33
Parque de Doña Guiomar	33	C-3	33
Parque de Doñana, Calle	152	A-2	54
Parque del Duque de la Ahumada....	129	A-1	32
Parque de El Buen Retiro	105	C-3	09
Parque El Capricho	57	C-4	42
Parque de la Elipa	107	C-2	17
Parque Emir Mohamed I	103	B-3	13
Parque Emperatriz María de			
Austria (Parque Sur) de	138	C-4	25
" "	139	A-4	"
Parque de Enrique Tierno Galván ...	123	C-4	45
Parque de Entrevías	158	C-2	53
Parque Espinillo.............................	157	B-4	41
Parque Eugenia de Montijo	136	C-4	47
" "	137	A-4	"
Parque Félix Cortés........................	118	A-4	24
Parque de Félix			
Rodríguez de la Fuente	73	A-1	02
Parque El Ferrol	30	A-3	29
Parque Fontarrón	127	A-4	30
Parque Forestal de Entrevías	159	A-2	18
Parque Forestal Julio Alguacil Gómez .	171	B-1	21

P

Nombre	Plano Parcial		C.P.
Parque Forestal de Valdebebas......	20	C-3	55
" " "	35	C-1	"
" " "	199	B-3	"
Parque de la Fuente Carrantona	127	A-2	30
Parque Fuentelarreina	28	B-1	35
Parque de Garajonai, Calle	152	B-4	54
Parque de la Gavia	161	B-3	31
Parque Gregorio Peces-Barba	35	C-2	55
Parque Güell, Calle	152	A-4	54
Parque de Hortaleza	34	B-2	33
Parque Huerta del Obispo (Villaverde)	171	C-4	21
Parque Huerta del Obispo (Tetuán) ..	50	A-2	39
Parque Huerta de la Salud	34	B-3	33
Parque Huerta de la Partida	102	C-2	11
Parque Infancia de Chamartín	72	A-2	02
Parque Isaac Asimov......	172	C-4	41
Parque Isabel Clara Eugenia	34	B-4	33
Parque Jesús de Francisco	126	A-3	38
Parque José María Carrascal	16	A-4	34
Parque Josefina Aneiros Díaz	126	C-3	30
Parque Juan Carlos I......	56	C-2	42
Parque Juan José García Espartero	143	B-1	18
Parque Juan Pablo II	55	C-4	43
Parque Lavanderas del Manzanares	122	A-2	05
Parque Lineal de Palomeras	145	A-1	18
Parque Lineal del Manzanares	141	B-4	41
" " "	157	C-2	"
Parque Lola Camarena	163	A-1	51
Parque Luisa Carnés	49	B-1	39
Parque Madrid Río	121	A-2	05
Parque de la Maceta	110	B-4	32
Parque de Manoteras	33	B-3	33
Parque del Manzanares......	120	C-2	19
Parque Mirador Miguel Sarabia	156	B-1	41
Parque Mirasierra	16	B-1	34
Parque Mar Océana	4	A-2	48
Parque Martin Luther King......	124	C-2	07
Parque Mirador de las Cárcavas	35	B-2	50
Parque de la Montaña	87	B-4	08
Parque Monte del Clínico	69	A-4	40
Parque de Moratalaz	108	B-4	30
Parque del Movimiento Vecinal	30	C-4	29
Parque Mujeres de Orcasitas	156	A-3	41
Parque Municipal de Fuencarral	9	B-4	34
Parque Norte Carmen Tagle	31	A-2	29
Parque del Oeste	86	C-2	08
Parque de Ofelia Nieto	69	B-1	40
Parque de Olof Palme	139	C-3	26
Parque Opañel	139	A-2	19
Parque Orlando Zapata Tamayo	52	B-4	16
Parque de la Paloma	139	C-4	26
Parque Palomeras Bajas, Avda.	143	B-4	18
Parque del Paraíso	94	A-3	37
Parque Payaso Fofó	143	B-3	18
Parque Pedro Ruiz de León Gómez-Zurdo......	15	A-2	35

Nombre	Plano Parcial		C.P.
Parque Pinar del Arroyo de Cantarranas......	68	C-2	40
Parque Pinar del Arroyo de las Damas ...	68	B-1	40
Parque Pinar del Arroyo de la Puerta Verde......	68	B-1	40
Parque Pinar de Barajas......	75	B-4	43
Parque Pinar de las Ciencias	69	A-2	40
Parque Pinar del Jardín Botánico ...	69	A-3	40
Parque Pinar de las Letras	68	A-2	40
Parque Pinar del Rey	53	C-2	43
Parque Los Pinos	30	B-4	29
Parque Plantas y Flores......	154	A-1	25
Parque de Pradolongo	140	A-4	26
Parque Princesa Leonor	200	B-4	55
Parque Quinta de la Fte. del Berro ...	91	B-4	28
Parque Quinta de los Molinos	75	C-3	27
Parque Real Liga Naval Española ...	53	A-3	33
Parque de Roma......	107	B-2	07
Parque Salón de Pinos	86	B-3	08
" "	103	A-3	11
" "	121	C-3	19
" "	140	C-1	45
Parque Salvador Allende	152	C-4	54
Parque de San Blas	94	A-3	37
Parque de San Isidro	120	C-3	19
Parque de Santa Ana	17	A-1	34
Parque de Santa Eugenia	146	C-3	31
" "	147	A-3	"
Parque Santa Rita	137	B-4	25
Parque de Santander	70	A-3	03
Parque del Segura	155	B-3	41
Parque Sorolla	30	C-4	29
Parque Templo de Debod	87	B-4	08
Parque de la Tinaja	86	C-3	08
Parque Tio Basilio	171	C-3	21
Parque Torre Arias	76	A-3	27
Parque Tres Luces	93	B-4	17
Parque de los Tres Ojos	56	C-2	07
Parque de la Vaguada	29	C-2	29
Parque de Valdebebas	20	C-3	55
" "	35	C-1	"
" "	199	B-3	"
Parque de Valdebernardo	128	C-3	32
Parque Vallecas-Villa	161	C-2	31
Parque de la Ventilla	30	C-3	29
Parque de la Vicalvarada......	111	A-4	32
Parque de Villarrosa Payo Caño......	55	B-1	43
Parque de la Virgen Blanca	69	A-4	40
Parque de la Volatería	154	A-2	25
Parque Zoológico	100	B-4	11
Parra, La	138	B-2	25
Parral, El	73	A-4	28
Párroco Don Emilio Franco	142	C-1	53
" "	143	A-1	"
Párroco Eusebio Cuenca......	123	A-3	45
Párroco Julio Morate......	122	C-3	45

Nombre	Plano Parcial		C.P.
Párroco Luis Calleja, Pza.	76	C-3	22
Párroco Máximo Martínez de Castro	58	C-1	42
Parroquia, La; Pza.	137	C-4	25
Partenón, Avda.	56	C-2	42
Parterre, Pº.	105	B-3	09
Parterre, Pza.	153	A-1	44
Participación, La	155	C-2	41
Parvillas Altas	180	A-1	21
Parvillas Altas, Cjón.	180	A-1	21
Parvillas Bajas	171	C-4	21
"	172	A-4	"
"	180	A-1	"
Parvillas, Pza.	180	A-1	21
Pasa, La	104	A-3	05
Pascual Bravo, Gta.	35	C-3	55
Pascual Rodríguez	119	B-1	11
Pasifae	78	A-3	22
Pasionaria, La	65	B-1	23
Paso Villamanrique	146	A-4	31
Pasteur	6	C-1	49
Pastor	69	B-3	03
Pastor Muriel	120	B-1	47
Pastora Imperio	32	B-1	36
Pastores, Los	93	C-3	37
Pastrana	75	A-4	27
Paterna	181	C-2	21
Patilla, La	137	C-4	25
Patines, Los; Gta.	102	A-2	11
Patio Don Román	125	B-2	38
Patio de la Imprenta	106	C-3	07
Patio de la Litografía	106	C-3	07
Patio de Santiago	125	B-1	38
Patones	16	B-4	34
"	30	B-1	"
Patriarca, Cost.	120	A-1	11
Patriarca Eijo Garay	14	B-1	49
Patriarca Eijo Garay, Pza.	102	A-4	11
Patriarca San José	93	C-3	37
Patricio Aguado, Pza.	55	A-2	43
Patricio Martínez, Pza.	117	C-3	24
Patrimonio de la Humanidad	152	A-4	54
Patrocinio Gómez	76	B-2	22
Paul Guinard	68	B-4	40
Paula Montal, Pza.	153	A-1	44
Paula de la Vega	34	B-4	33
Paular, El	109	B-4	30
Paular, Pza.	92	A-2	27
Paulina Odiaga			
2 al 18	121	A-4	19
al 38	120	C-4	24
Pavía	103	C-2	13
Pavo Real	64	B-1	23
Payaso Fofó	125	B-4	18
"	143	A-2	"
Paz, La	104	B-2	12

Nombre	Plano Parcial		C.P.
Paz, La; Avda. (M-30)	32	B-4	31
" "	52	C-2	21
" "	53	A-4	41
" "	73	B-3	18
" "	91	B-4	38
" "	107	B-3	30
" "	124	C-2	17
" "	125	A-1	27
" "	142	A-1	43
Códigos Postales			
Avda. Córdoba al Río Manzanares .			41
Río Manzanares			
a la Avda. de la Albufera			18
Avda. de la Albufera			
a la Avda. del Mediterráneo ...			38
Avda. del Mediterraneo			
a la Calle O'Donnell			30
Calle O'Donnell			
a la Calle de Alcalá			17
Calle de Alcalá			
a la Avda. de América			27
Avda. de América			
al Puente de Costa Rica			43
Puente de Costa Rica			
a la Avda. de Burgos			33
Paz, La; Pje.	89	A-3	01
Paz, La; Pte.	73	B-4	27
Pazos de Ulloa, Los; Gta.	131	A-2	52
Peal	143	A-4	53
Pechuán	72	A-3	02
Pedernal	129	C-1	32
Pedernoso, El	55	B-1	43
Pedrafita do Cebreiro	160	C-3	31
"	161	A-3	"
Pedralba	110	A-1	37
Pedraza	17	A-3	34
Pedreña	126	B-4	38
Pedrezuela	91	C-3	17
Pedriza, La	73	A-1	02
Pedro Alonso	55	A-2	43
Pedro Antonio de Alarcón	92	C-3	17
Pedro Barreda	70	A-2	39
Pedro Bautista Pino	55	C-4	43
Pedro Bosch	124	A-3	
Códigos postales			
1 y 2 al puente del F.F. C.C.			45
Puente del F.F. C.C. al final			07
Pedro Callejo	144	A-1	38
Pedro Campos	139	B-1	19
Pedro Casariego, Gta.	20	C-3	55
Pedro Díez, Avda.	138	B-1	19
Pedro Domingo	138	B-2	25
Pedro Escudero	143	C-2	18
Pedro Fernández Labrada	102	C-3	11

P

Nombre	Plano Parcial		C.P.
Pedro García Méndez	125	B-3	38
Pedro García Ortiz	129	A-4	52
"	148	A-2	"
Pedro Heredia	91	A-3	28
Pedro Jiménez	180	A-1	21
Pedro Justo Dorado Dellmans	69	C-2	40
Pedro Laborde	144	A-2	
Códigos Postales			
1 al 25 y 2 al 52			38
27 y 54 al final			18
Pedro Laborde, Trv.	144	B-1	38
Pedro Marcos, Pza.	126	B-4	38
Pedro Martínez	120	A-3	19
Pedro Mata, Avda.	52	B-2	16
Pedro Medrano	50	B-1	29
Pedro Moreno	51	A-2	20
Pedro Muguruza	51	C-2	36
Pedro Muñoz Seca	105	A-1	01
Pedro Pérez Alonso	28	C-4	35
Pedro Portillo	14	C-4	35
Pedro de Répide	102	B-4	11
Pedro De Ribera	201	A-1	55
Pedro Rico	30	C-1	29
"	31	B-1	"
Pedro Rogel	70	A-1	39
Pedro Romero	74	C-1	43
Pedro Sáinz Rodríguez	197	B-4	55
Pedro Salinas	53	B-4	43
Pedro Teixeira	51	A-4	20
Pedro Tezano	50	A-3	39
Pedro Unanúe	122	C-1	45
"	123	A-2	"
Pedro de Valdivia	71	C-4	06
" "	72	A-4	"
Pedro Villar	50	C-2	20
Pedro Yagüe	122	A-4	19
Pedro Zerolo, Pza.	104	C-1	04
Pedroches	142	C-4	53
Pedroñeras, Las	55	B-2	43
Pedrosa del Príncipe	162	A-2	31
Pegaso	54	A-2	43
Pego	94	A-4	37
"	110	A-1	"
Peguerinos	28	A-4	35
"	48	B-1	"
Peironcely	142	C-3	53
Pelayo	88	C-4	04
"	104	C-1	"
Peleteros, Los	94	B-3	37
Pelícano	138	C-3	25
Peloponeso	110	A-3	17
Péndulo	128	A-4	32
Penélope	39	A-3	42
Península, La	86	A-3	08
Pensamiento	50	C-3	20
"	51	A-3	"

Nombre	Plano Parcial		C.P.
Peña Amaya	143	A-2	18
Peña Ambote	146	A-4	31
"	162	A-1	"
Peña del Águila	14	C-4	35
Peña de la Atalaya	142	C-2	53
"	143	A-2	"
Peña Auseba	16	B-2	34
Peña de Cavero	162	A-1	31
Peña de Cavero, Pza.	162	A-1	31
Peña Cerredo	146	A-4	31
Peña Cervera	162	A-2	31
Peña Citores	16	C-3	34
Peña Corada	143	A-2	18
Peña del Cuervo	15	B-4	35
Peña Dorada	15	C-4	34
Peña Falconera	143	A-2	18
Peña de Francia	104	A-4	05
"	122	A-1	"
Peña Gorbea	124	C-4	53
"	125	A-4	"
Peña Grande, Cº.	7	B-4	35
"	15	B-1	"
"	29	B-4	"
Peña Gudina, Pza.	143	A-2	18
Peña Horcajo, Pza.	29	A-1	35
Peña Labra	125	C-1	38
Peña de la Miel	142	C-3	18
" "	143	A-3	"
Peña Morraz, Pza.	144	A-1	38
Peña Nevada	162	A-2	31
Peña Nofre	125	B-4	43
Peña Nueva	162	A-2	31
Peña de Oroel	146	A-4	31
Peña del Oso	16	B-3	34
Peña Oville	162	A-1	31
Peña Pintada	16	B-3	34
Peña Prieta, Avda.			
1 al 13 y 2 al 24	124	C-3	38
al 51 y 114	125	A-2	"
Peña Redonda	125	B-4	53
Peña Rivera	162	A-1	31
Peña Rubia	124	C-3	53
Peña Santa	16	B-2	34
Peña Sirio	16	B-3	34
Peña del Sol	16	B-3	34
Peña Sorrapia	162	A-2	31
Peña Trevinca	125	B-4	
"	143	B-1	
Códigos Postales			
1, 2 y 4			53
3 y 6 al final			18
Peña Ubiña	124	C-4	53
Peña de Vargas	162	A-1	31
Peña Veiga	146	A-4	31
Peña Vieja	16	A-2	34
Peña del Yelmo, La	24	C-4	23

P

Nombre	Plano Parcial		C.P.
Peñablanca, Pza.	92	A-2	27
Peñafiel	120	C-4	19
"	121	A-4	"
Peñalara	72	C-2	02
Peñalara de Aravaca	43	C-3	23
Peñalba	136	A-1	24
Peñarroya	142	C-4	53
Peñas del Arcipreste	15	B-4	35
Peñas del Castillo	162	A-1	31
Peñas Largas	162	A-1	31
Peñaranda de Bracamonte	162	C-3	51
"	163	A-2	"
Peñascales			
1 al 7 y 2 al 8	90	C-4	28
al 47 y al 70	91	A-4	"
Peñota, La	73	A-1	02
Peñuelas, Las	122	B-2	05
Peñuelas, Las; Pza.	122	B-2	05
Peones	94	B-4	37
Peonias, Las	76	B-1	42
Pepe Domingo Castaño, Gta.	44	A-1	23
Pepe Hillo	74	C-1	43
Pepe Isbert	109	C-1	17
Pepión	153	C-2	54
Peralejo	157	A-1	41
Perales, Cº.	141	B-4	
"	157	B-2	
CÓDIGOS POSTALES			
1 al 5 y 2 al 6			26
7 y 8 al final			41
Perales, Pº.	119	C-1	11
Perales del Río	160	C-4	31
"	161	A-3	"
Perales del Río, Cº.	181	B-4	21
" "	187	C-1	"
" "	189	B-3	"
Perales del Río a Vallecas, Cº.	161	C-2	31
Perales de Tajuña	140	C-2	26
Perdida, Plazoleta	101	A-1	11
Perdiz, La	101	B-4	11
Perejil	172	C-3	21
Perelada	144	B-1	38
Pérez Ayuso	72	B-2	02
Pérez Cidón	74	C-3	27
Pérez Cidón, Gta.	74	C-3	27
Pérez Escrich	120	C-4	19
"	121	A-4	"
Pérez Galdós	104	B-1	04
Pérez Galdós, Gta.	106	A-3	09
Pérez Herrera	72	B-2	02
Pérez de Victoria	44	C-3	23
Pérez de Victoria, Trv.	44	C-3	23
Pergamino	128	A-4	32
Periana	157	B-3	41
Pericles	102	B-4	11

Nombre	Plano Parcial		C.P.
Perico El Gordo	121	A-4	19
Perindolas, Las	17	B-1	34
Perla, La; Avda.	157	A-2	41
Perpetua Díaz	140	A-3	26
Perrault, Pte.	121	A-1	05
Perseo	124	C-1	07
"	125	A-1	"
Perseo, Pza.	107	A-4	07
Persuasión	91	C-1	27
Perú, Avda.	105	C-2	09
Perú, Pza.	52	B-3	16
Peruchos, Los	128	A-3	32
Pescadores, Los	94	B-2	37
Pescara	109	C-3	32
Peseta, La; Avda.	152	A-4	54
"	153	B-4	"
Peso Hispano	153	B-3	54
Pesquera del Duero	54	A-3	43
Petirrojo	137	B-1	47
Petróleo	141	A-3	41
Petunias, Las	56	A-4	42
"	76	B-2	"
Peyre	90	C-4	28
Pez			
1 al 3	104	B-1	04
al 29 y 40	88	A-4	41
Pez Austral	107	A-3	07
Pez Volador			
1 al 19 y 2 al 12	106	C-3	07
al 40	107	A-3	"
Piamonte	88	C-4	04
"	89	A-4	"
Piano	195	A-4	52
Pianoforte	152	A-3	54
Picadero, Cº.	134	B-1	24
Picara Molinera, La	172	B-2	41
Picasso, Pza.	71	A-2	20
Picaza	119	B-4	47
"	137	B-1	"
Piceas, Las; Avda.	56	A-4	43
"	75	C-1	"
Pico del Águila	72	B-1	02
Pico de Alba	125	B-4	18
Pico Almanzor	125	A-2	38
Pico Almenara	25	B-3	23
Pico Anayet	125	B-2	38
Pico de los Artilleros			
1 al 33 y 2 al 52	108	C-4	30
al 85 y 154	126	B-2	"
Pico Balaitus	15	A-4	35
"	29	A-1	"
Pico Beriaín	145	C-4	31
Pico de la Brújula	162	A-1	31
Pico Cebollera	124	C-3	53
Pico Cejo	124	C-3	38
"	125	A-3	"

P

Nombre	Plano Parcial		C.P.
Pico Chilegua	162	B-1	31
Pico de la Cierva	146	B-4	31
" "	162	B-1	"
Pico Clavero	125	A-2	38
Pico Collarada	142	C-2	53
Pico Cuadramón	125	B-2	38
Pico Espiguete	146	A-3	31
Pico de la Golondrina	24	C-4	23
Pico de Javalón	124	B-4	53
" "	142	C-1	"
Pico de la Majalasna	29	A-1	35
Pico de la Maliciosa	125	B-4	38
Pico Mampodre	146	A-4	31
Pico Maupas	142	C-1	53
Pico de la Miel	44	B-3	23
Pico Milano	15	C-4	34
Pico Moncayo	125	A-1	38
Pico de Montánchez	146	A-4	31
Pico de la Muela	125	A-4	53
Pico Mulhacén	125	A-2	38
Pico Ocejón	44	B-3	23
Pico Pasapán	16	A-3	3
Pico de Peña Golosa	125	C-2	38
Pico de la Pinareja	29	A-1	35
Pico del Saltadero	125	B-1	38
Pico Salvaguardia, Pza.	29	A-1	35
Pico Teide	143	A-2	18
Pico Veleta	125	B-2	38
Picos de Europa	125	B-4	38
Picos de Urbión	145	C-3	31
Piedrabuena	140	C-3	26
Piedrafita del Cebrero, Gta.	29	C-4	29
Piedrahita	137	C-4	25
Piedralaves	48	C-2	35
Piedras, Las	130	C-1	52
Pilar	117	C-4	24
Pilar Andrade	22	A-4	23
Pilar Belosillo	132	C-3	52
" "	195	B-3	"
Pilar Cavero	74	B-3	27
Pilar Lorengar	173	B-2	21
Pilar de Madariaga Rojo	164	B-3	51
Pilar Millán Astray	106	C-2	09
Pilar Miró, Gta.	53	B-2	33
Pilar Nogueira	125	B-3	38
Pilar Nogueira, Trv.	125	B-3	38
Pilar Pérez Lavid	137	C-4	25
Pilar Rueda	125	A-2	38
Pilar de Zaragoza	90	B-1	28
Pilares, Los	39	A-3	42
Pilares, Los; Pza.	39	A-3	42
Pilarica, La	140	B-3	26
Pileo	92	C-1	37
Pilón, Pza.	140	A-4	26
Pimienta, La	172	C-4	21

Nombre	Plano Parcial		C.P.
Pinar	71	B-4	06
"	89	B-1	"
Pinar Chico, Cº.	84	A-3	11
Pinar Grande, Cº.	84	A-4	11
Pinar del Rey	33	C-4	33
"	53	C-1	"
Pinar de San José	151	B-4	54
" "	152	A-4	"
Pinarejos	119	A-2	47
Pinarillo	72	C-2	02
Pinazo, Los; Pza.	181	A-1	21
Pingarrón, El	125	A-4	53
Pingüino	137	A-4	47
Pinilla, La	45	A-4	23
Pinilla del Valle	72	A-4	02
Pinillas	128	A-3	32
Pinos, Los; Cº.	84	C-4	11
Pinos, Cº.	100	C-1	11
"	101	A-1	"
Pinos Alta	30	C-4	29
"	50	C-1	"
"	51	A-2	"
Pinos Alta, Trv.	50	C-1	29
Pinos Baja	30	C-4	29
"	50	B-1	"
Pinos de Osuna, Los; Pº.	58	A-4	42
" "	78	A-1	"
Pinsapo	156	C-3	41
Pintor Antonio Saura	34	C-1	50
Pintor Brenes	54	A-1	43
Pintor Domínguez	106	C-1	28
Pintor Francisco Llorens	29	B-2	35
Pintor El Greco	68	A-4	40
Pintor Ignacio Zuloaga	20	A-4	50
" "	34	A-1	"
Pintor Juan Gris	51	A-4	20
Pintor Lucas, Pza.	139	C-1	26
Pintor Lucio Muñoz	34	A-1	50
Pintor Moreno Carbonero	90	C-1	28
Pintor Ribera			
2 al 6	52	C-4	16
al 33 y al 22	72	C-1	"
al 41 y al 28	73	A-1	"
Pintor Rosales, Pº.			
2 al 66	87	A-3	08
al 74	86	C-2	"
Pintor Sorolla	142	C-2	53
Pintor Sorolla, Gta.	88	C-1	10
Pintora Ángeles Santos	124	C-3	53
(antigua Cerro de Garabitas)			
Pintores	94	B-4	37
Pinzón, El	137	C-1	25
Pinzón, El; Trv.	119	C-4	25
Piña	152	C-2	44
Piñonero, Cº.	66	B-2	40

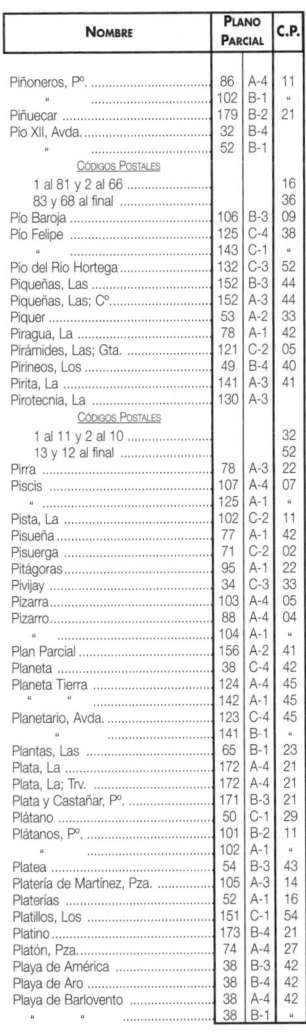

Nombre	Plano Parcial		C.P.
Piñoneros, Pº.	86	A-4	11
"	102	B-1	"
Piñuecar	179	B-2	21
Pío XII, Avda.	32	B-4	
"	52	B-1	
CÓDIGOS POSTALES			
1 al 81 y 2 al 66			16
83 y 68 al final			36
Pío Baroja	106	B-3	09
Pío Felipe	125	C-4	83
"	143	C-1	"
Pío del Río Hortega	132	C-3	52
Piqueñas, Las	152	B-3	44
Piqueñas, Las; Cº.	152	A-3	44
Piquer	53	A-2	33
Piragua, La	78	A-1	42
Pirámides, Las; Gta.	121	C-2	05
Pirineos, Los	49	B-4	40
Pirita, La	141	A-3	41
Pirotecnia, La	130	A-3	
CÓDIGOS POSTALES			
1 al 11 y 2 al 10			32
13 y 12 al final			52
Pirra	78	A-3	22
Piscis	107	A-4	07
"	125	A-1	"
Pista, La	102	C-2	11
Pisueña	77	A-1	42
Pisuerga	71	C-2	02
Pitágoras	95	A-1	22
Pivijay	34	C-3	33
Pizarra	103	A-4	05
Pizarro	88	A-4	04
"	104	A-1	"
Plan Parcial	156	A-2	41
Planeta	38	C-4	42
Planeta Tierra	124	A-4	45
"	142	A-1	45
Planetario, Avda.	123	C-4	45
"	141	B-1	"
Plantas, Las	65	B-1	23
Plata, La	172	A-4	21
Plata, La; Trv.	172	A-4	21
Plata y Castañar, Pº.	171	B-3	21
Plátano	50	C-1	29
Plátanos, Pº.	101	B-2	11
"	102	A-4	"
Platea	54	B-3	43
Platería de Martínez, Pza.	105	A-3	14
Platerías	52	A-4	51
Platillos, Los	151	C-1	54
Platino	173	B-4	21
Platón, Pza.	74	A-4	27
Playa de América	38	B-3	42
Playa de Aro	38	B-4	42
Playa de Barlovento	38	A-4	42
" "	38	B-1	"

Nombre	Plano Parcial		C.P.	P
Playa de Bolnuevo	38	B-3	42	
Playa de la Caleta	38	A-3	42	
Playa de las Catedrales	38	B-3	42	
Playa de la Concha	38	B-3	42	
Playa de Formentor	38	B-4	42	
Playa de Madrid, Ctra.	46	C-1	23	
"	47	A-2	"	
Playa de Poniente	38	A-3	42	
Playa de Riazor	38	B-3	42	
Playa de San Juan	38	B-3	42	
Playa de San Lorenzo, Gta.	38	B-4	42	
Playa de Sardinero	38	B-4	42	
Playa de Torimbia	38	A-3	42	
Playa de Zarauz	38	B-4	42	
Plaza, La	54	B-3	43	
Plaza Mayor de Salamanca, La	152	B-3	54	
Plaza de Toros, La; Avda.	137	C-2	25	
" "	138	A-2	"	
Pleamar	171	B-3	41	
Pleites	21	A-3	23	
Pléyades	44	C-2	23	
Pléyades, Trv.	44	C-3	23	
Plomada, La	94	B-4	37	
Plomo	123	A-4	45	
"	123	B-4	"	
"	141	B-2	"	
Plomo, Trv.	123	B-4	45	
Plus Ultra	38	C-4	42	
Pobla de Segur	53	C-1	33	
Población de Campos	10	C-4	50	
Poblado de Orcasitas, Pº.	155	C-1	26	
Poblados, Los; Avda. (M-401)	117	C-4		
"	136	A-2		
"	137	A-4		
"	153	C-1		
"	154	C-1		
"	155	C-1		
"	156	C-2		
CÓDIGOS POSTALES				
1 al 11 y 2 al 10			44	
a Eugenia de Montijo			24	
a Princesa Juana de Austria			25	
resto			41	
Poblados, Los; Vía	35	B-4	33	
Pobladura del Valle	94	B-4	37	
"	109	C-1	"	
Poderosas, Las	39	A-3	42	
Poema Sinfónico	151	B-1	54	
Poeta Ángela Figuera, La	69	B-3	03	
(antigua Gral. Asensio Cabanillas)				
Poeta Blas de Otero	107	C-1	17	
(antigua José Luis Arrese)				
Poeta Blas de Otero, Trv.	91	C-4	17	
"	107	C-1	17	
(antigua José Luis Arrese, Trv.)				
Poeta Claudio Rodríguez	72	C-4	02	

P

Nombre	Plano Parcial		C.P.
Poeta Esteban de Villegas...............	105	C-4	14
" "	106	A-4	"
Poeta Joan Maragall	51	A-3	20
" "	71	A-1	20
(antigua Capitán Haya)			
Poeta Leopoldo de Luis, Pza	70	B-1	39
Poeta Manuel del Palacio, Pza.	71	B-2	02
Poeta Rioja, Pza.	138	B-4	25
Poetas, Los	128	A-4	32
Polán	154	C-1	25
Poleo	65	B-1	23
Polibea	74	B-4	27
Polideportivo, Pº.	111	B-4	32
" "	129	C-1	"
Polimnia	78	A-2	22
Politécnica, La; Avda.	145	B-1	31
Polonia	64	B-3	23
Polvoranca	152	C-3	44
Ponce de León	88	C-1	10
Ponciano	88	A-4	15
Ponferrada	29	C-3	29
Poniente	51	C-1	36
Pont de Molins	126	B-4	38
" "	144	B-1	"
Pontejos, Pza.	104	B-2	12
Pontevedra	87	C-1	15
Pontones, Pº.	121	B-1	05
Ponzano			
2 al 18	88	C-1	
1 al 83 y 2 al 82	70	C-3	
CÓDIGOS POSTALES			
1 al 19 y 2 al 20			10
21 y 22 al final			03
Popallán	55	A-1	33
Popular Madrileña	157	A-2	41
Porcelana	94	B-4	37
Porfirio	50	B-2	39
Porta Coeli	140	B-3	26
Portal	93	C-2	37
Portal de Belén	106	B-3	09
Portalegre	139	A-2	
CÓDIGOS POSTALES			
1 al 75 y 2 al 104			19
77 y 106 y al final			25
Portalena	23	B-4	23
" "	43	B-1	"
Portera del Cura, La	15	C-3	34
Porthos	102	B-4	11
Portillo de El Pardo	25	C-3	23
Portillo de la Quinta, Cº.	14	C-1	49
" "	15	A-1	"
Pórtico de la Gloria	11	A-1	50
Portomarín	10	C-1	50
" "	11	B-3	"
Portugal, Avda. (N-V).....................	102	A-3	11
" "	103	A-2	"

Nombre	Plano Parcial		C.P.
Portugalete	93	A-4	17
Porvenir	91	A-4	28
Postal	120	B-3	19
Postas	104	A-2	12
Postdam	110	A-3	32
Postigo de San Martín	104	A-1	13
Potasa, La	174	A-3	21
Potes	171	C-3	21
Potosí	52	A-4	16
Poveda	73	A-4	28
Poveda, Pje.	109	B-4	30
Povedilla	90	C-4	09
Poza de la Sal	147	A-4	31
Pozas	88	A-4	04
Pozas, Trv.	88	A-4	04
Pozo	104	B-2	12
Pozo del Tío Raimundo, Cº.	160	B-2	31
Pozo del Tío Raimundo, Pza.	159	B-2	53
Pozoblanco	102	C-4	11
Pozohalcón	143	A-4	53
Pozohalcón, Pza.	143	A-4	53
Pozuelo de Zarzón	122	B-3	05
Pradales	119	B-2	47
Prádena del Rincón........................	72	A-4	02
" "	90	A-1	"
Pradera, La; Pza.	17	B-3	34
Pradera de los Corralillos, La; Gta. ..	15	B-4	35
Pradera de Navalazor, La; Gta.	14	C-4	35
Pradera de Navalusilla, La; Gta.	15	C-4	35
Pradera de Navarrulaque, La; Gta. ...	15	B-3	35
Pradera de Vaquerizas, La; Gta.	15	A-3	35
Pradillo	72	C-2	02
Pradillo, Pje.	72	B-4	02
Prado	104	C-3	14
Prado, Pº.	105	A-3	14
Prado Alegre	117	B-3	24
Prado de Rodajos, Cº.	99	A-4	11
" "	117	B-1	"
Prado Merinero	152	C-4	54
Prado Overa, Cº.	155	A-3	44
Prado Zurita	182	A-3	21
Pradolongo	156	A-3	41
Pradolonguillo	155	C-3	41
Pradoluengo	78	C-1	42
Praga, Gta.	55	C-2	43
Prat	128	C-2	32
" "	129	A-2	"
Pravia	93	B-3	37
Preciados	104	B-2	13
Preciados, Cjón.	104	B-2	13
Prensa, La.....................................	32	C-4	33
Preludio	102	C-2	11
Presa N.º 3	86	A-2	08
Presa N.º 4	86	C-4	08
Presa N.º 5	103	A-2	11

Nombre	Plano Parcial		C.P.
Presa N.° 6	121	A-1	05
Presa N.° 7	121	B-2	19
Presa N.° 8	122	A-3	19
Presa N.° 9	140	C-2	26
Presidente Cárdenas, Pza.	52	A-3	36
Presidente Carmona, Avda.	50	C-4	20
" "	70	C-1	"
Presidente García Moreno, Gta.	69	C-3	03
Pretil de los Consejos	103	C-3	05
Pretil de Santisteban	103	C-3	05
Preventorio	16	C-1	34
Priego	102	B-4	11
Prieto Ureña	52	C-2	16
Prim	105	A-1	04
Primavera, La	104	C-4	12
Primavera, La; Trv.	104	B-4	12
Primavera de Praga, La................	107	C-3	30
Primera	52	C-4	16
"	72	C-1	"
Primera, Avda............................	78	A-2	22
Primero de Octubre (actualmente Carlos Morla Lynch)			
Primitiva Gañán	140	A-4	26
Prímula	120	B-4	19
Princesa, La	87	B-2	08
Princesa de Éboli	19	C-3	50
Princesa Juana de Austria, La; Avda. (A-42)			
al km. 5	139	B-3	
al km. 6	155	A-2	
al km. 8	171	A-2	
al km. 9	178	C-2	
CÓDIGOS POSTALES			
1 y 2 hasta el km. 5.200............			26
km. 5.201 al km. 6.500			41
km. 6.501 al km. 9.700			21
Princesa de Kapurtala, La	164	B-3	51
Princesa Micomicona, La	9	B-4	34
Principado	153	B-4	54
Principado de Andorra, Pte.	121	A-1	05
Principal	180	B-3	21
Principal, Avda.	101	C-3	11
Príncipe	104	C-2	12
Príncipe, C°.	102	B-1	11
Príncipe Anglona	103	C-3	05
Príncipe de Asturias	90	B-3	06
Príncipe Carlos	19	C-3	50
" "	20	A-3	"
" "	33	C-1	"
Príncipe de Vergara			
1 al 103 y 2 al 110	90	A-1	
al 249 y al 250	72	A-3	
al 287 y al 278	52	B-3	
CÓDIGOS POSTALES			
1 al 47 y 2 al 48			01

Nombre	Plano Parcial		C.P.
49 al 105 y 50 al 106			06
107 al 211 y 108 al 210			02
213 y 212 al final			16
Príncipe de Viana	23	C-4	23
" "	24	A-4	"
" "	43	C-1	"
Priora, La	104	A-2	13
Proción	43	C-1	23
Profesor Aranguren	68	B-2	40
Profesor José García Santesmases .	68	B-1	40
Profesor Juan Iglesias	68	B-1	40
Profesor Martín Almagro Basch......	87	B-4	08
Profesor Martín Lagos	69	B-4	40
Profesor Waksman	51	B-4	36
Progreso	152	C-3	44
Promesas, Las; Pza.	156	A-3	41
Prosperidad, La; Pza.	72	B-3	02
Protasio Gómez	74	C-4	27
" "	75	A-4	"
Protogina	172	B-4	21
"	180	B-1	"
Provencio, El	55	C-2	43
Provenza, La	127	B-1	30
Provincia, La; Pza.	104	A-3	12
Provincias, Las	102	A-3	11
Provincias, Las; P°.	101	B-3	11
Provincias, Las; Rda.	101	C-3	11
Provincias Vascongadas, Las; Avda.	22	A-3	23
Provisiones	104	B-4	12
"	122	B-1	"
Prudencio Álvaro	74	B-4	27
" "	92	B-1	"
Prunos, Los, Avda.	76	A-1	42
Puebla, La	104	B-1	04
Puebla de Montalbán	152	B-1	44
Puebla de Sanabria	171	C-3	21
" "	172	A-3	"
Pueblanueva, La	162	C-2	51
" "	163	A-1	"
Pueblo, Pza.	156	B-3	41
Pueblos, Avda.	101	A-3	11
Puente del Arzobispo	162	C-1	51
Puente Colgado, C°.	180	A-4	21
" "	186	B-1	"
Puente del Duero	71	B-3	06
Puente Genil, Pza.......................	102	C-4	11
Puente de Praga	122	B-4	26
Puente la Reina	10	B-4	50
" "	18	C-1	"
Puente de Segovia, Gta.	102	C-3	11
" "	103	A-3	"
Puente Viesgo	24	A-4	23
"	44	A-1	"
Puente Vizcaya	171	C-4	21
Puenteáreas	72	C-3	02
Puentecesures	30	C-2	29

P

Nombre	Plano Parcial		C.P.
Puentecillo..............................	54	B-4	43
Puentedeume	29	C-4	29
Puentedey	162	C-3	51
Puentelarra	146	C-4	31
"	147	A-3	"
Puerta del Ángel, Gta.	102	B-3	11
Puerta del Ángel, La; Pº.	102	B-2	11
Puerta del Ángel, La; Pza.	102	C-3	11
Puerta del Batán, Pº	100	A-4	11
"	118	B-1	"
Puerta Bonita	138	A-2	25
Puerta Cerrada, Pza.	104	A-3	05
Puerta de las Columnas, Ctra. ..	23	B-2	23
Puerta de Hierro, Avda. (A-6)	68	A-2	40
Puerta de Hierro, Gta.	47	B-4	40
Puerta Morera, Gta.	86	B-4	11
Puerta de Moros, Pza.	103	C-4	05
Puerta de Platerías	11	B-1	50
Puerta del Sol, La; Pza.	104	B-2	13
Puerta de Toledo, Gta.	121	C-1	05
Puerta de Toledo Mercamadrid, Av.	175	A-1	53
Puerto Alazores	145	C-4	31
Puerto Alcolea..........................	124	C-4	53
"	125	A-3	"
Puerto de Almansa	124	B-4	53
"	142	C-1	"
Puerto de Alsasua	125	A-4	53
Puerto Alto	124	C-4	53
"	142	C-1	"
Puerto de Arlabán	142	C-2	53
"	143	A-3	"
Puerto de Balbarán	142	C-3	
" "	143	B-4	
" "	159	C-1	
Códigos Postales			
1 al 31 y 2 al final			53
33 al final			18
Puerto de Baños	125	A-4	53
Puerto Barazar, Pza.	155	B-2	41
Puerto de Béjar	141	B-2	45
Puerto de Benasque	146	A-4	31
Puerto de Bermeo	15	C-3	34
Puerto de la Bonaigua	143	A-2	18
Puerto del Bruch	146	B-3	31
Puerto de Canencia	125	B-2	38
Puerto de Canfranc	125	A-3	38
Puerto del Cardoso	143	C-2	18
Puerto de los Carros, Gta.	58	A-1	42
Puerto de Corlite	143	C-2	18
Puerto de Costabona	143	B-3	18
Puerto de Cotos	125	B-2	38
Puerto de la Cruz, Pza.	29	C-2	29
Puerto de la Cruz Verde	141	B-2	45
Puerto del Escudo.....................	145	C-4	31
Puerto de Fuenfría....................	25	A-3	23

Nombre	Plano Parcial		C.P.
Puerto de Galapagar	162	B-1	31
Puerto de Ibañeta, Pza.	162	A-1	31
Puerto de Idiazabal	146	A-3	31
Puerto Lápice	171	B-4	21
Puerto de los Leones			
(actualmente Melchor Rodríguez)			
Puerto de Lumbreras	146	A-3	31
Puerto de Maderi	142	C-1	53
Puerto de la Magdalena	125	A-2	38
Puerto de la Mano de Hierro	142	C-1	53
Puerto de Maspalomas	29	C-2	29
Puerto del Milagro	143	B-3	18
Puerto de Miravete	141	B-2	45
Puerto del Monasterio	125	A-4	53
Puerto de la Morcuera...............	142	C-3	18
"	143	A-3	"
Puerto de Navacerrada	125	B-2	38
Puerto de Ory, Pza.	146	A-4	31
Puerto de Pajares	125	A-4	53
Puerto de Panticosa	125	C-4	38
Puerto del Pico	144	A-2	18
Puerto de Piedrafita	124	C-4	53
Puerto de las Pilas	145	C-4	31
Puerto de las Pilas, Trv.	145	C-4	31
Puerto de las Pilas Trv. (part.) ...	145	C-4	31
Puerto del Pontón, Pza.	146	A-4	31
Puerto de Porzuna	162	A-1	31
Puerto de Pozazal	145	B-4	31
Puerto Príncipe	54	B-1	43
Puerto Real	53	C-3	43
Puerto de Reinosa.....................	146	B-4	31
Puerto de Reinosa, Trv.	146	B-4	31
Puerto del Rey	125	A-1	38
Puerto Rico			
2 al 8	72	B-1	16
al 37 y al 50	52	B-4	"
Puerto Rubio, Pza.	124	C-3	53
Puerto Rubio, Trv.	124	C-3	53
Puerto de Sallent......................	124	C-4	53
Puerto de San Glorio, Trv.	124	C-4	53
Puerto de Santa María	54	A-4	43
"	74	A-1	"
Puerto de Serrano.....................	141	B-2	45
Puerto de Sollube	143	C-2	18
Puerto de Somiedo	144	A-1	38
Puerto de Somosierra	146	A-4	31
Puerto de Somport	18	C-2	50
Puerto de Suebe	125	A-3	38
Puerto de Tarancón	125	A-2	38
Puerto de Tornos, Pza.	146	A-4	31
Puerto de Urquiolar, Pza.	155	C-2	41
Puerto de Used	145	B-4	31
Puerto Vallarta	75	B-4	27
Puerto de Velate	143	C-3	18
Puerto de Viñamala...................	143	B-2	18

Nombre	Plano Parcial		C.P.
Puertollano	76	A-4	27
Puigcerdá	89	B-4	01
Puntallana	93	B-3	17

Nombre	Plano Parcial		C.P.
Puñonrostro	104	A-3	05
Purchena..............................	33	B-2	33

Nombre	Plano Parcial		C.P.
Québec	60	C-4	42
Quero	118	B-4	24
"	136	B-1	"
Querol	33	A-2	33
Quesada	88	B-2	10
Quevedo	104	C-3	14
Quevedo, Gta.	88	B-2	15
Quijada de Pandiellos	142	C-1	53
Quijada de Pandiellos, Trv......	142	C-1	53
Quijorna	161	C-3	51
Quilichao	35	A-4	33
Químicos, Los	94	A-4	37
Quince de Agosto	139	C-2	26
" "	140	A-2	"

Nombre	Plano Parcial		C.P.
Quince de Mayo, Pº.	120	C-2	19
" "	121	A-3	"
Quinta	35	B-2	50
Quinta, Avda.	77	C-2	22
Quinta, La; Cº.	7	B-4	49
Quintana	87	B-3	08
Quintanadueñas	18	C-1	50
Quintanapalla	18	C-1	50
"	19	A-1	"
Quintanavides	18	C-1	50
"	19	A-1	"
Quintiliano	72	B-4	02
Quinto	54	A-1	43
Quiñones	88	A-3	15
Quito, Pza.	71	B-2	36

Nombre	Plano Parcial		C.P.
Rabanal del Camino	10	B-3	50
Rabasa, Pza..........................	152	A-1	44
Rabat	109	C-4	30
"	127	C-1	"
Rabe de las Calzadas	10	C-4	50
Rábida, La............................	49	C-4	39
"	69	C-1	"
Radial R-2 (Madrid-Guadalajara), Conexión M-40.	20	C-2	
Radial R-3 (Madrid-Arganda del Rey), Conexión M-40	110	B-3	
Radial R-3 (Madrid-Arganda del Rey), Conexión M-45..............	131	C-2	
Radial R-5 (Madrid-Navalcarnero), Conexión M-40..............	153	C-4	
Radial R-5 (Madrid-Navalcarnero), Conexión M-45..............	168	B-2	
Radio	120	C-4	19
"	121	A-4	"
Rafael Alberti, Avda.	127	A-4	
" "	144	C-2	
" "	145	A-1	

Nombre	Plano Parcial		C.P.
Códigos Postales			
1 al 21 y 2 al 18			38
23 y 20 al final			18
Rafael Bergamín	73	B-2	43
Rafael Botí............................	43	A-2	23
Rafael Caballero	75	A-4	27
Rafael Calvo	89	A-2	10
Rafael Ceballos	51	A-1	29
Rafael Fernández Hijicos	145	A-1	38
Rafael Finat, Avda.			
1 al 17 y 2 al 30	136	A-3	44
al 99 y al 56	135	C-4	"
al 115 y al 68	151	B-1	"
Rafael Herrera	51	C-1	36
Rafael Herrero	70	A-1	39
Rafael de la Hoz	76	B-3	22
Rafael Juan y Seva	91	A-4	28
Rafael de León	163	B-3	51
Rafael López Pando	119	B-1	11
Rafael Marcote	142	C-3	18
Rafael de Penagos	51	A-1	29
Rafael de Riego....................	123	A-2	45

R

Nombre	Plano Parcial		C.P.
Rafael Salazar Alonso	106	C-2	07
Rafael Salgado	51	B-4	36
Rafael San Narciso	143	C-2	18
Rafael Vega	55	A-2	43
Rafael Villa	21	C-3	23
"	22	A-4	"
Rafael Zufriategui	55	B-3	43
Rafaela Aparicio	35	B-2	50
Rafaela Bonilla	90	C-2	28
Rafaela Pascual	49	A-2	35
Rafaela Ybarra, Avda.	139	C-3	
" "	155	C-2	
Códigos Postales			
1 al 101 y 2 al 64			26
103 y 66 al final			41
Raffaella Carrá, Gta.	88	B-4	04
Raigrás	139	B-4	26
Raimundo Fernández Villaverde			
1 al 57 y 2 al 44	70	B-2	03
al 81 y al 50	71	A-2	"
Raimundo Lulio	88	C-2	10
Ramales, Pza.	103	C-2	13
Rambla, La	58	A-4	42
Ramírez de Arellano	73	C-2	43
Ramírez de Prado	123	B-3	45
Ramírez Tomé	144	A-1	38
Ramiro II	70	B-3	03
Ramiro de Maeztu	69	A-2	40
Ramiro Molina	102	A-4	11
Ramón de Aguinaga	91	A-4	28
Ramón Areces	107	A-4	30
Ramón Azorín	119	C-2	47
Ramón y Cajal, Avda.	72	C-1	
"	73	A-1	
Códigos Postales			
1 al 99 y 2 al 76			16
101 y 78 al final			43
Ramón y Cajal, Pza.	68	C-3	40
Ramón Calabuig	124	C-4	53
Ramón Camarero	28	C-1	35
Ramón Crespo	48	C-1	35
"	49	A-2	"
Ramón Fort	32	C-4	33
"	33	A-4	"
Ramón Gómez de la Serna	28	C-1	35
" "	29	A-1	"
Ramón Luján	140	B-3	26
Ramón de Madariaga	140	A-2	26
Ramón Menéndez Pidal	69	B-2	40
Ramón Patuel	91	C-3	17
Ramón Pérez de Ayala	125	C-2	38
" "	126	A-3	"
Ramón Power	55	C-2	43
Ramón Pulido	28	A-3	35
Ramón Sáinz	138	A-2	25

Nombre	Plano Parcial		C.P.
Ramón de Santillán	52	A-4	16
Ramón Serrano	137	B-2	25
Ramón Vázquez Molezun	36	C-1	55
Ramonet	33	B-4	33
"	53	A-1	"
Ramos Carrión	72	C-3	02
Rancho	156	A-2	41
Raquel Meller	91	B-2	27
Rascafría	14	B-2	49
Rascón	120	C-4	19
Rastrillo, Pza.	88	B-4	04
(antigua Juan Pujol, Pza.)			
Rastro	129	A-2	32
Rastrojos, Cº.	176	C-2	31
Rávena	110	C-2	32
Raya, La	128	A-2	32
Rayo Vallecano de Madrid	146	C-4	51
" "	162	C-1	"
Raza, La	76	C-2	22
Real	154	A-4	54
Real, Avda.	129	A-2	32
Real Alcázar de Sevilla	152	A-3	54
Real de Arganda (M-303)	146	C-4	31
" "	147	A-4	"
" "	163	B-1	"
Real Betis	137	C-4	25
"	153	C-1	"
Real Galiana, Cañada	195	B-2	52
Real Madrid	137	C-4	25
"	153	C-1	"
Real de Pinto, Avda.			
1 al 37	172	A-4	21
al 73	180	A-1	"
al 81	179	C-2	"
Real de San Vicente	160	C-2	31
"	161	A-2	31
Realejos	93	B-3	17
Reales Academias, Gta.	30	B-1	29
Rebeque	103	C-2	13
Recajo, Pza.	152	A-1	44
Recalde	92	C-3	17
Recaredo	72	A-4	02
Recesvinto	120	B-4	19
Recodo	104	A-1	13
Recoletos	105	B-1	01
Recoletos, Pº.			
1 al 25 y 2 al 12	105	A-1	
al 39 y al 24	89	A-4	
Códigos Postales			
impares			04
pares			01
Rector Royo-Villanova	69	B-1	40
Recuerdo, Avda.	52	A-1	36
Red de San Luis, La; Pza.	104	B-1	13
Redecilla del Camino	10	C-3	50

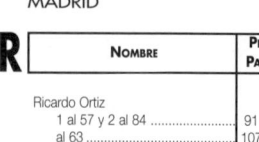

R

Nombre	Plano Parcial		C.P.
Ricardo Ortiz			
1 al 57 y 2 al 84	91	B-4	17
al 63	107	C-1	"
Ricardo San Juan	53	C-2	43
Ricardo Sepúlveda	92	A-3	17
Ricardo de la Vega	90	C-2	28
Ricardo Velázquez Bosco, Gta.	75	C-2	27
Ricla	120	A-3	47
Ricla, Pza.	120	A-3	47
Ricote, Pza.	28	C-3	35
Riga	110	B-2	32
Rigel	45	B-3	23
Rímini	110	C-1	32
Rincón de la Solana	129	A-2	32
Rincón de la Victoria	144	C-3	18
Rinconada, La; Pº.	46	A-4	23
Río	103	C-1	13
Río Adaja	64	C-1	23
Río Águeda	64	C-1	23
Río Arauca	144	A-2	18
Río Arlanzón	64	C-1	23
Río Bravo	144	A-2	18
Río Bullaque	16	C-4	34
Río Chico	144	A-2	18
Río Colorado	144	A-3	18
Río Corrientes	144	A-2	18
Río Cuervo	160	C-4	31
Río Duero	54	A-3	43
Río Esgueva	54	A-3	43
Río Esla	64	C-1	23
Río Esmeralda	144	A-3	18
Río Grande	144	A-1	38
Río Iguazú	144	A-2	18
Río Jacui	144	A-2	18
Río Magdalena	144	A-2	18
Río Matarraña	75	A-4	27
Río Negro	144	A-2	18
Río Nela	65	A-1	23
Río Nervión	92	C-4	17
"	93	A-3	"
Río Orinoco	143	C-2	18
Río de Oro	138	B-1	19
Río Paraná	144	A-2	18
Río de la Plata	144	A-2	18
Río Salado	144	A-2	18
Río Salor	45	A-4	23
Río San Lorenzo	144	A-2	18
Río San Pedro	144	A-2	18
Río Sella	64	B-1	23
Río Tietar	64	C-1	23
Río Ulla	92	C-2	17
Río Urubamba , Gta.	55	C-1	43
Río Uruguay	144	A-2	18
Río Záncara, Gta.	65	A-1	23
Riobamba	75	A-4	27

Nombre	Plano Parcial		C.P.
Riocabado	120	A-2	47
Rioconejos	110	A-1	37
Riofrío, Pza.	92	A-2	27
Rioja, La	58	B-4	42
Rioja, La; Trv.	58	A-4	42
Riojanos, Los	144	C-2	18
Ríos Rosas	70	C-4	03
Risco de los Claveles	44	C-3	23
Risco de los Gavilanes	15	A-4	35
Risco del Pájaro	72	C-1	02
Risco Peloche	125	C-4	38
Riscos de Polanco	15	A-4	35
Rita Luna	50	A-3	39
Rivas	130	B-3	
Códigos Postales			
1 al 11 y 2 al 10			32
13 y 12 al final			52
Riviera, La	127	C-1	30
Roa	152	C-1	44
Robert Capa	134	B-4	24
(antigua García Morato)			
Roberto Domingo	91	B-2	28
Robla, La	35	B-1	50
Roble	50	C-2	20
Robledal, Pº.	100	C-3	11
"	101	B-2	"
Robledillo	70	C-3	03
Robledo	50	B-2	39
Robledo de Chavela, Pje.	72	B-4	02
Robles	124	C-3	53
Robregordo	73	A-2	02
Rocacorva	143	A-2	18
Rocafort	181	B-2	21
Rochapea	157	A-2	41
Rocinante	9	A-4	34
Rocío Dúrcal, Pza.	49	C-4	40
Rocío Jurado	35	B-1	55
Roda, La; Avda.	113	C-4	52
"	131	B-1	"
Roda de Bará	15	C-4	34
Rodajos, Ctra.	100	A-3	11
Rodajos, Puerta	99	A-3	11
Rodas	104	A-4	05
Rodeos	152	A-1	44
Rodezno	73	B-2	43
Rodio	123	B-4	45
"	141	B-1	"
Rododendro	66	A-2	23
Rodolfo y Ernesto Halffter, Pza.	72	A-2	02
Rodrigo de Arana	136	A-4	44
Rodrigo de Guevara	104	A-4	05
Rodrigo de Triana	109	B-1	17
Rodrigo Uhagón	139	C-2	26
Rodrigo Uría, Pza.	72	A-2	02
Rodríguez Ayuso	76	B-3	22

R

Nombre	Plano Parcial		C.P.
Rodríguez Espinosa	143	A-1	53
Rodríguez Illanes	53	A-2	33
Rodríguez Jaén	31	C-4	36
"	51	C-1	"
Rodríguez Lázaro	137	B-4	25
Rodríguez Marín	72	A-2	"
Códigos Postales			
1 al 59 y 2 al 84			02
61 y 86 al final			16
Rodríguez San Pedro			
1 al 15 y 2 al 14	88	A-2	15
al 71 y 66	87	C-2	"
Rodríguez Vega	138	C-3	25
Rodríguez Villarejo	141	A-2	45
Rogelio Enríquez, Pza.	4	A-2	48
Rogelio Folgueras	125	B-4	38
Rogelio Muñoz	34	B-4	33
Rogelio Muñoz, Pje.	34	B-4	33
Rogelio Ossorio	120	A-1	11
Roger de Flor, Pza.	120	B-4	19
Roger de Lauria	120	B-4	19
Rollo	103	C-3	05
Rollo, Pza.	44	C-3	23
Roma	91	A-2	28
Román Alonso	50	A-3	39
Romana, Pza.	140	A-1	26
Romancero Gitano	171	B-2	21
Romeo y Julieta	143	B-4	18
Romeral	172	C-4	21
Romero, Pje.	71	A-3	03
Romero Girón	51	C-4	36
Romero Robledo	87	A-2	08
Romeros, Los; Cº.	85	C-4	11
" "	101	A-1	"
Rompedizo	136	A-4	44
"	152	A-1	"
Rompelanzas	104	B-2	13
Roncal	71	C-1	02
Roncesvalles	106	A-4	07
Ronda, Cº.	66	A-4	11
"	83	B-3	"
"	99	A-3	"
"	117	B-2	"
Ronda, Trv.	94	C-2	22
"	95	A-2	"
Ronda de la Comunicación	11	B-1	50
Roquetas de Mar	33	B-1	33
Ros de Olano	72	B-3	02
Rosa, La; (Carabanchel)	153	A-2	44
Rosa, La; (Centro)	104	C-3	12
Rosa del Azafrán	172	C-2	41
" "	173	A-2	"
Rosa de Castro	55	A-2	43
Rosa Chacel, Pza.	128	A-2	32
Rosa Jardón	52	C-2	16

Nombre	Plano Parcial		C.P.
Rosa Luxemburgo	65	B-1	23
Rosa Menéndez	50	A-3	39
Rosa Sabater	4	A-1	48
Rosa de Silva	51	A-2	20
Rosaleda	87	A-4	08
Rosales, Los; Avda. (M-301)	157	C-1	
" " "	173	C-2	
" " "	182	C-3	
" " "	183	A-4	
Códigos Postales			
1 y 2 al km 1,500			41
Km 1,501 hasta 5,700			21
Rosalía de Castro	28	B-1	35
Rosalía Trujillo	74	B-4	27
Rosario	103	B-4	05
Rosario Acuña	91	A-4	28
Rosario Pino	51	A-2	20
Rosario Romero	30	C-4	29
"	50	C-1	"
Rosas de Aravaca, Las	64	B-2	23
" "	65	A-2	"
Rosendo Conde	50	C-1	29
Rota	33	C-3	33
Roy	138	C-1	19
Rozas de Puerto Real	161	C-1	31
Rubén Darío, Gta.	89	A-2	10
Rubí	172	B-4	21
Rubio	140	C-4	26
Ruda, La	104	A-4	05
Rueca, La; Pje.	94	A-3	37
Rueza	119	A-1	11
Rufino Blanco	90	C-3	28
"	91	A-3	"
Rufino González	75	C-4	37
"	93	C-1	"
Rufino Novalvos, Gta.	138	B-2	25
Rufino Rejón	152	B-2	44
Ruices, Cjón.	125	A-4	53
Ruidera	142	B-3	53
Ruiseñor	137	C-1	25
Ruiseñor, Cº.	102	A-1	11
Ruiz	88	B-3	
Códigos Postales			
1 al 23 y 2 al 22			04
25 y 24 al final			10
Ruiz de Alarcón	105	A-3	14
Ruiz Jiménez, Gta.	88	A-3	15
Ruiz Ocaña	91	A-1	28
Ruiz Palacios	50	B-2	39
Ruiz Perelló	90	C-3	28
"	91	A-3	"
Rumanía	110	C-1	22
"	111	A-1	"
Ruperto Andrés	49	A-1	35

R

Nombre	Plano Parcial		C.P.
Ruperto Chapí, Pº.	86	C-2	08
"	87	A-1	"
Rusia	94	C-4	22
"	95	A-4	"
Rute	102	C-3	11

Nombre	Plano Parcial		C.P.
Rutilio Gacis, Pza.	122	C-4	45
Rutilo	157	B-3	41
Ruy González Clavijo	103	A-4	05
Ruzafa	125	B-2	38

S

Nombre	Plano Parcial		C.P.
S'Agaró	144	B-1	38
Saavedra Fajardo	102	C-3	11
Sabadell	16	C-3	34
"	17	A-3	"
Sabal	123	C-3	45
Sabanero	137	C-1	25
Sabino Fernández Campo	146	B-2	31
Sabiote	159	A-1	53
Sabrina	143	C-4	18
"	159	C-1	"
Saceral, Pje.	15	B-3	34
Sacramental de San Lorenzo	121	B-4	19
Sacramento	103	C-3	05
Sacrificio	129	B-1	32
Sacrificio, Trv.	129	B-1	32
Sacromonte	156	B-2	41
Safo	6	C-2	49
Sagasta	88	C-3	04
Sagitario	43	C-2	23
Sagrado Corazón, Cta.	52	C-1	
"	53	A-1	
Códigos Postales			
1 al 9 y 2 al 12			16
11 y 14 al final			33
Sagrado Corazón de Jesús, Pza.	72	B-3	02
Sagrados Corazones, Los	101	C-4	11
"	119	C-1	"
Sagrados Corazones, Los; Pza.	71	C-1	36
Sagunto	88	C-2	10
Sahagún	50	A-4	39
Sahara	173	A-2	41
Sáinz de la Calleja	22	A-4	23
Sajonia	111	A-1	22
Sal, La	104	A-2	12
Salado	156	C-4	41
Salamanca	50	B-4	20
"	70	C-1	"
Salas	89	B-1	06
Salas de Barbadillo	92	B-3	17
Salas de los Infantes, Avda.	17	C-4	34
Salasierra	139	C-2	26

Nombre	Plano Parcial		C.P.
Salcedo	17	A-3	34
Salcedo, Cº.	2	B-2	48
Saldaña	138	C-1	19
Salesas, Pza	89	A-4	04
Saliente	106	C-2	07
"	107	A-1	"
Salinas	93	B-3	17
Salinas del Rosio	78	C-2	42
Salitre	104	C-4	12
Sallaberry			
1 al 17 y 2 al 54	121	A-4	19
al 65	139	A-1	"
Salle, La	24	B-4	23
"	44	C-1	"
"	45	A-1	"
Salmedina, La; Avda.	163	B-4	51
"	191	C-1	"
Salmedina, La; Cº	190	B-1	51
Salobreña	156	C-3	41
Salón del Estanque, Pº.	105	C-2	09
Salorino	135	A-4	44
Salou			
1 al 21 y 2 al 12	16	A-3	34
al 57 y al 28	15	C-3	"
Salsipuedes	180	A-1	21
Salud, La	104	B-1	13
Salustiano Moreno	91	B-2	27
Salustiano Olózaga	105	A-1	01
Salvador	104	A-3	12
Salvador, Gta.	106	A-1	09
Salvador, Pº.	106	A-1	09
Salvador Allende	152	B-4	54
Salvador Alonso	120	A-4	19
Salvador Crespo, Pza.	120	A-1	11
Salvador Dalí, Pza.	90	B-4	09
Salvador Granés	90	C-2	28
Salvador de Madariaga	73	C-4	27
" "	91	B-1	"
Salvador Martínez	156	C-3	41
Salvador Martínez Lozano	124	C-4	53
Salvador del Mundo	137	A-4	25

Nombre	Plano Parcial		C.P.
Salvador Vicente Martín	154	B-2	54
Salvador Velayos Hermida, Gta.	68	C-1	40
Salvatierra	17	A-3	34
Salvia, La	50	C-2	39
Samaca	35	A-4	33
Samaniego	78	C-3	22
"	79	A-4	"
Samaria	106	C-3	09
Sámbara	92	B-1	27
Samboal	17	B-3	34
Samperio	28	A-3	35
San Adolfo	4	A-3	48
San Adrián	172	B-4	21
San Agapito	173	B-3	21
San Agustín	104	C-3	14
San Alberto	104	B-2	13
San Alejandro	121	A-1	05
San Amaro, Pza.	50	C-4	20
San Ambrosio	121	A-1	11
San Anacleto, Pza.	44	C-3	23
San Anastasio	122	B-3	05
San Andrés	88	B-3	04
San Andrés, Cost.	103	C-3	05
San Andrés, Pza.	103	C-3	05
San Andrés de Rabanedo	35	A-2	55
San Aniceto	77	A-3	22
San Anselmo	143	C-2	18
San Antolín	137	A-4	25
San Antón	4	A-2	48
San Antonio	70	B-1	20
San Antonio de la Florida, Gta.	86	C-4	08
San Antonio de Padua	140	B-2	26
San Aquilino	31	B-4	29
"	51	B-1	"
San Armengol	140	C-1	26
San Arturo	4	A-2	48
San Aureliano	179	B-1	21
San Baldomero	92	C-4	17
"	93	A-4	"
San Bartolomé	104	C-1	04
San Basilio	140	A-4	26
San Benigno	120	A-1	11
San Benito	51	A-1	29
San Bernabé	103	C-4	05
San Bernardino	88	A-4	15
San Bernardo			
1 al 21 y 2 al 10	104	A-1	
al 125 y 132	88	B-2	
CÓDIGOS POSTALES			
1 al 9 y 2 al 6			13
11 y 8 al final			15
San Blas	105	A-4	14
San Blas a Coslada, Ctra. (M-201)	95	B-2	22
" "	96	A-3	"
" "	97	B-4	"

Nombre	Plano Parcial		C.P.
San Bonifacio	180	A-2	21
San Braulio	138	C-1	19
San Bruno	104	A-3	05
San Buenaventura	103	B-3	05
San Cándido	121	A-3	19
San Canuto	120	A-1	11
San Carlos	104	B-4	12
San Casimiro	139	C-2	26
San Cayetano	104	A-4	05
San Cayetano, Pza.	90	C-2	02
San César	49	C-3	39
San Cesáreo	180	B-3	21
San Cipriano	129	B-1	32
San Ciriaco	129	B-1	32
San Cirilo	4	A-2	48
San Claudio	144	C-1	38
"	145	A-1	"
San Clemente	138	B-3	25
San Clemente, Pje.	138	B-3	25
San Clodoaldo	92	A-3	17
San Conrado	121	A-1	11
San Cosme y San Damián	104	C-4	12
San Crispín	102	C-3	11
San Cristóbal	104	A-2	12
San Cristóbal, Pza.	77	C-2	22
San Cristóbal de la Laguna	152	B-4	54
San Cugat del Vallés	16	C-1	34
"	17	A-1	"
San Dacio	17	B-4	34
San Dalmacio	180	C-3	21
"	181	A-1	"
San Dámaso	121	A-2	19
San Daniel	122	C-4	45
San David	122	A-4	19
San Delfín	122	A-4	19
San Demetrio	121	C-3	19
San Deogracias	152	B-2	44
San Diego	144	A-1	38
San Diego, Avda.			
1 al 67 y 2 al 82	142	C-2	
al 105 y al 136	143	A-3	
CÓDIGOS POSTALES			
1 al 81 y 2 al 118			53
83 y 120 al final			18
San Diego, Pza.	143	C-3	18
San Diego, Trv.	143	A-3	18
San Dimas	88	A-3	15
San Donato	91	C-4	17
San Elías	139	B-3	26
San Eloy, Avda.	77	A-3	22
San Emeterio	137	C-2	25
San Emilio	91	B-3	17
San Enrique	50	C-4	20
San Enrique de Ossó	12	C-4	55
San Epifanio	121	A-2	05
San Erasmo	180	A-4	21

S

Nombre	Plano Parcial		C.P.
San Ernesto	72	B-2	02
San Estanislao	38	C-4	42
San Esteban de Gormaz	33	A-4	33
" "	53	B-1	"
San Eudaldo	129	B-1	32
San Eugenio	104	C-4	12
San Eulogio	77	A-3	22
San Eusebio	118	B-2	11
San Eustaquio	180	B-4	21
San Evaristo	122	C-4	45
"	123	A-4	"
San Ezequiel	179	B-4	21
San Facundo	144	B-2	38
San Faustino	77	A-2	22
"	77	A-4	"
San Felices	86	B-3	08
San Felipe	50	C-3	20
San Felipe Neri	104	A-2	13
San Feliú de Guixols	126	B-4	38
" "	144	B-1	"
San Félix	122	C-4	45
San Fermín, Avda.	157	B-2	41
San Fermín, Pza.	157	A-2	41
San Fernando	130	C-1	52
San Fernando, Pza.	4	A-3	48
San Fernando, Puente	47	B-3	35
San Fernando, Trv.	52	A-1	36
San Fernando de Jarama	72	B-4	02
" "	90	A-1	"
San Fidel	92	C-3	17
"	93	A-3	"
San Filemón	128	B-1	32
San Filiberto	139	C-2	26
San Florencio	125	B-1	38
San Fortunato	157	B-1	41
San Francisco, Cra.	103	C-4	05
San Francisco, Pza.	103	C-4	05
San Francisco, Gran Vía	103	C-4	05
San Francisco el Grande	140	A-2	26
San Francisco de Sales, Pº.	69	C-3	03
" "	70	A-3	"
San Froilán	140	C-3	26
San Frutos	4	A-3	48
San Fulgencio	120	A-1	11
San Gabriel (part.)	69	B-4	03
San Galo	103	A-4	11
San Gelasio	4	A-2	48
San Gerardo	28	C-4	35
"	29	A-4	"
"	49	A-1	"
San Germán	50	C-4	20
"	51	A-4	20
(antigua General Yagüe)			
San Germán, Pza.	50	C-4	20
San Gervasio	173	C-2	21
San Ginés, Pzo.	104	A-2	13

Nombre	Plano Parcial		C.P.
San Ginés, Pza.	104	A-2	13
San Graciano	122	B-4	26
San Gregorio	88	C-4	04
San Gumersindo	92	A-3	17
San Herculano	76	C-4	22
San Hermenegildo	88	A-3	15
San Higinio	93	A-4	17
San Hilario	77	A-3	22
San Ignacio de Loyola	88	A-4	15
San Ignacio de Loyola, Pza.	23	A-4	23
San Ildefonso	104	C-4	12
San Ildefonso, Pza.	88	B-4	04
San Illán, Pº.	120	C-2	19
" "	121	A-3	"
San Isidoro de Sevilla	121	C-1	05
San Isidoro de Sevilla, Pje.	121	C-1	05
San Isidro, Cº.	120	C-3	19
San Isidro, Puente	121	A-1	19
San Isidro Labrador	103	C-4	05
San Jaime	145	C-4	31
San Jaime, Pza.	145	C-3	31
San Javier, Pza.	103	C-3	05
San Jenaro	172	B-4	21
"	180	B-1	"
San Jerónimo, Cª.	104	C-2	14
" "	105	A-2	"
San Joaquín	88	B-4	04
San Jorge	142	C-2	53
"	143	A-2	"
San José	104	C-3	14
San José de Calasanz	118	A-4	24
San Juan, Plazuela	104	C-3	14
San Juan de Ávila	52	C-1	33
San Juan Bosco	87	A-2	08
San Juan de la Cruz	90	C-2	28
San Juan de la Cruz, Pza.	71	A-4	03
San Juan de la Cuesta	92	A-2	17
San Juan de Dios, Pje.	106	B-2	09
San Juan de la Mata	118	C-1	11
San Juan de Ortega	10	B-4	50
San Juan de la Peña	146	A-3	31
San Juan de la Salle	71	B-1	36
San Julián	140	B-1	26
San Julián del Camino	10	C-2	50
San Julio	72	A-4	02
San Justo	104	A-3	05
San Lamberto	108	A-1	17
San Lamberto (posterior)	108	A-1	17
San Lamberto, Trv.	108	A-1	17
San Laureano	28	B-2	35
San Lázaro	4	A-3	48
San Leandro	4	A-2	48
San León	118	B-2	11
San Leonardo	87	C-4	15

Nombre	Plano Parcial		C.P.
San Leopoldo	31	A-4	29
"	51	B-1	"
San Liborio	141	A-4	41
San Lorenzo	88	C-4	04
San Lucas	88	C-4	04
"	89	A-4	"
San Luciano	156	C-4	41
San Luis, Avda.	32	C-3	33
" "	33	B-4	"
" "	34	A-4	"
San Luis Gonzaga	120	A-1	11
San Macario	173	B-3	21
San Magín	139	C-2	26
San Mamés	179	B-2	21
San Mansueto	4	A-2	48
San Manuel	118	B-2	11
San Marcelino	137	B-1	47
San Marcelo	91	C-3	17
San Marcos	104	C-1	04
San Mariano	76	C-4	22
"	94	C-1	"
"	95	A-1	"
San Marino	110	C-1	22
"	111	A-1	"
San Mario	141	A-4	41
"	157	A-1	"
San Martín	104	A-2	13
San Martín, Pza.	104	A-2	13
San Martín de Porres	28	C-4	35
" "	48	C-1	"
San Martín de Valdeiglesias, Pje.	72	B-4	02
San Martín de la Vega, Gta.	157	A-3	41
San Mateo	88	C-4	04
San Mateo, Trv.	88	C-4	04
San Maximiliano	91	C-4	17
San Máximo	141	A-4	41
"	157	A-1	"
San Melitón	137	B-3	25
San Miguel	144	A-1	38
San Miguel, Pza.	104	A-2	05
San Miguel del Camino	10	C-3	50
San Millán	104	A-3	12
San Millán de la Cogolla, Pº.	10	C-4	50
San Modesto	17	A-4	34
"	31	B-1	"
San Moisés	143	A-3	18
San Narciso	76	C-3	22
"	77	A-3	"
San Nazario	72	C-2	02
"	73	A-2	"
San Nemesio	73	B-1	43
San Neviano	172	B-4	21
San Niceto	120	C-4	19
San Nicolás	103	C-2	13
San Nicolás, Pza.	103	C-2	13

Nombre	Plano Parcial		C.P.
San Nicomedes	139	C-2	26
San Norberto	180	B-2	21
San Olegario	152	B-2	44
San Onofre	104	B-1	04
San Pablo	152	A-1	44
San Paciano	4	A-2	48
San Pancracio	4	A-3	48
San Pantaleón	121	A-4	19
San Pascual	118	B-2	11
San Patricio	120	C-4	19
San Pedro	105	A-3	14
San Pedro, Cº.	85	B-4	11
"	100	C-1	"
"	101	A-2	"
San Pedro, Cost.	103	C-3	05
San Pedro, Pje.	73	A-3	02
San Pedro de Cardeña	33	B-3	33
San Pedro Mártir	104	B-3	12
San Pelegrín	4	A-2	48
San Petesburgo	95	B-3	22
San Pol de Mar	86	C-4	08
San Pompeyo	121	A-2	19
San Quintín	103	C-1	13
San Quirico	4	A-2	48
San Rafael, Cjón.	50	B-4	39
San Raimundo	70	B-1	39
San Ramón Nonato	31	B-4	46
San Remigio	77	A-3	22
San Restituto	49	C-2	39
San Ricardo	104	B-2	12
San Roberto	118	B-1	11
San Robustiano	119	C-4	47
San Rogelio	70	A-1	39
San Román del Valle	110	A-1	37
San Romualdo	76	A-4	37
"	94	A-2	"
San Roque	104	B-1	04
San Roque, Cº.	17	C-2	34
San Rosendo	76	C-4	22
San Rufo	103	A-4	11
"	121	A-1	"
San Ruperto	141	A-4	41
San Samuel	91	C-4	17
San Sebastián	104	B-3	12
San Secundino	91	C-4	17
San Serapio	140	C-2	26
San Severo	58	C-2	42
San Silvestre	138	C-1	19
San Simón	104	C-4	12
San Simplicio	157	A-1	41
San Sinesio	137	C-1	25
San Sinforiano	38	C-4	42
"	39	A-4	"
San Sotero	94	A-1	37
San Tarsicio	180	B-2	21

S

Nombre	Plano Parcial		C.P.
San Telesforo	93	A-4	17
San Telmo	52	A-2	16
San Telmo, Trv.	52	A-2	16
San Teófilo	172	B-4	21
San Timoteo	120	A-1	11
San Toribio	145	A-3	31
San Trifón	139	C-2	26
San Valentín	77	A-3	22
San Valeriano	70	A-1	39
San Valero	125	B-3	38
San Venancio	76	C-3	22
"	77	A-2	"
San Vicente, Cost.	88	A-4	04
San Vicente, Cta.	103	C-1	08
San Vicente, Gta.	103	A-1	08
San Vicente, Puerta	103	A-1	08
San Vicente Ferrer	88	B-4	
Códigos Postales			
1 al 49 y 2 al 60			04
51 y 62 al final			15
San Vicente Mártir	53	A-4	43
San Vicente de Paul, Pza.	138	C-2	25
San Victor, Gta.	122	C-4	45
San Victorino	138	B-3	25
San Vidal	91	C-4	17
San Virgilio	125	A-4	38
San Wenceslao	138	B-3	25
San Zacarías	140	B-1	26
San Zoilo	141	A-4	41
Sánchez Balderas	73	A-3	02
Sánchez Barcáiztegui	124	B-1	07
Sánchez Bustillo	105	A-4	12
Sánchez Díaz	74	C-4	27
"	75	A-4	"
Sánchez Guerrero	53	C-1	43
Sánchez Pacheco	72	C-2	02
Sánchez Preciado	49	C-3	39
Sánchez Preciado, Trv.	49	C-3	39
Sanchica	9	B-4	34
Sanchidrián	117	A-4	24
Sanchinarro, Cº.	18	C-3	50
"	19	A-3	"
Sancho	119	C-4	25
"	137	C-1	"
Sancho Dávila	91	B-4	28
Sancho Panza	142	C-1	18
Sanchonuño	17	B-3	34
Sanchorreja	118	C-2	11
Sandalia Navas	28	C-2	35
Sandalio López	17	B-2	34
Sándalo	76	B-1	42
Sandoval	88	B-3	10
Sandro Pertini, Gta.	54	C-1	43
Sangarcía	121	B-1	05

Nombre	Plano Parcial		C.P.
Sangenjo	16	C-4	34
"	30	B-1	"
Sanguiño	136	A-3	44
Sania Ramel	152	A-1	44
Sanlúcar de Barrameda	33	C-3	33
Sansón Carrasco	142	C-2	53
Santa Adela	34	A-2	33
Santa Águeda	88	C-4	04
Santa Alicia	142	C-2	
"	143	A-2	
Códigos Postales			
1 al 27 y 2 al 30			53
29 y 32 al final			18
Santa Amalia	125	A-2	38
Santa Ana	104	A-4	05
Santa Ana, Pza.	104	B-3	12
Santa Ana Alta	17	B-2	34
Santa Ana Baja	17	B-2	34
Santa Áurea	120	A-1	11
Santa Aurelia, Pza.	92	A-4	17
Santa Balbina	44	C-4	23
Santa Bárbara	88	B-4	04
Santa Bárbara, Pza.	88	C-4	04
Santa Beatriz	125	A-2	38
Santa Bernardita	65	B-1	23
Santa Brígida	88	C-4	04
Santa Casilda	121	C-1	05
Santa Catalina	104	C-2	14
Santa Catalina (part.)	158	A-3	18
Santa Catalina-Entrevías, Avda.	142	B-4	18
"	158	A-1	"
Santa Catalina de los Donados, Pza.	104	A-2	13
Santa Catalina de Labouré	139	A-2	19
Santa Cecilia	101	B-4	11
Santa Clara	103	C-2	13
Santa Coloma	86	B-3	08
Santa Comba	86	B-3	08
Santa Cristina	171	C-4	21
Santa Cristina, Pza.	102	C-3	11
Santa Cristina, Trv.	171	C-4	21
Santa Cruz, Pza.	104	A-3	12
Santa Cruz de Marcenado	87	C-3	15
"	88	A-3	"
Santa Cruz de Mudela	140	C-2	26
Santa Cruz de Retamar	144	B-3	18
Santa Dorotea	38	C-4	42
Santa Eduvigis	38	C-3	42
Santa Elena	92	A-2	17
Santa Elvira	44	A-4	23
Santa Engracia			
1 al 119 y 2 al 100	88	C-2	
al 171 y al 168	70	B-4	
Códigos Postales			
1 al 117 y 2 al 100			10
119 y 102 al final			03

Nombre	Plano Parcial		C.P.
Santa Escolástica	156	C-4	41
Santa Eugenia, Avda.	146	C-3	31
" "	147	B-3	"
Santa Eulalia	50	A-3	39
Santa Eulalia, Cjón.	50	A-3	39
Santa Eva	173	B-3	21
Santa Fé	86	A-2	08
Santa Feliciana	88	C-2	10
Santa Felicidad	92	A-4	17
Santa Felicidad, Pje.	92	A-4	17
Santa Flora	139	B-2	19
Santa Florencia	173	A-4	21
Santa Francisca Javier Cabrini	55	A-2	43
Santa Gema, Pza.	72	A-2	02
Santa Genoveva			
2 al 30	92	A-4	17
al 48	108	A-1	"
Santa Hortensia	72	C-3	02
"	73	A-3	"
Santa Inés	104	C-4	12
"	105	A-4	"
Santa Infancia, La	102	A-4	11
Santa Irene	108	A-2	17
Santa Isabel			
1 al 49 y 2 al 46	104	C-4	12
al 53 y al 62	105	A-4	"
Santa Joaquina de Vedruna	179	B-1	21
Santa Julia	124	C-4	53
Santa Juliana	70	B-1	39
Santa Leonor	75	B-4	37
"	93	B-1	"
Santa Lucía	88	B-4	04
Santa Lucrecia	139	B-2	19
Santa Magdalena Sofía	52	B-1	36
Santa María	104	C-3	14
Santa María (Subida)	121	A-3	19
Santa María, C°.	176	B-4	31
"	184	C-1	"
Santa María de la Alameda	72	A-4	02
Santa María de la Cabeza, Gta.	122	C-2	45
Santa María de la Cabeza, P°.			
1 al 27 y 2 al 26	123	A-1	
al 85 y al 102	122	B-3	
al 117 y al 164	139	C-1	
Códigos Postales			
1 al 85 y 2 al 94			45
87 al final, impares			26
96 al final, pares			19
Santa María Magdalena	52	C-2	16
Santa María del Mar	102	A-4	11
Santa María Micaela	87	C-4	08
Santa María la Real de Nieva	103	B-4	05
" "	121	B-1	"
Santa María Reina	156	C-2	41
Santa María Salomé	145	C-4	31

Nombre	Plano Parcial		C.P.
Santa María Soledad			
Torres Acosta, Pza.	104	A-1	04
Santa Margarita, Pza.	135	A-3	44
Santa Marta	125	B-2	38
Santa Martina	44	C-3	23
Santa Matilde	70	A-2	39
Santa Mónica	53	A-4	43
Santa Natalia	53	C-3	43
Santa Olalla	86	B-4	08
Santa Petronila	173	A-3	21
Santa Pola	86	A-2	08
Santa Polonia	104	C-3	14
Santa Prisca	92	A-4	17
Santa Rafaela María del			
Sagrado Corazón	142	B-4	53
Santa Rita	72	C-3	02
Santa Rosa	125	A-2	38
Santa Rosalía	138	B-2	25
Santa Sabina	124	C-1	07
Santa Saturnina	121	B-3	19
Santa Susana	34	B-2	33
Santa Tecla	76	C-3	22
Santa Teresa	88	C-4	04
"	89	A-4	"
Santa Teresa Jornet	153	A-1	44
Santa Teresita, Pza.	120	A-1	11
Santa Úrsula	102	B-3	11
Santa Valentina	50	C-1	29
Santa Virgilia	34	C-3	33
Santander	70	A-3	03
Santanderina	159	B-1	18
Santeras, Las	129	C-4	52
"	148	B-1	"
Santiago	103	C-2	13
Santiago, Cost.	104	A-2	13
Santiago, Pza.	103	C-2	13
Santiago Alió	144	B-2	38
Santiago Alió, Trv.	144	B-1	38
Santiago Amón	173	A-3	21
Santiago Artigas	71	B-2	02
Santiago Bernabéu	71	B-1	36
Santiago de Compostela	16	C-4	
" "	29	B-2	
" "	30	B-1	
Códigos Postales			
1 al 207			29
2 al 68			34
209 y 70 al final			35
Santiago Cordero	50	B-1	29
Santiago Cordero, Trv.	50	B-1	29
Santiago Cuende	138	B-3	25
Santiago Estévez	120	A-4	19
"	138	A-1	"
Santiago Massarnau	91	B-3	17
Santiago Prieto	139	A-2	19

S

Nombre	Plano Parcial		C.P.
Santiago Rusiñol	69	B-2	40
Santiago el Verde	104	B-4	05
" "	122	B-1	"
Santibáñez de Béjar	77	A-1	42
Santillana del Mar	144	B-1	38
Santísima Trinidad	88	B-1	10
Santiso	11	A-2	50
Santo, Cº.	84	A-4	11
"	100	B-1	"
Santo, Pº.	76	A-1	42
Santo Ángel	53	C-3	43
Santo Ángel, Pje.	53	C-3	43
Santo Ángel de la Guarda, Avda.	49	C-3	39
Santo Domingo	138	B-2	25
Santo Domingo, Cta.	104	A-1	13
Santo Domingo, Pza.	104	A-1	13
Santo Domingo de la Calzada, Avda.	10	B-2	50
" " "	11	A-3	"
Santo Domingo Savio	93	A-3	17
Santo Domingo de Silos	71	B-1	36
Santo de la Isidra, El	172	B-2	41
Santo Tomás	104	A-3	12
Santo Tomé	89	A-4	04
Santocildes	122	B-1	05
Santolinas	53	A-4	16
Santoña	139	C-3	26
Santoña, Trv.	139	B-3	26
Santorcaz	72	A-3	02
Santos de Humosa, Los; Pza.	34	A-4	43
Santos Inocentes, Los	143	B-3	18
Santovenia	86	B-4	08
Santuario	140	C-3	26
Santuario de Tiscar, Gta.	7	C-4	34
Santuario de Valverde, Avda.	8	B-3	34
" " "	9	B-1	"
Santurce	92	C-4	17
"	93	A-3	"
Sanz Raso	125	B-4	38
S.A.R. Don Juan Carlos de Borbón y Battemberg, Gta.	56	B-3	42
Sardana, Gta.	105	C-2	09
Sardineta, La	17	B-2	34
Sargento Barriga	180	B-1	21
Sarre	110	C-2	32
Sarriá	29	C-3	29
Sasamón, Pza.	17	C-3	34
Sastres	94	A-3	37
Saturnino Calleja	72	C-3	02
Saturnino Morán	119	B-1	47
Saturnino Tejera	137	B-2	25
Saturno	38	C-3	42
"	39	A-4	"
Sauce	72	C-1	16
Sauceda	10	C-4	50
"	11	A-4	50
"	18	A-1	50

Nombre	Plano Parcial		C.P.
Saucejo, El	161	C-1	31
Saúco	50	B-3	39
Sauzal	93	A-3	17
Saxífraga	51	C-2	36
Saxofón	195	A-4	52
Sayago	110	A-1	37
Sebastián Álvaro	117	B-4	24
Sebastián Elcano	122	C-1	12
Sebastián Francisco	77	A-3	22
Sebastián Gómez	140	C-2	26
Sebastián Herrera	122	C-1	12
Seco	124	B-3	07
Secoya, La	153	B-2	54
Secundino Zuazo, Avda.	200	B-2	55
"	201	A-2	"
Seda, Pje.	94	A-4	37
Sedano	117	B-3	24
Segovia	103	B-3	05
Segovia, Puente	103	A-3	05
Segovia, Rda.			
1 al 91 y 2 al 30	103	B-3	05
al 52	121	C-1	"
Segovia Nueva, Pza.	104	A-3	05
Segre	71	C-1	02
Segunda	35	B-2	50
Segunda, Avda.	78	A-2	22
Segundo Anca	22	A-4	23
Segundo de Izpizúa	91	A-4	28
Segura	155	B-3	41
Seis	77	C-2	22
Seis de Diciembre	65	C-1	23
Seis de Diciembre, Pza.	153	A-1	44
Selaya	77	A-1	42
Selma Lagerloff	173	B-2	21
Semilla, La	94	B-4	37
Seminario de Nobles	87	C-3	15
Senda, La	32	C-3	33
Senda del Infante, La	14	C-2	35
"	15	B-4	"
Senda del Rey, La	68	A-3	40
Séneca, Avda.	86	C-1	40
"	87	A-1	"
Señores de Luzón, Los	103	C-2	13
Señores de Luzón, Los; Trv.	103	C-2	13
Seo de Urgel	34	A-4	33
"	53	C-1	"
Sepiolita	129	C-1	32
Septiembre	79	C-3	22
Séptima, Avda.	77	C-2	22
Sepúlveda	102	C-4	11
"	118	C-2	"
"	119	C-1	"
"	120	C-1	"
Sequeros	140	C-2	26
Sequillo	93	A-3	17
Serafín de Asís	119	A-1	11

Nombre	Plano Parcial		C.P.
Serafín Gómez	139	B-1	19
Serafín Ramírez	49	C-1	39
Serbal	65	C-1	23
Serena, La	142	C-4	53
"	143	A-4	"
Serna del Monte, La	29	B-4	35
Serradilla, La	134	C-4	44
"	135	A-4	"
Serrallo	50	B-3	39
Serrallo, Trv.	50	B-3	39
Serramagna	55	A-4	43
Serranía de Ronda	146	A-4	31
Serranillos del Valle	162	B-4	51
Serrano			
1 al 7 y 2 al 20	105	B-1	
al 101 y al 124	89	B-3	
al 193 y al 206	71	C-3	
al 211 y al 224	72	A-1	
al 229 y al 232	52	A-4	
Códigos Postales			
1 al 47 y 2 al 72			01
49 al 143 y 74 al 154			06
145 al 197 y 156 al 214			02
199 y 216 al final			16
Serrano Anguita	88	C-3	04
Serrano Galvache	32	C-4	33
Serrano Jover	87	C-3	15
Serrería	94	A-4	37
Serrota	45	A-4	23
Servando Batanero	92	B-3	17
Servator	54	B-2	43
Seseña	118	A-3	24
Sestao, Pza.	155	B-2	41
Setúbal, Pje.	139	A-3	25
Setúbal, Pza.	138	C-3	25
Severino Aznar Embid	102	A-4	11
Sevilla	104	C-2	14
Sevilla, Gta.	106	A-1	09
Sexta	52	C-4	16
Sexta, Avda.	77	C-2	22
Sextante	44	B-4	23
Sextante, Trv.	44	B-4	23
Sicélidas, Las	55	A-2	43
Sicilia	125	A-4	38
Siderurgia, La	94	A-4	37
Siempreverde, La	136	A-3	44
Siena	92	A-2	27
Siero	93	B-3	37
Sierpe, La	103	C-4	05
Sierra, La	69	B-3	03
Sierra Aitana, La	162	A-1	31
Sierra de Albarracín, La	142	B-2	53
Sierra de Alcaraz, La	142	C-1	53
Sierra de Alcubierre	124	C-4	53
"	142	C-1	53
Sierra de Algodonales	142	C-1	53

Nombre	Plano Parcial		C.P.
Sierra de Almijara	143	B-1	18
Sierra de Alquife, La	142	C-1	
"	143	A-2	
Códigos Postales			
1 al final y 2 al 34			53
36 al final			18
Sierra Alta, La	145	C-3	31
Sierra de Antequera	143	A-2	18
Sierra de Arlá	162	A-2	31
Sierra de Atapuerca	10	C-4	50
"	11	A-3	"
Sierra de Ayllón, La; Pza.	146	A-4	31
Sierra Bascuña	142	C-2	53
Sierra Bermeja	143	B-1	18
Códigos Postales			
1 al 27 y 2 al 28			53
29 y 30 al final			18
Sierra de Bobia	162	A-2	31
Sierra del Brezo	162	A-2	31
Sierra Bullones	50	C-1	29
Sierra del Cadi	125	B-4	18
"	143	B-1	"
Sierra de Cameros	125	A-4	53
Sierra Carbonera			
1 al 33 y 2 al 24	125	A-4	53
al 81 y al 88	143	A-1	"
Sierra Carbonera, Pza.	143	A-1	53
Sierra del Castillo	124	C-4	53
Sierra Caurel, Pza.	162	A-1	31
Sierra de Cazalla	125	B-4	38
Sierra de Contraviesa	142	C-3	53
Sierra de Cuenca	142	C-2	53
Sierra de Cuerda Larga	125	B-2	38
Sierra de la Demanda	160	C-3	31
"	161	A-2	"
Sierra del Eje	146	A-4	31
Sierra Elvira	125	B-1	38
Sierra Engarcerán	161	C-1	31
Sierra de Encinares, La	146	A-3	31
Sierra España	162	A-1	31
Sierra de la Estrella	124	C-4	53
Sierra Faladora	144	A-1	38
Sierra de Filabres			
1 al 19 y 2 al 30	124	C-3	38
al 101 y al 102	125	A-3	"
Sierra de Gador	146	A-4	31
Sierra Gistral, Pza.	162	A-1	31
Sierra de Gor, La	146	B-4	31
Sierra Gorda	146	B-3	31
Sierra de Grazalema, La; Pza.	162	B-1	31
Sierra de Gredos	145	C-4	31
Sierra de Guadalupe	145	C-3	31
Sierra de Guadalupe, Trv.	145	C-3	31
Sierra de Gudar	162	A-1	31
Sierra de Javalambre	124	C-3	38
Sierra Llerena	125	A-3	38

S

Nombre	Plano Parcial		C.P.
Sierra de la Loba	125	B-4	18
" "	143	B-1	"
Sierra de Lucena	143	A-2	18
Sierra Madera	142	C-2	53
Sierra Madrona	125	B-3	38
Sierra Magina, Pza.	162	A-1	31
Sierra de Meira	125	A-3	38
Sierra Menera	125	B-4	18
Sierra Ministra, Pza.	125	A-4	53
Sierra de Mira, La	162	A-1	31
Sierra Molina	142	C-2	53
Sierra Monchique	124	C-4	53
Sierra Montilla	162	A-1	31
Sierra Morena	145	C-4	31
Sierra Nevada	143	A-3	18
Sierra de Oncala	125	B-4	18
Sierra Pajarero	43	C-1	23
Sierra de Palomeras	145	C-4	31
" "	161	C-1	"
Sierra Paramera, Gta.	64	C-1	23
Sierra del Pedroso	143	A-2	18
Sierra de Peña Negra	43	C-1	23
Sierra de Pineda	125	B-4	18
" "	143	B-1	"
Sierra de Puerto Viejo	43	C-1	23
Sierra Queija	146	A-4	31
Sierra del Quintanar	143	C-2	18
Sierra Robledal	143	C-2	18
Sierra del Sabiñar, La	162	A-1	31
Sierra de la Sagra	143	A-2	18
Sierra Salvada	144	A-1	38
Sierra Santos	162	A-1	31
Sierra del Segura	125	A-1	38
Sierra de la Solana	142	C-2	53
Sierra de Tejada	143	A-3	18
Sierra Toledana	125	B-2	38
Sierra Toledana (trasera)	125	B-1	38
Sierra de Toloño	143	C-1	38
Sierra del Torcal, La	146	B-4	31
Sierra de Tornavacas, La	145	C-4	31
Sierra de Tortejada, La	162	B-1	31
Sierra de Valdemeca	142	C-1	53
Sierra del Valle	143	B-1	18
Sierra Vieja	145	C-4	31
Siete	78	A-2	22
Siete Hermanas, Las; Gta.	101	B-2	11
Siete de Julio	104	A-2	12
Siete de Julio San Fermín	144	A-2	18
Siete Picos, Los	72	C-1	02
Sigerico	120	B-4	19
Siglo Futuro	137	B-4	25
Sigüenza	46	B-3	23
Siguero	27	C-3	35
Sil	72	A-1	02
Sílfide, La	76	C-4	22
Sílice, Gta.	90	C-2	28

Nombre	Plano Parcial		C.P.
Sillería	94	A-4	37
Silos, Los	93	A-2	17
Silva	104	A-1	
Códigos Postales			
1 al 9 y 2 al 8			13
11 y 10 al final			04
Silvano	54	C-3	43
"	55	A-2	"
"	74	A-1	"
Silves	138	C-2	25
Silvina	157	B-3	41
Silvina Ocampo	163	C-4	51
Silvinita	182	B-1	21
Silvio Abad	139	C-3	26
Simacota	35	A-3	33
Simancas	51	A-1	29
Simca	156	A-3	41
Simón Bolívar	54	A-1	43
Simón González	140	C-4	41
Simón Rojas Clemente, Pº.	105	B-3	14
Simón Tomé	122	C-2	45
Simón Viñals	17	B-1	34
Simpatía, La	132	C-1	52
Simún	38	A-3	42
Sincelejo	35	A-3	33
Sinesio Delgado	30	C-3	29
"	31	B-3	"
"	48	C-3	"
"	49	A-3	"
"	49	C-1	"
Sinfonía, La	151	B-1	54
Sinsombrero, Las	105	A-3	14
Sintra, Gta.	36	C-4	42
Siracusa	111	A-1	22
Sirio	107	A-3	07
"	125	A-1	"
Siro Muela	75	A-4	27
Siroco	37	C-3	42
Sirrach	44	B-4	23
Sisebuto	102	B-3	11
Sisenando, Pza.	102	A-4	11
Sisones, Los	4	A-2	48
Sitio de El Escorial	152	B-2	54
Sitio de Baler	161	A-1	31
Sobradiel, Rda.	54	C-4	43
"	55	A-4	"
"	74	C-1	"
"	75	A-1	"
Sobrado	11	A-2	50
Sociedad, La	138	C-1	19
Socorro	129	A-2	32
Socuéllamos	140	C-3	26
Sodio	141	B-1	45
Sodupe	22	C-4	23

Nombre	Plano Parcial		C.P.
Sofía	95	B-2	22
"	110	C-2	"
"	111	B-1	"
Sofía Casanova	152	A-1	44
Sófora	51	A-2	20
Sogamoso, Pza.	34	C-3	33
Sol	91	B-4	28
Sol Naciente	74	B-4	27
Solana de Luche, La	102	B-4	11
"	120	B-1	"
Solana de Opañel, La	139	A-1	19
Solano	37	C-3	42
Solara	156	A-3	41
Soldado	4	A-2	48
Soldado José María Rey	120	A-3	19
Soledades, Las	152	C-4	54
Soler y González	104	B-3	12
Solería, La	94	C-3	37
Solidaridad, La; Pza.	155	C-2	41
Solsona	34	A-4	33
Sombra, La	137	C-4	25
Sombrerería	104	C-4	12
Sombrerete	104	B-4	12
Somera	43	B-1	23
Somontes	27	B-3	35
Somontes al Palacio de la Real Quinta, Cº.	13	B-2	35
Somontín	33	B-2	33
Somormujo, Pza.	121	B-3	19
Somorrostro, Pza.	72	B-2	02
Somosaguas, Ctra.	99	C-2	11
"	100	C-2	"
Somosaguas, Puerta	99	A-1	11
Somosierra	54	A-3	43
Son Bonet	152	A-1	44
Sondeos, Los	130	A-3	52
Sondica	152	A-1	44
Sonseca	137	B-3	25
Sopelana	22	C-4	23
"	42	C-1	"
"	43	A-1	"
Sopetrán	35	B-4	33
Sor Ángela de la Cruz	50	C-3	20
" "	51	A-3	"
Sor Juana Inés de la Cruz	6	C-2	49
Sor Justa Domínguez de Vidaurreta, Gta.	72	C-4	28
Sor María de Agreda	92	A-3	17
Sorbe	139	C-1	19
Sorgo	50	A-1	

Códigos Postales

1 al 43 y 2 al 46			39
45 y 48 al final			29

Nombre	Plano Parcial		C.P.
Soledad Cazorla	135	B-4	44
" "	151	C-1	44
(antigua General Saliquet)			
Soria	122	A-1	05
Sorolla	30	C-4	29
Sort	49	B-4	40
"	69	B-1	"
Sorzano	73	C-1	43
Sotavento	37	C-4	42
Sotillo	54	C-3	43
"	55	A-4	"
Sotillo, Cº.	118	A-1	34
Soto Hidalgo	58	C-3	42
"	59	A-3	"
Soto, El	141	A-2	45
Soto Palacios, Avda.	17	C-4	34
Soto del Parral	172	C-1	41
"	173	A-1	"
Soto del Real	17	B-1	34
Soto Yoldi	50	B-1	29
Sotomayor	69	C-3	03
Sous de Plata	153	B-3	54
Soutelo de Montes	161	A-4	31
Stuyck, Avda.	52	B-2	16
Suances	144	B-1	38
Suárez y García	76	B-2	22
Sucre	54	B-1	43
Suecia	95	A-3	22
"	110	C-1	"
"	111	A-1	"
Sueldo	153	B-3	54
Suero de Quiñones	72	A-3	02
Suerte, La; Cº.	162	B-1	31
Suertes de la Villa, Las	193	B-4	52
"	195	A-1	"
Suertes, Las; Avda.	162	C-2	51
" "	163	A-2	"
" "	164	B-4	"
Sufragistas, Las; Pza.	173	B-3	21
Suintila	120	C-4	19
Suit, La; Pza.	102	C-2	11
Suiza	111	B-1	22
Sulfato	171	B-4	21
Sur del Aeropuerto de Barajas, Av.	58	C-4	42
" " "	78	C-1	42
" " "	79	B-2	42
" " "	81	A-1	42
Sur, Rda.	142	B-4	53
"	157	C-1	"
"	159	B-1	"
Surata, Pza.	34	C-3	33
"	35	A-3	"
Suspiros del Moro, Los; Trv.	142	C-1	53

T

Nombre	Plano Parcial		C.P.
Ternera, La	104	A-1	13
Terriente	179	C-1	21
Tertulia, La	157	A-4	41
"	173	A-1	"
Teruel	70	B-1	20
Teseo	74	C-3	27
"	75	A-2	"
Tesoro	88	B-4	04
Tetuán	104	B-2	13
Teudis	120	C-3	19
Tezanos	77	A-1	42
Thader	153	B-1	25
Thaler	154	A-3	54
Tiberiades	55	A-2	53
Tiburón	156	A-3	41
Tiedra	161	C-1	31
Tielmes, Pje.	127	A-1	30
Tiemblo, El	48	B-1	35
Tiempos Modernos	143	A-2	18
Tierra de Melide, Pº.	10	C-2	50
" "	11	A-3	"
Tierruca, La	144	A-2	18
Tierruca, La; Pje.	144	A-2	18
Tifón	38	A-4	42
"	58	A-1	"
Tijola	33	B-2	33
Tijuana	54	B-1	43
Tilos, Los	53	A-4	16
Tilos, Los; Pº.	4	A-1	48
Timanfaya	109	B-4	30
Timbales, Los	152	A-1	54
Timón	38	C-4	42
Timoteo Domingo	92	B-2	17
Timoteo Martín	162	A-1	31
Timoteo Pérez Rubio	142	B-2	53
Tinaja, La	65	B-1	23
Tinajo	93	B-3	17
Tinamús	139	A-1	19
Tineo	161	B-1	31
Tintas, Las	137	C-1	25
Tintín y Milú	58	C-2	42
Tintoreros, Los	104	A-3	05
Tirajana	93	B-3	17
Tirma	93	A-2	17
Tiro de Pichón, Ctra.	13	B-3	35
Tirso de Molina, Pza.	104	B-3	12
Tirvia	49	B-4	40
Tiscar	143	A-4	53
Titán	124	A-4	45
"	142	A-1	45
Titania	53	C-3	43
Titanio	129	B-2	32
Titulcia	106	B-4	07
Tizas, Las; Pza.	140	A-3	26

Nombre	Plano Parcial		C.P.
Tiziano	70	B-1	20
Tobago	75	A-3	27
Toboso, El	120	A-4	19
Toledo			
1 al 115 y 2 al 98	104	A-4	05
al 171 y al 174	121	C-1	"
Toledo, Puente	121	C-2	19
Toledo, Rda.	122	A-1	05
Tolerancia, La	132	C-1	52
Tolima	35	B-4	33
Tolosa	155	B-1	41
Tolú	35	A-4	33
Tomás Aparicio	33	C-3	33
Tomás Borrás	122	C-4	45
Tomás Bretón			
1 al 11 y 2 al 14	122	C-3	45
al 39 y al 48	123	A-3	"
Tomás Esteban	142	C-1	53
" "	143	A-1	"
Tomás García	125	A-4	53
" "	143	A-1	"
Tomás López	90	C-4	09
Tomás Meabe	121	B-4	19
Tomás Redondo	35	B-4	33
Tomás Sanz	101	C-2	11
Tomasa Ruiz	121	C-3	19
Tomelloso	140	C-4	26
Tomillar	58	C-2	42
Tomillo	65	B-1	23
Topacio	173	B-3	21
Topete	70	B-1	39
Toques	10	C-2	50
Torcal	157	B-3	41
Torcas, Las	77	A-1	42
Torcuato Fernández-Miranda, Pza.	15	B-2	34
Tordegrillos	179	B-1	21
Tordesillas	152	B-3	44
Tordo	120	A-4	19
Tordomar	54	C-1	43
Toreno	35	A-1	55
Torero	122	A-4	26
Toreros, Los; Avda.			
1 al 29 y 2 al 16	90	C-2	28
al 51 y al 36	91	A-2	"
Torija	104	A-1	13
Tormes	71	C-2	02
Tornado	38	A-4	42
"	58	A-1	"
Tornillería, La	94	A-4	37
Toro	103	C-3	05
Toronga, La	54	B-4	43
Toros, Los; Rda.	101	C-2	11
Torpedero Tucumán	52	B-2	16

123

T

Nombre	Plano Parcial		C.P.
Torquemada	54	C-1	43
Torre, La	102	B-2	11
Torre Arias	76	C-3	22
Torre de Don Miguel	160	B-2	31
Torre de Juan Abad	162	B-2	31
Torre del Oro, La; Pza.	157	A-1	41
Torreadrada	25	B-4	23
Torrebeleña	27	B-2	35
Torrecilla, Pº.	102	B-1	11
Torrecilla del Leal	104	C-3	12
Torrecilla del Puerto	74	A-1	43
Torredonjimeno	162	B-2	31
Torregalindo	52	C-3	16
Torregrosa	34	A-4	43
Torrejón de la Calzada	113	B-4	52
" "	131	A-1	"
Torrelaguna			
1 al 55 y 2 al 42	74	A-4	
al 91 y 58	73	C-2	
al 127	53	B-4	
Códigos Postales			
1 al 75 y 2 al 58			27
77 y 60 al final			43
Torrelaguna, Gta.	74	A-4	27
Torrelaguna, Trv.	74	A-4	27
Torrelaparada, Cº.	2	C-2	48
" "	4	C-3	"
Torrelara	52	C-2	16
Torrelodones, Pza.	72	B-1	16
Torrelodones a El Pardo, Ctra.	1	B-4	48
" "	3	C-1	"
Torremocha	172	C-3	21
Torremolinos	144	C-3	18
Torreperogil	142	C-4	53
Torres, Las	50	B-1	39
Torres Miranda	122	C-3	45
Torresandino	54	C-1	43
Torrevieja	173	B-2	21
Torrijos	51	A-2	29
Torrox	157	B-3	41
Torta, La	152	A-3	54
Tortajada	179	C-1	21
Tórtola, La	138	A-1	19
Tortosa	123	A-1	45
Tortosa, Pje.	123	A-1	45
Toscana	110	C-1	32
Tossa	126	B-4	38
Totana	33	C-4	33
Totanes	172	C-3	41
Totuma	34	C-3	33
Tracia	75	B-4	37
"	93	C-1	"
Trafalgar	88	B-2	10

Nombre	Plano Parcial		C.P.
Trajano, Avda.	49	A-2	35
Tramontana, La	38	A-3	42
Transmonte	94	A-4	37
"	110	A-1	"
Transversal	53	A-4	16
Transversal Sexta	180	C-3	21
Tranvía, Cjón.	49	B-4	40
Tranvía de Arganda	145	A-3	31
Tranvía Blanco	145	A-4	31
Tranvía a las Canteras de Monte Viejo	145	A-4	31
Traviesa, La	103	C-3	05
Trébol	50	B-2	39
Trece Rosas, Las; Avda.	92	B-4	17
" "	108	A-1	"
Trefacio	55	A-1	43
Trefilería, La	94	A-4	37
Tremis	153	B-4	54
Tremp	49	B-4	40
"	69	B-1	"
Tren, Rda.	65	C-2	23
Tren de Arganda	128	A-1	32
Tren Obrero	180	C-1	21
Trentín	153	B-4	54
Tres	77	C-2	22
Tres Cantos, Los	195	B-3	52
Tres Cruces	104	B-1	13
Tres Esquinas, Las; Pza.	39	A-2	42
Tres Olivos, Los; Pza.	9	B-4	34
Tres Peces, Los.	104	C-4	12
Treseta, La	153	C-3	54
Trespaderne	78	C-1	42
Trevélez	156	B-3	41
Treviana	73	B-2	43
Treviño	70	B-3	03
Triacastela	10	C-2	50
Triana	52	B-2	16
Triana, Trv.	119	C-1	47
Tribaldos			
1 al 31 y 2 al 38	55	B-1	43
al 54	54	C-1	"
Tribulete	104	B-4	12
"	122	B-1	"
Trifón Pedrero	122	A-4	19
Trifón Pedrero, Trv.	122	A-4	19
Trillo	174	A-3	21
Trillo, Gta.	100	C-2	11
"	101	A-2	"
Trinitarias, Cost.	104	C-3	14
Trinquete	33	B-4	33
Triquet	124	C-2	07
Tristana	143	C-3	18
Tritón	53	B-4	43
Triunfo	102	B-4	11
Trole	145	A-3	31

T

Nombre	Plano Parcial		C.P.
Trombones, Los	152	A-2	54
Trompas, Las	152	A-2	54
Trompetas, Las	152	A-2	54
Trones	136	A-2	44
Trópico	38	C-3	42
"	39	A-4	"
Troya	94	C-1	22
Trueba	124	C-3	07
Trueba, Avda.	92	B-3	17
Trueba y Fernández	52	A-4	16
Trujillos	104	A-2	13
Trujillos, Trv.	104	A-2	13
Tubas, Las	152	A-2	54
Tubilla, Pza.	17	C-3	34
Tucán	137	C-1	25
Tucurinca	34	C-4	33
"	35	A-4	"
Tudela de Duero	54	A-3	43
Tudelilla	70	A-1	39
Tudescos, Los	104	A-1	04

Nombre	Plano Parcial		C.P.
Tulga	120	B-4	19
Tulipán	31	C-3	46
Tulipero	153	A-2	44
Tumaco	75	A-3	27
Tunaima	35	B-4	33
Túnez	127	C-2	30
Tunja	35	A-4	33
Turaco	120	B-1	11
Turba, La	173	C-4	21
Turbaco	35	A-3	33
Turégano	48	B-1	35
Turia	71	C-1	02
Turín	56	B-2	42
Turismundo	102	A-3	11
Turmalina	123	A-3	45
Turno de Oficio, Pzla.	105	A-3	14
Turquesa, La	173	B-3	21
Tutor	87	B-3	08
Tuy, Pza.	29	C-3	29
Tuya, La	156	C-3	41

U

Nombre	Plano Parcial		C.P.
Úbeda	29	C-1	34
Ubrique	34	A-3	33
Uceda	125	A-4	53
"	143	A-1	"
Ugena	154	C-1	25
Ulises	53	C-4	43
"	54	B-4	"
Ulpiana Benito	51	A-2	20
Umbría	54	A-4	43
Unanimidad, La	157	B-4	41
"	173	B-1	"
Uncastillo	131	B-1	52
Undécima	52	C-4	16
Única	102	A-4	11
Unicornio	64	B-1	23
Unidad, La	155	C-2	41
Unión, La	103	C-2	13
Unión Cárcavas-San Antonio, Pza.	35	B-2	50

Nombre	Plano Parcial		C.P.
Universidad de Alcalá de Henares	152	B-3	54
Uno	77	C-2	22
Uranio	173	C-2	21
Urano	39	A-4	42
Urbano Martín	125	A-4	53
Urgel	120	C-4	19
Uría	33	C-3	33
Urogallo	139	A-1	19
Urola	71	C-2	02
Urquiza, Los	92	B-2	17
Uruguay	52	B-4	16
Uruguay, Pº.	106	A-3	09
Urumea	71	C-2	02
Usiacuri	34	C-3	33
"	35	A-3	"
Utebo	138	A-2	25
Utrillas	54	B-2	43

V

Nombre	Plano Parcial		C.P.
Vaciamadrid, Cº.	174	C-3	51
"	175	A-4	"
Vado	140	C-2	26
Vado de Santa Catalina	140	C-1	45

Nombre	Plano Parcial		C.P.
Vado de Santiago	171	C-4	21
Vaguada, La; Avda.	71	A-1	20
Vaguada, La; Pº.	30	A-1	34
Vainilla	117	A-3	24

V

Nombre	Plano Parcial		C.P.
Val de Santo Domingo	34	A-4	33
Valcarlos	10	C-4	50
"	11	A-3	"
"	18	C-1	"
Valcotos	45	C-1	23
Valdebernardo	127	B-2	30
Valdecaleras	54	B-2	43
Valdecanillas	93	C-2	37
Valdecarros, C°. (Vallecas)	190	A-2	51
Valdeculebras, Avda.	164	C-4	51
"	192	B-1	"
Valdegovia	17	B-4	34
Valdegrulla, C°.	6	A-3	49
Valdehiguera, C°.	35	C-2	55
Valdelaguna	122	A-3	05
Valdelamasa	72	B-1	02
Valdelasierra	122	A-3	05
Valdelinares	25	C-4	23
Valdemaqueda, Pje.	72	B-4	02
Valdemarín, Avda.	24	C-4	23
"	25	C-4	"
" "	44	C-1	"
" "	45	A-1	"
Valdemorillo	141	A-1	45
Valdepeñas	49	B-4	40
Valdeperdices, Gta.	145	B-4	31
"	161	B-1	"
Valderaduey	28	C-4	35
Valderrebollo	161	C-1	31
Valderrey	49	B-1	
Códigos Postales			
1 al 31 y 2 al 44			35
33 y 46 al final			39
Valderribas	124	B-1	07
Valderribas, C°.	125	A-3	38
Valderrobres	76	C-3	22
"	77	A-4	"
Valderrodrigo	29	A-4	
"	49	A-1	
Códigos Postales			
1 al 33 y 2 al 70			35
35 y 72 al final			39
Valderromán	29	A-4	35
Valdesangil	49	B-1	39
Valdesaz	161	C-2	31
Valdespina	54	C-1	43
Valdesquí	25	B-4	23
"	45	B-1	"
Valdetorres de Jarama	34	B-4	43
Valdevarnés	49	B-1	39
Valdeverdeja	49	B-1	39
Valdeyeros	28	C-1	35
Valdeza, C°.	84	A-3	11
"	85	A-3	"
"	86	A-4	"

Nombre	Plano Parcial		C.P.
Valdezarza, C°.	29	B-4	39
"	49	B-1	"
Valdezcaray	25	C-4	23
"	45	C-1	"
Valdilecha, Pje.	127	A-1	30
Valdivieso	45	A-3	23
Valdovín	73	A-2	02
Valencia	104	B-4	12
"	122	C-1	"
Valencia, Rda.	122	B-1	12
Valencia de Don Juan	16	B-4	34
Valentín Aguirre	73	C-4	27
Valentín Beato	75	C-4	37
"	93	C-1	"
Valentín Llaguno	138	B-1	19
Valentín San Narciso	143	C-2	18
Valentín Serrano	28	C-3	35
Valentina Gutiérrez	53	A-4	43
Valentina Morales	35	C-3	50
Valenzuela	105	B-2	14
Valeria	124	C-2	07
Valeriana	153	B-1	44
Válgame Dios	104	C-1	04
Valhondo	38	A-4	42
Valjaroso, C°.	14	B-2	49
Valladolid, Avda.	86	C-3	08
Vallandes	140	B-1	26
Valldemosa	49	C-2	39
Valle, Avda.	69	B-3	03
Valle de Ansó	49	C-1	39
Valle de Añisclo	49	B-1	39
Valle de Arán	49	B-4	40
"	69	B-1	"
Valle de Arce, Gta.	29	C-4	39
Valle del Baztán	49	C-1	39
Valle de Belagua	49	C-2	39
Valle de Bergantiños	49	C-1	39
Valle del Boi	152	A-3	54
Valle de Cachemira	49	C-1	39
Valle de Cardós	49	C-1	39
Valle de Enmedio	15	A-4	35
Valle de la Fuenfría	16	A-1	34
Valle Inclán	135	B-4	44
"	151	B-1	"
Valle de la Jarosa, Pza.	15	A-4	35
Valle de Laciana	16	A-3	34
Valle de Mena	29	B-4	39
Valle de Ordesa	49	C-1	39
Valle de Oro.	138	C-2	19
"	139	A-2	"
Valle de Oro, Gta.	138	B-1	19
Valle de Oro, Pje.	138	B-2	19
Valle de Oro, Pza.	138	C-2	19
Valle de Pas	65	A-2	23
Valle de Pinares Llanos	14	C-4	35
" "	15	B-4	"
Valle de Pineta	49	C-1	39

Nombre	Plano Parcial		C.P.
Valle Puentes, C°.	99	C-4	11
Valle del Silencio	49	C-1	39
Valle de Tena	49	C-1	39
Valle de Tobalina	179	B-2	21
Valle de Toranzo	24	A-4	23
"	44	A-1	"
Vallecas, Puente	124	C-3	38
Vallecas a Vaciamadrid, C°. Viejo.....	192	C-1	51
Vallecas a Vicálvaro (M-203), Ctra. ..	148	B-3	31
Valleguerra	93	A-3	17
Vallehermoso			
1 al 81 y 2 al 90	88	A-1	
al 103	70	A-4	
Códigos Postales			
1 al 81 y 2 al 90			15
83 y 92 al final			03
Valliciergo	103	B-3	05
Valls Ferrera.............................	49	B-4	40
Vallter	45	C-3	23
Valmayor	121	C-3	19
Valmojado			
1 al 125	118	C-3	47
al 291	136	B-1	"
Valonia	127	B-1	30
Valores	106	C-3	07
Valpalomero, C°.	4	C-4	48
Valparaíso, Pza.	52	A-4	16
Valsaín, Pza.	92	A-2	27
Valtravieso	64	C-1	23
Valvanera, Pza.	73	B-2	43
Valvanuz	77	A-1	42
Valverde	88	B-4	04
"	104	B-1	"
Valverde de Alcalá	72	A-4	02
Vandergoten	123	C-1	14
Vanguardia de la Democracia, Pza. ...	28	B-1	35
Vaquerías	106	C-2	07
"	107	A-2	"
Vara del Rey	123	B-2	45
Vargas	70	C-4	03
Vargas Heredia	171	B-2	21
Varsovia.............................	64	B-3	23
Vasares, Los; C°.	146	C-4	31
"	147	B-1	"
Vascos, Los.............................	69	C-2	40
Vázquez de Mella	92	C-2	17
Vázquez de Mella, Trv.............................	92	C-1	17
"	93	A-1	"
Vecinos del Pozo, Los.............................	159	B-1	53
Vedia	107	A-1	28
Vedra.............................	143	A-4	53
"	159	A-1	"
Vega, La; Cta.	103	B-3	13
Vega de Pas, La	144	B-1	38
Vegafría.............................	27	C-3	35

Nombre	Plano Parcial		C.P.
Vegetales, Los.............................	94	B-4	37
Veinticinco de Septiembre, Avda.	75	C-3	27
Veintidós de Abril.............................	60	B-4	42
Veintiocho de Marzo, Pza.			
(actualmente Baile, Pza.)			
Velacho Alto	33	B-4	33
Velacho Bajo	33	B-4	33
Velarde	88	B-4	04
Velayos	48	C-1	35
Velázquez			
1 al 15 y 2 al 16	105	C-1	
al 117 y al 130	89	C-1	
al 157 y al 142	71	C-3	
Códigos Postales			
1 al 65 y 2 al 82			01
67 al 123 y 84 al 114			06
125 y 116 al final			02
Velero	78	A-1	42
Veleta, La	44	C-4	23
Vélez Blanco	33	B-2	33
Vélez Málaga	144	C-2	18
Vélez Rubio	33	B-2	33
Velilla, La	129	A-2	32
Vellón, El	28	B-2	35
Vellosilla, Gta.	117	A-3	24
Venancio Martín.............................	125	B-3	38
Vencejo	137	C-2	25
Vendimiador, Pza.	138	B-4	25
Venecia, Pza.	73	A-4	28
Veneras	104	A-1	13
Venezuela, P°.	106	A-2	09
Venta, Puerta.............................	101	A-4	11
Venta, La; P°.	100	C-4	11
"	101	A-4	"
Venta de la Higuera	143	A-4	18
Venta de la Rubia, La; C°.	133	A-4	24
"	149	A-2	"
Venta de la Rubia, La; Ctra.	149	A-2	24
Venta Vieja	21	B-3	23
Ventas, Las	91	C-2	27
Ventas, Puente	91	B-2	27
Ventisquero de la Condesa, Avda. ..	15	B-2	35
" "	29	C-1	"
Ventorrillo	104	A-4	05
"	122	A-1	"
Ventosa, La	103	C-4	05
Ventura Díaz Bernardo	154	C-2	54
Ventura Rodríguez	87	C-4	08
Ventura de la Vega	104	C-2	14
Venturada	75	A-4	27
Venus	39	A-3	42
Veracruz	51	C-4	36
Verano, Pza.	79	B-4	22
Verbena de la Paloma, La; Avda.	157	A-4	41
"	172	C-1	"

V

V

Nombre	Plano Parcial		C.P.
Verdad, La................................	121	B-4	19
Verdaguer y García	73	C-4	27
Verde Viento	171	B-2	21
Verdolaga	117	B-3	24
Vereda, La	32	C-2	33
Vereda del Carmen, La	92	A-3	17
Vereda de la Cebolla	195	B-3	52
Vereda de los Civiles, Cº.	84	C-4	11
" "	85	A-3	"
Vereda del Pinar, La..................	111	A-4	32
Vergara	103	C-2	13
Verín, Pza.	30	A-2	29
Verja	139	C-3	26
Verja, Trv.	139	B-3	26
Verona	127	C-2	30
Verónica	105	A-3	14
Versalles	110	C-2	32
Vertedero Mcpal. de la China, Ctra. ...	174	B-2	51
" " " ...	175	A-3	"
Vertiente, La	91	C-3	17
Vesubio	144	B-2	38
Veza	50	C-1	29
Vía, La	139	B-2	19
Vía Carpetana			
1 al 103 y 2 al 134	120	C-1	
al 155 y al 300	119	C-4	
al 201 y al 350	137	C-1	
Códigos Postales			
1 al 15 y 2 al 52			11
17 y 54 al final			47
Vía de Dublín	36	A-4	42
"	56	C-2	"
Vía Láctea	64	C-1	23
Vía Límite	30	C-4	29
"	31	A-3	"
Vía Lusitana			
2 al 22	139	A-3	25
al 104	138	C-4	"
al 134	154	B-1	"
al final	153	C-3	44
Vía de los Poblados	35	B-4	33
Vía Verde de la Gasolina	77	C-3	22
" "	58	C-3	42
Viana	139	A-2	25
Viar	43	C-1	23
Vicalvarada, La; Pza.	110	C-4	32
Vicálvaro	107	A-1	28
Vicálvaro (M-214), Ctra.	96	C-1	22
"	97	A-3	"
Vicálvaro (post.), Ctra.	111	A-4	32
Vicálvaro a la Alameda, Cº.	111	C-4	32
Vicálvaro a Coslada, Ctra. (M-214) ...	97	A-4	32
" "	112	C-3	"
" "	130	A-1	"
Vicálvaro a Mejorada, Ctra. (M-203) .	195	A-4	52

Nombre	Plano Parcial		C.P.
Vicálvaro a Vallecas, Ctra.	145	C-3	31
Vicenta Jiménez	153	A-2	44
Vicenta Pachón	120	C-4	19
Vicenta Parra	121	B-3	19
Vicenta Villegas	119	B-2	47
Vicente Aleixandre	69	B-3	03
Vicente Baena	28	C-1	35
Vicente Bahamonde	125	A-3	38
Vicente Bautista	120	B-3	19
Vicente Blasco Ibáñez	12	A-4	50
" "	19	C-2	"
" "	20	A-1	"
Vicente Caballero	106	C-1	07
Vicente Caballero, Trv.	106	C-2	07
Vicente Camarón	119	C-1	11
Vicente Carballal	173	C-2	21
Vicente Espinel	92	C-2	17
Vicente Eusebio	34	A-4	33
Vicente Gaceo	31	B-3	29
Vicente Huidobro	197	B-3	55
Vicente Jiménez	76	C-2	22
Vicente Jimeno	28	A-3	35
Vicente López	14	C-4	35
Vicente Martín Arias	121	C-4	19
Vicente Morales	55	A-3	43
Vicente Muzas	53	B-3	43
Vicente Quesada	120	B-3	19
Víctimas del Terrorismo	145	B-4	31
Víctor Andrés Belaúnde	52	A-4	16
Víctor Gil	29	A-2	35
Víctor González	77	A-2	22
Víctor Hugo	104	C-1	04
Víctor Manuel III	139	A-1	19
Víctor de la Serna			
1 al 21 y 2 al 22	72	B-1	16
al 39 y al 60	52	C-4	"
Victoria, La	104	B-2	12
Victoria, La; Avda.	21	C-4	23
"	22	A-4	"
"	42	C-1	"
"	43	A-1	"
Victoria Kent	132	A-2	52
Victorino Bayo	179	C-3	55
Victorino Berrero	29	B-3	35
Vicus Alvar, Pza.	132	C-2	52
"	195	A-2	"
Vid, La	101	C-4	11
Vidauba, La	136	A-3	44
Vidriales	110	A-1	37
Vidriería, La	94	B-3	37
Vieja de Pinto	172	A-4	21
Vieja de Provincias	102	C-2	11
Viejas, Las	31	C-2	46
Viejo, Pº.	102	C-2	11
Viejo de Vicálvaro, Cº.	128	A-1	32

V

Nombre	Plano Parcial		C.P.
Viella	49	B-4	40
Viento	79	B-4	22
Vientos, Los; Gta.	37	C-4	42
Viera y Clavijo	106	B-4	07
Vigil	130	C-2	52
Vigo	124	A-2	07
Vilaflor, Pza.	93	A-2	17
Vilar de Donas	11	A-2	50
Vilches	143	A-4	53
"	159	A-1	"
Vilela (part.)	14	A-1	49
Villa, La	103	C-3	05
Villa, La; Pza.	103	C-2	05
Villa de Arbancón, La	122	A-4	05
Villa de Canillejas, Pza.	76	C-3	22
Villa de Churriana, La	54	B-2	43
Villa de Guadalupe	152	C-3	54
Villa de Marín, La	30	C-3	29
Villa de Milagros	113	B-4	52
"	131	B-1	"
Villa de París, La; Pza.	89	A-4	04
Villa de Pons, La	33	C-4	33
"	53	C-1	"
Villa de Vallecas, La; Avda.	162	B-2	31
Villa de Vallecas Mercamadrid, Avda.	159	A-4	53
Villaamil	50	A-2	39
Villablanca	111	A-4	32
"	129	C-1	"
Villablino	46	A-3	23
Villabona	155	C-2	41
Villacampa	146	A-4	31
Villacañas	162	A-2	31
Villacarlos	129	A-1	32
Villacarlos (post.)	129	A-1	32
Villacarriedo	117	C-3	24
Villacarrillo	143	A-4	53
"	159	A-1	"
Villacastín	17	B-3	34
Villacid de Campos	128	C-2	32
" "	129	A-2	"
Villaconejos, Pje.	109	B-4	30
Villadangos del Páramo	10	B-1	50
Villadiego	135	B-1	24
Villaescusa	109	B-1	17
Villaescusa, Trv.	109	B-1	17
Villafranca	91	A-2	28
Villafranca de los Barros, Pza.	29	C-1	34
Villafranca del Bierzo	35	B-2	50
Villafranca de Montes de Oca	6	A-4	50
Villafruela	17	C-3	34
Villafuerte	173	B-2	41
Villagarcía	118	C-1	11
Villagarcía de Arosa	35	C-3	50
Villager	46	A-3	23
Villagonzalo Pedernales	113	B-4	52
" "	131	B-1	"

Nombre	Plano Parcial		C.P.
Villajimena	111	A-1	32
"	129	A-1	"
Villajimena (post.)	129	A-1	32
Villajoyosa	173	A-2	41
Villalar	105	B-1	01
Villalazán	110	A-1	37
Villalba de la Sierra	162	B-2	31
Villalbilla, Pje.	127	A-1	30
Villalcampo	129	A-1	32
Villalcázar de Sirga, Pza.	33	B-3	33
Villalcón	161	A-2	31
Villalmanzo	129	A-1	32
Villalobos	144	A-3	18
Villalón	137	B-3	25
Villalonso	172	A-3	21
Villalpando	154	B-2	25
Villamanín	101	A-4	11
"	118	C-1	"
"	119	A-1	"
"	119	B-1	"
Villamanta	162	A-3	51
Villamayor de Santiago	162	C-1	51
" "	163	A-1	"
Villamiel de Cáceres	77	A-1	42
Villanubla, Pza.	136	A-4	44
"	152	A-1	"
Villanueva	105	C-1	01
Villanueva de Arosa	35	C-3	50
Villaluenga de la Sagra	162	C-2	51
Villapalacios	173	B-3	21
Villar del Olmo	161	C-1	31
Villar del Pozo	162	B-2	31
Villarcayo	137	B-3	25
Villardondiego	111	A-4	32
"	129	A-1	"
Villardondiego (post.)	129	A-1	32
Villarejos, Carril	8	C-3	34
"	9	A-3	"
Villarino de los Aires	161	C-1	31
Villarramiel	173	C-3	21
Villarrobledo	124	A-4	45
Villarrosa	173	A-2	41
Villarta	142	A-4	53
Villasandino	101	A-4	11
"	119	A-1	"
Villasilos	109	C-1	17
Villastar	179	C-1	21
Villava	18	B-1	50
Villavaliente	101	A-4	11
"	119	A-1	"
Villavendimio	171	B-4	21
Villaverde, C°. Viejo	155	C-2	41
Villaverde a Perales del Río	182	A-2	21
Villaverde a Perales del Río, C°.	182	B-3	21

129

V

Nombre	Plano Parcial		C.P.
Villaverde a Vallecas (M-602), Ctra......	138	B-3	
" "	158	B-3	
" "	160	C-2	
" "	161	A-1	
" "	173	B-2	
Códigos Postales			
km. 0 al km. 2.500			31
Km. 2.501 al km. 5.500			53
km. 5.500 al final (pares)..........			41
km. 5.500 al final (impares)......			21
Villaverde de la Virgen	35	A-2	55
Villaveza	171	C-4	21
Villaviciosa	117	B-3	24
Villaviciosa de Odón, Cº.	133	B-3	24
Villavieja	101	B-4	11
Villena	173	B-3	21
Villoslada	121	B-1	05
Villuercas	158	C-1	53
"	159	A-1	"
Viloria de La Rioja	10	C-3	50
"	11	A-3	"
Vinaroz	72	B-3	02
Vinca	31	B-4	29
"	51	B-1	"
Vino, Trv.	101	C-3	11
Vinuesa	102	B-4	11
Viña	69	B-3	03
Viña del Mar	197	B-3	55
Viña Virgen	51	A-1	29
Viñas de El Pardo	25	C-4	23
Viñas del Río	182	A-2	21
Viñedos, Los	129	B-1	32
Viñegra	119	C-2	47
Viñuelas	141	A-1	45
Violas, Las	152	A-3	54
Violeta, La	66	A-1	23
Violetas, Las	172	C-3	21
"	173	A-4	"
Violetera, La	143	C-3	18
Violín	33	A-2	33
Violonchelos, Los	152	A-3	54
Virgen, La	124	C-3	18
Virgen de África, La	73	C-4	27
"	91	C-1	"
Virgen de la Alegría, La	91	C-2	27
Virgen de la Alegría, La; Pje.	91	B-2	27
Virgen de la Antigua, La	129	A-2	32
Virgen de Aránzazu, La	17	B-4	34
Virgen Blanca, La; Pza.	157	A-2	41
Virgen de Belén, La	139	A-1	19
Virgen del Camino, La	136	A-4	44
Virgen del Canto, La	92	B-2	27
Virgen de la Capilla, La; Pza.	29	C-1	34
Virgen del Carmen, La; Avda.	34	A-3	33
Virgen del Castañar, La	74	A-4	27
"	92	A-1	"

Nombre	Plano Parcial		C.P.
Virgen del Castillo, La; Pza.	29	B-1	34
Virgen de la Consolación, La............	74	A-4	27
Virgen del Coro, La	91	B-2	27
Virgen del Coro, La; Pje.	91	C-2	27
Virgen de las Cruces, La	141	A-4	41
Virgen de los Desamparados, La	172	C-3	41
Virgen de la Encina, La	141	A-4	41
Virgen del Espino, La	73	C-4	27
Virgen de la Estrella, La; Pza.	106	C-4	07
Virgen del Fresnedo, La	91	C-1	27
Virgen de la Fuencisla, La	74	A-4	27
"	92	A-1	"
Virgen de la Fuensanta, La	91	C-1	27
Virgen Guadalupana, La; Pza.	72	B-1	16
Virgen de Guadalupe........................	159	B-1	53
Virgen de los Llanos, La; Pza.	135	A-4	44
Virgen de Lluc, La	74	C-4	27
"	92	B-1	"
Virgen de Loreto, La	91	C-1	27
Virgen de Lourdes, La	91	C-1	27
Virgen María, La	106	B-4	07
Virgen de la Monjía, La	92	A-1	27
Virgen de la Nieva, La	70	B-3	03
Virgen de las Nieves, La	91	C-1	27
Virgen de la Novena, La	74	A-4	27
Virgen de Nuria, La	92	A-1	27
"	152	A-1	"
Virgen de la Oliva, La	93	C-2	37
Virgen de los Olmos, La	22	B-4	23
Virgen de la Paloma, La; Pza.	103	C-4	05
Virgen de la Paz, La	91	B-1	27
Virgen de los Peligros, La	104	C-1	13
Virgen de la Peña, La	74	A-4	27
"	91	C-1	"
Virgen del Portillo, La	74	B-4	27
"	92	A-1	"
Virgen de la Providencia, La	74	A-4	27
"	92	A-1	"
Virgen del Puerto, La; Pº.	103	A-2	05
"	121	A-1	"
Virgen del Puerto, La; Pº. Bajo	103	A-2	05
Virgen del Puig, La	91	B-2	27
Virgen de los Remedios, La.............	162	A-1	31
Virgen de los Reyes, La....................	74	A-4	27
"	92	A-1	"
Virgen de la Roca, La	91	B-1	27
Virgen de la Roca, La; Trv................	91	C-1	27
Virgen del Rocío, La	91	C-1	27
Virgen del Romero, La; Pza.	92	A-1	27
Virgen de los Rosales, La	44	C-4	23
"	45	B-4	"
Virgen del Sagrario, La	92	B-2	27
Virgen de Sonsoles, La	91	C-1	27
Virgen del Trabajo, La; Pza.	75	C-3	27

V

Nombre	Plano Parcial		C.P.
Virgen del Val, La	74	A-4	27
" "	91	C-1	"
Virgen de la Vega, La	93	A-2	17
Virgen de las Viñas, La	147	A-3	31
Viriato	88	C-1	10
" "	89	A-1	"
Viridiana	143	C-3	18
Virtudes, Las	88	C-1	10
Viseo	139	A-2	25
Visitación	140	B-3	26
Vista Alegre	138	B-1	19
Vista Bella	137	C-1	25
Vistas a Moraleja	17	C-1	34
Vistillas, Las; Trv.	103	C-4	05
Vital Aza			
1 al 79 y 2 al 94	92	C-2	17
al 87 y al 104	93	A-2	"
Vitigudino	153	A-1	44

Nombre	Plano Parcial		C.P.
Vitruvio	71	B-3	06
Vivero	69	C-2	40
Vivero, Trv.	102	B-3	11
Vivero de la Pilarica	111	B-4	32
" "	129	B-1	"
Vizcaínos	50	C-1	29
Vizcaya	123	A-1	45
Vizconde de Arlessón	142	C-3	18
" "	143	A-3	"
Vizconde de los Asilos	74	C-4	27
" "	75	A-4	"
Vizconde de Matamala	91	A-4	28
Vizconde de Uzqueta	76	C-1	42
Voluntarios Catalanes, Los	50	C-2	39
Voluntarios Macabebes, Los	122	C-4	45
Volver a Empezar	143	B-4	18
Vulcano, Pza.	138	B-4	25

W

Nombre	Plano Parcial		C.P.
Wad-Ras	50	A-4	39
Walia	106	C-4	07
Walman	22	A-4	23
Walt Disney	101	A-3	11

Nombre	Plano Parcial		C.P.
Waterpolista Jesús Rollán Prada, Pza.	44	C-3	23
Watteau	123	A-4	45
Witerico	137	C-4	25
Witiza	120	C-3	19

X

Nombre	Plano Parcial		C.P.
Xaudaró	17	B-3	34

Nombre	Plano Parcial		C.P.
Xilófono	152	A-2	54

Y

Nombre	Plano Parcial		C.P.
Y, Pte.	121	A-1	05
Yanguas	93	C-3	37
Yarumal	34	C-3	33
Yébenes, Los			
1 al 45 y 2 al 76	118	C-4	47
al 221 y al 98	119	A-4	"
al 259 y al 150	137	A-1	"
Yecla	93	C-3	37
Yécora	79	B-2	22
Yelmo	72	C-1	02
Yerma	32	C-3	33
Yeros	30	C-4	29
Yeserías, Las; Pº.	122	A-3	05

Nombre	Plano Parcial		C.P.
Yesero, El	145	B-3	31
Yeseros	103	C-3	05
Yeseros, Cº.	175	B-2	31
" "	176	C-1	"
Yeso	65	B-1	23
Yeste	93	C-3	37
Ynzengas	129	B-3	32
Yocasta	78	A-3	22
Yuca	32	B-3	36
Yucatán, Gta.	75	C-1	42
Yuncos	94	A-3	37
Yuste	158	C-1	53

Z

Nombre	Plano Parcial		C.P.
Zabaleta	72	B-3	02
Zabalza	93	C-3	37
Zacarías Homs	53	C-3	43
Zafiro	174	A-4	21
Zafra	93	C-3	37
Zagreb	111	A-1	22
Zahara de los Atunes	34	A-3	33
Zaida	120	A-3	19
"	138	A-1	"
Zalacaín	157	B-2	41
Zalamea	93	C-3	37
Zaldívar	93	C-3	37
Zamarramala	17	B-3	34
Zambrana	78	C-2	22
"	79	A-2	"
Zamora	70	A-1	39
Zamudio	93	C-3	37
Zaorejas	80	C-2	42
"	81	A-2	"
Zapardiel	93	C-3	37
Zapatoca	35	B-4	33
Zapola, Pza.	155	B-2	21
Zaragoza	104	A-2	12
Zarapitos	137	C-4	25
Zaratán	93	C-3	37
Zarauz	22	C-4	23
Zarco Hermanos	121	A-4	19
Zarza, La	44	C-3	23
Zarzalejo	70	B-2	20
Zarzamora, La	153	B-1	44
Zarzón, Cº.	100	B-3	11
Zarzón, Ctra.	100	C-3	11
"	118	A-1	"
Zarzón, Pta.	117	B-2	11
Zarzosa, La	93	C-3	37
Zarzuela, La	153	B-2	44
Zarzuela, La; Cº.	24	A-4	23
"	44	C-2	"
Zarzuela, La; Ctra.	3	C-3	48
"	4	A-4	"
Zarzuela, La; Ctra. (part.)	24	C-2	48
"	22	B-1	"

Nombre	Plano Parcial		C.P.
Zarzuela, La; Ctra. (part.)	23	B-2	48
"	24	A-4	"
"	26	B-3	"
Zayas	93	C-3	37
Zazuar	147	A-3	31
Zenit	44	B-2	23
Zenobia Camprubí	35	C-3	50
Zeus	129	C-1	32
Zigia	74	C-4	27
"	92	B-1	"
Zinc	123	A-4	45
Zinias, Las	50	B-3	39
Zipaquirá	35	A-4	33
Zodiaco	39	A-3	42
Zorita de la Frontera	162	C-3	51
Zorrilla	104	C-2	14
"	105	A-2	"
Zorroza	93	A-4	17
Zorzal	138	B-1	19
Zubia	93	C-3	37
Zubieta	93	C-3	37
Zuera	93	C-3	37
Zugazarte	22	B-3	23
Zújar	139	B-1	19
Zumárraga	22	C-4	23
Zumaya	23	B-4	23
"	43	B-1	"
Zúmel	93	C-3	37
Zurbano			
1 al 71 y 2 al 82	89	A-1	
al 95 y al 102	71	A-4	
CÓDIGOS POSTALES			
1 al 75 y 2 al 88			10
77 y 90 al final			03
Zurbarán	88	C-3	10
"	89	A-3	"
Zurgena	93	C-3	37
Zurich	110	C-1	22
"	111	A-1	"
Zurita	104	C-4	12
Zurrón, Pº.	58	C-1	42

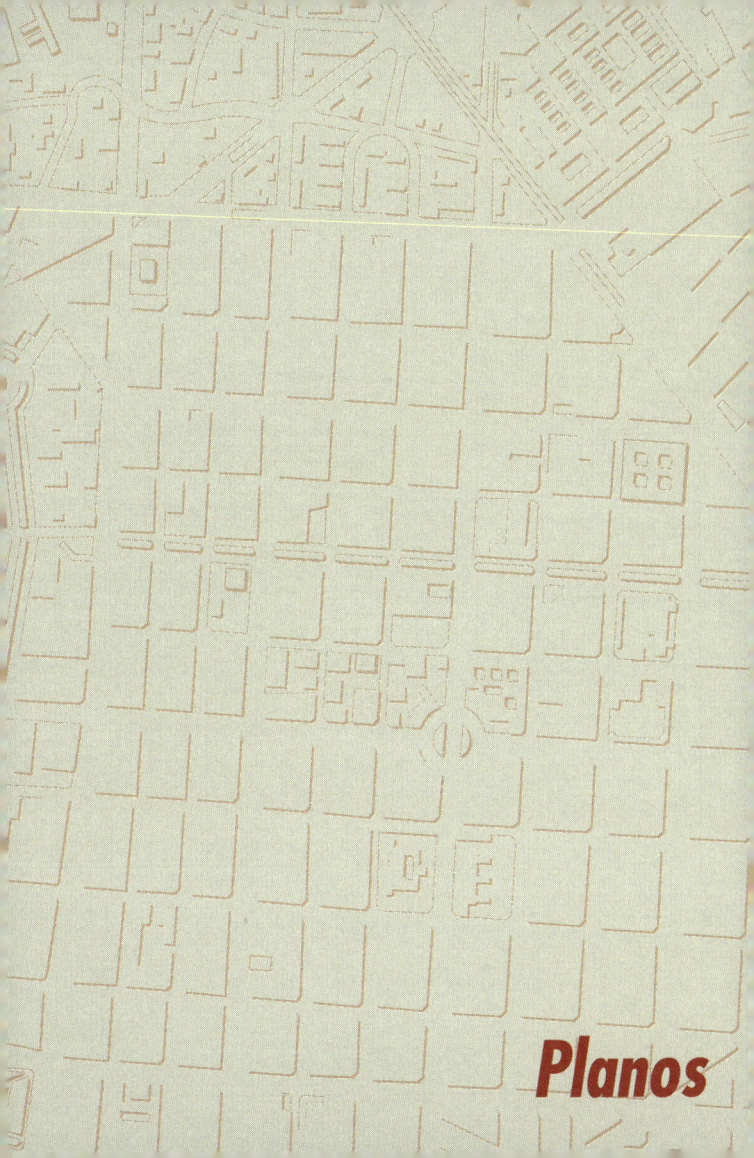

Planos

MAPA LLAVE

1	2
3	4

7	8

13	14	15	16

21	22	23	24	25	26	27	28	29	30
41	42	43	44	45	46	47	48	49	50
		63	64	65	66	67	68	69	70
				83	84	85	86	87	88
				99	100	101	102	103	104
115	116	117	118	119	120	121	122
133	134	135	136	137	138	139	140
149	150	151	152	153	154	155	156
165	166	167	168	169	170	171	172
				177	178	179	180
						185	186

Madrid

5	6									
9	10	11	12	197	198					
17	18	19	20	199	200	201	202			
31	32	33	34	35	36	37	38	39	40	
51	52	53	54	55	56	57	58	59	60	61	62
71	72	73	74	75	76	77	78	79	80	81	82
89	90	91	92	93	94	95	96	97	98		
105	106	107	108	109	110	111	112	113	114	193	194
123	124	125	126	127	128	129	130	131	132	195	196
141	142	143	144	145	146	147	148			
157	158	159	160	161	162	163	164			
173	174	175	176	189	190	191	192			
181	182	183	184							
187	188									

*El esquema que figura junto a estas líneas muestra las
202 divisiones efectuadas en el mapa del municipio de
Madrid que se inicia en la página siguiente.*

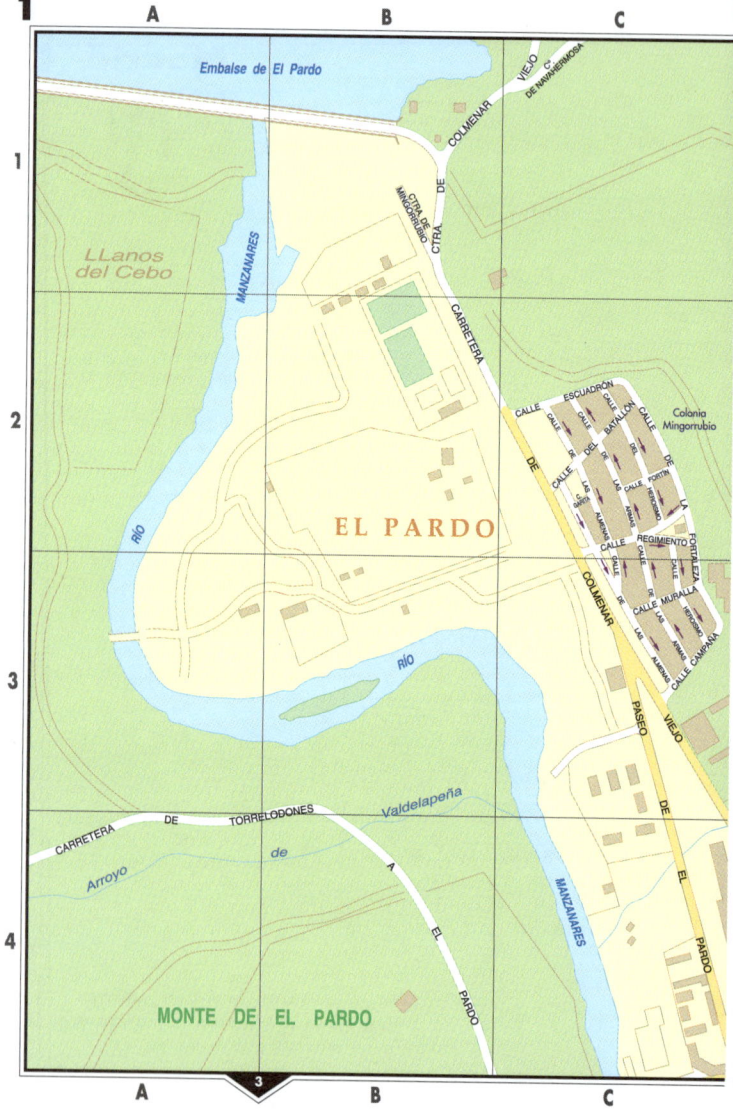

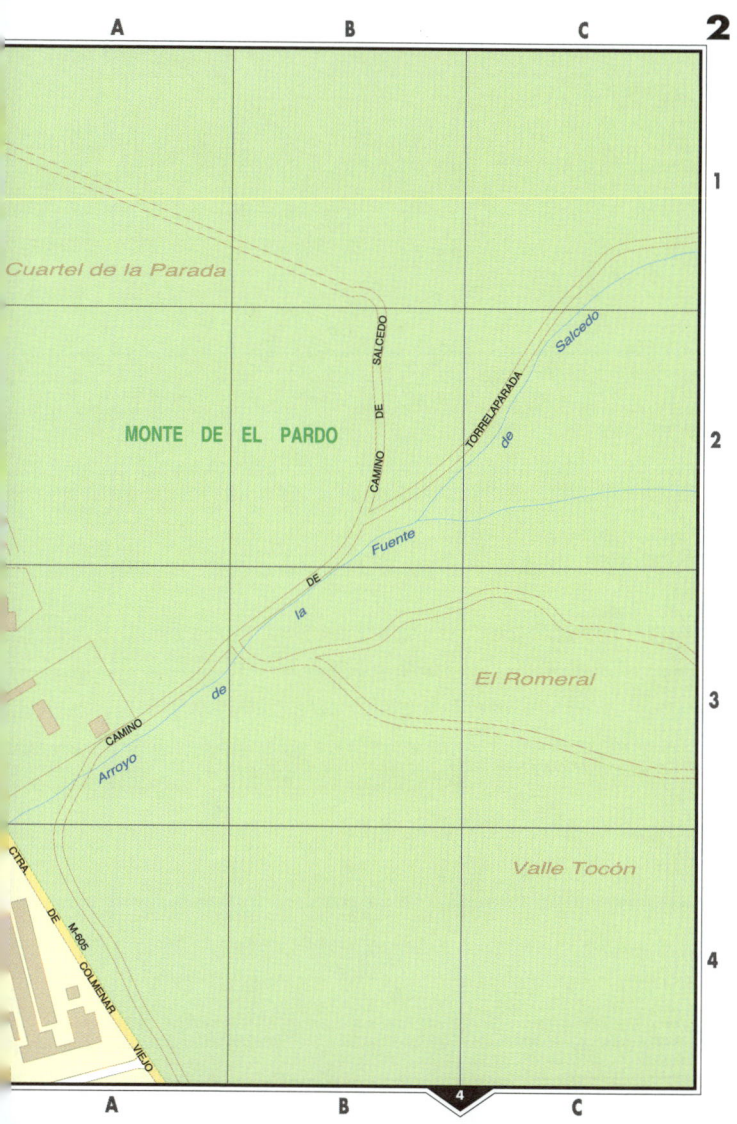

1

Cuartel de la Parada

SALCEDO

CAMINO   DE

MONTE DE EL PARDO

TORRELAPARADA

Salcedo

de

2

Fuente

DE

la

El Romeral

de

CAMINO

3

Arroyo

Valle Tocón

CTRA.

DE

M-605

COLMENAR

VIEJO

4

3

A   B   C

1

CTRA. DE TORRELODONES A EL PARDO

RÍO MANZANARES

C. ADELINA PATTI

PASEO

Grupo
Casa Infante

PASEO PEATONAL

G. AVENIDA

PUENTE CAPUCHINOS

PARDO

EL PARDO

CARRETERA

CRISTO

DE

CARRETERA

El Torreón

*Pradera de
San Francisco*

2

Cristo

DE

del

Arroyo

MONTE DE EL PARDO

LA

3

ZARZUELA

ZARZUELA

Quebrantaherraduras

LA

DE

PALACIO

Cuartel del Sitio

4

CAMINO

A   B   C

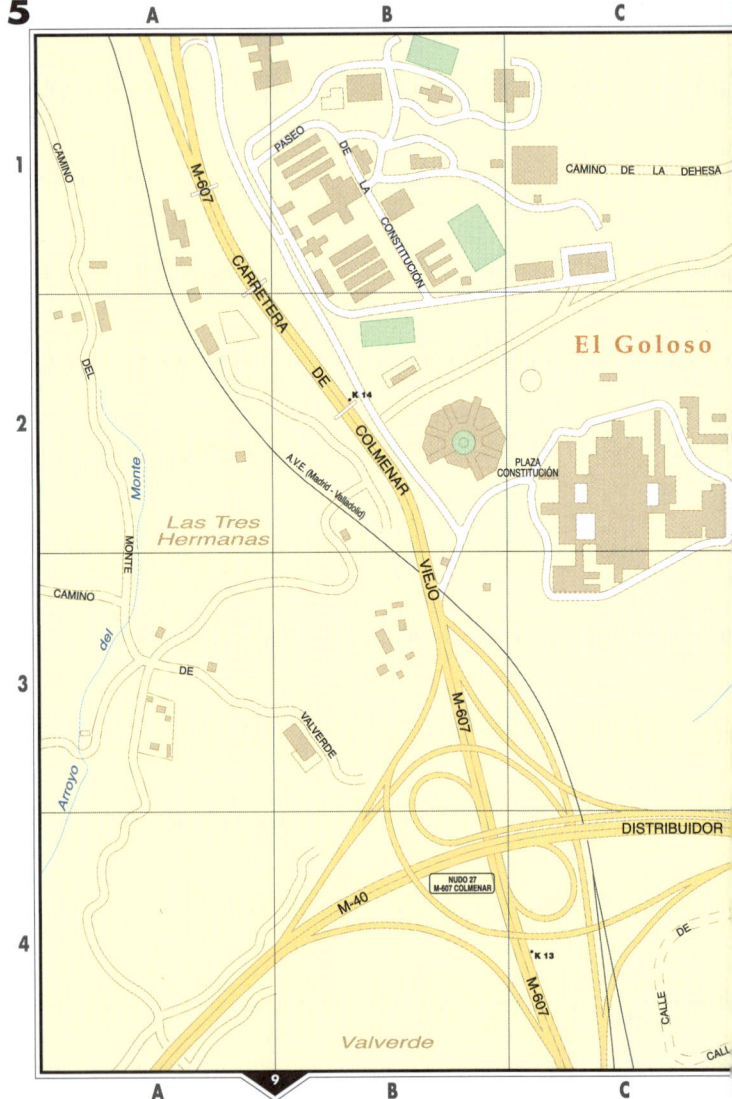

5

A   B   C

1

2

3

4

CAMINO

M-607

DEL

MONTE

Monte

CAMINO

del

Arroyo

Las Tres
Hermanas

DE

VALVERDE

CARRETERA

DE

COLMENAR

K 14

A.V.E. (Madrid - Valladolid)

VIEJO

PASEO

DE

LA

CONSTITUCIÓN

CAMINO DE LA DEHESA

El Goloso

PLAZA
CONSTITUCIÓN

M-607

M-40

NUDO 27
M-607 COLMENAR

K 13

M-607

DISTRIBUIDOR

DE

CALLE

CALL

Valverde

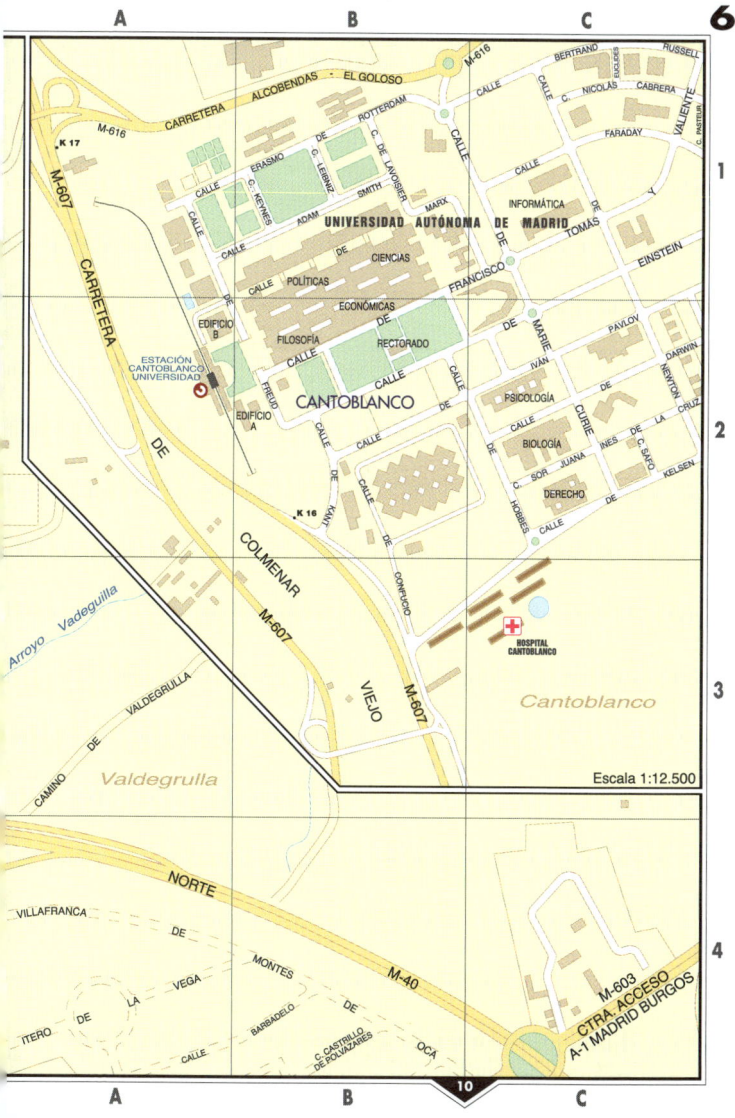

A   **B**   **C**

K 17

M-607

CARRETERA ALCOBENDAS EL GOLOSO

M-616

CARRETERA

BERTRAND RUSSELL

C. NICOLÁS CABRERA

VALIENTE PASTEUR

FARADAY

ROTTERDAM

ERASMO

C. KEYNES

CALLE

CALLE

C. DE LAVOISIER

SMITH

ADAM

G. LEIBNIZ

MARX

INFORMÁTICA

TOMÁS

EINSTEIN

UNIVERSIDAD AUTÓNOMA DE MADRID

DE CIENCIAS

POLÍTICAS

CALLE

ECONÓMICAS

FILOSOFÍA

RECTORADO

FRANCISCO

MARIE

PAVLOV

CURIE

DARWIN

NEWTON

EDIFICIO B

ESTACIÓN CANTOBLANCO UNIVERSIDAD

EDIFICIO A

CANTOBLANCO

IVÁN

PSICOLOGÍA

CALLE

BIOLOGÍA

DERECHO

INES DE C. SAZO

C. SOR JUANA

HOBBES

CALLE

LA CRUZ

KELSEN

K 16

FREUD

KANT

CALLE

DE

CONFUCIO

CARRETERA

DE

COLMENAR

M-607

VIEJO

M-607

HOSPITAL CANTOBLANCO

Arroyo Vadeguilla

VALDEGRULLA

DE

CAMINO

Valdegrulla

Cantoblanco

Escala 1:12.500

NORTE

VILLAFRANCA

DE

VEGA

MONTES

M-40

DE

OCA

M-603

CTRA. ACCESO A-1 MADRID BURGOS

ITERO

DE

LA

CALLE

BARBADELO

C. CASTRILLO DE POLAZARES

A   **B**   **C**

1

2

3

4

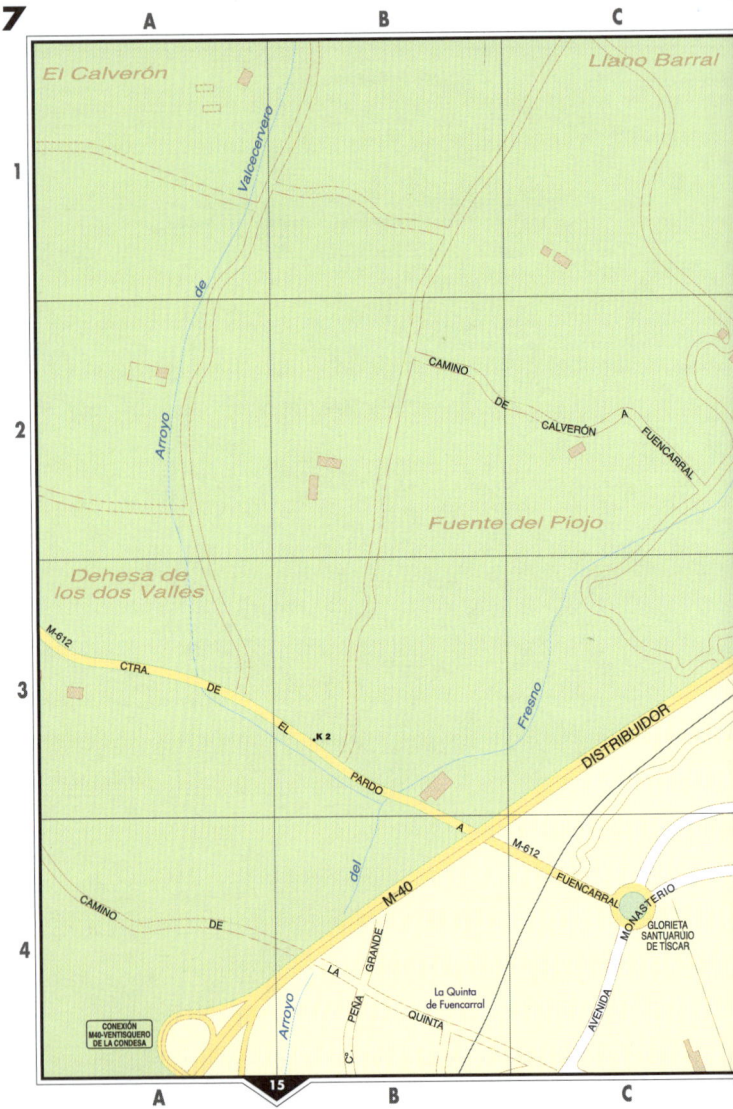

El Calverón

Llano Barral

Valcecervera

de

Arroyo

CAMINO

DE

CALVERÓN

A FUENCARRAL

Fuente del Piojo

Dehesa de
los dos Valles

M-612

CTRA.

DE

EL

. K 2

PARDO

Fresno

DISTRIBUIDOR

A

M-612

FUENCARRAL

CAMINO

DE

del

M-40

MONASTERIO

GLORIETA
SANTUARIUIO
DE TÍSCAR

AVENIDA

Arroyo

LA

PEÑA

GRANDE

La Quinta
de Fuencarral

C.

QUINTA

CONEXIÓN
M40-VENTISQUERO
DE LA CONDESA

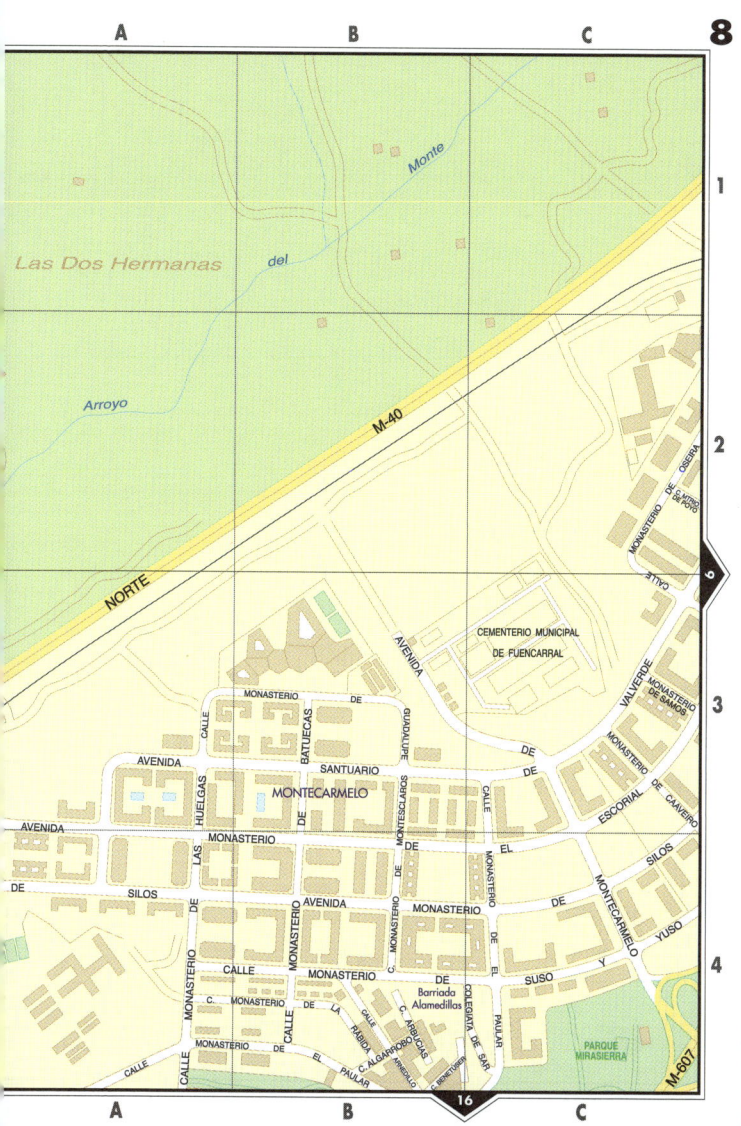

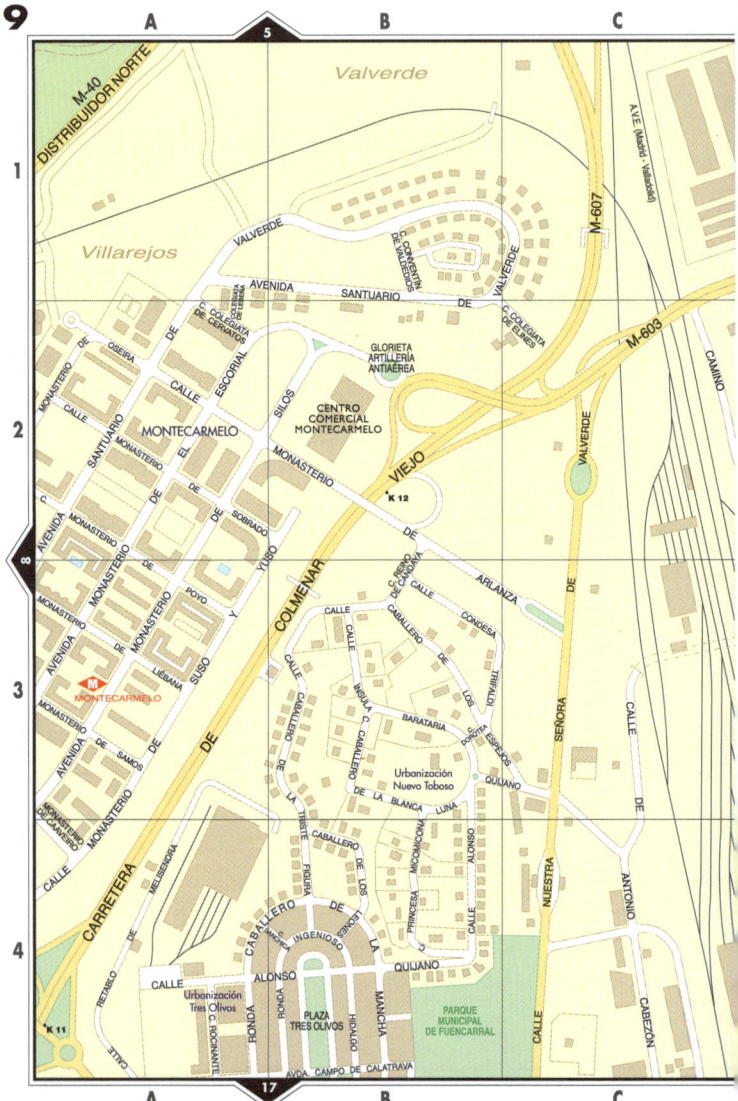

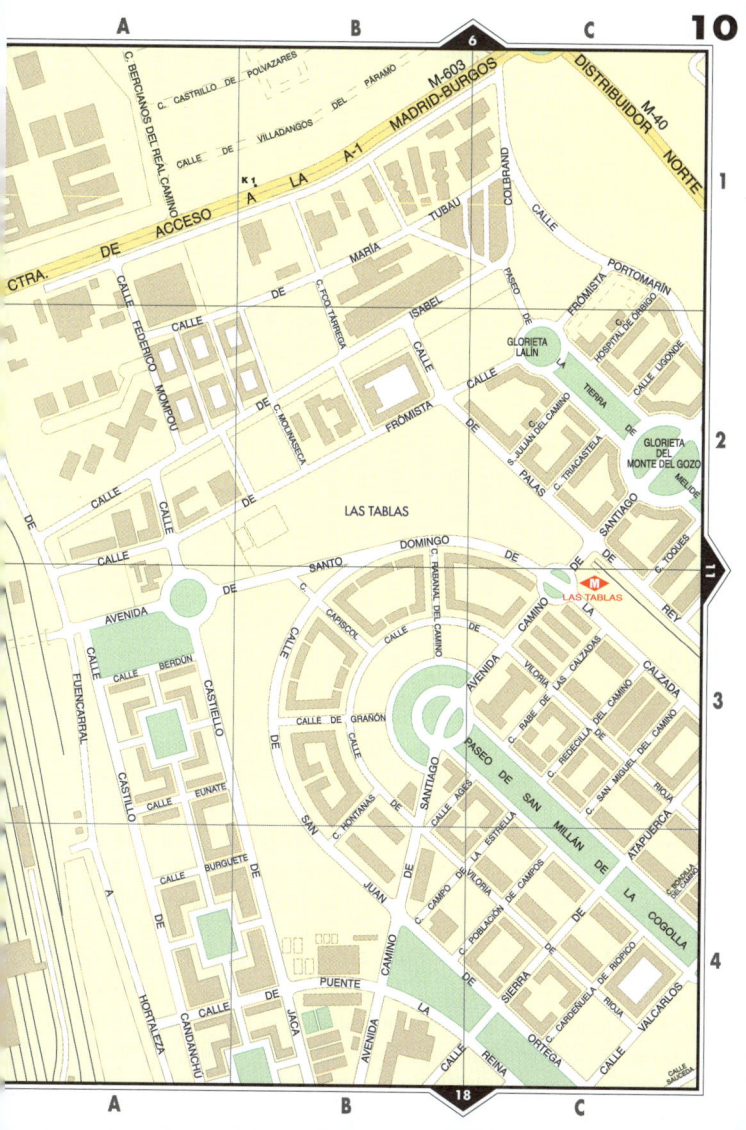

LAS TABLAS

GLORIETA LALÍN

GLORIETA DEL MONTE DEL GOZO

LAS TABLAS

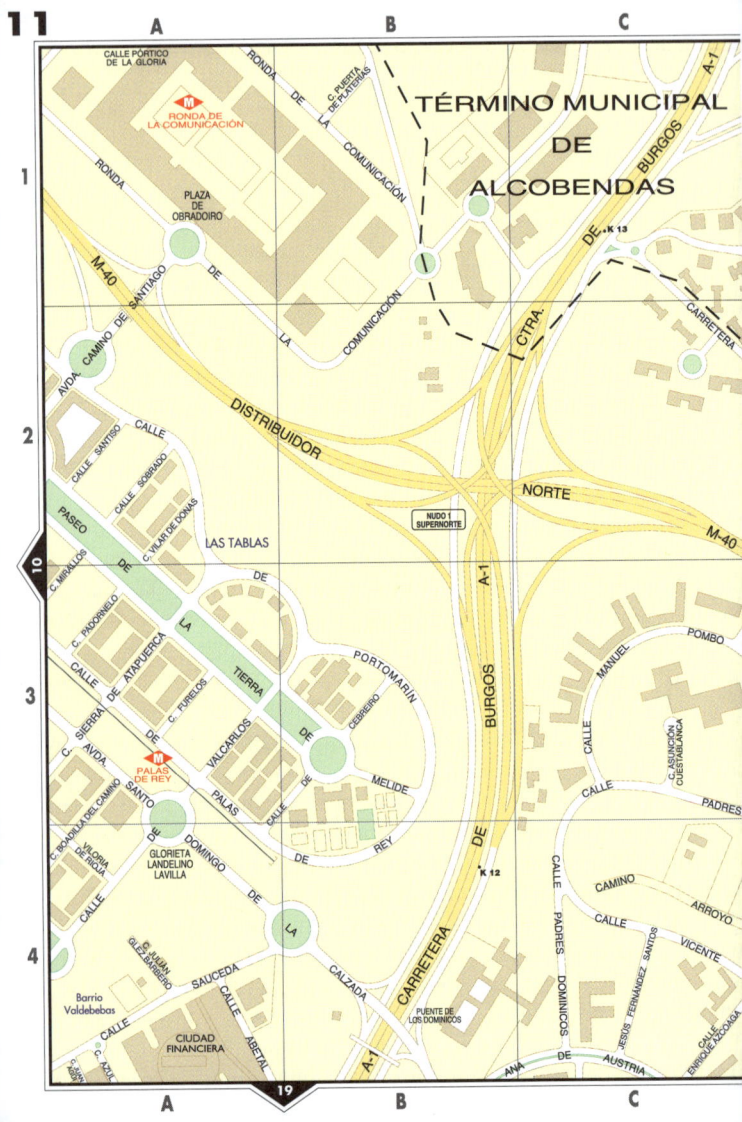

TÉRMINO MUNICIPAL
DE
ALCOBENDAS

MEDIODÍA

PUENTE
DEL ENCINAR

DISTRIBUIDOR

ANGULO

K1

BAROJA

CABO

CAMINO

DE

LA

HUERTA

JULIO

CALLE

CALLE

SAN

ENRIQUE

C. ENRIQUE
LAFUENTE FERRARI

DE

CAMINO

ALTO

OSSÓ

DOMINICOS

NORTE

Urbanización
Encinar de los Reyes

C. CERRO DEL AIRE

DE

VALDEBEBAS

BLASCO

IBÁÑEZ

M-40

CAMINO

ARROYO

DE

VALDEBEBAS

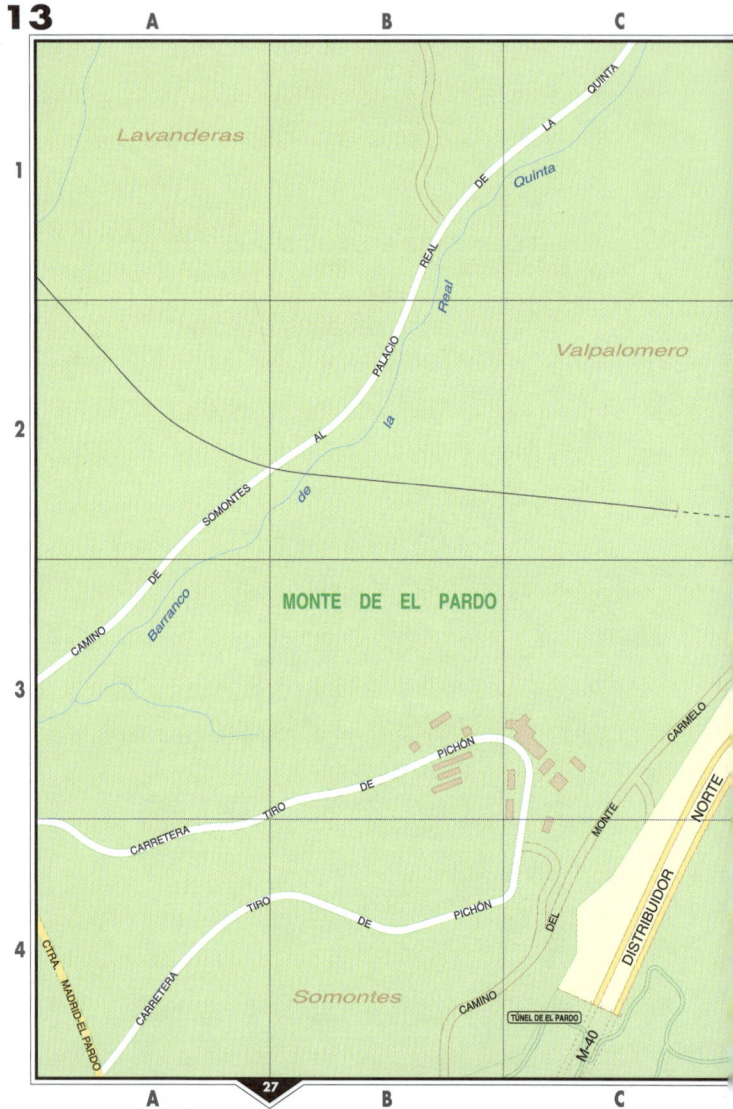

Lavanderas

QUINTA

DE LA

Quinta

REAL

Real

PALACIO

Valpalomero

AL

la

SOMONTES

de

DE

Barranco

MONTE DE EL PARDO

CAMINO

PICHÓN

CARRETERA

TIRO

DE

MONTE

CARMELO

NORTE

DISTRIBUIDOR

DEL

TIRO

DE

PICHÓN

CARRETERA

CTRA. MADRID-EL PARDO

Somontes

CAMINO

TÚNEL DE EL PARDO

M-40

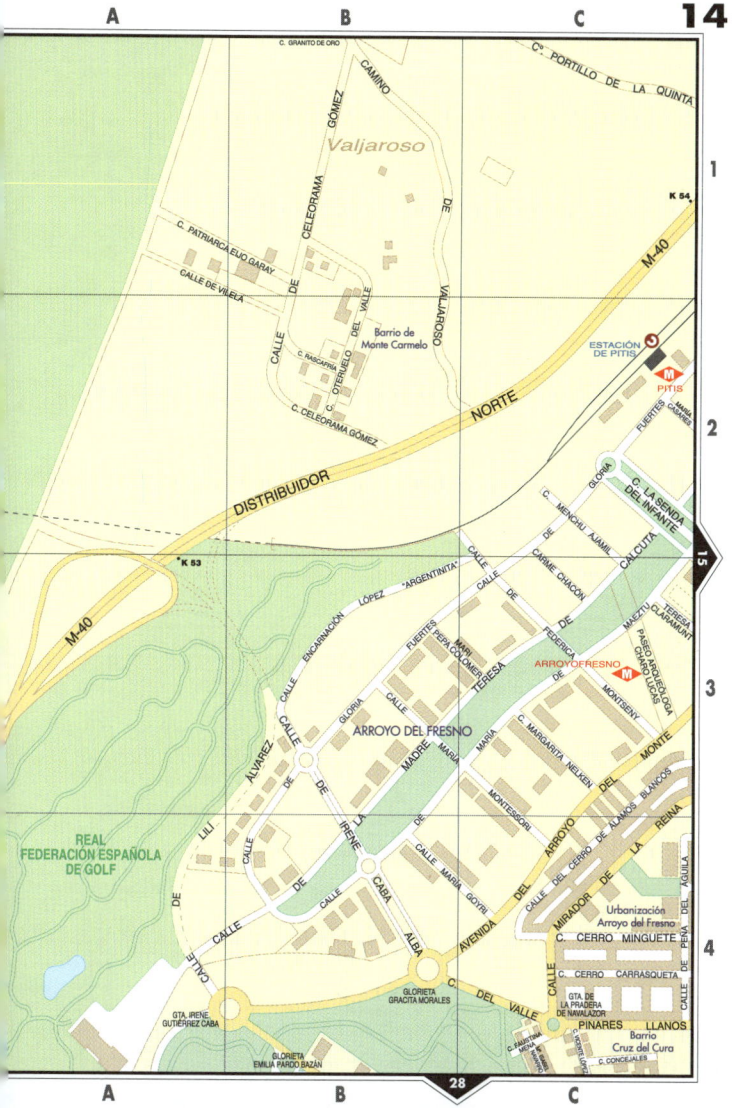

A   B   C

14

A   B   C

CONEXIÓN
M40-VENTISQUERO
DE LA CONDESA

C² Portillo
DE LA QUINTA

DISTRIBUIDOR   NORTE   M-40

CALLE   MONASTERIO

SILOS   CALLE   DE

DE   PEÑA   GRANDE   MONASTERIO

AVENIDA

El Salceral

LA   COSTA
45

CALLE   80

CALLE   93

CALLE   104

DE

C²   DE

CALLE   GLORIA   FUENTES   CALCUTA

CALLE   DE   JUANITA   DE   MALETU   ARROYO   DEL FRESNO

CALLE   DE   MADRE   TERESA

C.   MARÍA

PARQUE
PEDRO RUIZ DE LEÓN
GOMEZ-ZURDO

LEONOR
DE CÓRDOBA

CRUZ

MARÍA

FLORENCIA PINAR

CASARES

PLAZA
TORCUATO
FERNÁNDEZ-MIRANDA

MONTE   AVENIDA   CALLE

ARROYO   DEL   PINAR

C. COLLADO DE TIROBARBA   178

175   98

C. SALCERAL

P.ª EL ANCIANOS

VENTISQUERO

P.ª SALCERAL

CERRO   173

CALLE   DEL   CASTAÑAR

NURUM

MORALZARZAL   94

CALLE   70

CALLE   55

CALLE   75

CALLE   PTO. DE BREÑA

DE

PARQUE DE
ARROYO DEL FRESNO
TOMÁS Y VALIENTE

CALLE   DE

GTA. DE
OLGA RAMOS

AVENIDA   DEL   CALLE   SENDA

TERESA
CLARAMUNT

GTA. DE
LA PRADERA
DE VAQUERIZAS

Mirasierra   MIRASIERRA Ⓜ

MIRADOR   DE   LA   REINA   C. PORTERA DEL CURA

GTA. DE
LA PRADERA
DE NAVARRULAQUE

HORNILLO   DE   LA MINA

C. COLLADO   DE   COLLADO   MARICHIVA

COLLADO   DE   CERRO   MALEJO

CALLE   DE   COLLADO   MOSTAJO

Urbanización
Arroyo del Fresno

MASO   72

CALLE   63

COLLADO   MEDIANO   SALDU

DE

GTA.
DE LA PRADERA
DE LOS CORRAILLOS

CALLE   DEL   VALLE

CALLE   DEL   INFANTE

C. CERRO   PIÑONERO

PEÑA   SENDA   DEL   INFANTE

CUERVO   ENMEDIO

PLAZA DEL
VALLE DE LA JAROSA

POLANCO

CALLE   DEL

CALLE   CERRO   DE   LA   CARRASQUETA

RISCOS   DE   LA

CERRO

PEÑA   DEL ANCIBÜESTE

MINGUETE   C. CERRO MINGUETE

LA

76   87

CALLE   57   28   39

CALLE   15

CALLE   16

PICO   6   MILANO

CALLE   DEL   VALLE   DE   PINARES   LLANOS   CONDESA

Ⓜ LACOMA

Barrio
Cruz del Cura

GTA. DE
LA PRADERA
DE NAVALUBILLA

PARQUE
ANA TUTOR

CALLE   101

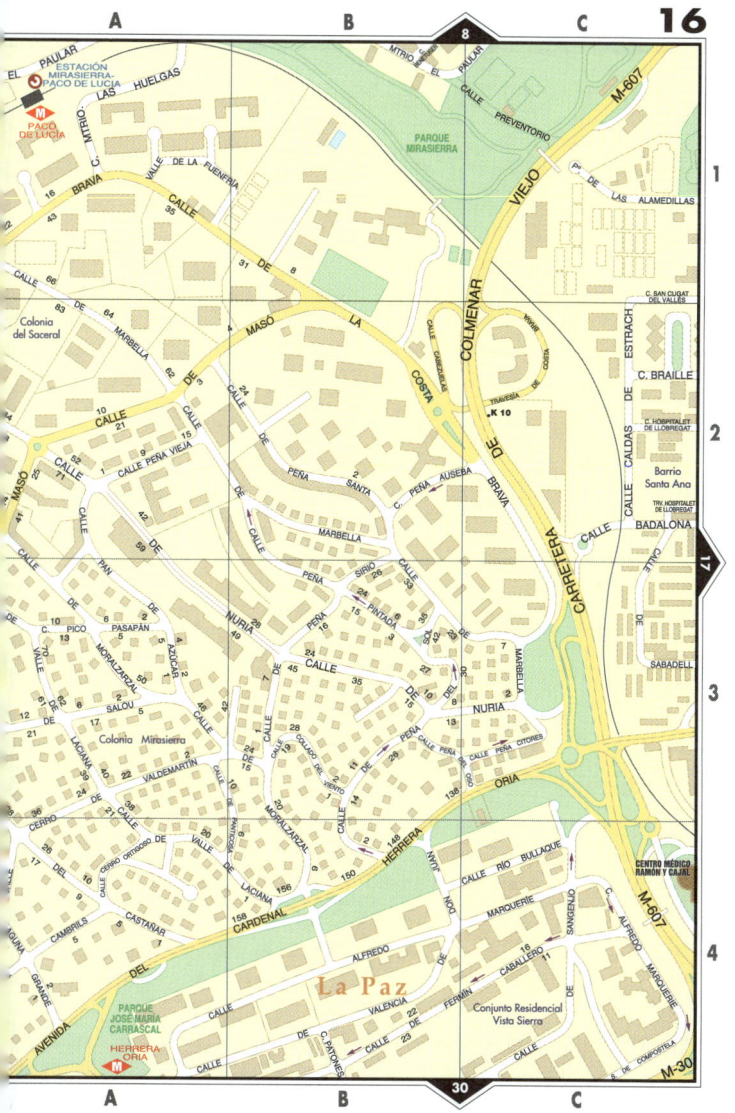

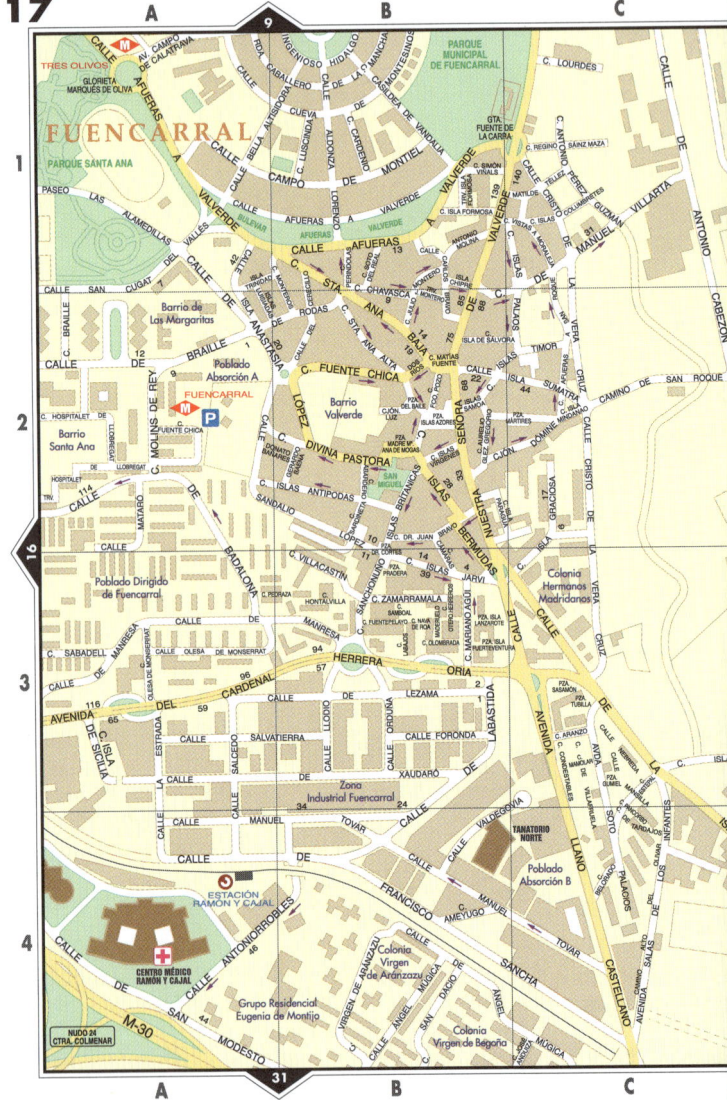

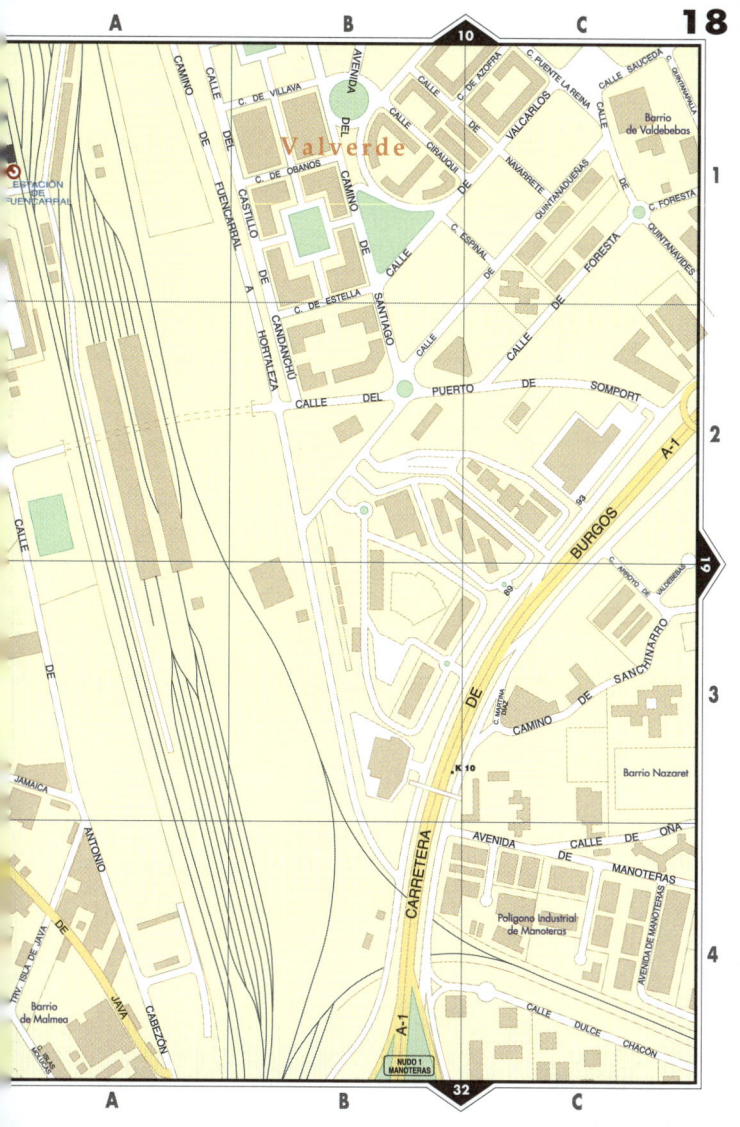

A   B   C

CAMINO

CALLE

C. DE VILLAVA

AVENIDA

C. DE MOFRA

C. PUENTE LA REINA

CALLE

SAUCEDA

CARRAFALLA

Barrio
de Valdebebas

CALLE

CALLE

DEL

CALLE

VALCARLOS

CALLE

DEL

DEL

CIBAUQUI

DE

DE

Valverde

C. DE OSANOS

FUENCARRAL

NAVARRETE

QUINTANADUEÑAS

1

ESTACIÓN
DE
FUENCARRAL

C. FORESTA

DE

CASTILLO

C. ESPINAL

QUINTANAVIDES

DE

SANTIAGO

DE

FORESTA

CALLE

C. DE ESTELLA

DE

CALLE

CANDANCHÚ

HORTALEZA

CALLE

CALLE

DEL

PUERTO

DE

SOMPORT

2

CALLE

DE

BURGOS

A-1

19

DE

CALLE

C. ANTONIO DE VALDERRAMA

CAMINO

DE

SANCHINARRO

3

C. MARTINA DIAZ

CAMINO

JAMAICA

K 10

Barrio Nazaret

DE

AVENIDA

CALLE

DE

OÑA

ANTONIO

DE

MANOTERAS

TRV. ISLA DE JAVA

CARRETERA

Polígono Industrial
de Manoteras

AVENIDA DE MANOTERAS

4

JAVA

CABEZÓN

CALLE

DULCE

CHACÓN

Barrio
de Malmea

BADGES

A-1

NUDO 1
MANOTERAS

A   B   C

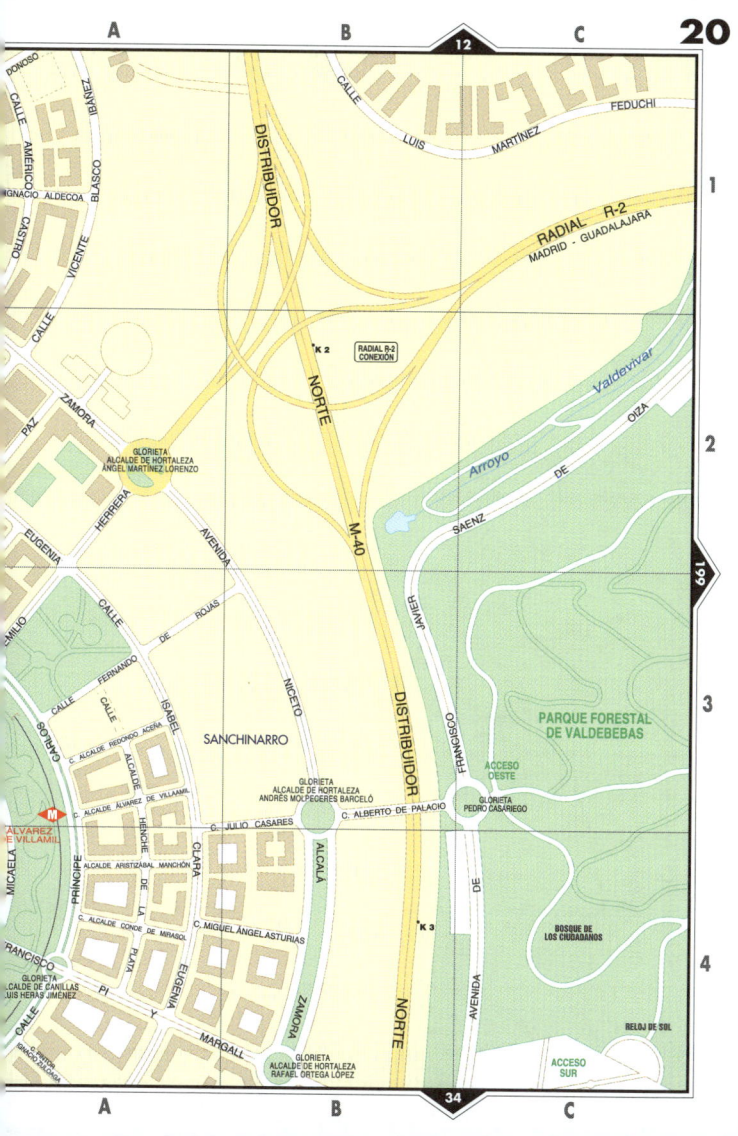

21

TÉRMINO
MUNICIPAL
DE
LAS ROZAS
DE MADRID

MONTE DE EL PARDO

Arroyo
de

CASA

CAMINO   DE

CALLE

QUEMADA   DE

CALLE

NAVASECAS

CASA

EL

GOLOSO

PARADORES

VIEJA

DE

DE

CANTOS

VENTA

C.

NEGROS

Colonia de
Casa Quemada

DE

CALLE   CALLE   CALLE   DE

CTRA.   DE   LA

CORUÑA

K 15

A-6

AVENIDA

DE

CTRA. DE
EL PLANTIO

Urbanización
Airesol

AVENIDA

91

Urbanización
Madrisol

120

CALLE

DE

El Plantío

DEL

TÉRMINO   MUNICIPAL   DE   MAJADAHONDA

C. FERNANDO ORIOL

79

SOTELO

CABALLERO

DE

C.

C. FEDERICO

CALLE

DE

ALVARO

CALLE
ORIOL

DOMINGO

CALVO

RAFAEL CHABRA

VILLA

CALLE

CUEVAS

DEL

VALLE

36

LA

CALLE   JOSE

78

VICTORIA

C. MONTERO CALVO

CALLE   LOMBIA

El Rastrojo

Cº. DE
LA ESTACIÓN

DEL   CERRO   DEL   COTO

CASA

Valhondillo

DE   LA

de

Arroyo

CARRETERA

CTRA.   MONTE   DEL   PILAR

A   B   C

A   B   C

Sacedilla

QUEMADA

CARRETERA   PARTICULAR   DE   LA   ZARZUELA

Arroyo

de

la

Zarzuela

Valhondillo

de

Arroyo

1

2

MONTE DE EL PARDO

23

GUECHO

LAMIACO

CALLE

DE

3

GOBELAS

AVENIDA PROVINCIAS VASCONGADAS

CALLE

DE

LAMIACO

Colonia Florida

GUECHO

K 14

CALLE

ZUGAZARTE

C. GUERNICA

PADRE

DE

CALLE

IBAIONDO

GUECHO

ZUMARRAGA

CALLE

AZPEITIA ELGOIBAR

CARLOS DUBOIS

WILLIAM

CALLEJA

CALLE

DURANGO

CALLE

DE

CALLE

DE

ZARAUZ

EIBAR

IGLESIAS

SANZ

HUIDOBRO

GOBELAS

DE

LASARTE

AVENIDA

DE

RAFAEL

ZANO

PILAR

ANDRADE

C. ONDARROA

CALLE

CALLE

CALLE

DE

SODUPE

DE

C. BOTRICO MORENERA

LA

VICTORIA

C. COLOSO GARROSO

C. OCHANDIANO

K 13

A-6

CALLE

CALLE

C. SODUPE

C. BERMEO

CALLE LEGUEITIO

4

A   B   C

42

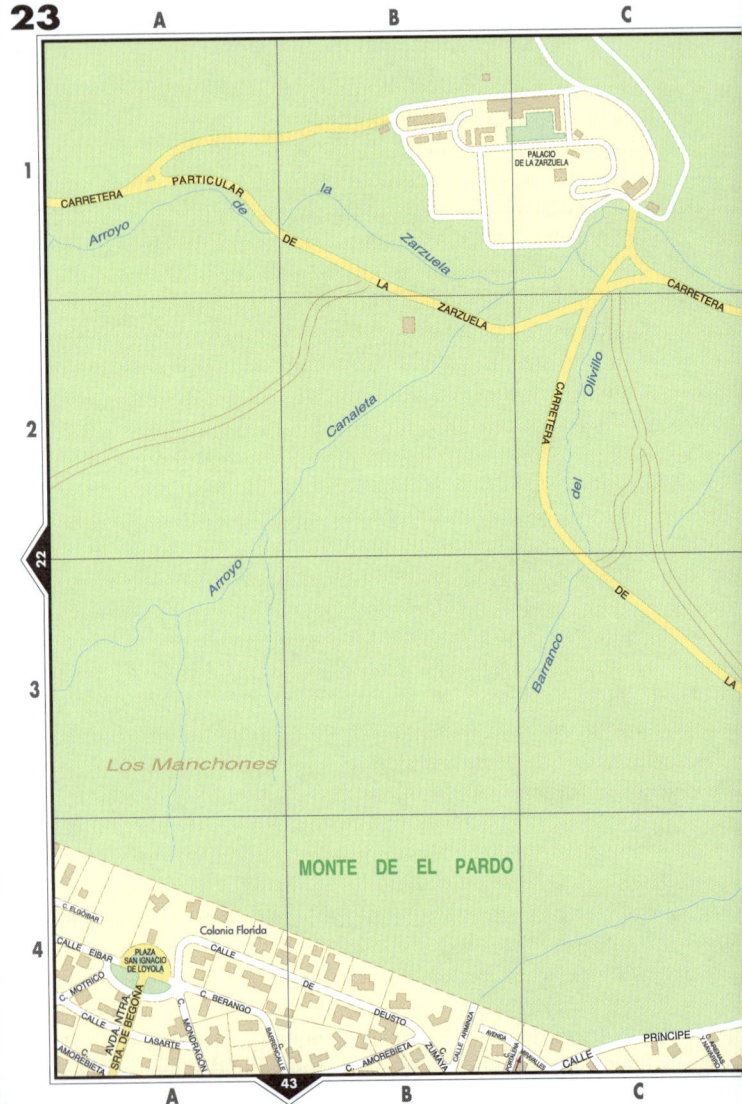

A B C

CARRETERA PARTICULAR de la Zarzuela

Arroyo

DE LA ZARZUELA

PALACIO DE LA ZARZUELA

CARRETERA

1

Canaleta

CARRETERA del Olivillo

2

Arroyo

DE

Barranco

LA

3

Los Manchones

MONTE DE EL PARDO

C. ELGÓIBAR

Colonia Florida

CALLE EIBAR

PLAZA SAN IGNACIO DE LOYOLA

CALLE DE

4

C. MOTRICO

AVDA. NTRA. SRA. DE BEGOÑA

C. BERANGO

DEUSTO

CALLE LASARTE

C. MONDRAGÓN

B.º CALLE

C. AMOREBIETA

CALLE ZUNAYA

AVENIDA

CALLE

PRINCIPE

AMOREBIETA

A B C

Los Blanquillos

la

de

Zarzuela

Arroyo

1

PARTICULAR   DE   LA   ZARZUELA

COLUMNAS

Dehesa del Guadiana

LAS

2

DE

25

Cerro de
los Truenos

PUERTA

3

MONTE DE EL PARDO

CARRETERA

M-40

BASTOS

ZARZUELA

JOSÉ

PICO DE LA SOLANA

C.

DE

Urbanización
Zarzilla de Aravaca

OESTE

BERENICE

LAGUNA DE LOS PÁJAROS

CALLE

CABELLERA

DE

CALLE PEÑA DEL YELMO

CALLE ALTAIR

4

CALLE

CALLE DE LA

DISTRIBUIDOR

VIANA

CALLE

DE

C. DE LA ZARZUELA

CASPEA

M-40

SALLE

AVENIDA VALDEMARÍN

DE VALLE TORRIDO

Urbanización
La Zarzuela

C. PUENTE PESSO

Cercado de Pantorras

A   **B**   **C**

CAMINO DE LOS PANADEROS

1

Arroyo

de

la

Zarzuela

CARRETERA

2

PARTICULAR

24

MONTE DE EL PARDO

DE

Cerro de los Truenos

3

M-40   DISTRIBUIDOR   OESTE   M-40

K 48

JOSÉ   BASTOS   C. PICO ALMENARA   CALLE   PORTILLO   DE   EL   PARDO

K 49

CALLE   DE

C. PUERTO DE FUENTRA

Urbanización
Zarzilla de Aravaca

C. CISNE BASTOS

CALLE

CALLE

C. DEL MOLINO

DE

C. CABELLERA   DE   BERENICE   C. CERRO DE SAN PEDRO   C.   NAVAS   DE   ORO   CALLE   VIÑAS   DE

LOMA DE BALNERICA

FUENTE

CALLE

C. MONTON DE TRIGO

TORREADRADA

4

C. CABELLERA DE BERENICE

Urbanización
El Pardo de Aravaca

CALLE

DE   DARÍO

AVENIDA   DE

VALDEMARÍN

CALLE EL CISNE

CALLE

C. DEL LAVADERO

C. VALDEZCARAY

C. VALDELMARES

TV. GANIMEDES

CABEZA

LUNAR

Colonia Ayuca

VALDESOQUI

A   **B**   **C**

CARRETERA

DE

EL

PARDO

Arroyo

de

la

Zarzuela

RÍO

MONTE DE EL PARDO

A

LA

PLAYA

DE

MADRID

27

NUDO 26
M-605 EL PARDO

M-40

MANZANARES

LA

ZARZUELA

DISTRIBUIDOR

EL   PARDO

CALLE

JIMENA

MENENDEZ

PIDAL

APARICIO

Urbanización
Monreal

OESTE   K 50

HIPÓDROMO
DE LA ZARZUELA

27

A   B   C

CENTRO NACIONAL
DE GOLF

*K 52

M-605
CARRETERA DE MADRID A EL PARDO

Saltadero

TÚNEL DE EL PARDO

MONTE DE EL PARDO

NORTE

Poblado de
San Francisco

CALLE

SIGUERO

63

23
19   24   40
CALLE   Urbanización
DE   Las Robles
29   10
15   DE

M-605

DISTRIBUIDOR

*K 51

11   28
14   DE

LOS FRESNEDILLAS
ARROYOFRESNO

CALLE
DE
CALLE   NAVARREDONDA   DE   GREDOS

M-40

CALLE   LA   ALBERCA

CALLE
AGUA FUENTELAÑOS

Urbanización
Los Fresnos

CALLE   MIGUELENDA

CALLE

CALLE

DE

DE

ORIA
25   28
CALLE   ARROYOFRESNO
CANTUEÑO

CALLE
DE

HERRERA

NUDO 26
M-605 EL PARDO

HONTANARES

CALLE

SOMONTES

CALLE

380

CALLE   DE   VEGAFRIA

CALLE

El Paular

AVENIDA

DEL   378
CARDENAL

DE

CALLE

CALLE

DE

CHABERNA

3

C. VEGAFRIA
FL FUENTELAREÑA

AVENIDA   DE   LA   ILUSTRACIÓN

NUDO 19
CTRA. DE EL PARDO

*K 26

M-30

FUENTELARREINA

DE

Ciudad
Puerta de Hierro

NAVALMANZANO

ARROYOFRESNO

DE

CALLE

CALLE

DE

DE

CALLE

CALLE

4

*K 25

REAL CLUB PUERTA DE HIERRO

M-30

A   B   C

26

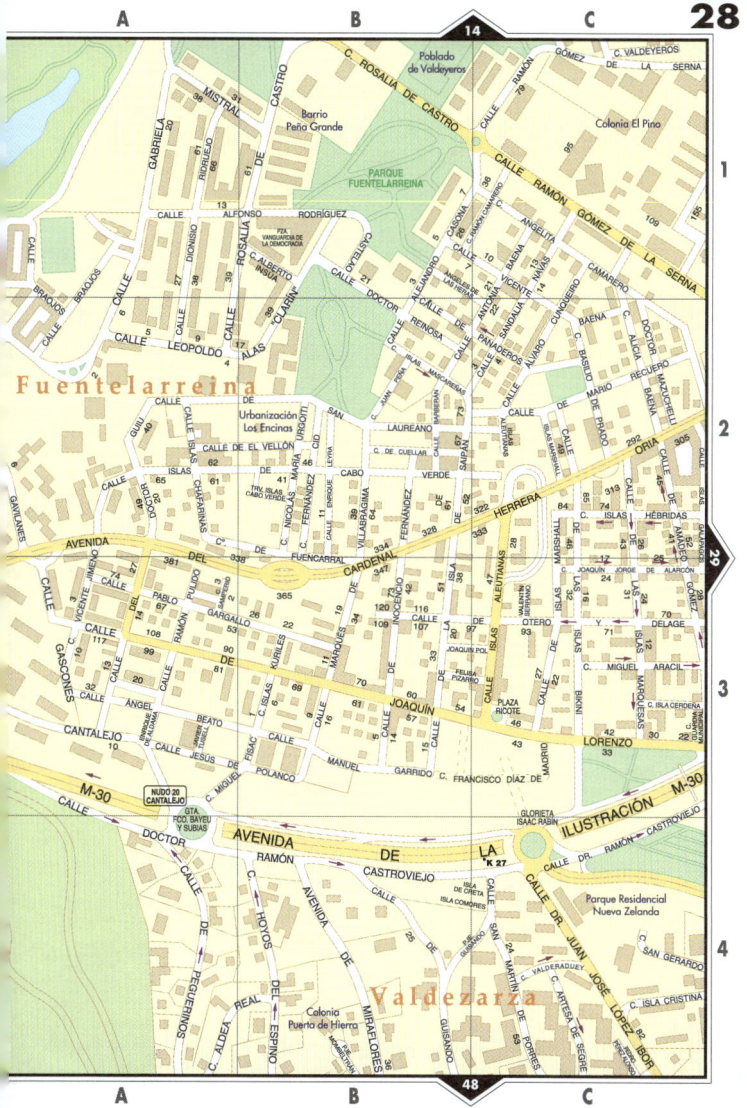

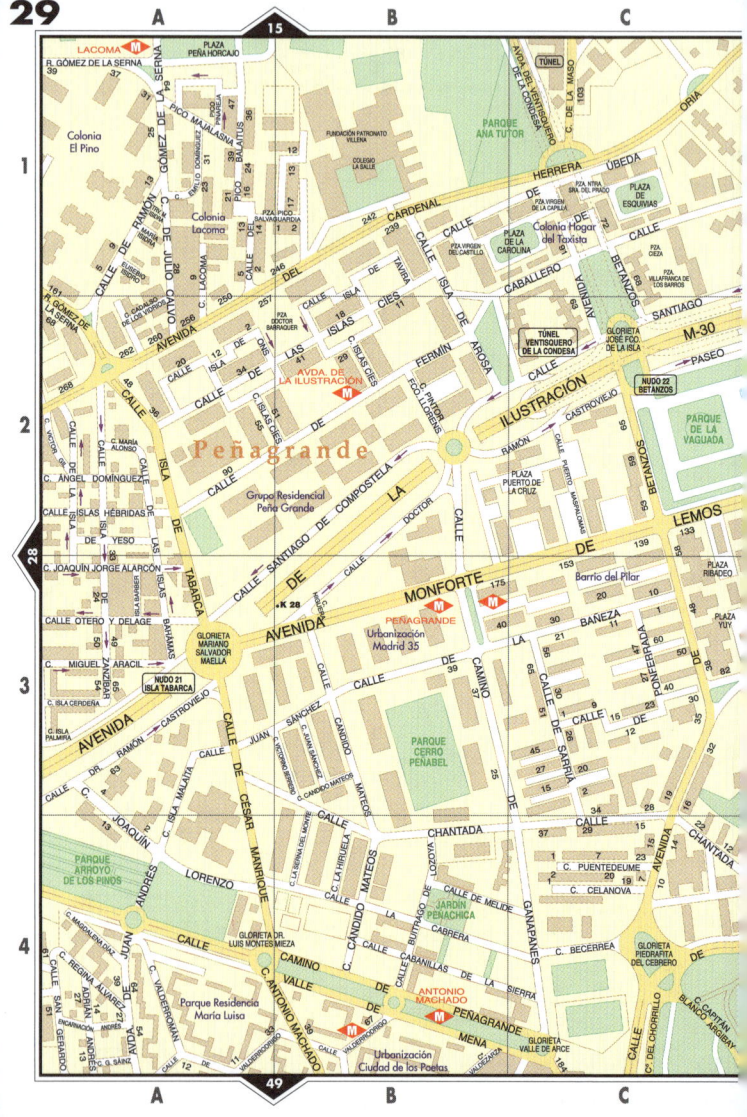

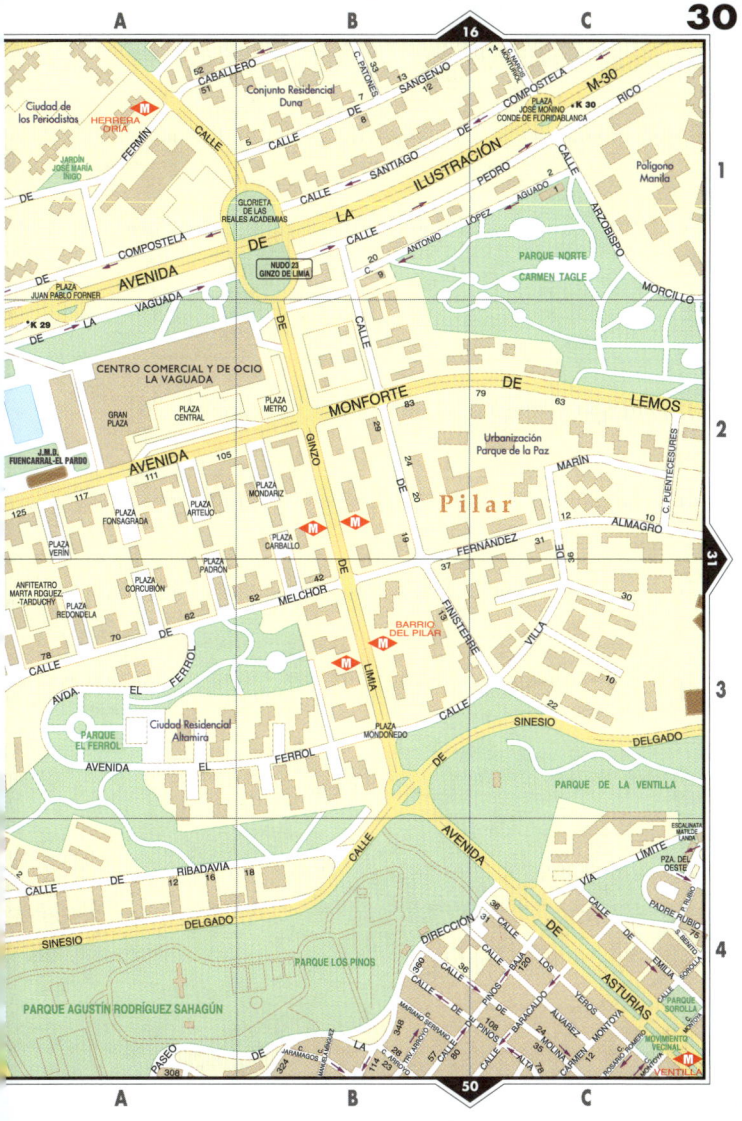

A B C

M-30

M-11

NUDO 1
MANOTERAS

Barrio
Valdevivar

1

CALLE JOSÉ ATILANO
CALLE COLINDRES
CALLE COLINDRES
(5)LA CEILÁN

CALLE DEL ARTE

CALERUEGA

Urbanización
Garcilaso

Urbanización
Nuevo Mundo

BURGOS

C. PASTORA IMPERIO

AVENIDA
DE
BURGOS

216

48

AVDA.
DE

PINAR DE
CHAMARTÍN
M

SORIA

2

CALLE

AVENIDA

DE

CALERUEGA

Urbanización
Pinar de Chamartín

CALLE ARTURO

216

CONDADO

315

CALLE

DEL

CALLE DE JAZMÍN

BAMBÚ

CALLE

DE

CENTRO DE
CLASIFICACIÓN
POSTAL

BAMBÚ
M

C. YUCA

215

CALLE SERRANO GALVACHE

SAN

LUIS

CALLE

AMERICANAS

3

K 1

CALLE DE YERMA

CALLE DE YERMA

Conjunto Residencial
Las Torres

CALLE

C. CONSUEGRA

AVENIDA

DE

LA

SERRANO

MOLES
DE ALTAMIRA

C. LÓPEZ
VILCHES

CALLE ARTURO

295

RAMÓN FORT

CHAMARTÍN

HIEDRA

Urbanización
Residencial
Pío XII

TÚNEL

AVDA.

DE

PÍO

PAZ

GALVACHE

SORIA

280

4

ESTACIÓN
DE CHAMARTÍN

CALLE

DE

LA

HIEDRA

BUGANVILLA

AVENIDA DE BURGOS

NUDO 2
PÍO XII

C. MARQUÉS DE TORROJA

XII

CALLE

M-30

SERRANO

GALVACHE

CALLE PRENSA

PZA.
INFANCIA

Castilla

CALLE BAUSA

277

A B C

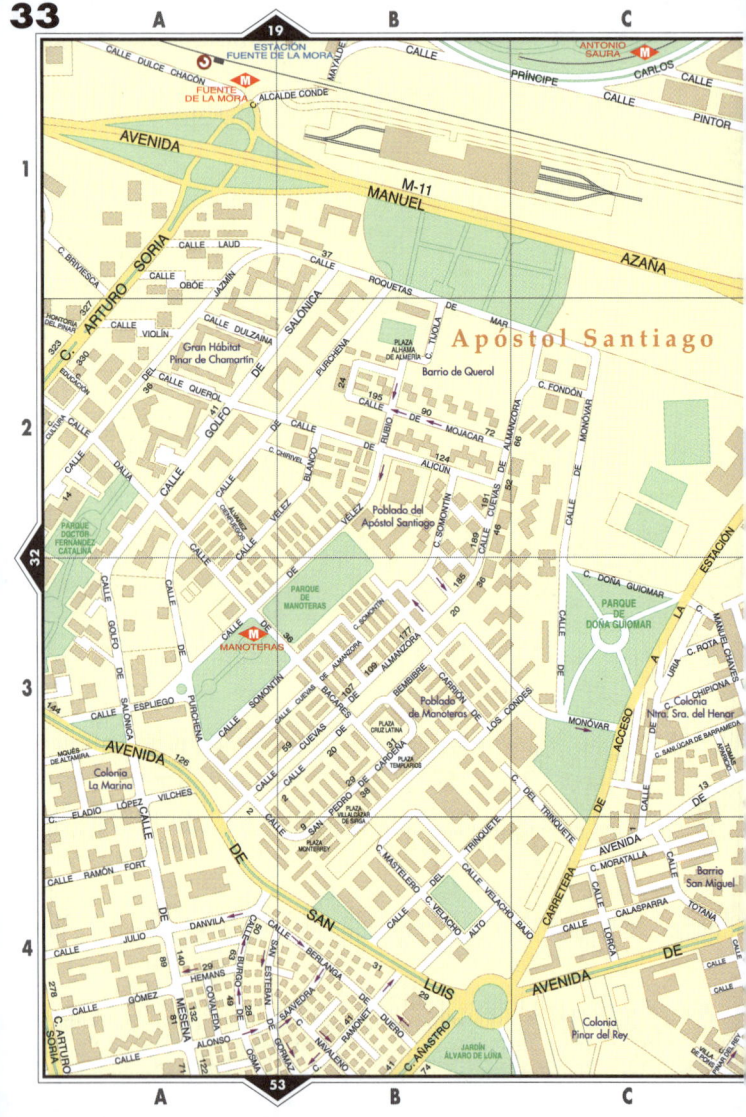

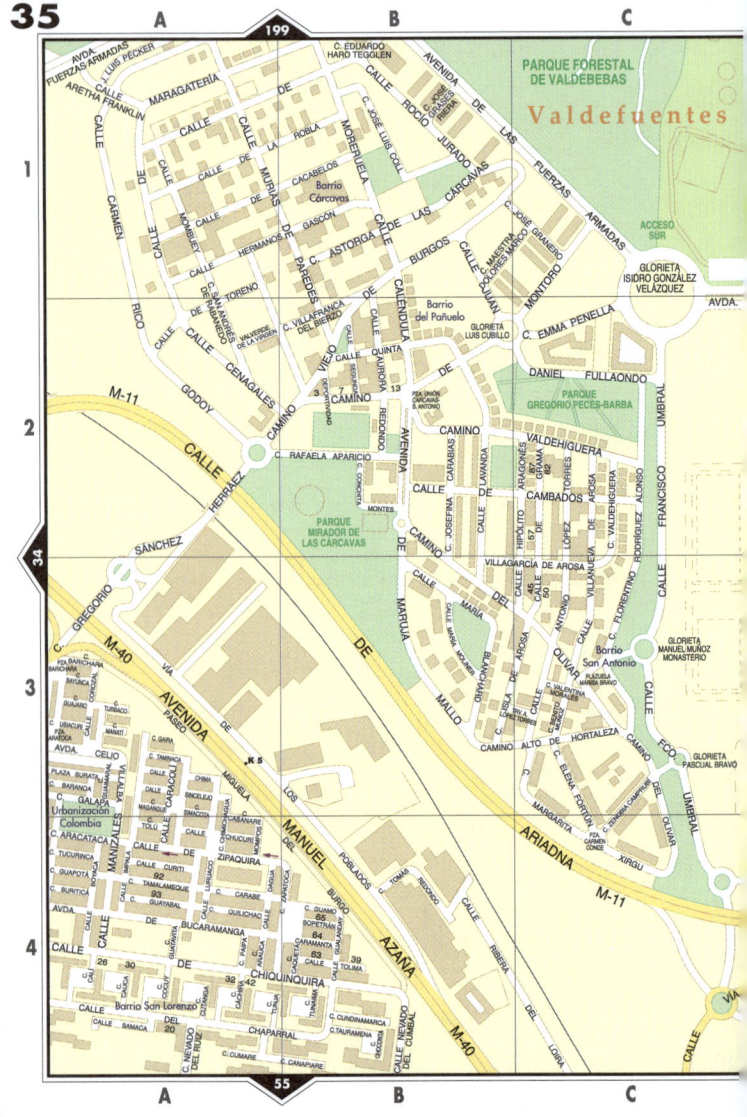

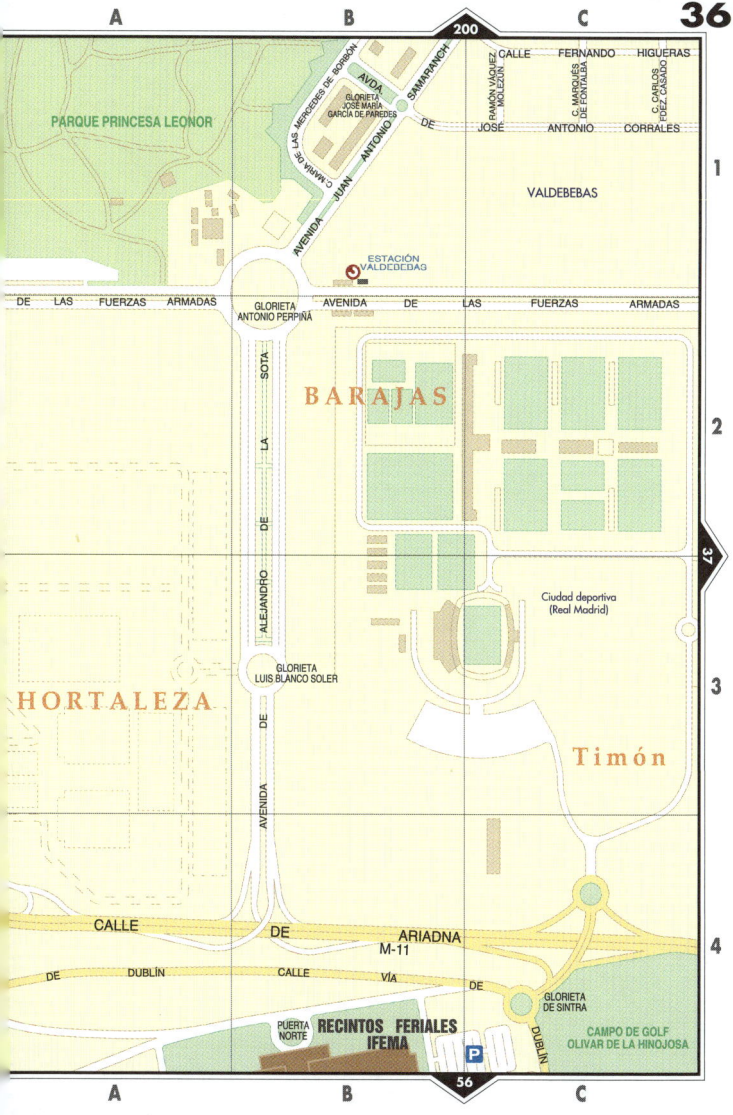

A   B   C

PARQUE PRINCESA LEONOR

CALLE   FERNANDO   HIGUERAS

C/ MARQUES DE FONTALBA

C/ CARLOS PDEZ CASADO

RAMÓN VÁQUEZ MOLEZÚN

JOSÉ   ANTONIO   CORRALES

VALDEBEBAS

1

GLORIETA JOSÉ MARÍA GARCÍA DE PAREDES

AVDA. SAMARANCH

C/ MARÍA DE LAS MERCEDES DE BORBÓN

AVENIDA JUAN ANTONIO

ESTACIÓN VALDEBEBAS

DE   LAS   FUERZAS   ARMADAS

GLORIETA ANTONIO PERPIÑÁ

AVENIDA   DE   LAS   FUERZAS   ARMADAS

BARAJAS

2

37

SOTA

LA

DE

ALEJANDRO

Ciudad deportiva (Real Madrid)

GLORIETA LUIS BLANCO SOLER

HORTALEZA

3

Timón

DE

AVENIDA

CALLE   DE   ARIADNA

M-11

4

DE   DUBLÍN   CALLE   VÍA   DE

GLORIETA DE SINTRA

DUBLÍN

CAMPO DE GOLF OLIVAR DE LA HINOJOSA

PUERTA NORTE   **RECINTOS FERIALES IFEMA**

P

A   B   C

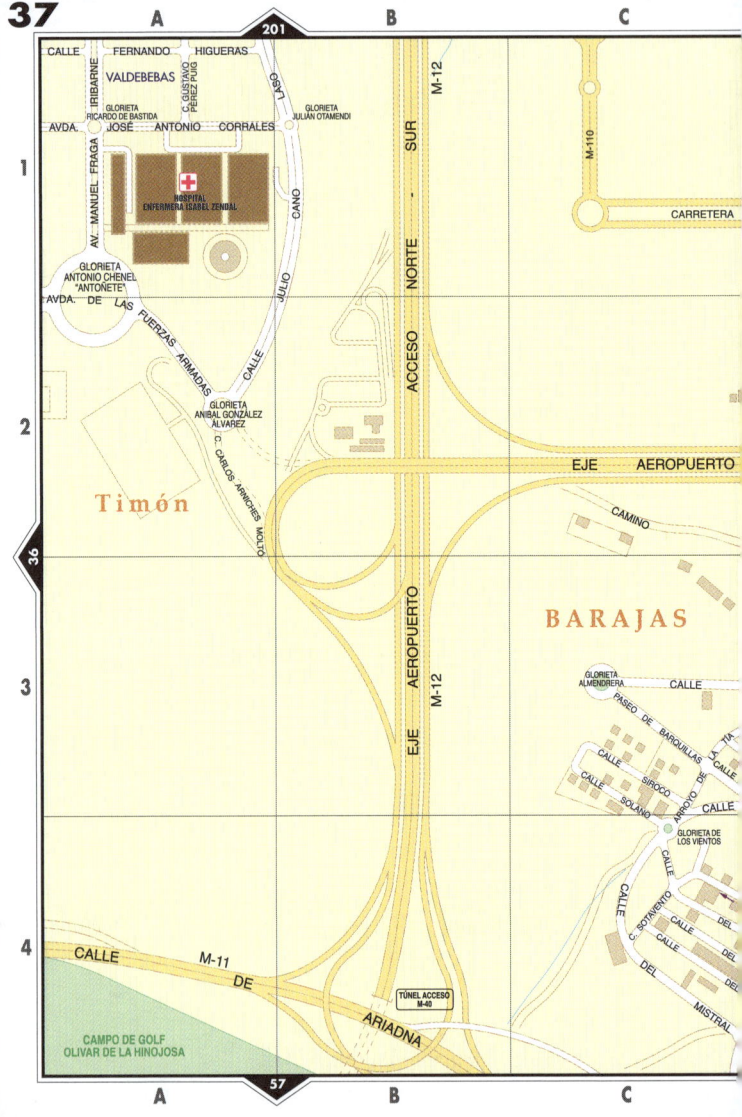

A   B   C

CALLE   FERNANDO   HIGUERAS

VALDEBEBAS

IRIBARNE

GLORIETA
RICARDO DE BASTIDA

C. GUSTAVO
PEREZ PUIG

GLORIETA
JULIÁN OTAMENDI

AVDA.   JOSÉ   ANTONIO   CORRALES

AV. MANUEL FRAGA

M-12

ACCESO   NORTE - SUR

HOSPITAL
ENFERMERA ISABEL ZENDAL

CALLE   JULIO   CANO

M-110

CARRETERA

1

GLORIETA
ANTONIO CHENEL
"ANTOÑETE"

AVDA.   DE   LAS   FUERZAS   ARMADAS

GLORIETA
ANIBAL GONZALEZ
ALVAREZ

C. CARLOS ARNICHES MOLTÓ

2

EJE   AEROPUERTO

CAMINO

Timón

36

B A R A J A S

EJE   AEROPUERTO

M-12

GLORIETA
ALMENDRERA

CALLE

PASEO DE BARQUILLAS

3

CALLE

CALLE
SIROCO

C. CALLE

CALLE
SOLANO

ARROYO DE

CALLE

GLORIETA DE
LOS VIENTOS

CALLE

CALLE

SOTAVENTO

CALLE   DEL

4

CALLE   M-11

DE

TÚNEL ACCESO
M-40

CALLE   DEL

CALLE   DEL

ARIADNA

MISTRAL

CAMPO DE GOLF
OLIVAR DE LA HINOJOSA

A   B   C

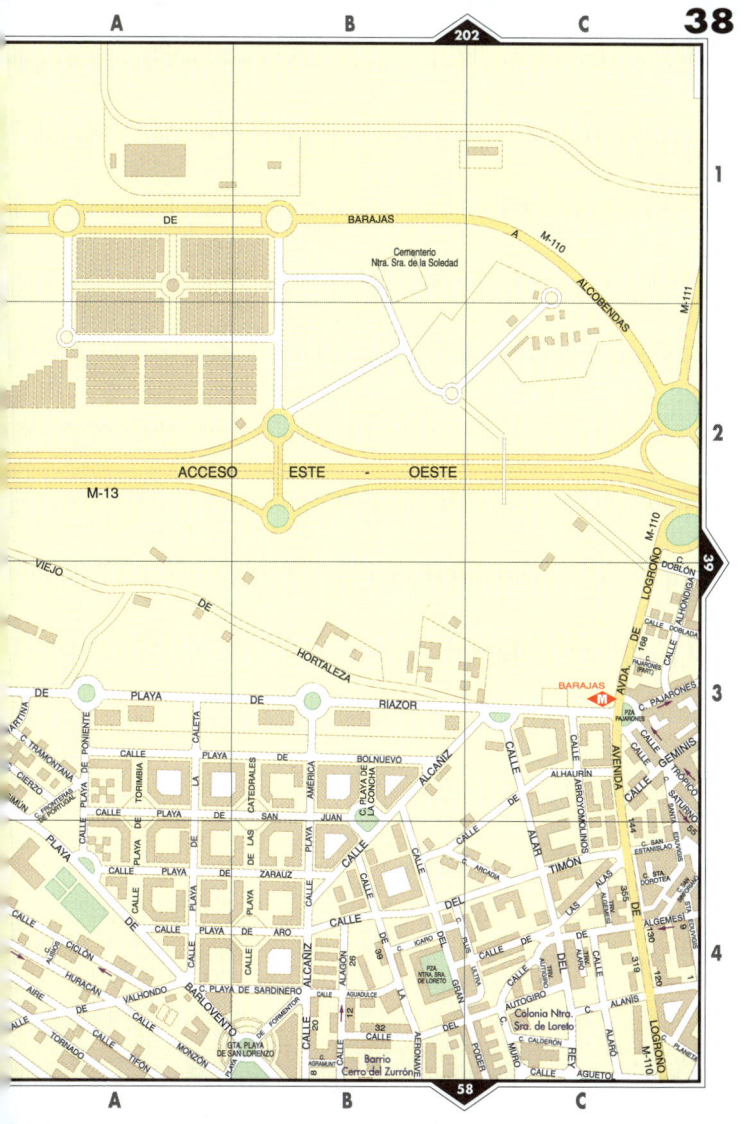

1

DE　　　　　　　　BARAJAS

M-110

Cementerio
Ntra. Sra. de la Soledad

A

ALCOBENDAS

M-111

2

ACCESO　ESTE - OESTE

M-13

M-110

VIEJO

DE

HORTALEZA

DOBLÓN

LOGROÑO

AVDA.

39

3

DE　　PLAYA　　　DE　　　RIAZOR

Barajas
Ⓜ

CALLE

CALLE

CALLE

GÉMINIS

PAJARONES

SARTENO

TARTANA

C. TRAMONTANA

FRONTERA
SAN PORTUGAL

CIERZO

CALLE

PLAYA DE PONIENTE

CALLE

PLAYA

TOROMBIA

LA

CALETA

PLAYA

DE

CATEDRALES

AMÉRICA

BOLNUEVO

PLAYA DE
LA CONCHA

ALCANIZ

ALHAURÍN

ARROYOMOLINOS

ALAR

TIMÓN

ALAS

CALLE

ESTANISLAO

CALLE

C. SAN

CÓRDOBA

PLAYA

CALLE

PLAYA

DE

LAS

SAN

JUAN

CALLE

CALLE

CALLE

C. ARCADA

PLAYA

ZARAUZ

DEL

CALLE

CALLE

PLAYA

DE

CALLE

PLAYA

CALLE

PLAYA

DE

ARO

CALLE

CALLE

ALCAÑIZ

ALAGÓN

C. ICARO

AGUADULCE

FDA.
NTRA. SRA.
DE LORETO

CALLE

DEL

AUTOPÍA

CALLE

ALAS

DE

ALGEMESÍ

CALLE

ALANIS

PLAYA

DE

CICLÓN

HURACÁN

VALHONDO

C. PLAYA DE SARDINERO

BARLOVENTO

AIRE

C.

TORNADO

CALLE

TIFÓN

MONZÓN

GTA. PLAYA
DE SAN LORENZO

C. PLAYA
DE FORMENTOR

AGRAMUNT

CALLE

32

CALLE

Barrio
Cerro del Zurrón

FDER

MURO

Colonia Ntra.
Sra. de Loreto

AUTOGIRO

REY

ALAMO

LOGROÑO

M-110

AGUETOL

PLANETA

CALLE

4

39

PISTAS AEROPUERT

Casco Histórico
de Barajas

AEROPUERTO ADOLFO SUÁREZ
MADRID-BARAJAS

T-3
PUENTE AÉREO IBERIA

Colonia
Iberia

PLAZA MAYOR
DE BARAJAS

PZA
DEL JUBILADO

J.M.D.
BARAJAS

PZA
TRES ESQUINAS

M-13
EJE AEROPUERTO
ACCESO
ESTE-OESTE

M-111

M-13

AUTOVÍA

38

ACCESOS AL AEROPUERTO

A-1
Salida 17

A-1

M-12

M-40 norte
Salida 2A

La Moraleja

R-2
Salida 3

R-2

R-2

M-40 norte
Salida 2B

Peaje

AEROPUERTO
T4

T-4

M-111

T-4s

M-12

M-11
Salida 7

M-13

T-3

Aeropuerto
Madrid-Barajas

M-11

M-40

Parque
Juan Carlos I

Peaje

Avda. Logroño

M-14

T-2

T-1

M-40 sur
Salida 8

Peaje

M-14
Salida 3

A-2

A-2

A-2

A-2
Salida 12

M-40
Salida 9A

M-40

PISTAS AEROPUERTO

A B C

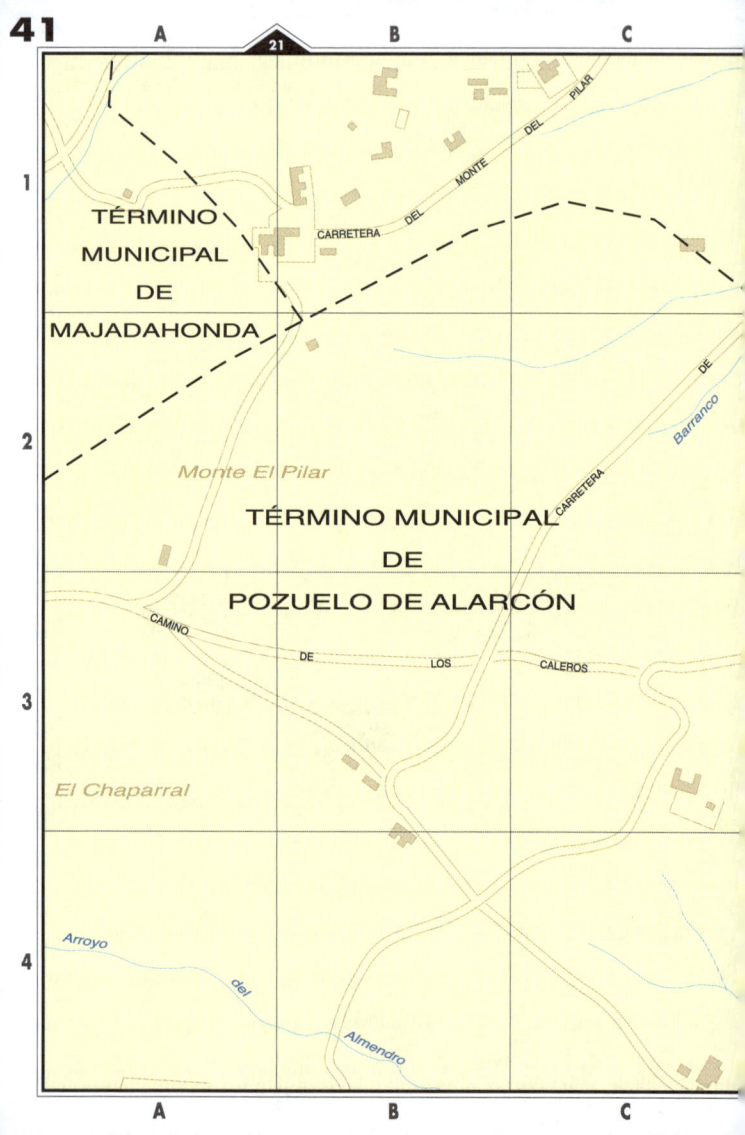

A   B   C

1

DEL PILAR

MONTE

CARRETERA   DEL

TÉRMINO

MUNICIPAL

DE

MAJADAHONDA

DE

Barranco

2

Monte El Pilar

TÉRMINO MUNICIPAL

DE

POZUELO DE ALARCÓN

CARRETERA

CAMINO

DE   LOS   CALEROS

3

El Chaparral

Arroyo

4

del

Almendro

A   B   C

TÉRMINO MUNICIPAL

DE

POZUELO DE ALARCÓN

Cerro de los Gamos

La Escorzonera

CAMINO

DE

LOS

CALEROS

ESCORZONERA

Rufo

LA

de

AVENIDA

DE

OCHANDIANO

AVDA.

PADRE

HUIDOBRO

A-6

CALLE DE SOPELANA

LA

VICTORIA

NUDO 24
POZUELO

K 45

M-40

OESTE

DISTRIBUIDOR

M-40

22

43

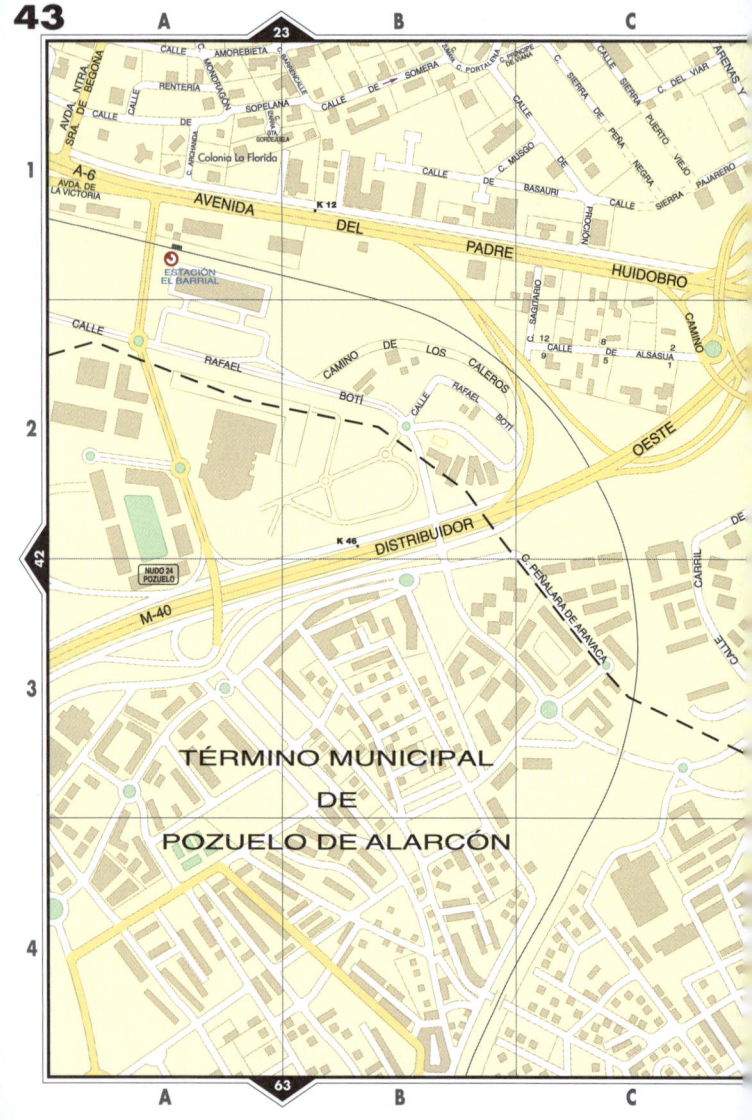

23

CALLE AMOREBIETA

CALLE RENTERÍA

AVDA. NTRA.
SRA. DE BEGOÑA

C. CONCEPCIÓN

C. ANDREMIKEL

SOPELANA

DE

CALLE DE SOMERA

C. PORTALERA

C. PRÍNCIPE
DE VIANA

CALLE SIERRA

CALLE SIERRA

DE

C. DEL VIAR

PEÑA

ARENAS Y

PUERTO
VIEJO

C. ARGANDA

GTA.
GONDUELA

C. ROMENA

Colonia La Florida

NEGRA

SIERRA PAJARERO

1

A-6
AVDA. DE
LA VICTORIA

AVENIDA

CALLE

C. MUSSO

DE

BASAURI

PROCIÓN

K 12

DEL

PADRE

HUIDOBRO

ESTACIÓN
EL BARRIAL

CALLE

CALLE

RAFAEL

CAMINO DE LOS CALEROS

BOTÍ

CALLE

RAFAEL

BOTÍ

C. SAGITARIO

C. 12

CALLE

8

5

ALSASUA

2
1

CAMINO

OESTE

2

DISTRIBUIDOR

K 46

C. PEÑALARA DE ARAVACA

CARRIL

DE

CALLE

42

NUDO 24
POZUELO

M-40

3

TÉRMINO MUNICIPAL

DE

POZUELO DE ALARCÓN

4

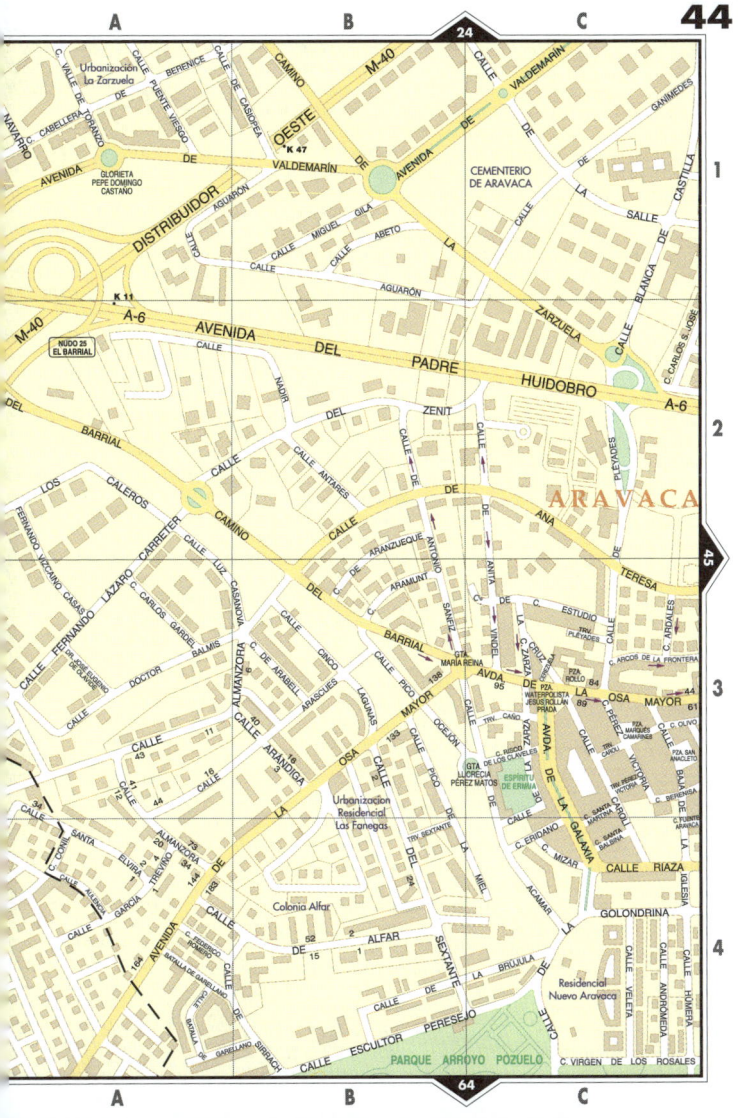

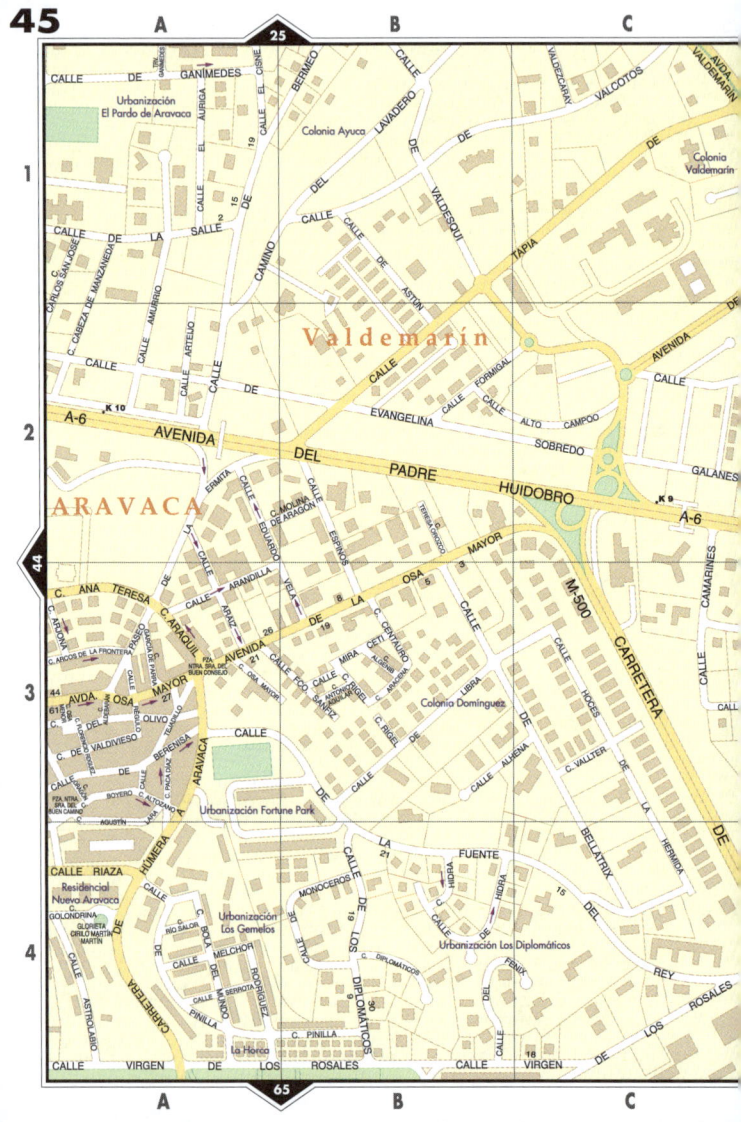

A   B   26   C

RÍO MANZANARES

CTRA. A LA PLAYA DE MADRID

HIPÓDROMO DE LA ZARZUELA

CASARIEGO

CALLE

DE

DARÍO

C. DEL NÍSCALO

CABO

CAÑABERAL

CERCIS

APARICIO

ARGENTONA

CALLE

CALLE

DE

CALLE

C. DARÍO ARÁNGORO

NARANJAL

Colonia Las Flores

CALLE LEITARIEGOS

CALLE

CALLE

CARRETERA

DEL

HIPÓDROMO

1

2

AVENIDA   DEL   PADRE   HUIDOBRO

k 8

A-6

47

CALLE

DE

CALLE

CALLE

DE   TAMAJÓN

HORCHE

BOLARQUE

Colonia Camarines

CALLE   VILAGER

C. BOLARQUE

CABOALLES

VILLARINO

CALLE

ZUFE

DIEGO LÓPEZ
GCIA. GALLO

HENDELAENCINA

BUENAFUENTE

C. HORCHE

CALLE   BOLARQUE

CALLE   SIGÜENZA

CAMPO DE GOLF

3

Conjunto Residencial La Rinconada

RINCONADA

Meaques

RDA. BUGANVILLA

RONDA

PASEO

BUGANVILLA

Urbanización Las Monjas

106

98

DE

LA

45

69

DEL REY

29

DEL REY

Pozuelo

y

de

Arroyo   de

M-500

CASTILLA

k 1

A   B   66   C

4

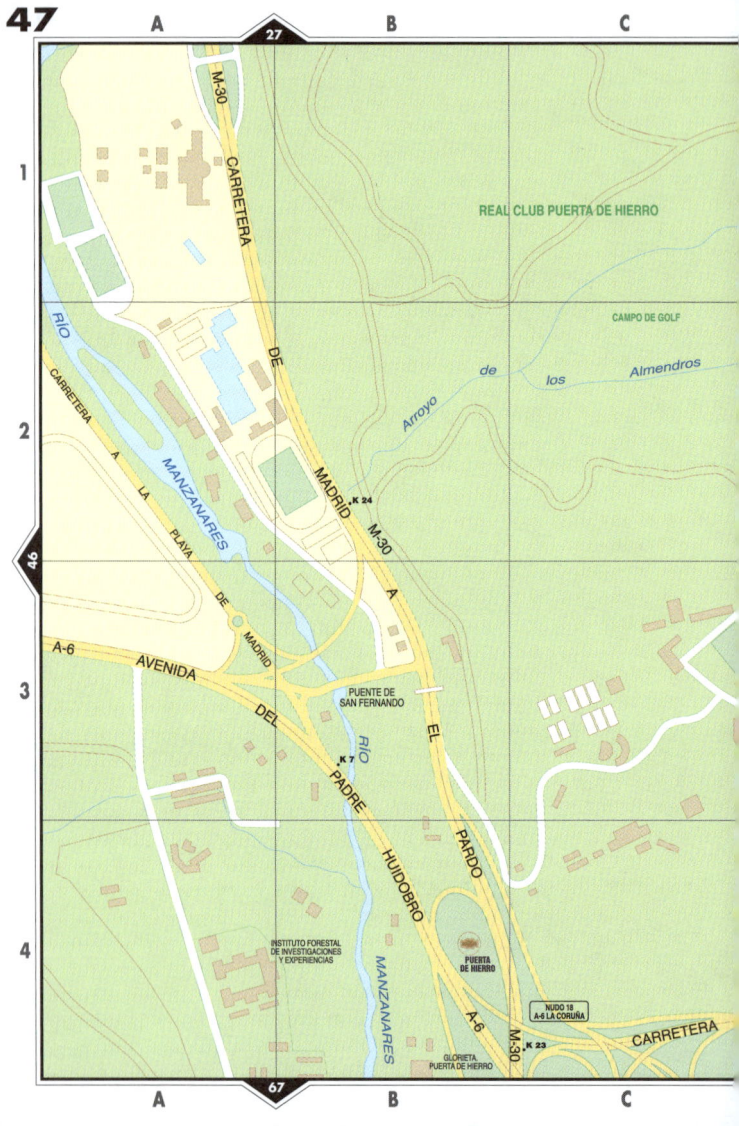

A B C

M-30

CARRETERA

REAL CLUB PUERTA DE HIERRO

CAMPO DE GOLF

RIO

DE

CARRETERA

MADRID

Arroyo *de* *los* *Almendros*

A

MANZANARES

LA

PLAYA

K 24

M-30

DE

MADRID

A

46

A-6

AVENIDA

DEL

RIO

EL

PUENTE DE
SAN FERNANDO

K 7

PADRE

PARDO

INSTITUTO FORESTAL
DE INVESTIGACIONES
Y EXPERIENCIAS

HUIDOBRO

MANZANARES

**PUERTA
DE HIERRO**

NUDO 18
A-6 LA CORUÑA

A-6

M-30

K 23

CARRETERA

GLORIETA
PUERTA DE HIERRO

1

2

3

4

A B C

REAL CLUB
PUERTA DE HIERRO

Colonia
Puerta de Hierro

DEHESA
DE LA VILLA

CENTRO NACIONAL
DE ENERGÍA NUCLEAR

DE LA DEHESA DE LA VILLA

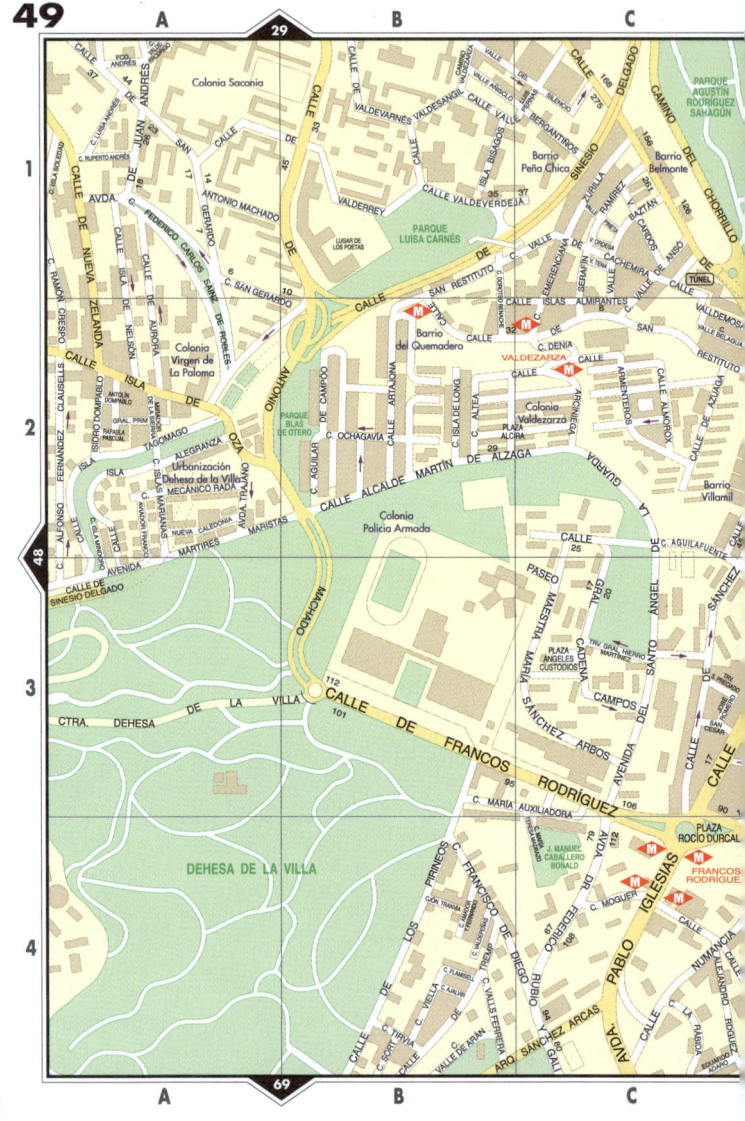

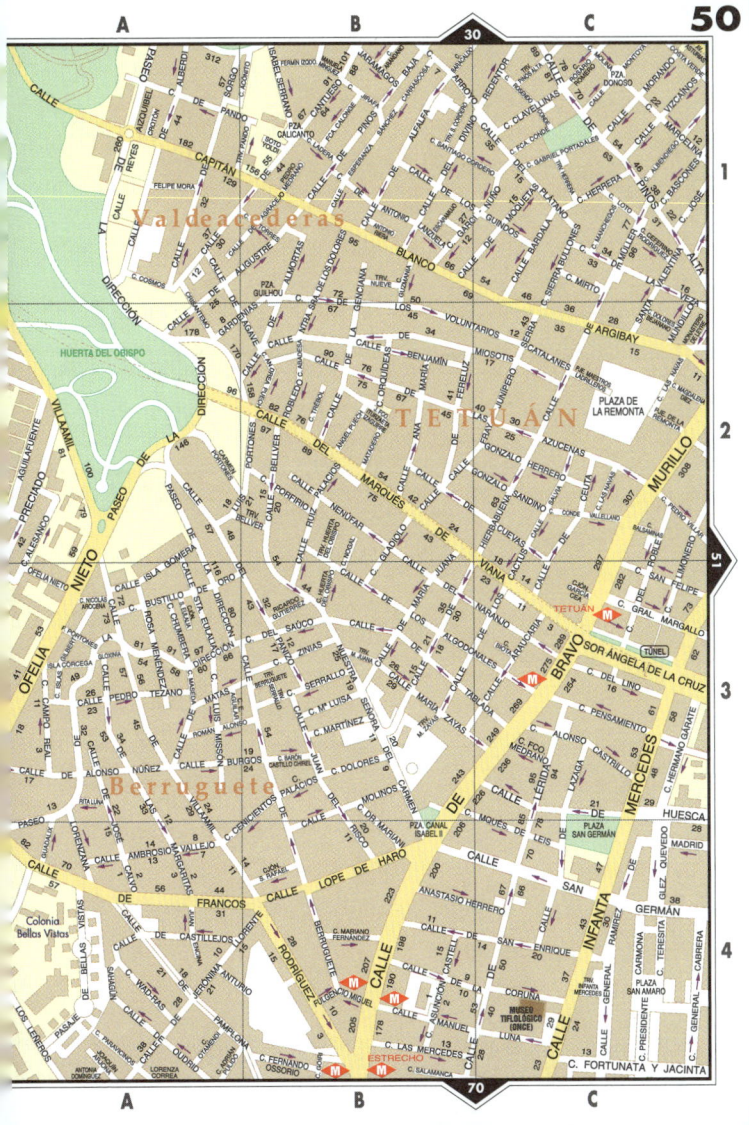

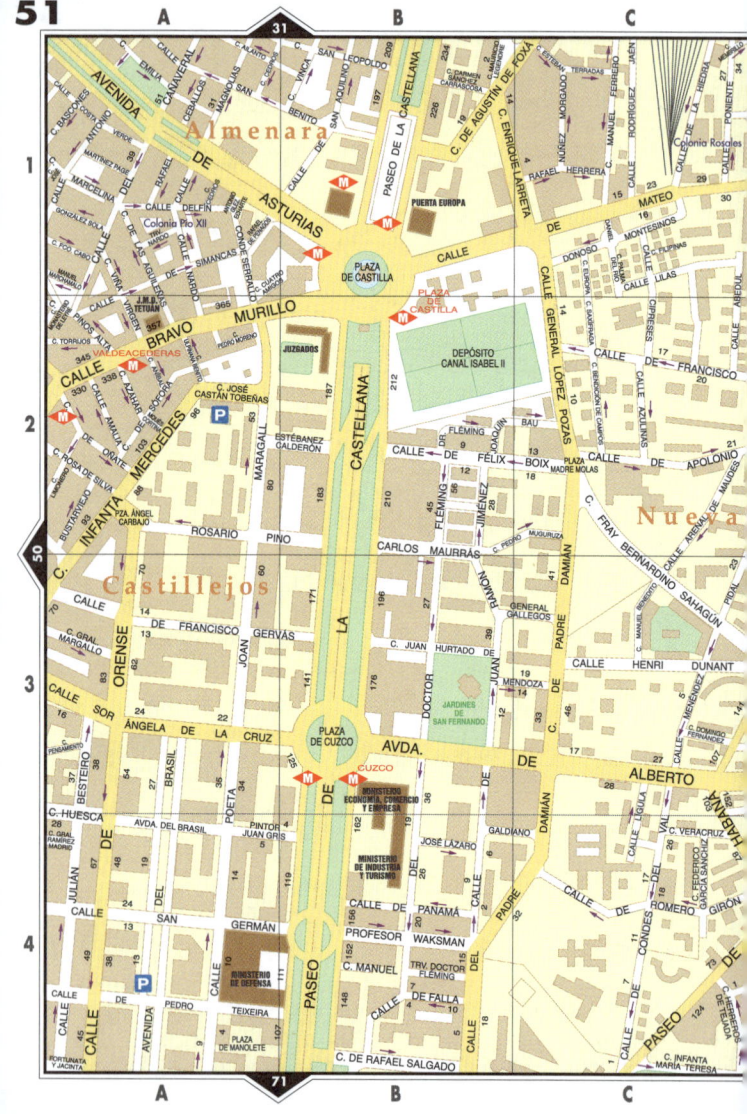

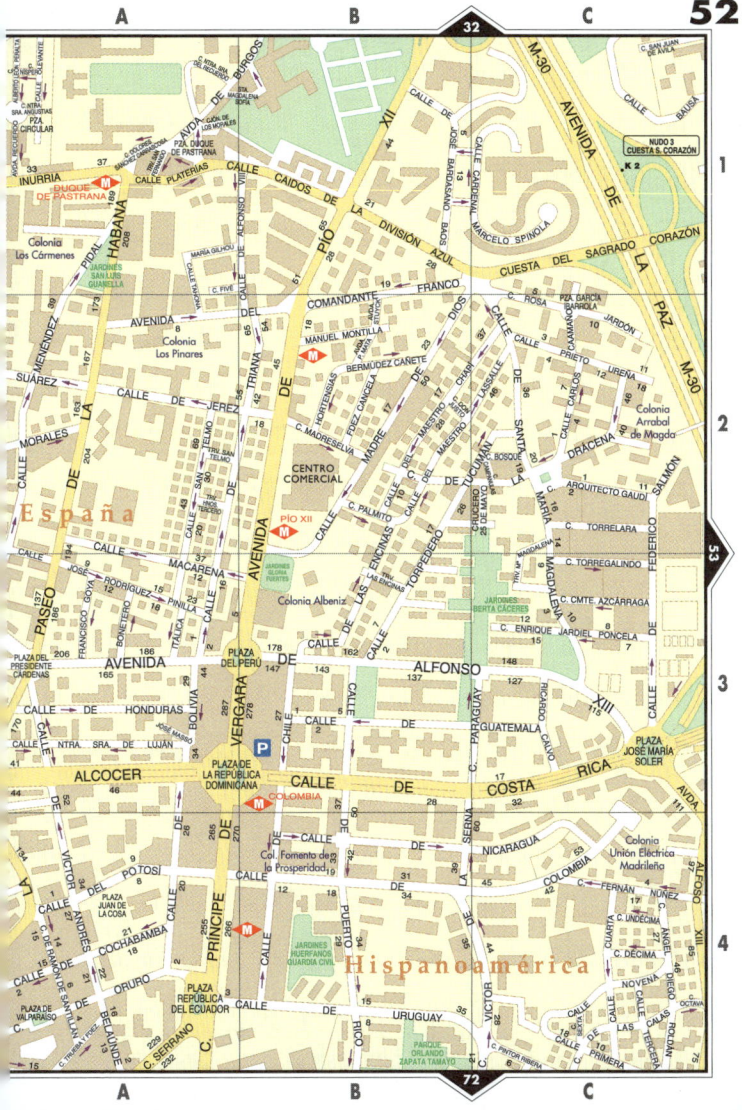

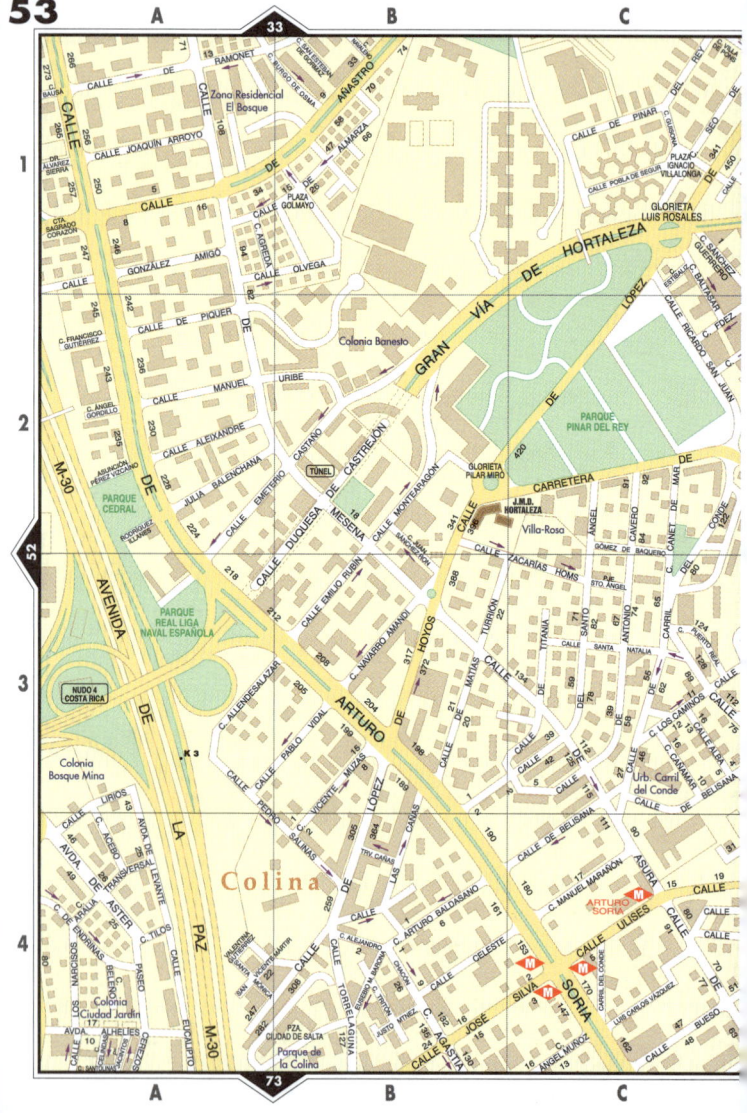

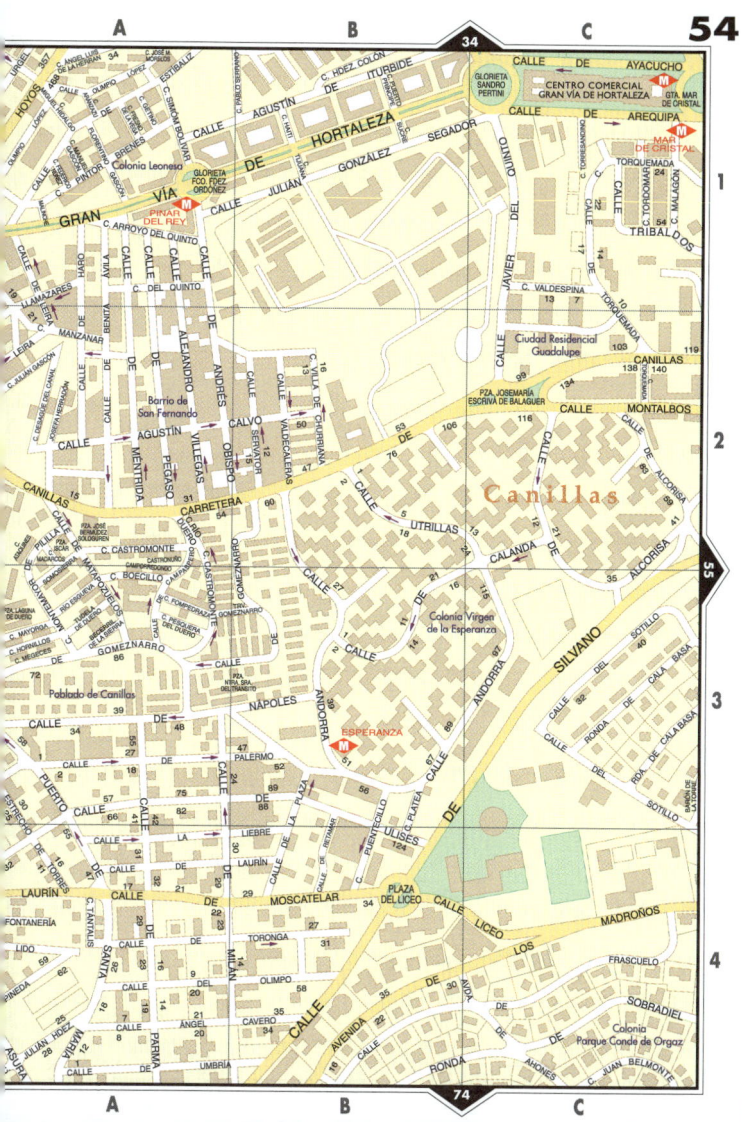

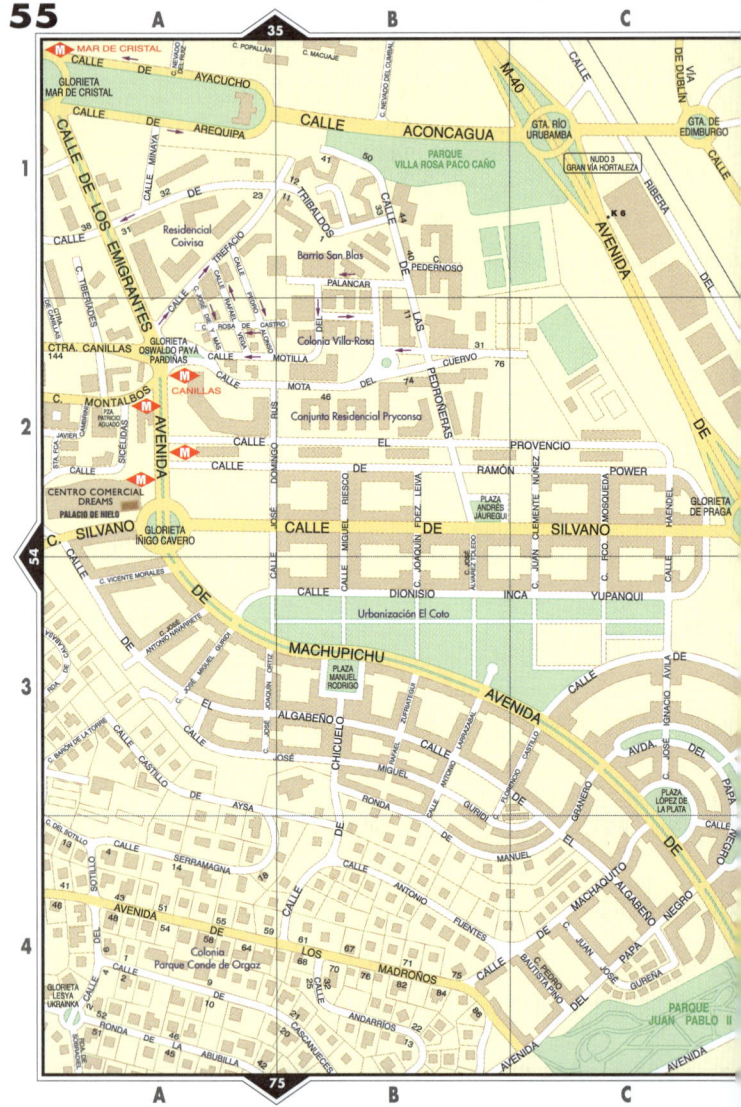

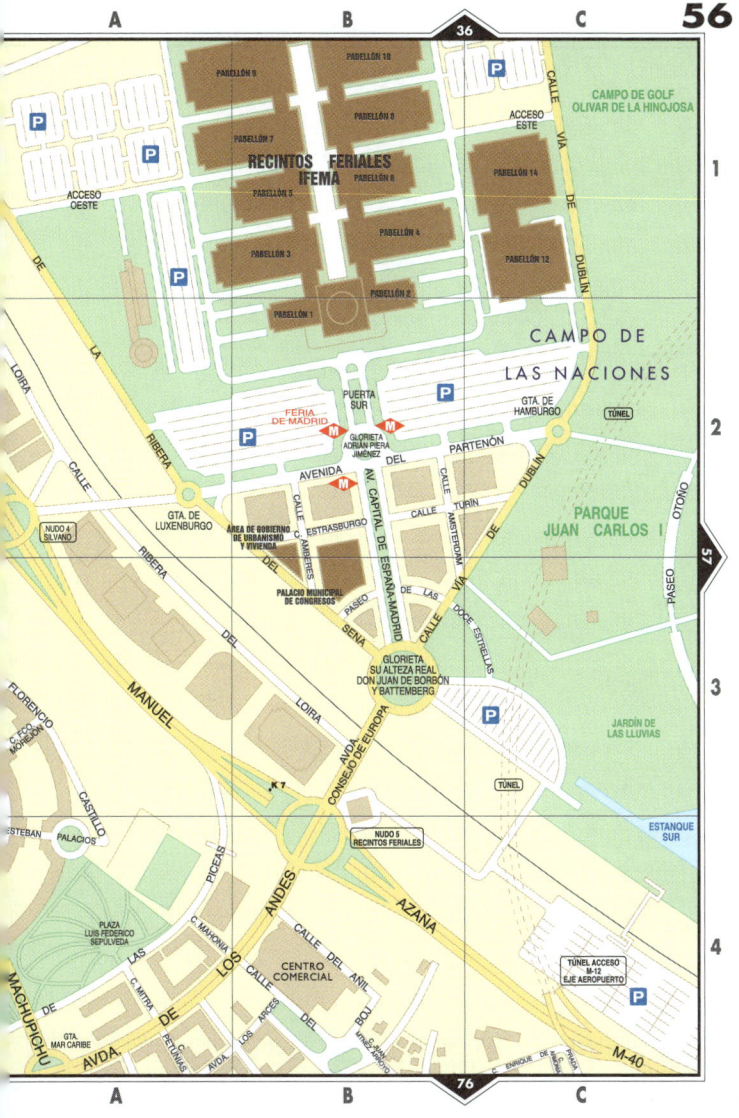

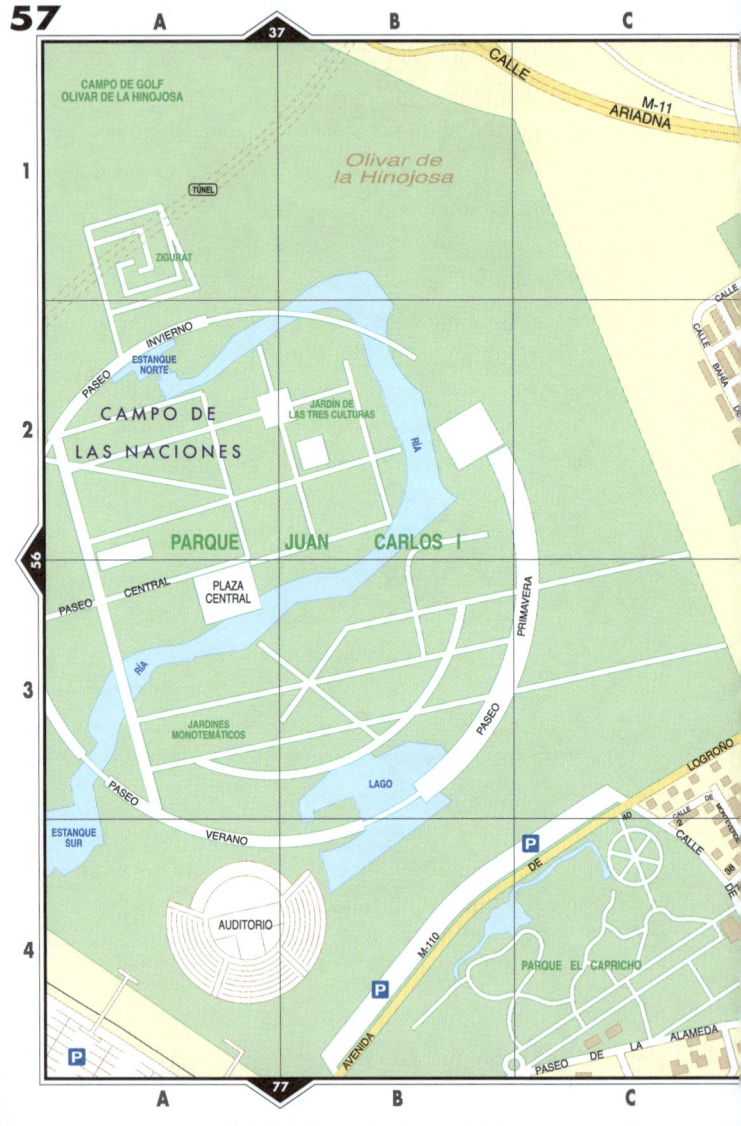

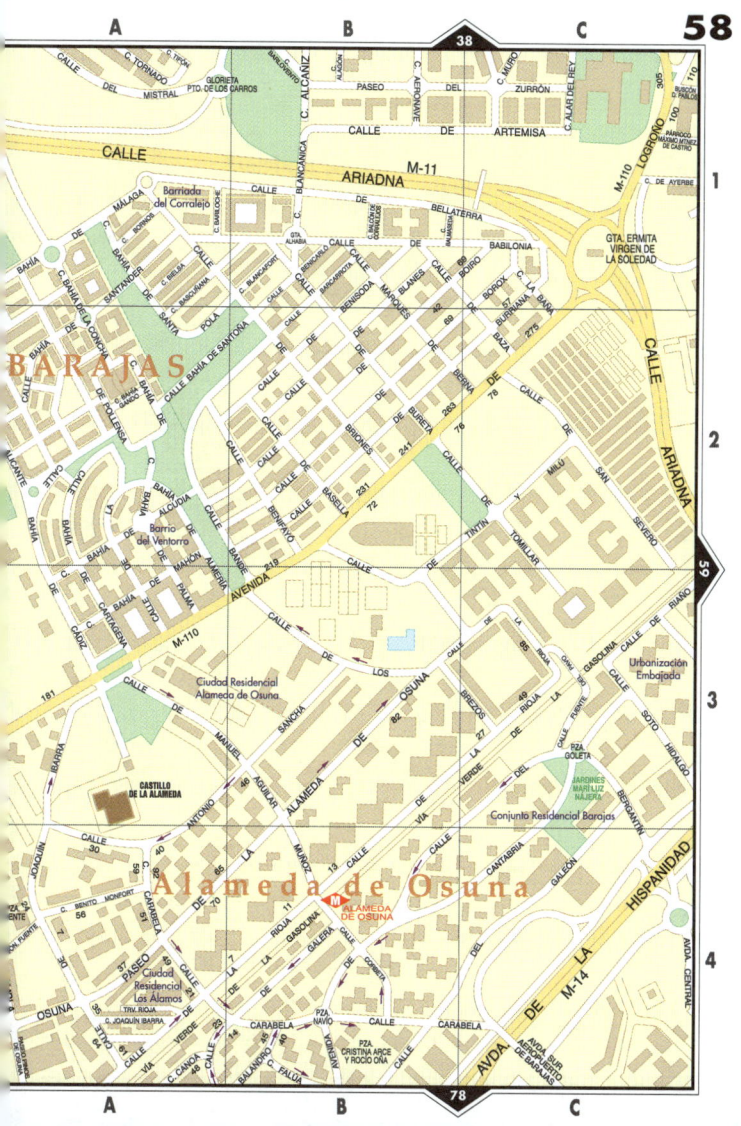

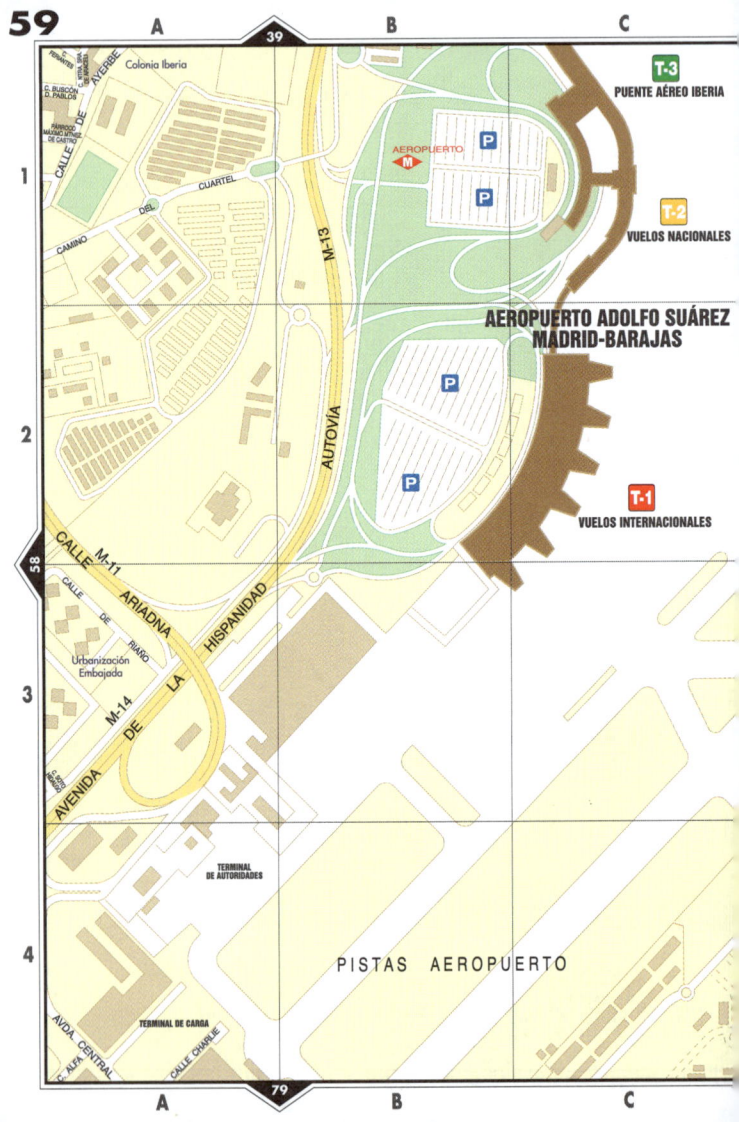

59

A   B   C

Colonia Iberia

T-3
PUENTE AÉREO IBERIA

AEROPUERTO

P

P

T-2
VUELOS NACIONALES

1

CALLE

DEL

CAMINO

CUARTEL

M-13

**AEROPUERTO ADOLFO SUÁREZ
MADRID-BARAJAS**

P

2

AUTOVIA

P

T-1
VUELOS INTERNACIONALES

58

CALLE

M-11

ARIADNA

HISPANIDAD

CALLE   DE   RIVAS

Urbanización
Embajada

3

M-14

LA

DE

AVENIDA

TERMINAL
DE AUTORIDADES

4

PISTAS   AEROPUERTO

AVDA. CENTRAL

TERMINAL DE CARGA

C. ALFA

CALLE CHARLIE

A   B   C

PISTAS AEROPUERTO

Polígono Hangar
de Aeropuerto

VEINTIDÓS DE ABRIL CALLE

CALLE DEL

C. DEL

C. LUIS AVIÓN

DEL VEINTIDÓS DE ABRIL

CLUB

CALLE DEL

CALLE JACOBO DE

CALLE GUTIÉRREZ

QUÉBEC

PAPA

CALLE DE ARMIJO

SOTO

JACOBO DE

DE ABRIL

ARMIJO

CALLE NOVEMBER

CALLE

CALLE NOVEMBER

1

2

61

3

4

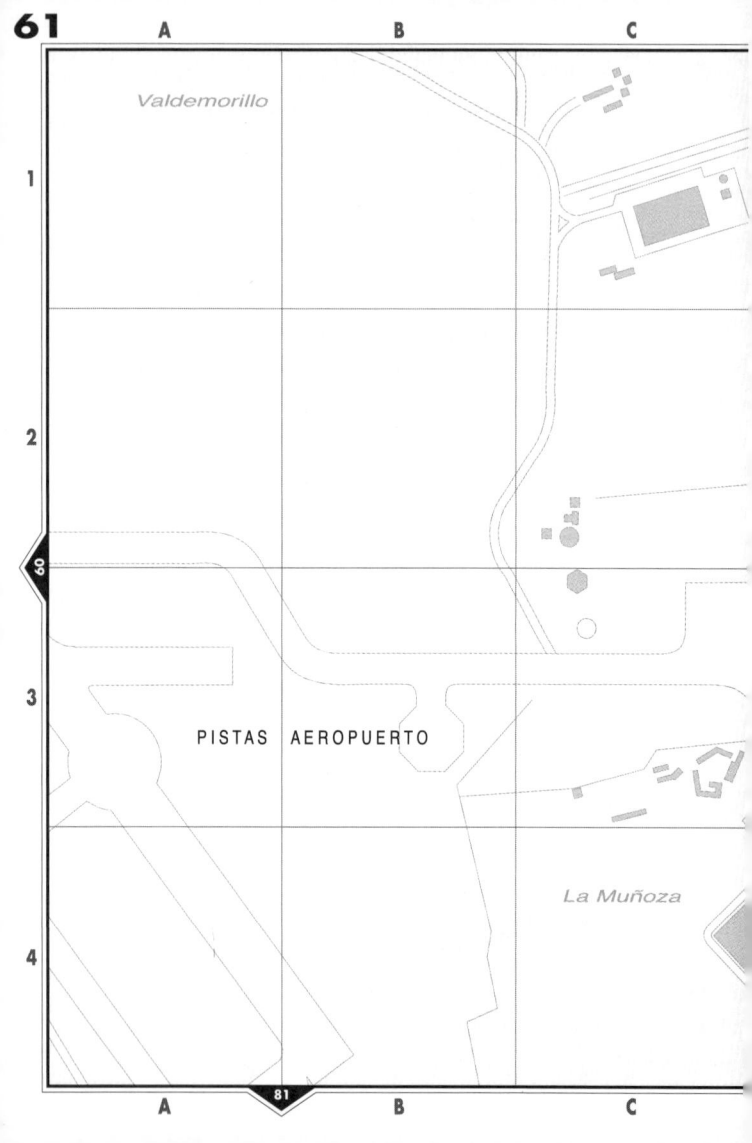

Valdemorillo

PISTAS AEROPUERTO

La Muñoza

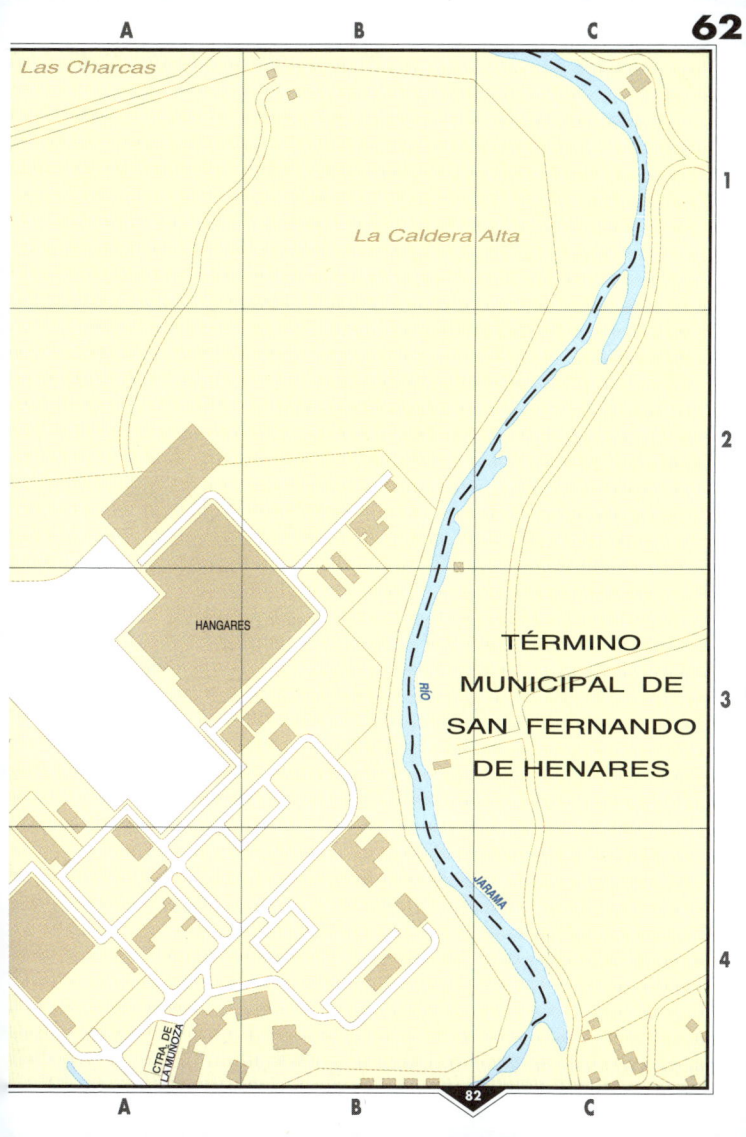

Las Charcas

La Caldera Alta

HANGARES

TÉRMINO

MUNICIPAL DE

SAN FERNANDO

DE HENARES

RÍO

JARAMA

CTRA. DE
LA MUNOZA

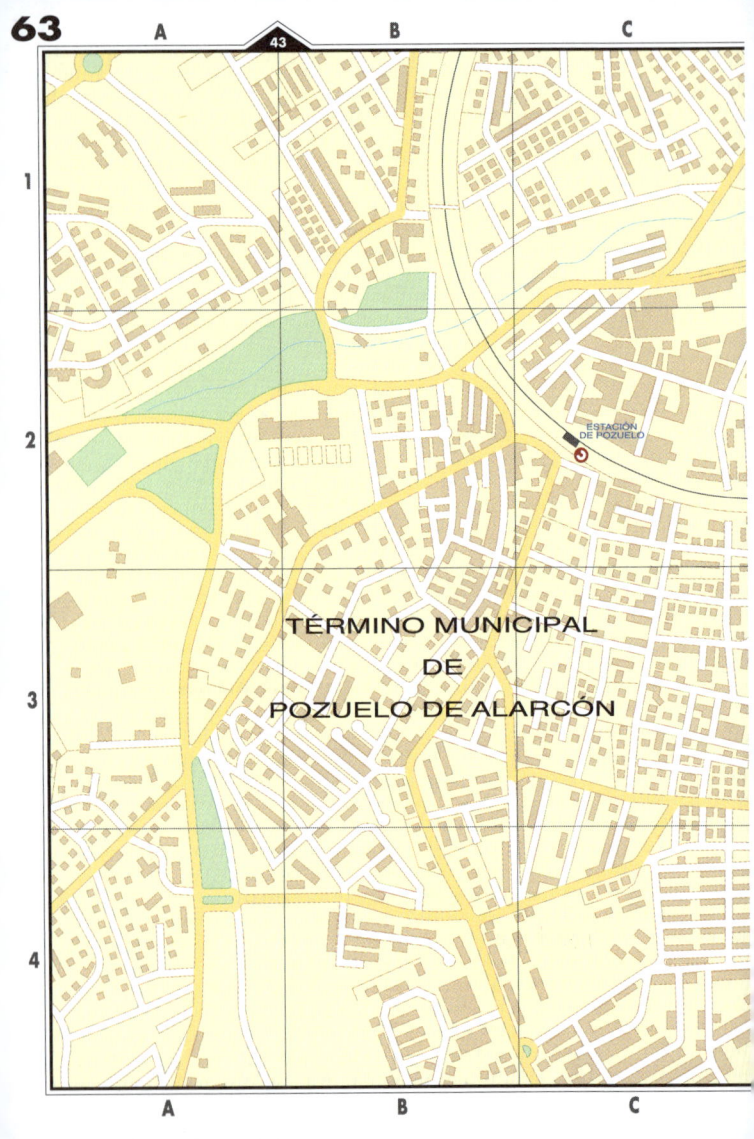

TÉRMINO MUNICIPAL

DE

POZUELO DE ALARCÓN

ESTACIÓN
DE POZUELO

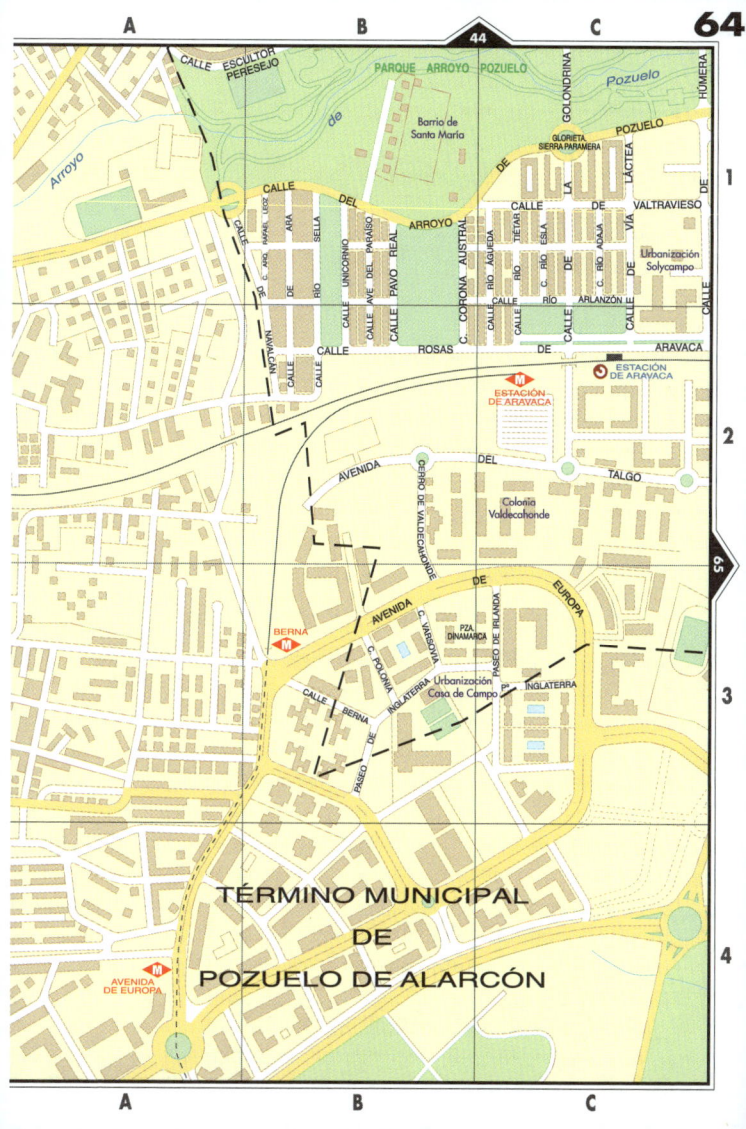

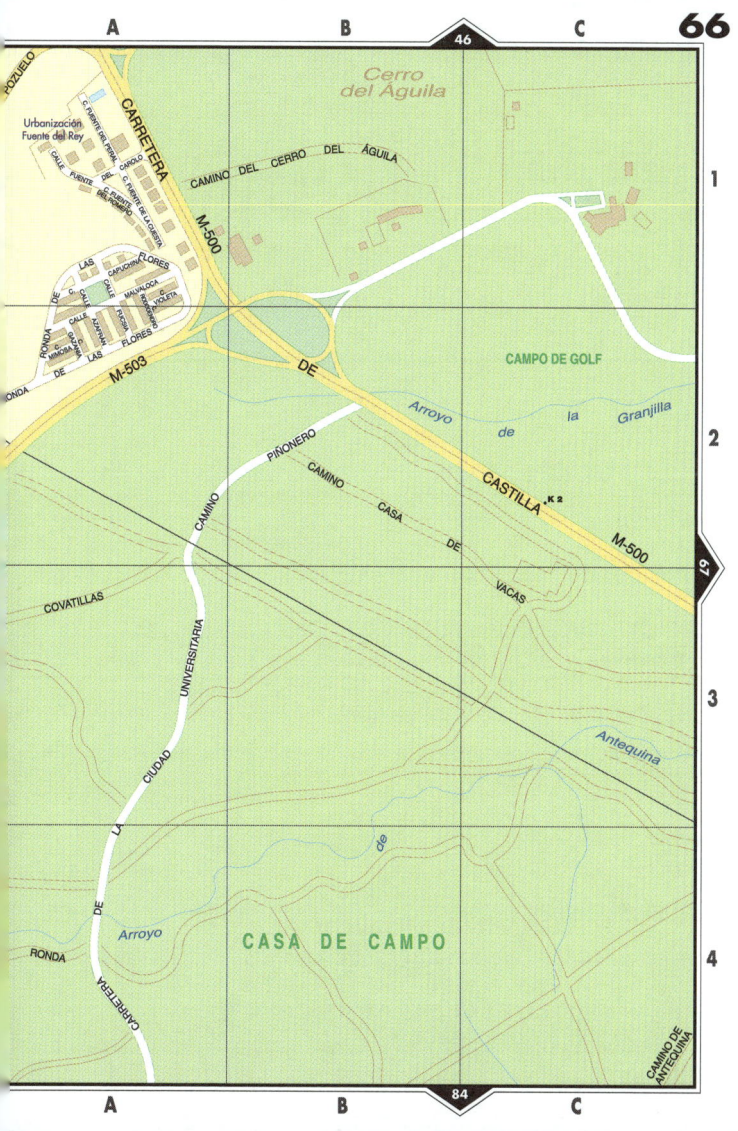

POZUELO

Cerro del Águila

Urbanización Fuente del Rey

CARRETERA

C. FUENTE DEL PRADO

CAROLO

C. FUENTE DE LL/CUESTA

CALLE FUENTE DEL PELINGRINO

CAMINO DEL CERRO DEL ÁGUILA

M-500

LAS FLORES

RONDA DE

CALLE MINARSAL

CALLE CAPUCHINA

CALLE FLORES

CALLE MALVALOCA

C. VIOLETA

CALLE LAS FLORES

RONDA

M-503

DE

1

CAMPO DE GOLF

DE

Arroyo   de   la   Granjilla

2

PIÑONERO

CAMINO

CAMINO   CASA

DE

CASTILLA .K 2

M-500

CAMINO

UNIVERSITARIA

COVATILLAS

VACAS

3

LA   CIUDAD

Antequina

DE

de

RONDA

Arroyo

DE

CARRETERA

CASA DE CAMPO

4

CAMINO DE ANTEQUINA

67

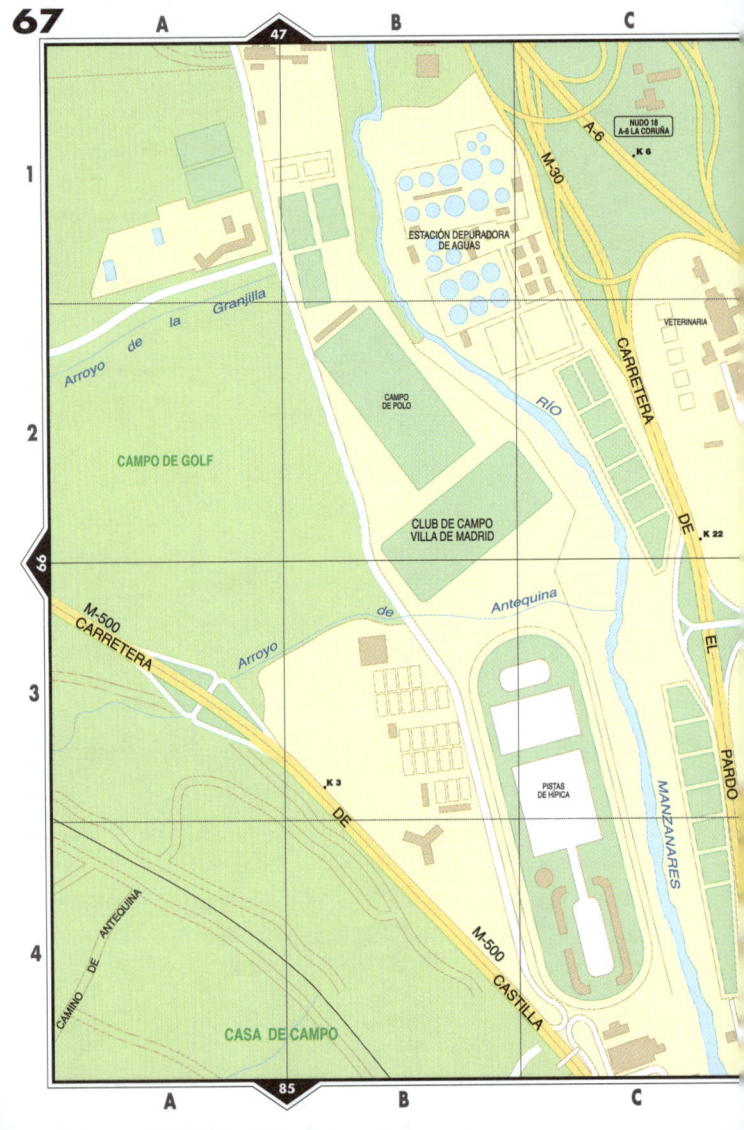

A   B   C

1

NUDO 18
A-6 LA CORUÑA
K 6

A-6

M-30

ESTACIÓN DEPURADORA
DE AGUAS

VETERINARIA

Arroyo de la Granjilla

CAMPO
DE POLO

RÍO

CARRETERA

2

CAMPO DE GOLF

CLUB DE CAMPO
VILLA DE MADRID

K 22

DE

Antequina

Arroyo de

EL

M-500
CARRETERA

3

K 3

PISTAS
DE HÍPICA

MANZANARES

PARDO

DE

M-500

CAMINO DE ANTEQUINA

4

CASTILLA

CASA DE CAMPO

A   B   C

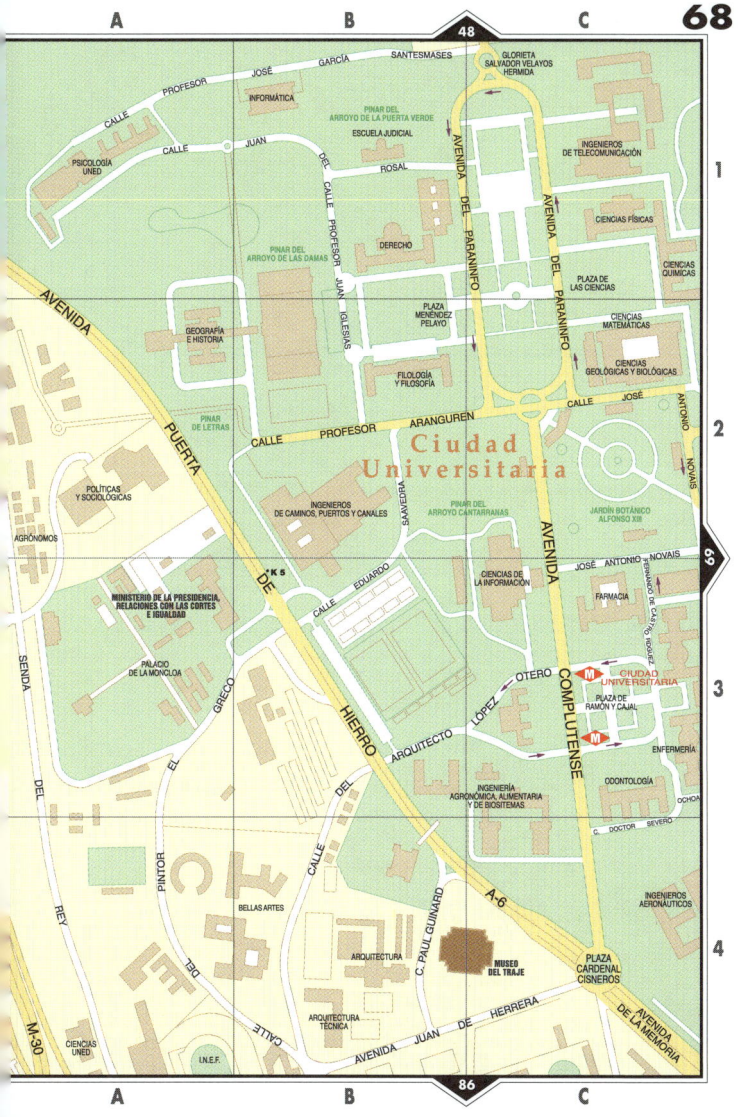

A   B   C

48

GLORIETA
SALVADOR VELAYOS
HERMIDA

CALLE   PROFESOR   JOSÉ   GARCÍA   SANTESMASES

INFORMÁTICA

PINAR DEL
ARROYO DE LA PUERTA VERDE

ESCUELA JUDICIAL

INGENIEROS
DE TELECOMUNICACIÓN

PSICOLOGÍA
UNED

CALLE   JUAN

CALLE   DEL

ROSAL

CIENCIAS FÍSICAS

AVENIDA   DEL   PARANINFO

1

PINAR DEL
ARROYO DE LAS DAMAS

CALLE   PROFESOR   JUAN

DERECHO

CALLE   IGLESIAS

CIENCIAS
QUÍMICAS

AVENIDA   DEL   PARANINFO

PLAZA
DE LAS CIENCIAS

GEOGRAFÍA
E HISTORIA

PLAZA MENÉNDEZ
PELAYO

FILOLOGÍA
Y FILOSOFÍA

CIENCIAS
MATEMÁTICAS

CIENCIAS
GEOLÓGICAS Y BIOLÓGICAS

AVENIDA

PUERTA

PINAR
DE LETRAS

CALLE   PROFESOR   ARANGUREN

CALLE   JOSÉ   ANTONIO

2

Ciudad
Universitaria

POLÍTICAS
Y SOCIOLÓGICAS

AGRÓNOMOS

INGENIEROS DE CAMINOS, PUERTOS Y CANALES

PINAR DEL
ARROYO CANTARRANAS

CALLE   SAAVEDRA

NOVAIS

JARDÍN BOTÁNICO
ALFONSO XIII

AVENIDA

69

DE

K 5

MINISTERIO DE LA PRESIDENCIA,
RELACIONES CON LAS CORTES
E IGUALDAD

CALLE   EDUARDO

CIENCIAS DE
LA INFORMACIÓN

JOSÉ   ANTONIO   NOVAIS

FARMACIA

SENDA

PALACIO
DE LA MONCLOA

CALLE   EL   GRECO

LÓPEZ   OTERO

M   CIUDAD
UNIVERSITARIA

PLAZA DE
RAMÓN Y CAJAL

3

DEL

CALLE   HIERRO

CALLE   DEL

ARQUITECTO

COMPLUTENSE

M

ENFERMERÍA

ODONTOLOGÍA

REY

INGENIERÍA
AGRONÓMICA, ALIMENTARIA
Y DE BIOSISTEMAS

C.   DOCTOR   SEVERO   OCHOA

CALLE   DEL   PINTOR

BELLAS ARTES

C. PAUL GUINARD

A-6

INGENIEROS
AERONÁUTICOS

M-30

ARQUITECTURA

MUSEO
DEL TRAJE

PLAZA
CARDENAL
CISNEROS

4

CIENCIAS
UNED

I.N.E.F.

ARQUITECTURA
TÉCNICA

AVENIDA   JUAN   DE   HERRERA

AVENIDA
DE LA MEMORIA

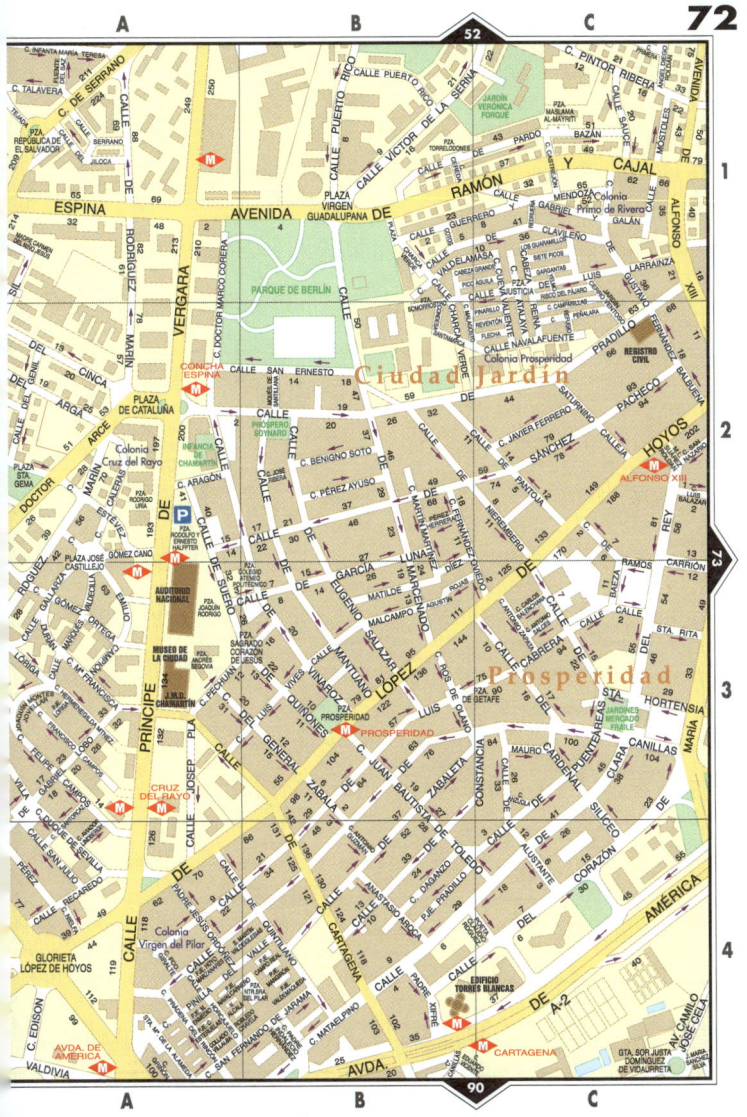

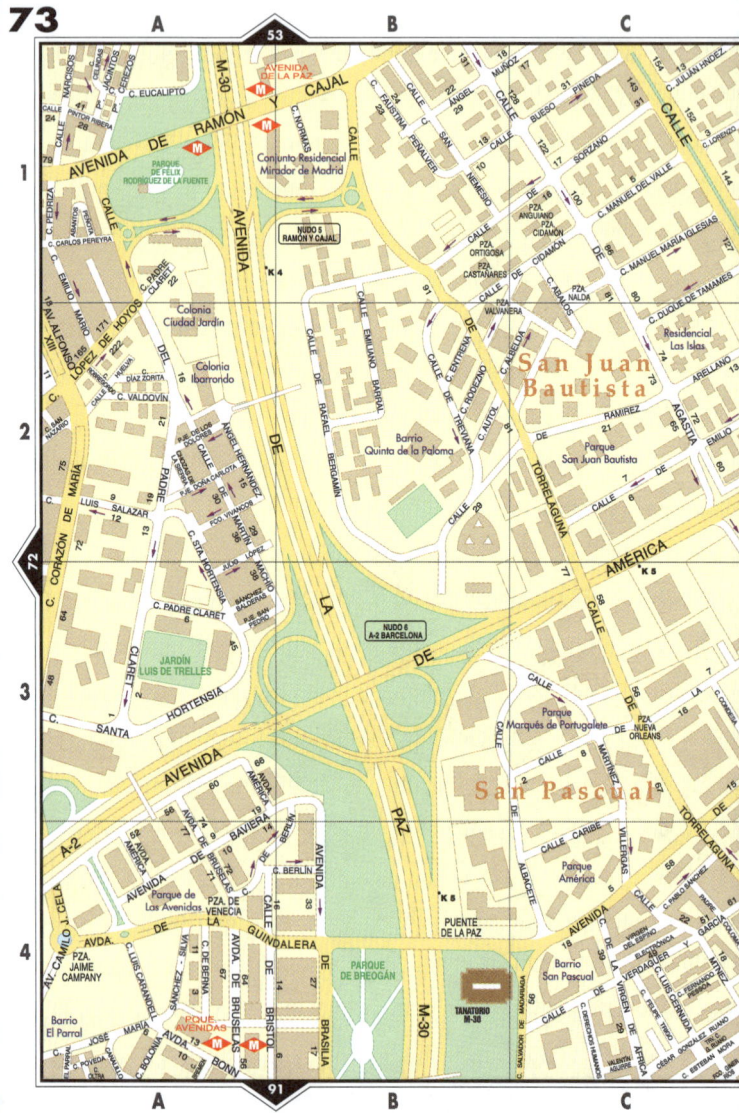

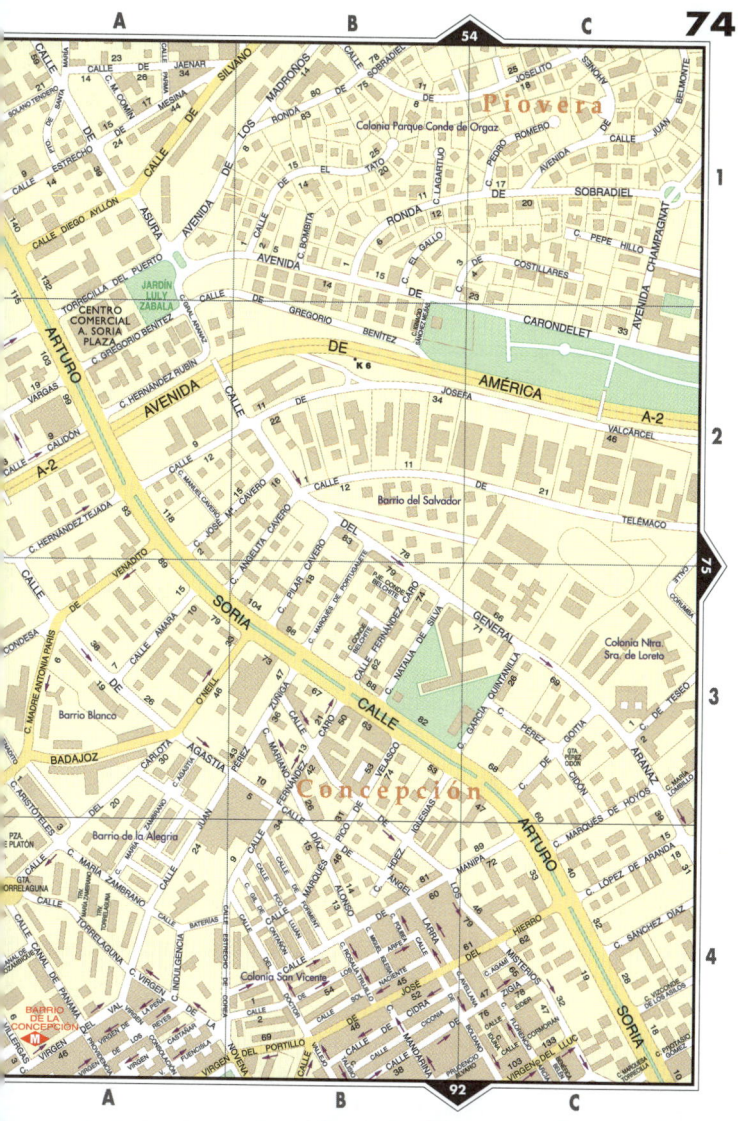

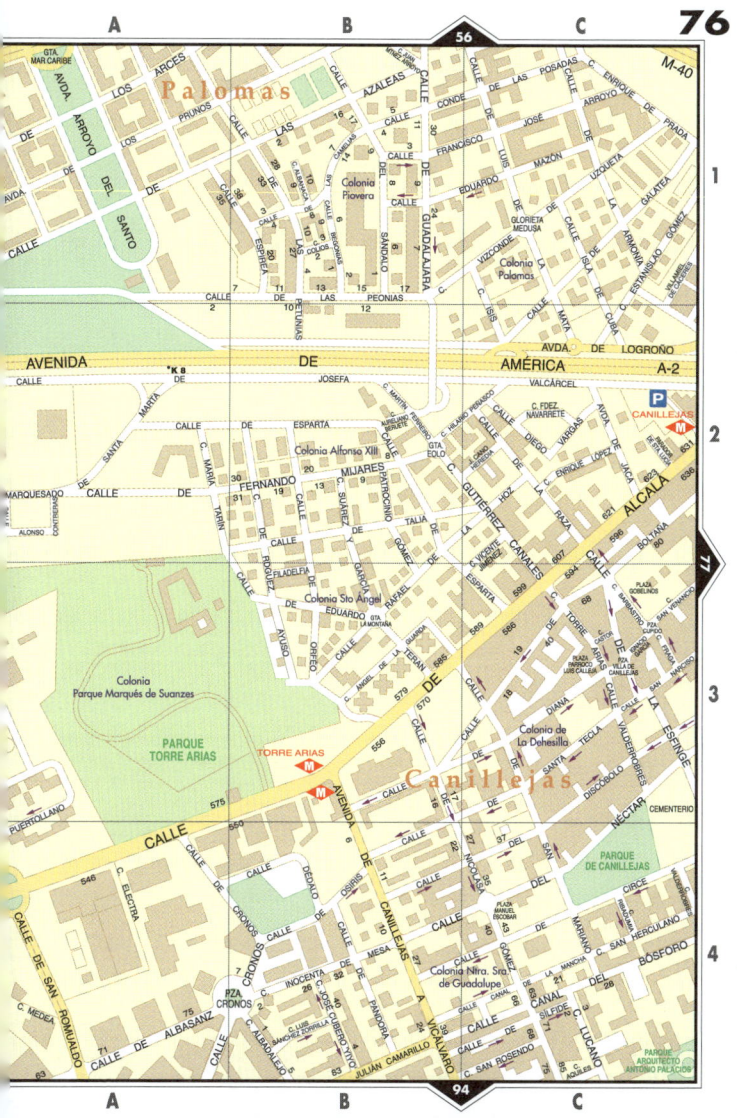

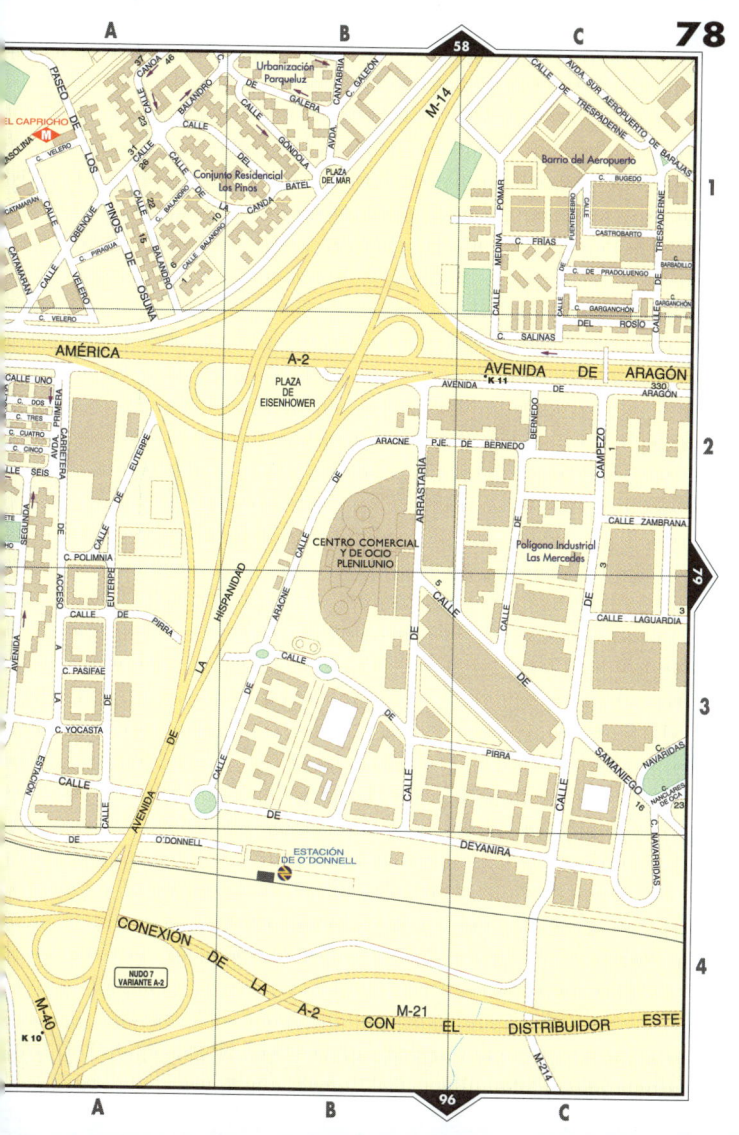

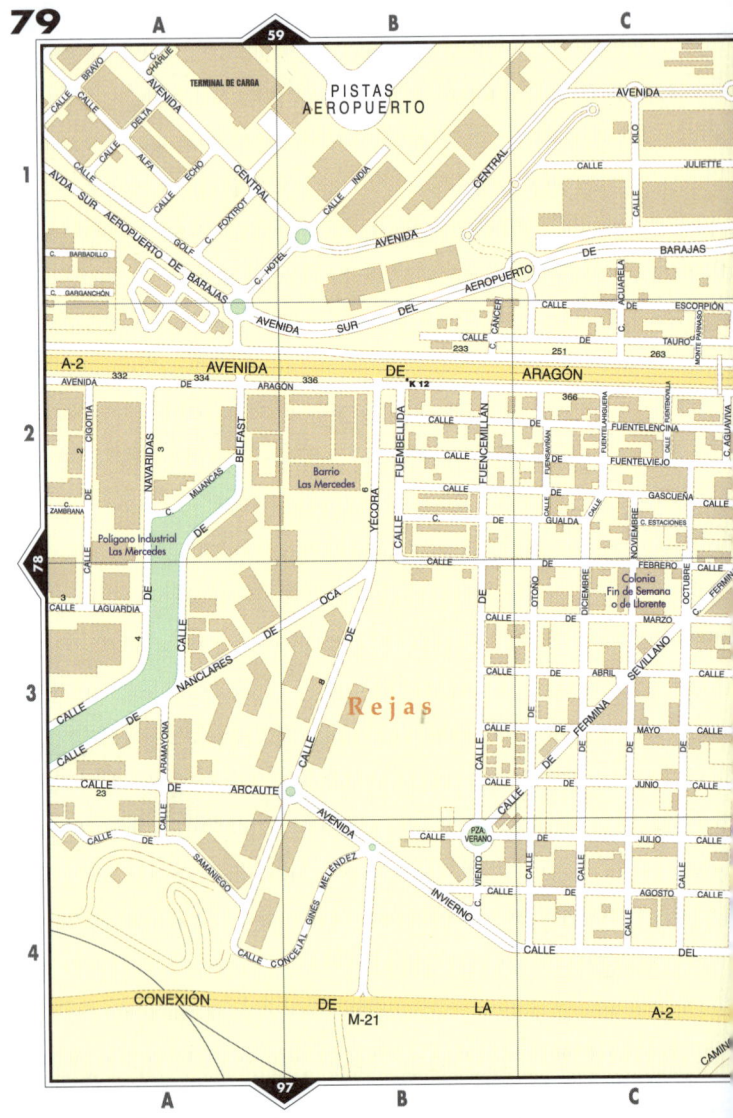

CENTRAL

AVENIDA   PAPA   CENTRAL

CALLE   CALLE   OSCAR

CALLE

1

AVENIDA   SUR   DEL   AEROPUERTO   DE   BARAJAS

C. ZADREJAS

Aeropuerto

279

C. EZEQUIEL PEÑALVER   321

A-2   AVENIDA   DE   ARAGÓN   A-2

K 13   400

2

CALLE   LLORENTE

CALLE   CALLE MARIO

ADA. ALFONSO PEÑA BOEUF

QUEVEDO

ENERO

C. JUAN ZAPATA

AV. FIN DE COSLADA   AVENIDA   INGENIERO   CONDE   DE   TORROJA

18

FEBRERO

GUMERSINDO

DE   SEMANA   MARZO

Zona Industrial
Fin de Semana

TORRES

DE   ABRIL   AVENIDA   HERMANOS   GRANDA

3

DE   DE   MAYO

DE   ROSO

INGENIERO

DE   CALENDARIO   FUENTELENCINA

DE   JUNIO

DE   LUNA

AVENIDA   DE   JULIO   CALLE   CALLE

DE   AGOSTO

ALMANAQUE

M-21   ESTE

4

SLADA - REJAS

CON   EL   DISTRIBUIDOR

**TÉRMINO
MUNICIPAL
DE COSLADA**

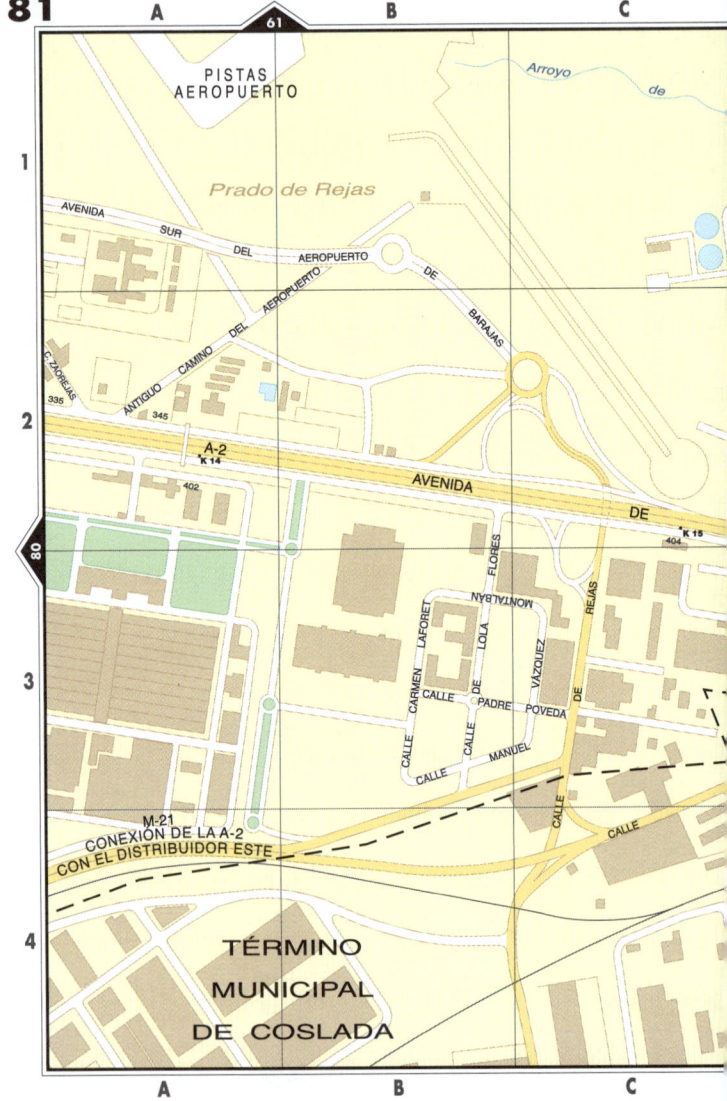

PISTAS AEROPUERTO

Arroyo de

Prado de Rejas

AVENIDA SUR DEL AEROPUERTO

DE BARAJAS

C. ZORREAS

335

ANTIGUO CAMINO DEL AEROPUERTO

345

A-2
K 14

402

AVENIDA DE

K 15
404

CALLE FLORES

CALLE MONTALBAN

CALLE VAZQUEZ

CALLE CARMEN LAFORET

CALLE DE LOLA

CALLE DE PADRE POVEDA

DE REJAS

CALLE MANUEL

CALLE

CALLE

M-21
CONEXIÓN DE LA A-2
CON EL DISTRIBUIDOR ESTE

TÉRMINO

MUNICIPAL

DE COSLADA

Rejas

MUÑOZA

LA

RÍO

ESTACIÓN DEPURADORA
DE AGUAS

DE

1

Las Moreras

CARRETERA

JARAMA

2

ARAGÓN

A-2

Puente
de San Fernando

*K 16

TÉRMINO

MUNICIPAL

DE

SAN FERNANDO

DE HENARES

CALLE

GALIANA

MIGUEL

SENDA

PEÑA

RÍO

3

Prado
del Rincón

ESTACIÓN DE
SAN FERNANDO

TÉRMINO

MUNICIPAL

DE COSLADA

JARAMA

4

TÉRMINO MUNICIPAL
DE POZUELO DE ALARCÓN

Cabeceras

las

de

Arroyo

RONDA

LA

DE

PASEO

CAMINO

DEL

CAMINO

CAMINO

RONDA

LA

DE

CAMINO

DEL

CAMINO

CAMINO

DEL

Arroyo

de

la

Zarza

DEL

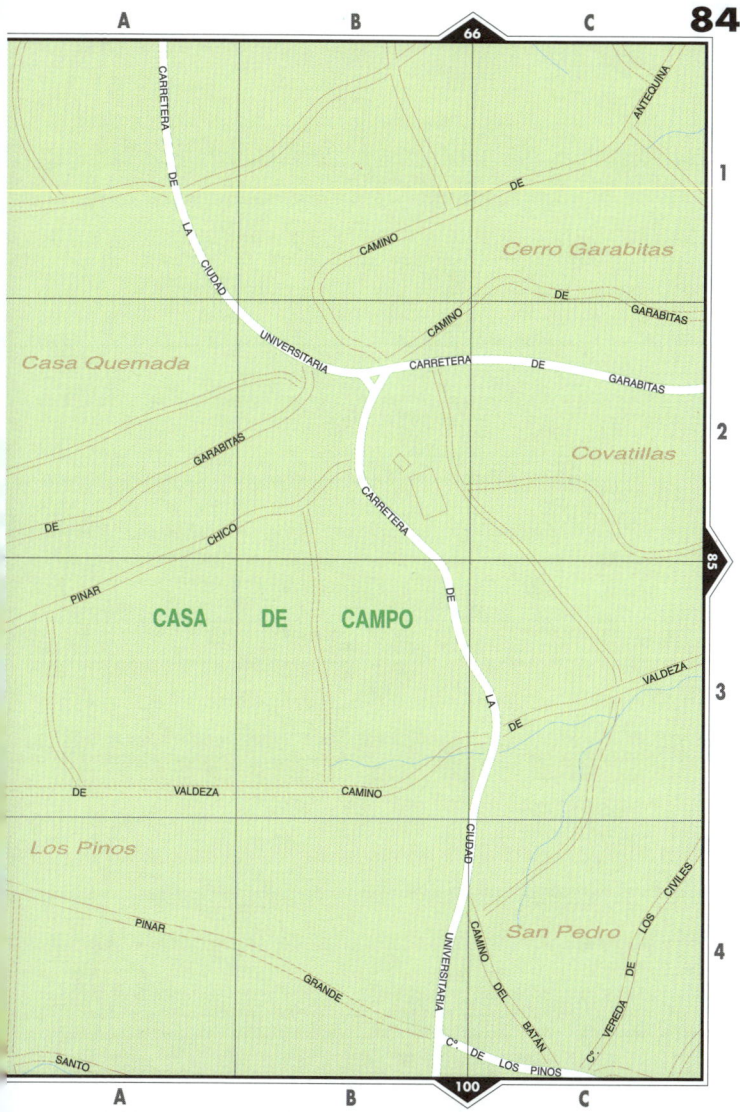

CARRETERA DE LA CIUDAD UNIVERSITARIA

ANTEQUINA

DE

CAMINO

Cerro Garabitas

DE

GARABITAS

CAMINO

CARRETERA

DE

GARABITAS

Casa Quemada

Covatillas

GARABITAS

CHICO

CARRETERA

PINAR

DE

CASA **DE** **CAMPO**

DE

VALDEZA

LA

DE

DE

VALDEZA

CAMINO

Los Pinos

PINAR

CIUDAD

UNIVERSITARIA

CAMINO DEL BATÁN

San Pedro

VEREDA DE LOS CIVILES

GRANDE

C.

SANTO

C. DE LOS PINOS

1

2

85

3

4

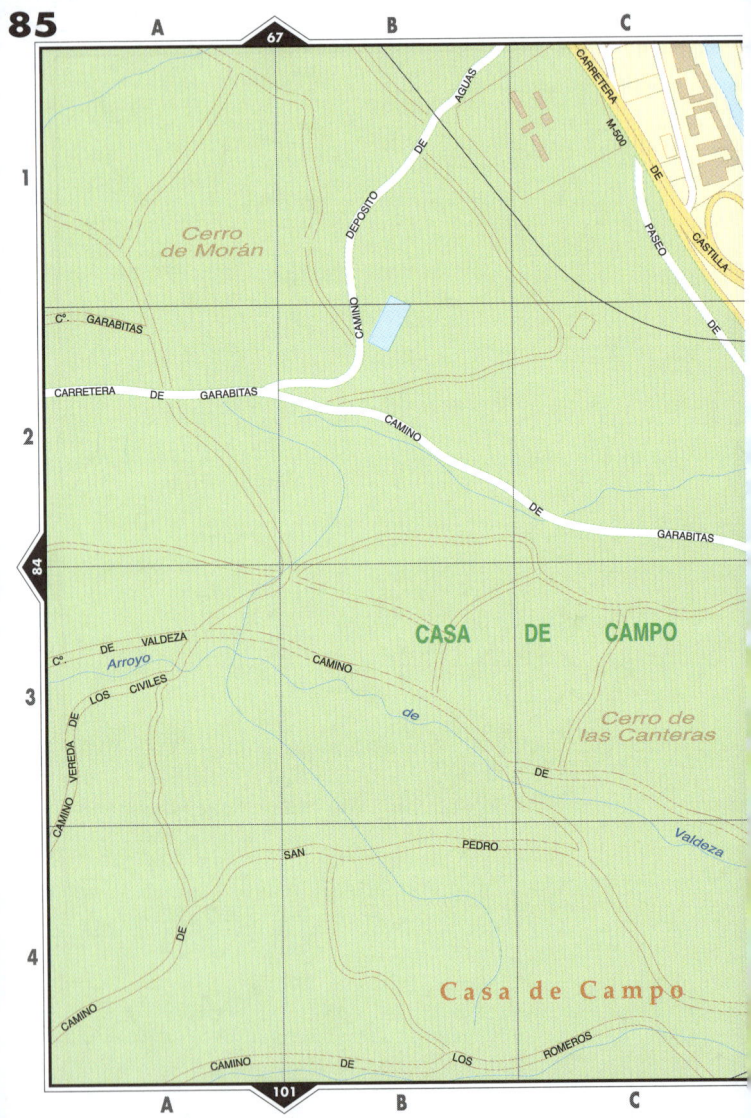

1

Cerro
de Morán

CARRETERA

M-500

DE

PASEO

DE

CASTILLA

DEPOSITO

DE

AGUAS

Cº.. GARABITAS

CAMINO

CARRETERA   DE   GARABITAS

2

CAMINO

DE

GARABITAS

84

CASA   DE   CAMPO

Cº.   DE   VALDEZA

Arroyo

CAMINO

de

Cerro de
las Canteras

CAMINO VEREDA DE LOS CIVILES

3

DE

Valdeza

SAN

PEDRO

4

DE

Casa de Campo

CAMINO

CAMINO   DE   LOS   ROMEROS

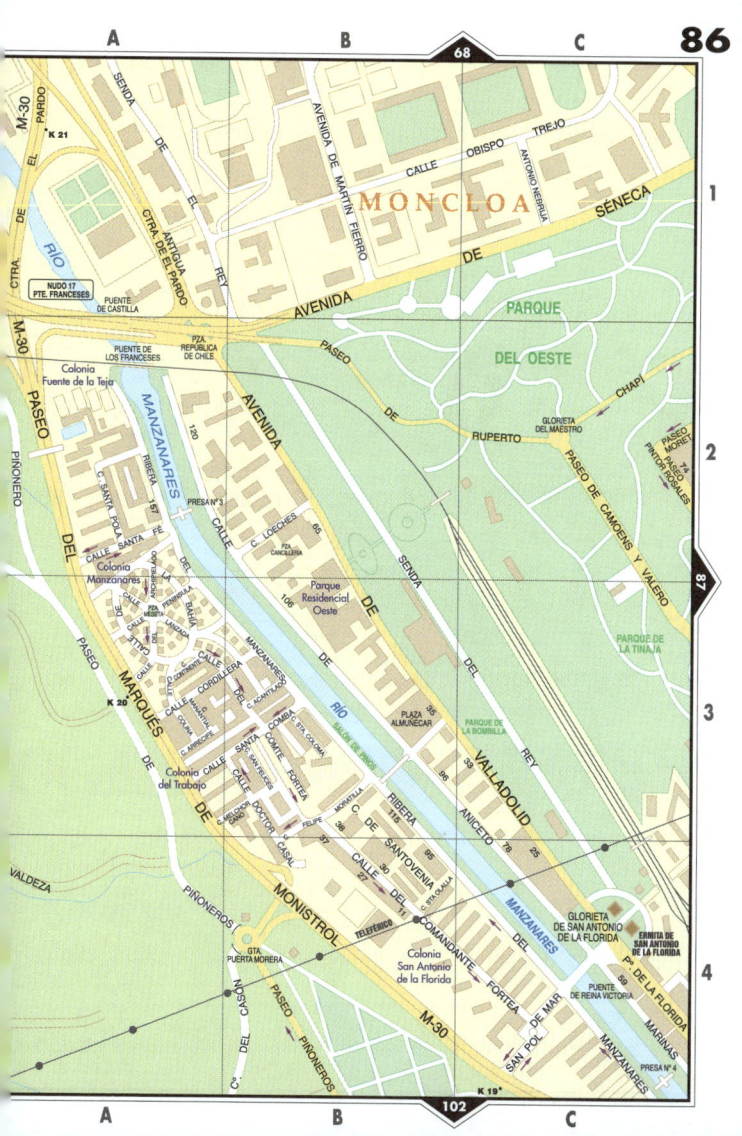

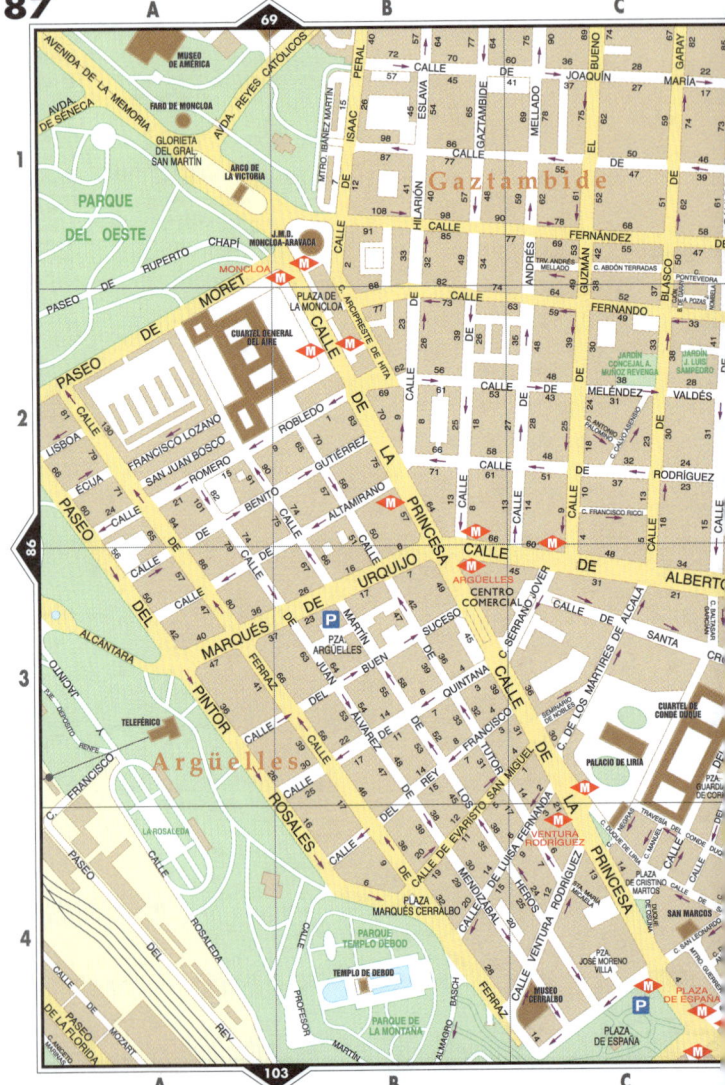

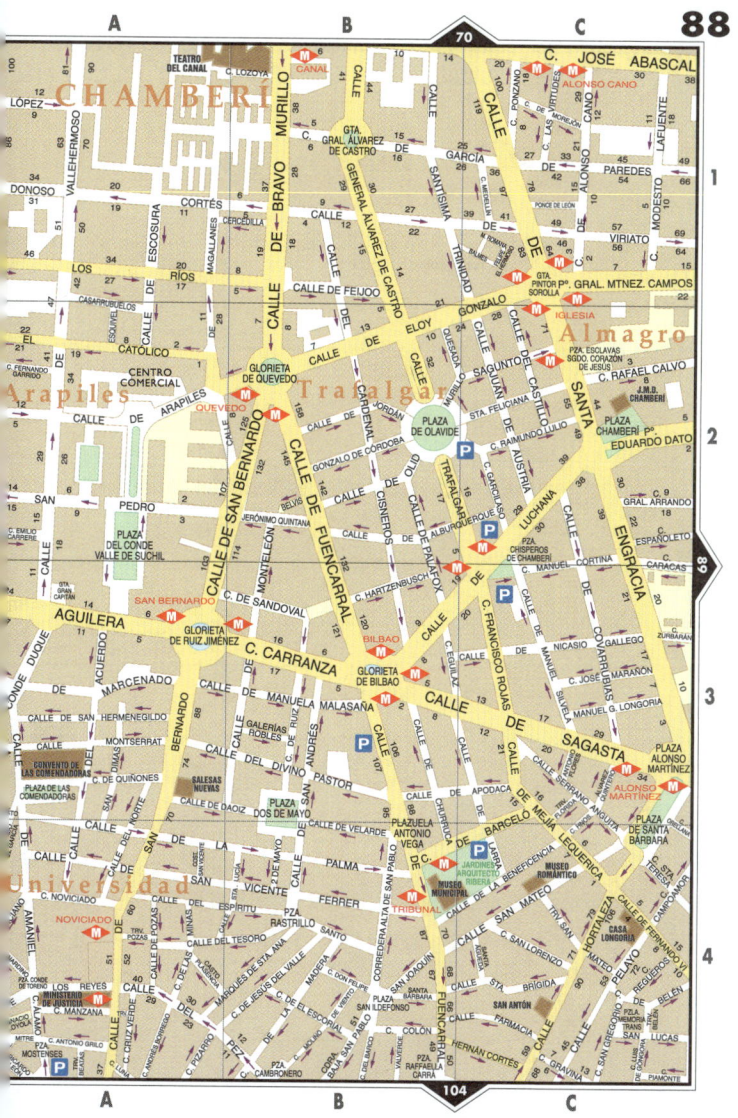

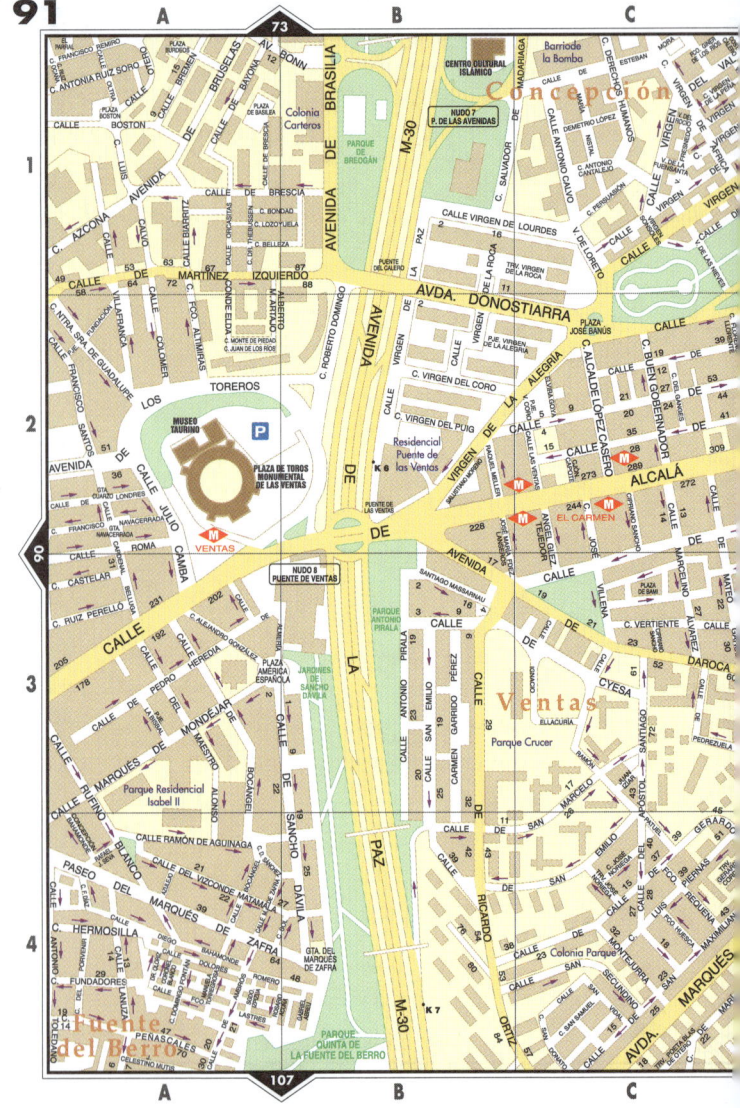

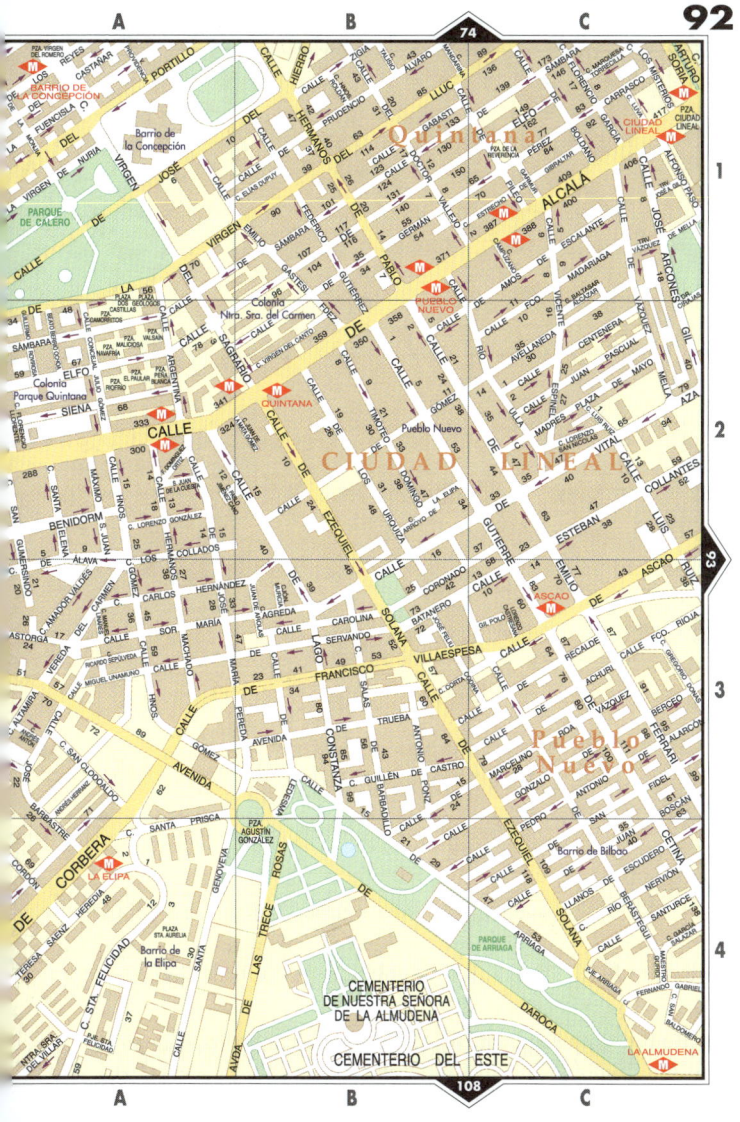

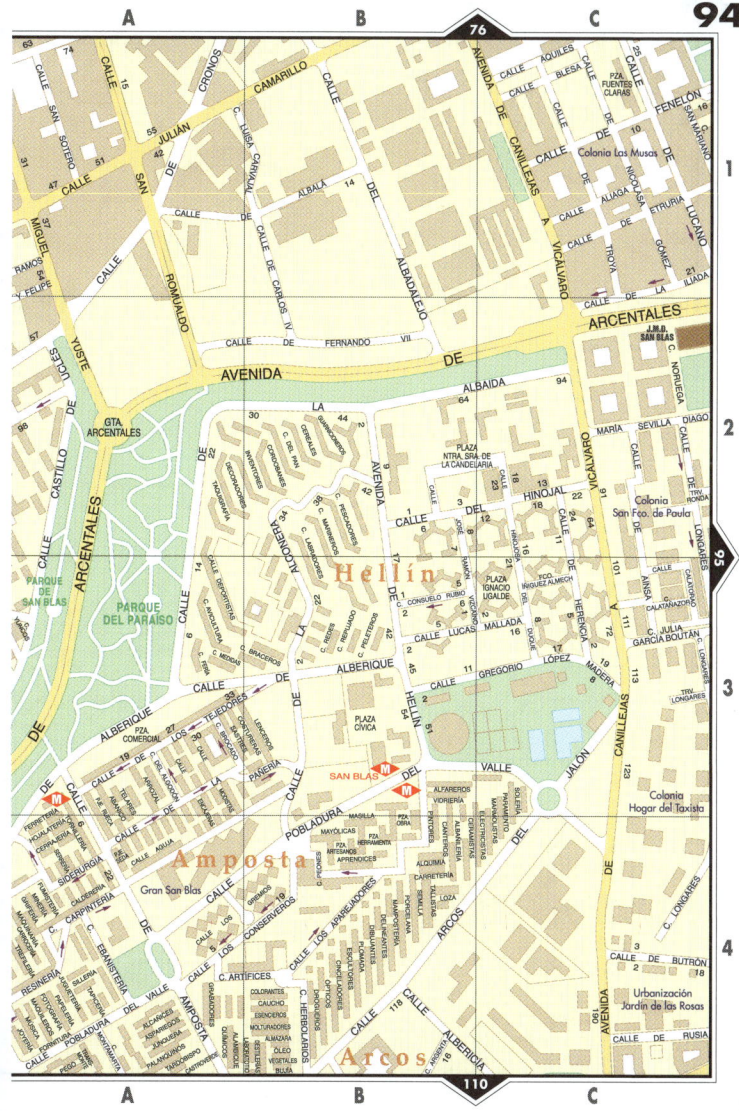

M-40

ESTE

CARRETERA A M-214 VICALVARO

1

Las Patorras

Mesa de Rejas

2

97

CARRETERA DE SAN

San Cristóbal

3

Cristóbal

San

BLAS A COSLADA

K 1 M-201

de

TOROS

DE LOS

Alto del Pozo de la Nieve

4

A   B   C

1

Cº

VIEJO

DE

BARAJAS

A

REJAS

COSLADA

Junco Menudo

M-214

2

CARRETERA

A

VICALVARO

DE

CAMINO

96

3

TÉRMINO

MUNICIPAL

DE COSLADA

M-214

CARRETERA

M-201

DE SAN BLAS

A

K 2

COSLADA

M-201

4

CTRA. DE VICÁLVARO A COSLADA

M-214

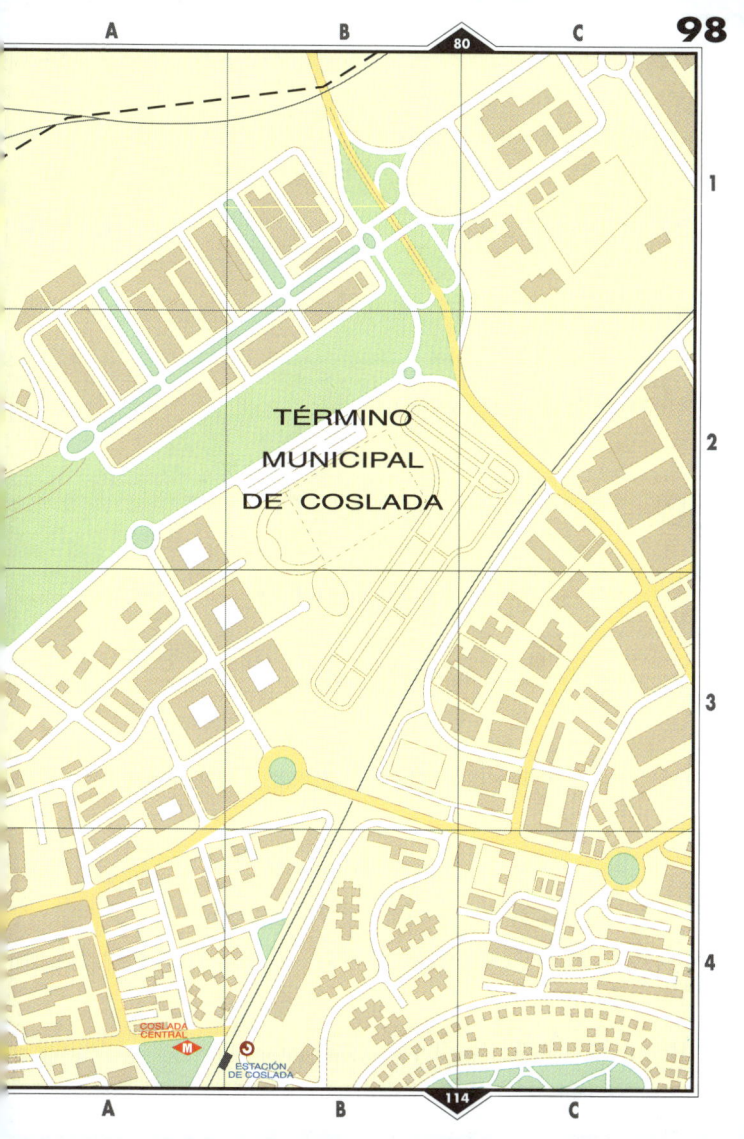

1

TÉRMINO

MUNICIPAL

DE COSLADA

2

3

4

COSLADA
CENTRAL Ⓜ

ESTACIÓN
DE COSLADA

Puerta
de Somosaguas

CARRETERA

1

El Pocillo

Pinar del Santo

DE

Rodajos

SOMOSAGUAS

CAMINO

Arroyo

DE

2

de

LA

la

RONDA

CASA   DE   CAMPO

3

AVDA. RODAJOS

Puerta
de Rodajos

DE

CARRETERA

CAMINO

CAMINO

PRADO

DE

Arroyo

Prado

VALLE

del

Rey

PUENTES

4

TÉRMINO
MUNICIPAL
DE POZUELO
DE ALARCÓN

RODAJOS

Arroyo

CAMINO de la Zarza

CARRETERA DEL SANTO

Cº DE LOS PINOS

Cº DE SAN PEDRO

CARRETERA DE LA CIUDAD

1

CARRETERA DE

UNIVERSITARIA

SOMOSAGUAS

2

FUENTE

Zorra

CASA DE CAMPO

GLORIETA DEL TRILLO

CAMINO DE LA

RODAJOS

RODAJOS

Glorieta de los Caños

CARRETERA DE

PASEO

Meaques

PASEO ROBLEDAL

3

CAMINO DEL ZARZÓN

Arroyo ZARZÓN

DE DE

LA

VENTA

EL BATÁN

PARQUE ZOOLÓGICO

DEL

CARRETERA

4

PASEO PTA. BATÁN

AQUARIUM

P

P

BATÁN Ⓜ

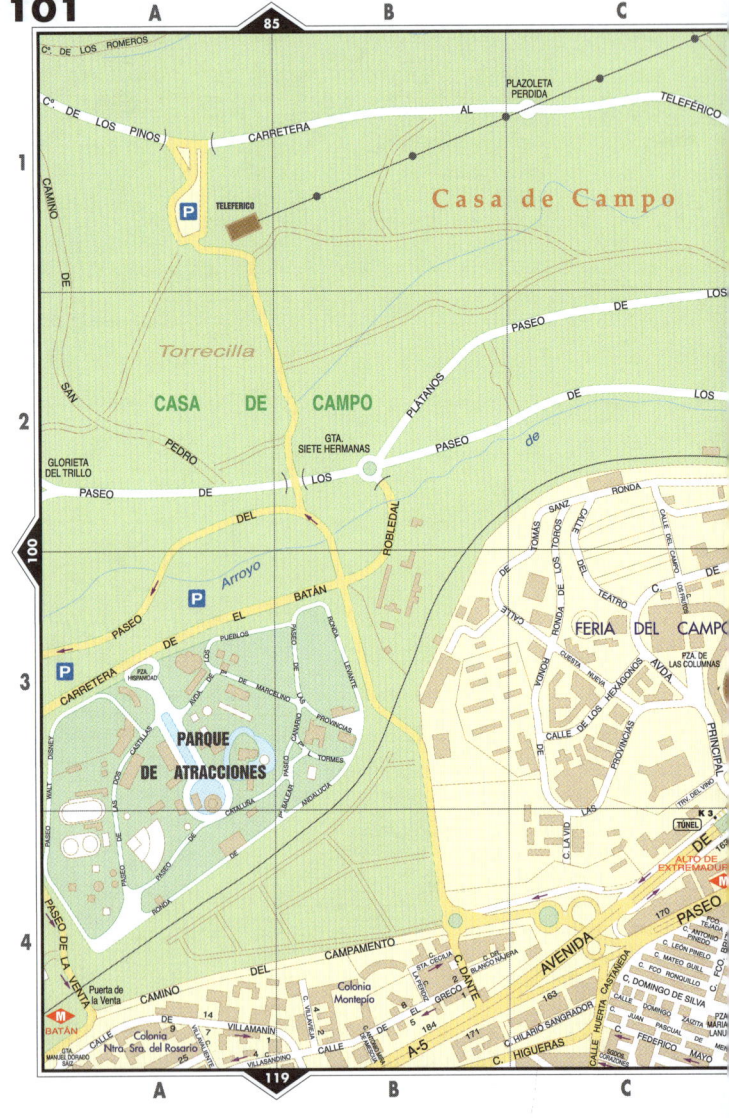

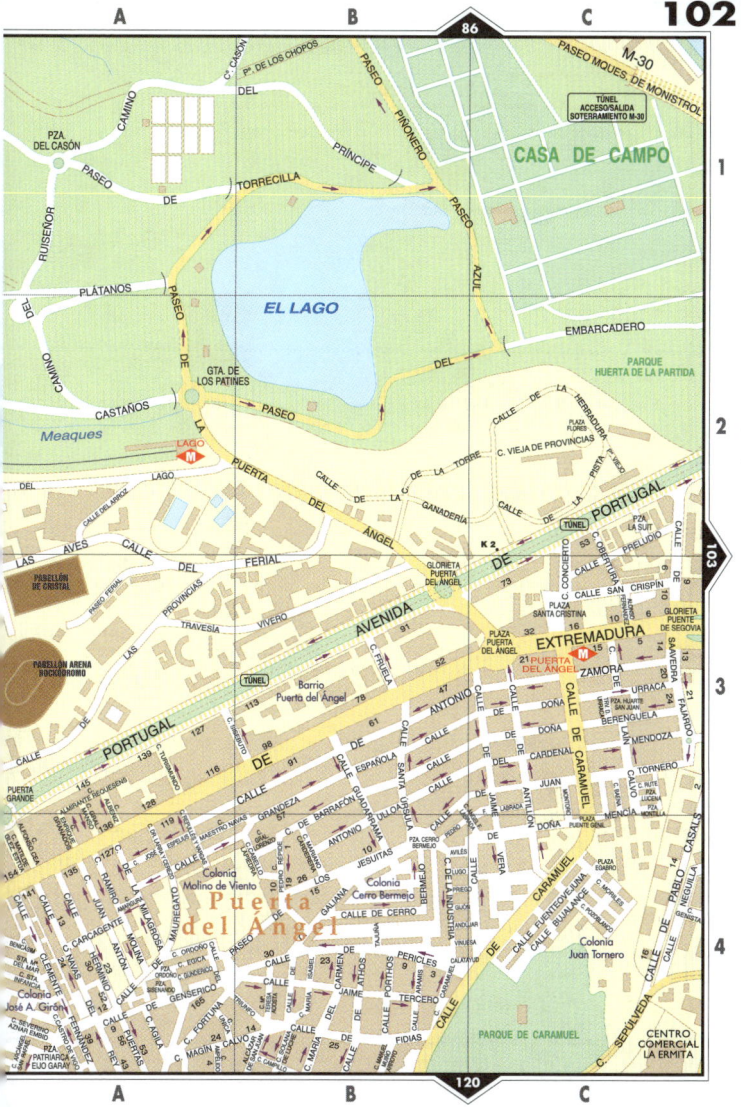

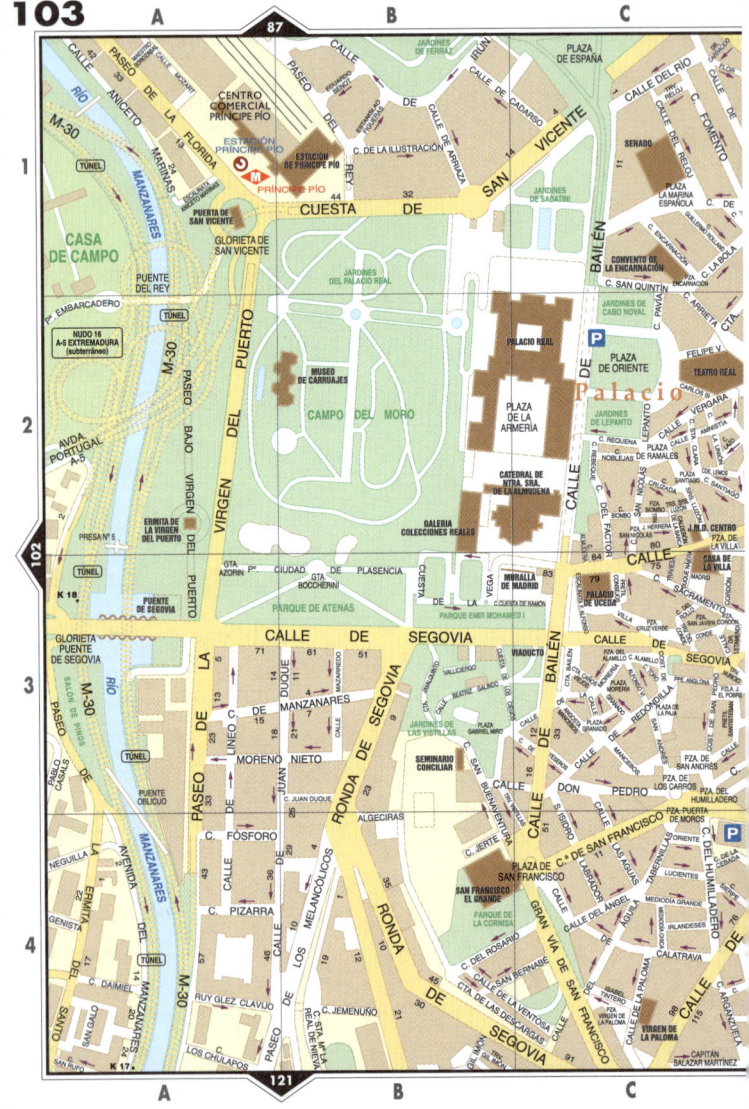

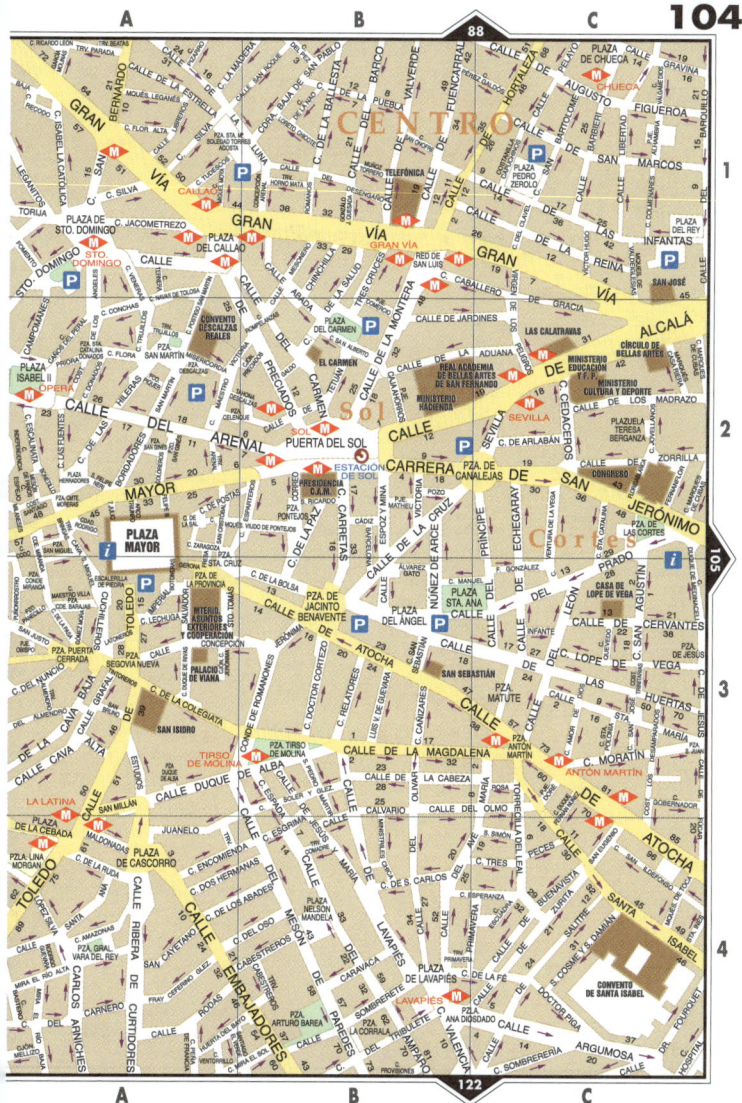

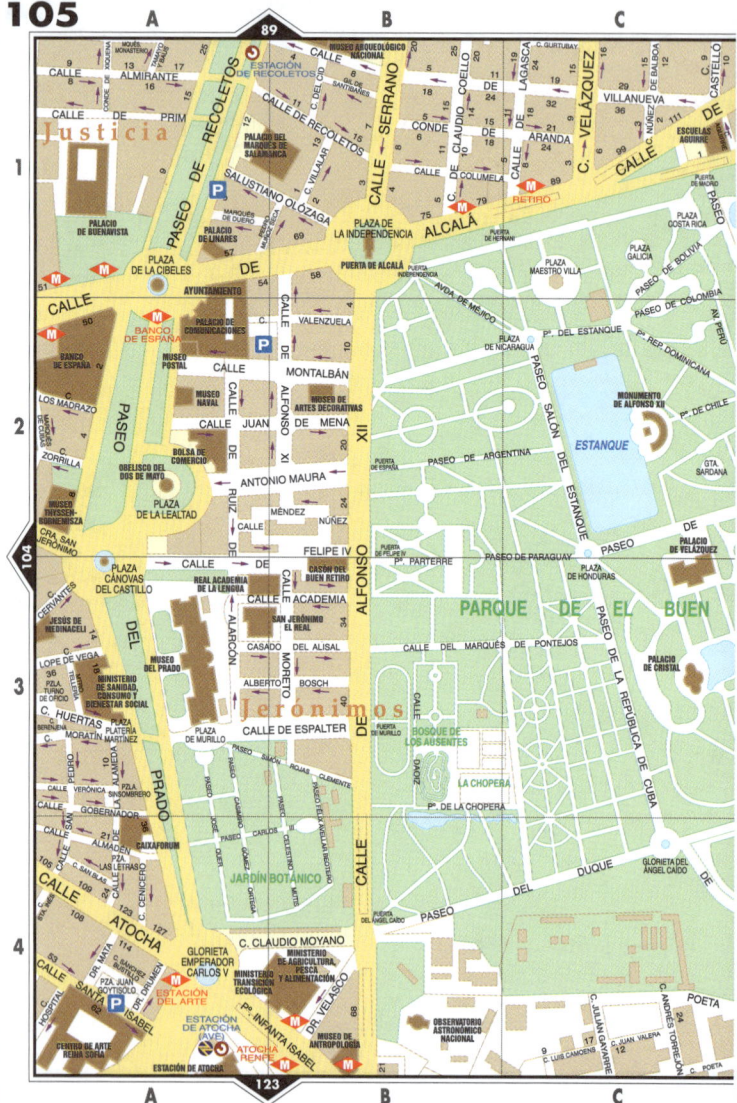

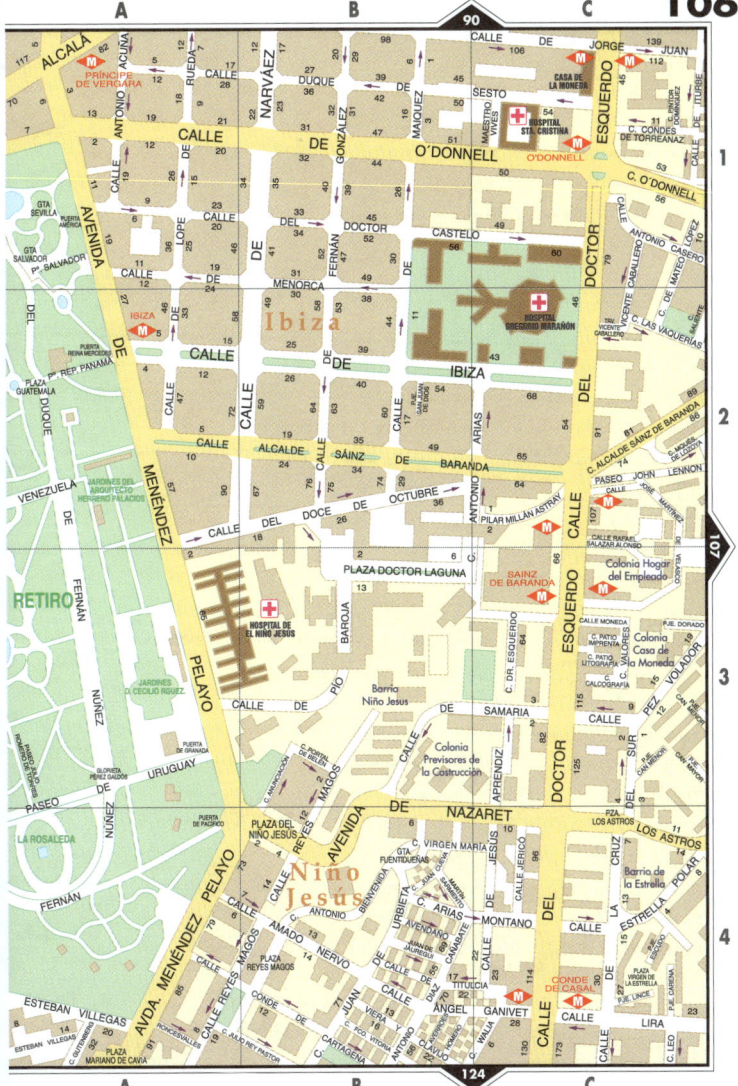

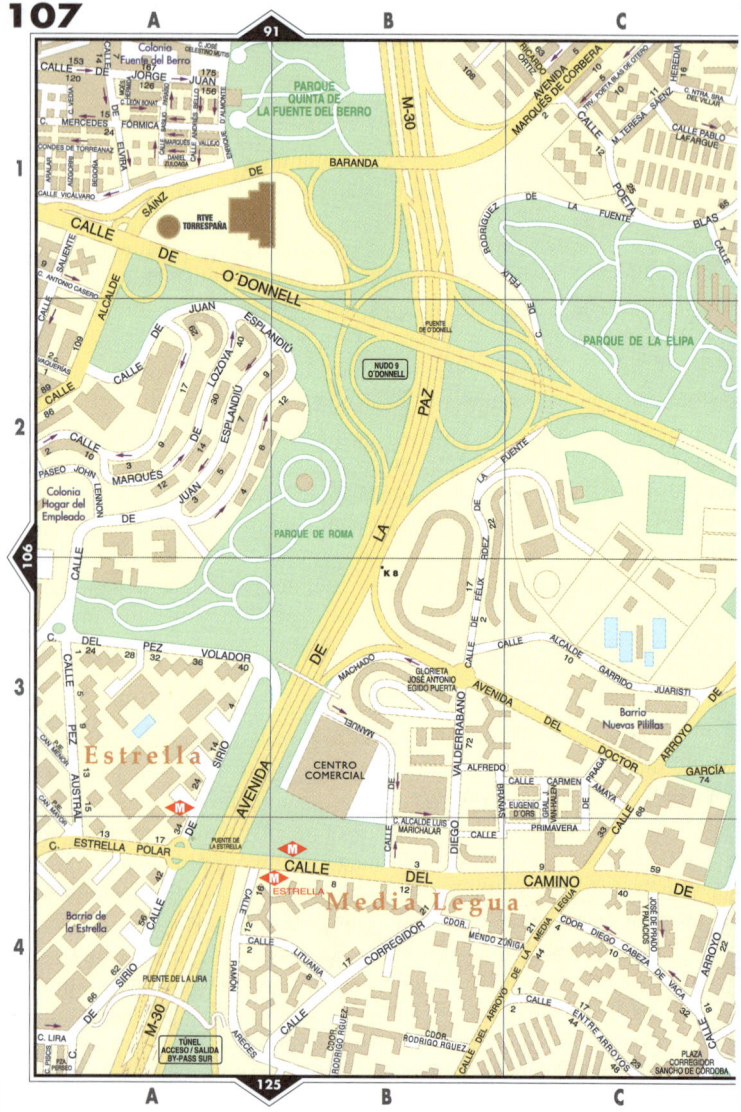

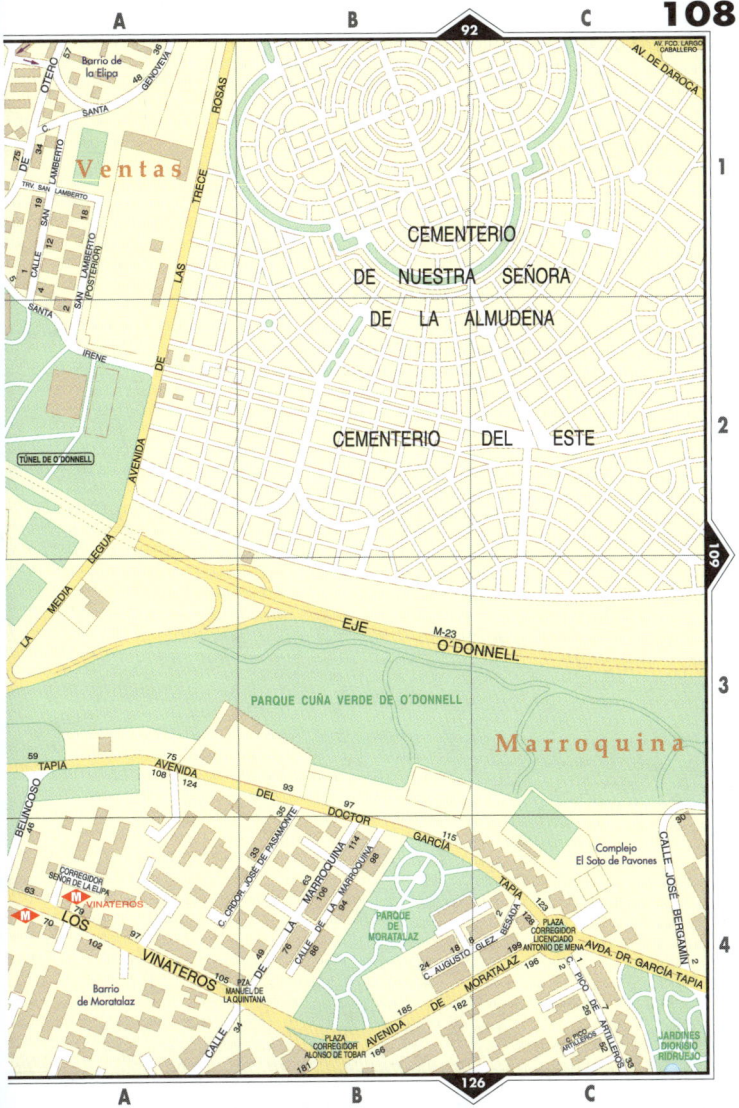

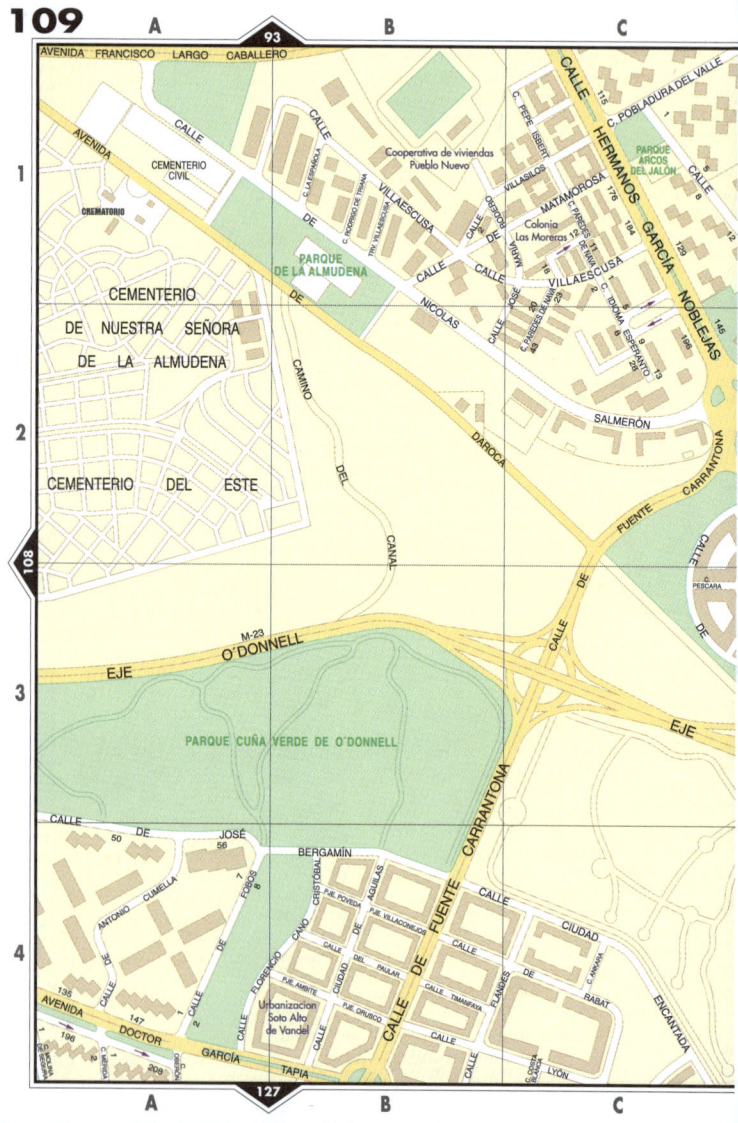

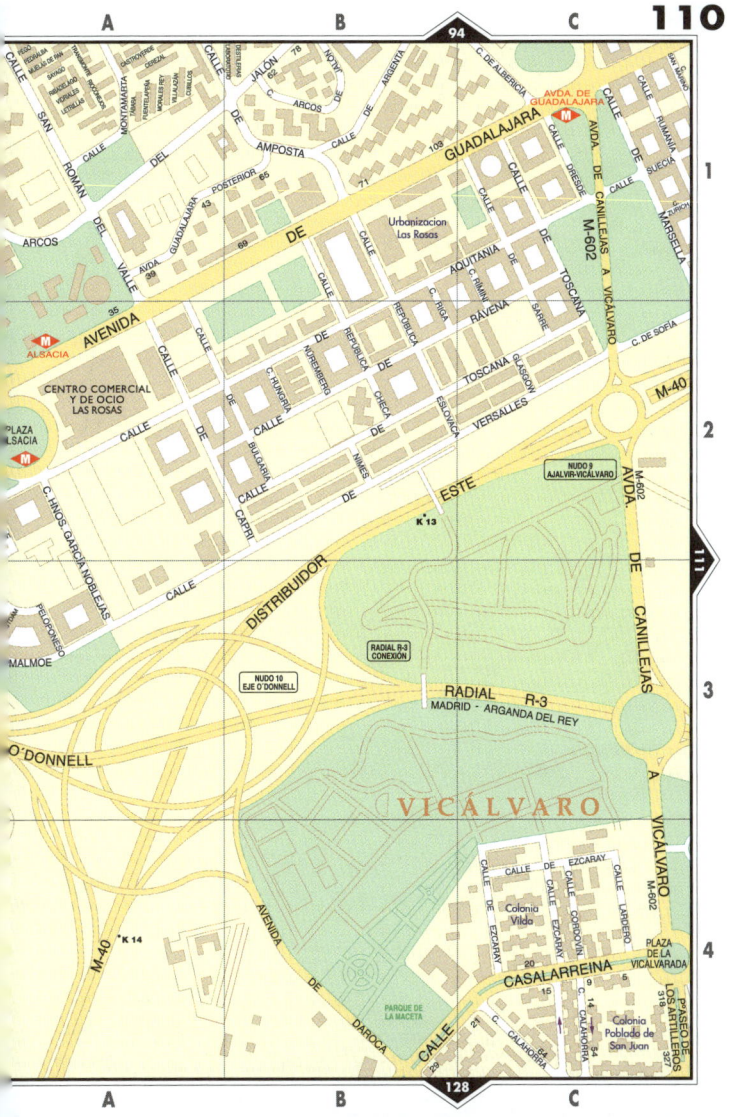

94

A   B   C

1

2

3

4

CALLE SAN ROMAN

ARCOS

MONTAÑESA

CALLE DEL VALLE

AVDA. GUADALAJARA

POSTERIOR

AMPOSTA

C. ARCOS DE

JALON

CALLE DE ARGENTA

C. DE ALBERICIA

GUADALAJARA

Urbanizacion
Las Rosas

AQUITANIA

AVDA. DE CANILLEJAS A VICALVARO

M-602

DRESDE

CALLE DE SUECIA

AVDA. DE GUADALAJARA

RULLANA

MARSELLA

AVENIDA
ALSACIA

CENTRO COMERCIAL
Y DE OCIO
LAS ROSAS

PLAZA
ALSACIA

DE

NUREMBERG

REPUBLICA

CHECA

DE

RAVENA

TOSCANA

GLASGOW

ESLOVACA

VERSALLES

SARBEL

C. DE SOFIA

M-40

BULGARIA

NIMES

CAPRI

DE

ESTE

NUDO 9
AJALVIR-VICALVARO

K 13

AVDA. DE CANILLEJAS A VICALVARO

M-602

C. HNOS. GARCIA NOBLEJAS

DISTRIBUIDOR

RADIAL R-3
CONEXIÓN

NUDO 10
EJE O'DONNELL

RADIAL   R-3
MADRID - ARGANDA DEL REY

MALMOE

O'DONNELL

VICÁLVARO

M-40

K 14

AVENIDA DE DAROCA

PARQUE DE
LA MACETA

CALLE

CALLE DE EZCARAY

Colonia
Vildo

CALLE EZCARAY

CALLE CORDOVIN

CALLE EZCARAY

CALLE LARDERO

M-602

PLAZA
DE LA
VICALVARADA

CASALARREINA

Colonia
Poblado de
San Juan

C. CALAHORRA

PASEO DE
LOS ARTILLEROS

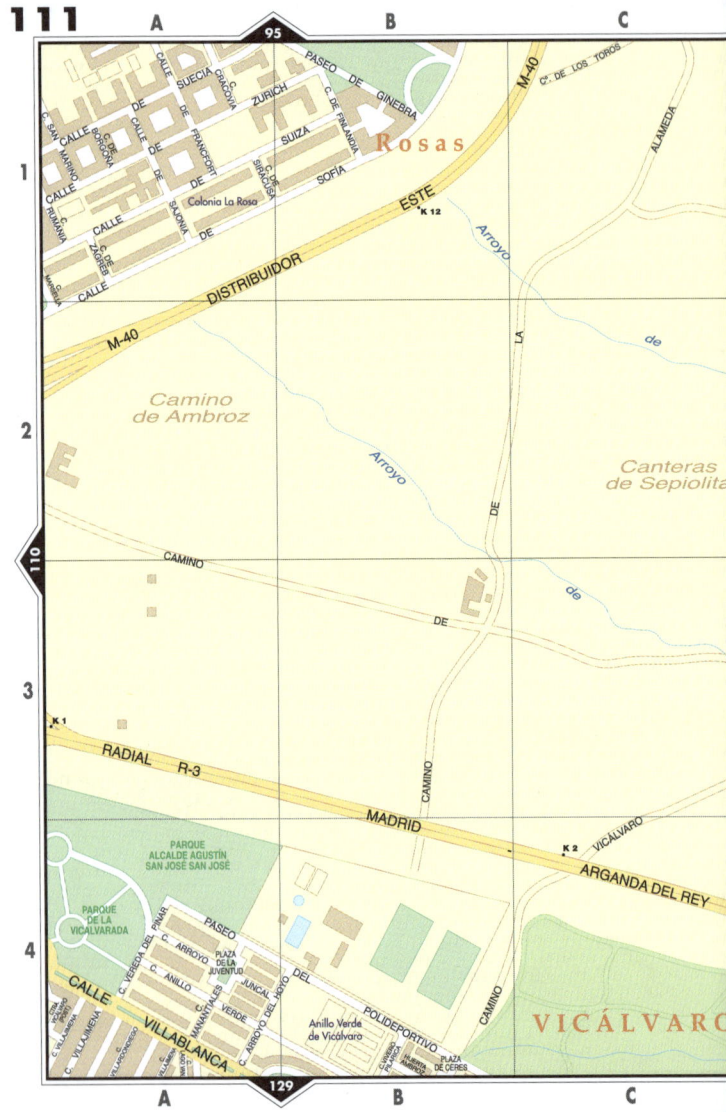

A

B

C

95

CALLE SUECIA CRACOVIA
PASEO DE GINEBRA
M-40
Cº. DE LOS TOROS
ZURICH
C. DE FINLANDIA
ALAMEDA
CALLE DE
CALLE DE FRANCFORT
SUIZA
Rosas
C. SAN MARINO
CALLE
BOGOTA
CALLE DE BISBORA
SOFIA
CALLE C. DE
ZAGREB
Colonia La Rosa
ESTE
K 12
Arroyo
1
CALLE SALONIA
DE
CALLE

DISTRIBUIDOR

M-40

LA

DE

Camino de Ambroz

2

E

Arroyo

Canteras de Sepiolita

CAMINO

de

DE

DE

3

K 1

RADIAL   R-3

CAMINO

MADRID

K 2

VICÁLVARO

ARGANDA DEL REY

PARQUE ALCALDE AGUSTÍN SAN JOSÉ SAN JOSÉ

PARQUE DE LA VICALVARADA

PASEO

4

C. VEREDA DEL PINAR

C. ARROYO

PLAZA DE LA JUVENTUD

DEL

CALLE

C. ANILLO

MANANTIALES VERDE

JUNCAL

POLIDEPORTIVO

CAMINO

VICÁLVARO

C. VILLAMEJOR

VILLABLANCA

C. ARROYO DEL POZO

Anillo Verde de Vicálvaro

PLAZA DE CERES

A

B

C

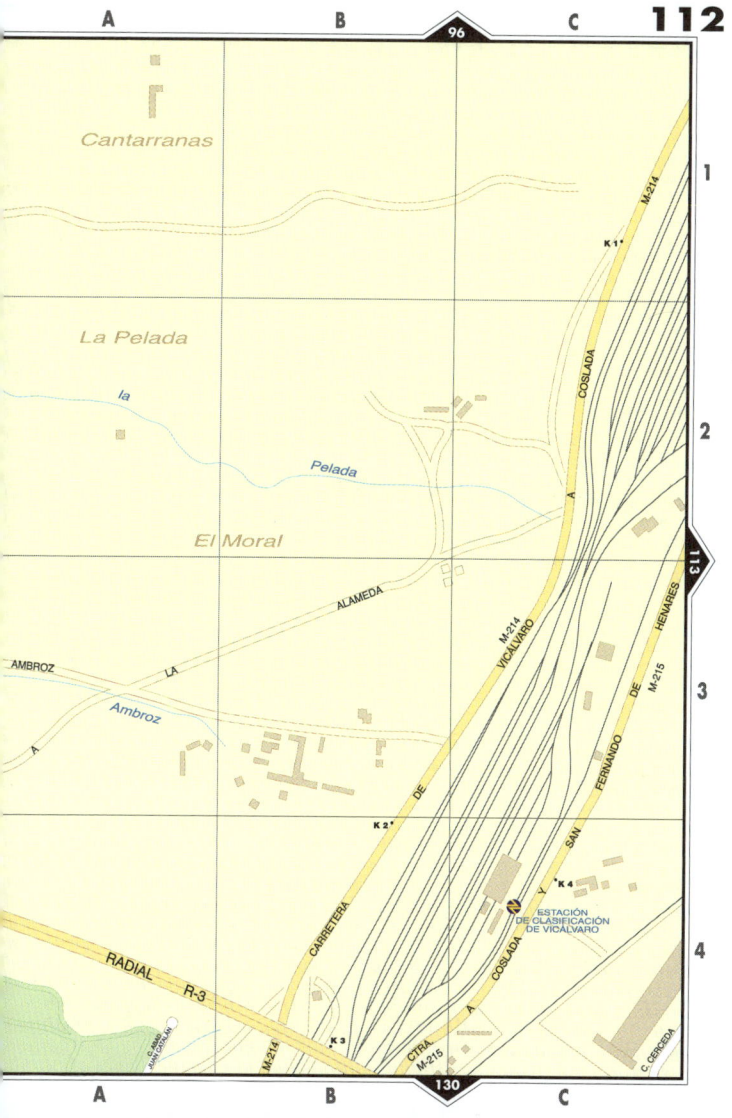

Cantarranas

1

La Pelada

la

Pelada

2

El Moral

ALAMEDA

AMBROZ

LA

Ambroz

A

RADIAL   R-3

3

K 1'

COSLADA

A

M-214
VICALVARO

DE

CARRETERA

K 2'

M-214

K 3

ESTACIÓN
DE CLASIFICACIÓN
DE VICALVARO

HENARES

DE

SAN FERNANDO

M-214

M-215

M-215

COSLADA

A

K 4

Y

113

3

4

CTRA.
M-215

C. CERCEDA

TÉRMINO

MUNICIPAL

DE COSLADA

El Cañaveral

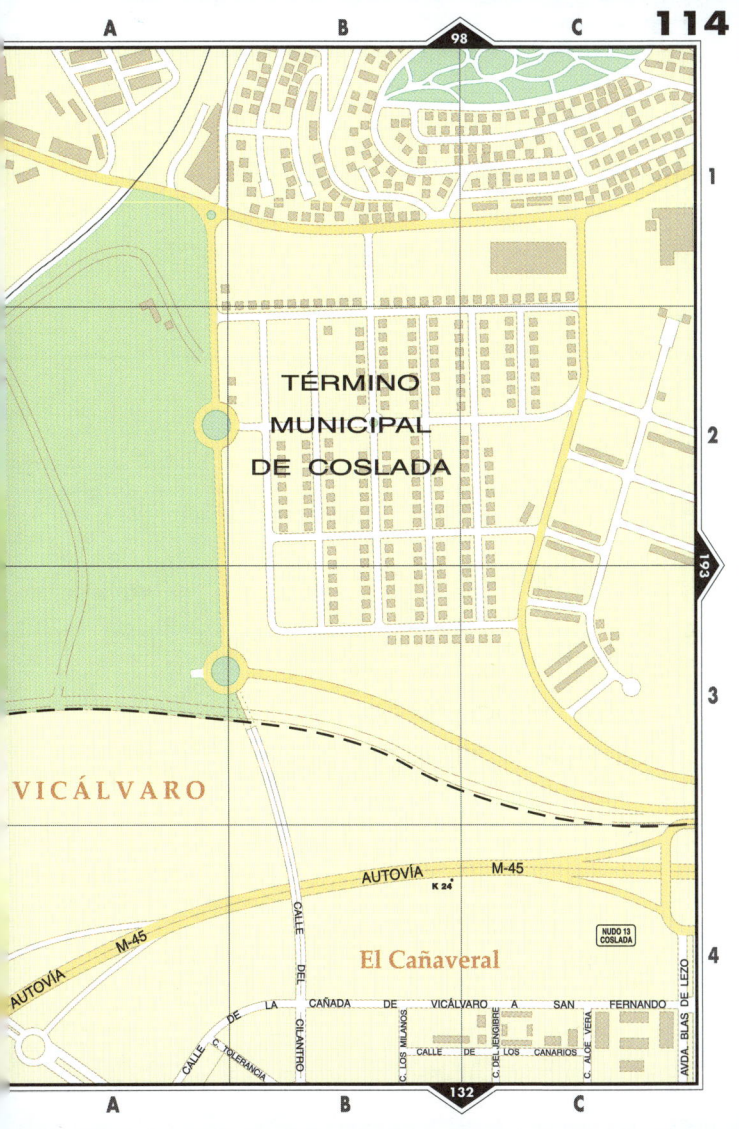

1

TÉRMINO

MUNICIPAL

DE COSLADA

2

193

3

VICÁLVARO

AUTOVÍA   M-45

K 24

M-45

El Cañaveral

AUTOVÍA

NUDO 13
COSLADA

4

CALLE   DEL   CILANTRO

CAÑADA   DE   VICÁLVARO   A   SAN   FERNANDO

CALLE   DE   LA

C. LOS MILANOS

CALLE   DE   LOS   CANARIOS

C. DEL JENGIBRE

C. ALOE VERA

AVDA. BLAS DE LEZO

CALLE   DE

C. TOLERANCIA

M-511

CARRETERA   DE   MADRID

Arroyo

de

COCHERAS

TÉRMINO MUNICIPAL

DE POZUELO DE ALARCÓN

CIUDAD DEL CINE

KINÉPOLIS

Arroyo

CAMINO DE BOADILLA DEL MONTE

RTVE
PRADO DEL REY

M-502

CARRETERA DE
CARABANCHEL A ARAVACA

COLONIA
DE LOS
ÁNGELES

1

TÉRMINO MUNICIPAL

DE POZUELO DE ALARCÓN

PRADO
DE LA VEGA

2

Retamares

los

MONTE

117

K 1

DEL

A   BOADILLA

M-511

CENTRO
COMERCIAL

3

CIUDAD DE
LA IMAGEN

CIUDAD DE LA IMAGEN

TELEMADRID

Meaques

JOSÉ ISBERT

P

Los Meaques

4

de

BOADILLA   DEL

DE

MONTE

CAMINO

99

Cerro del Espino

CASA

1

TÉRMINO

MUNICIPAL

DE

POZUELO DE ALARCÓN

Puerta
del Zarzón

2

JARDÍN
JUAN CARMONA
"HABICHUELA"

Conjunto Residencial
Prado del Rey

116

CTRA. DE MADRID A
BOADILLA DEL MONTE

CARRETERA   A   BOADILLA   DEL   M-511

Colonia
Santa Mónica

Colonia
Arroyo
de Meaques

COLONIA
JARDÍN

3

Colonia Jardín

Colonia
Algeba

Urbanización
Santa Clara

Colonia
Gran Capitán

Colonia
del Cruce

CAMPAMENTO

4

C a m p a m e n t o

A-5

135

A B C

A   B   100   C

ZARZÓN

CTRA. DEL ZARZÓN

Meaques

CAMINO

SOTILLO

PASEO

PUERTA

DEL

CAMINO

DE   CAMPO

El Zarzón

CASA DE CAMPO

Puerta del Batán

K 5,

PASEO   DE

PASEO

MONTE

A-5

PZA. URTAYA

TORREHERMOSA

CALLE

SESEÑA

C. SESEÑA

Aluche

CALLE

DE

CALLE

DE

Urbanización San Matías

C. MAQUEDA

C. MAQUEDA

C. MAQUEDA

CALLE

C. TEMBLEQUE

C. MAQUEDA

C. MAQUEDA

CALLE

MAQUEDA

CALLE

ESCALONA

C. ESCALONA

ESCALONA

Colonia Santa Elena

Colonia Gredos

CALLE   DE

SESEÑA

CALLE TEMBLEQUE

C. TEMBLEQUE

C. ILLESCAS

C. ILLESCAS

C. ILLESCAS

ILLESCAS

LATINA

DE

TEMBLEQUE

CALLE   DE   LOS

SESEÑA

DE

YÉBENES

CALLE

DE

PARQUE CUÑA VERDE DE LATINA

DE

PARQUE ALUCHE

CALLE   DE

CALLE

Ciudad Parque Aluche

C. QUERO

CALLE   DE

ILLESCAS

136

CAMPAMENTO

DEL

Colonia de El Batán

C. VILLAGARCÍA

VILLAMANÍN

CALLE

Colonia Ntra. Sra. de Lourdes

MATA

260

254

269

A-5

EXTREMADURA

CALLE   DE

SAN

CALLE

DE   SAN

C. SAN PASCUAL

C. SAN LEÓN

C. SAN EUSEBIO

270   349

Cooperativa Juan XXIII

CALLE

SANCHORREJA

C. SANCHORREJA

C. CONCEJAL FCO. J.

ALVERÁ

C. CEBREROS

SEPÚLVEDA

C. MONSALUPE

JIMÉNEZ   MARTÍN

VALVOJADO

CALLE

CALLE

DE

CAMARENA

Urbanización San Bruno

CAMARENA

DE

LOS

YÉBENES

DE

C. CAMARENA

C. DE CAMARENA

C. DE CAMARENA

CALLE

DE

ILLESCAS

CALLE

C. CAMARENA   C. YÉBENES

Colonia Los Sauces

C. CAMARENA   C. YÉBENES

Conjunto Residencial Torres de Aluche

A   B   C   119

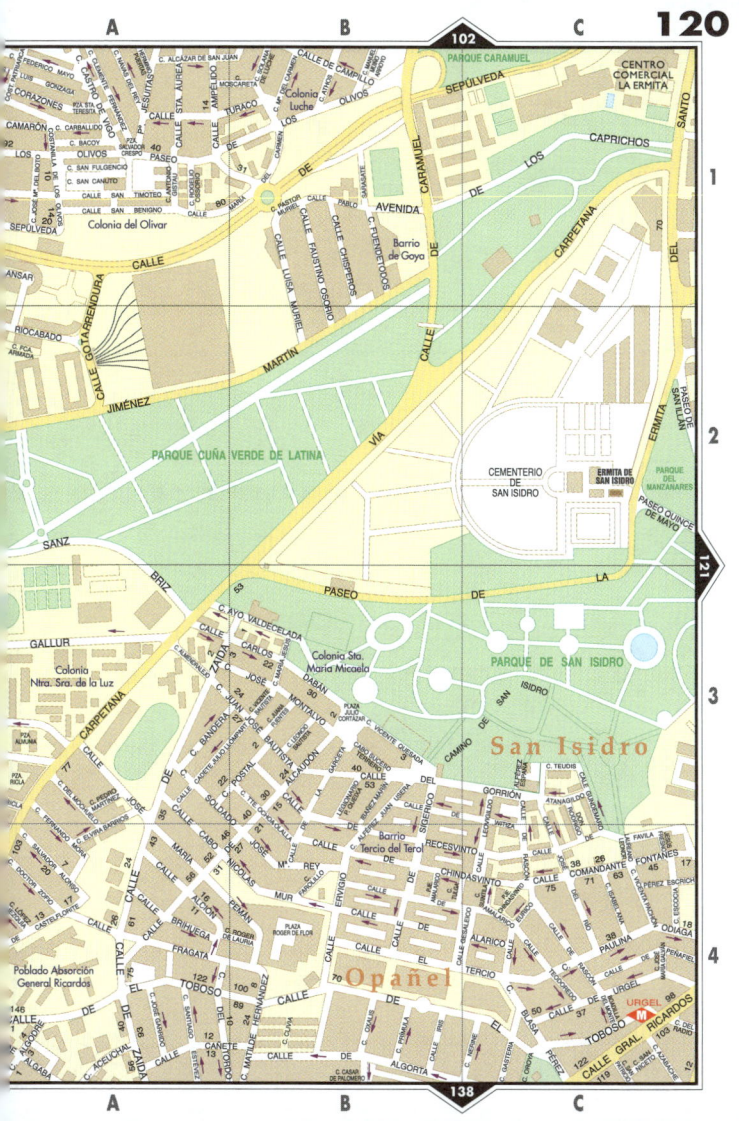

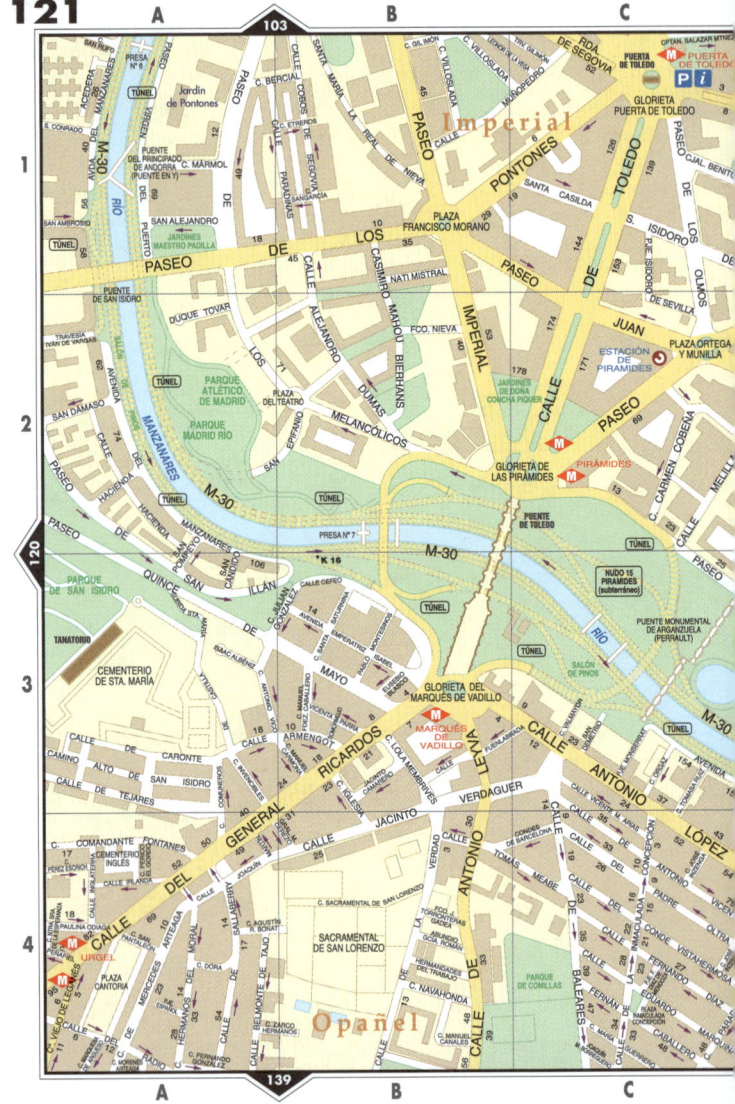

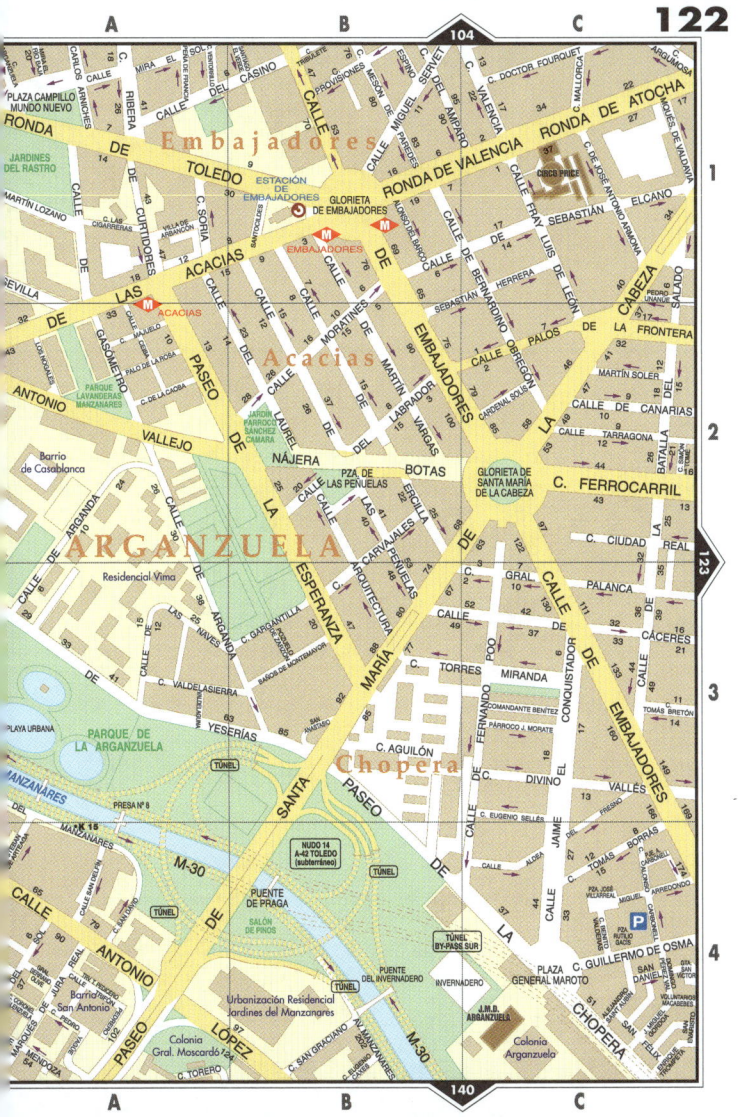

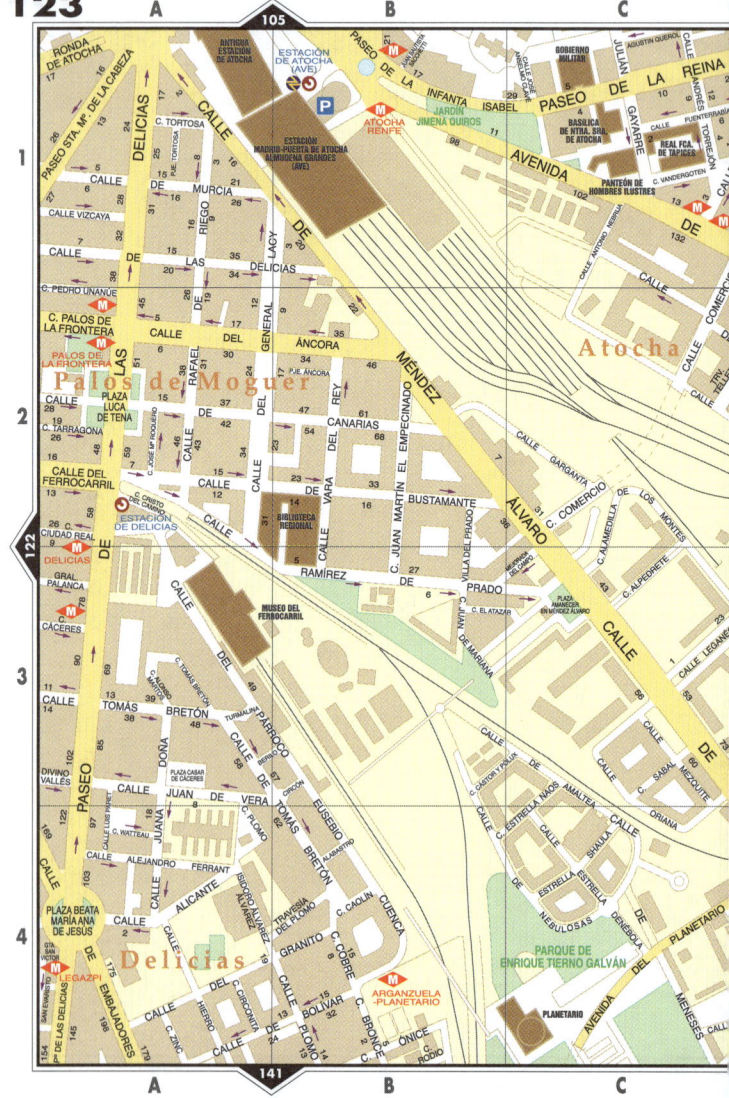

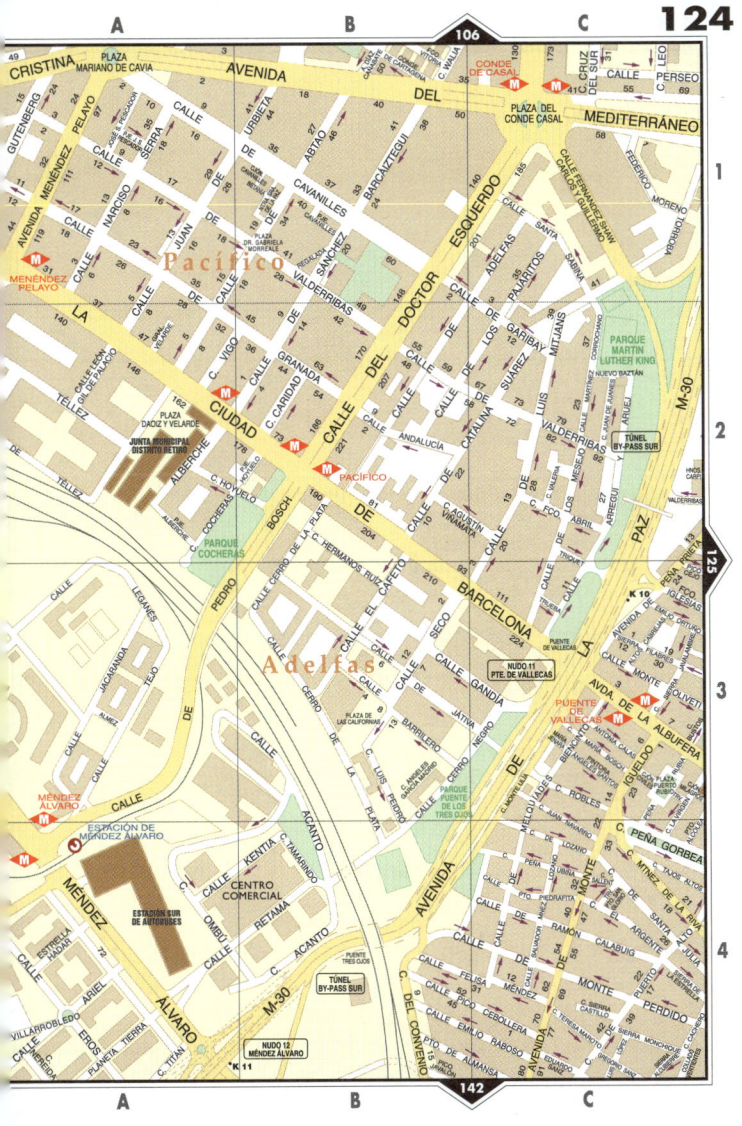

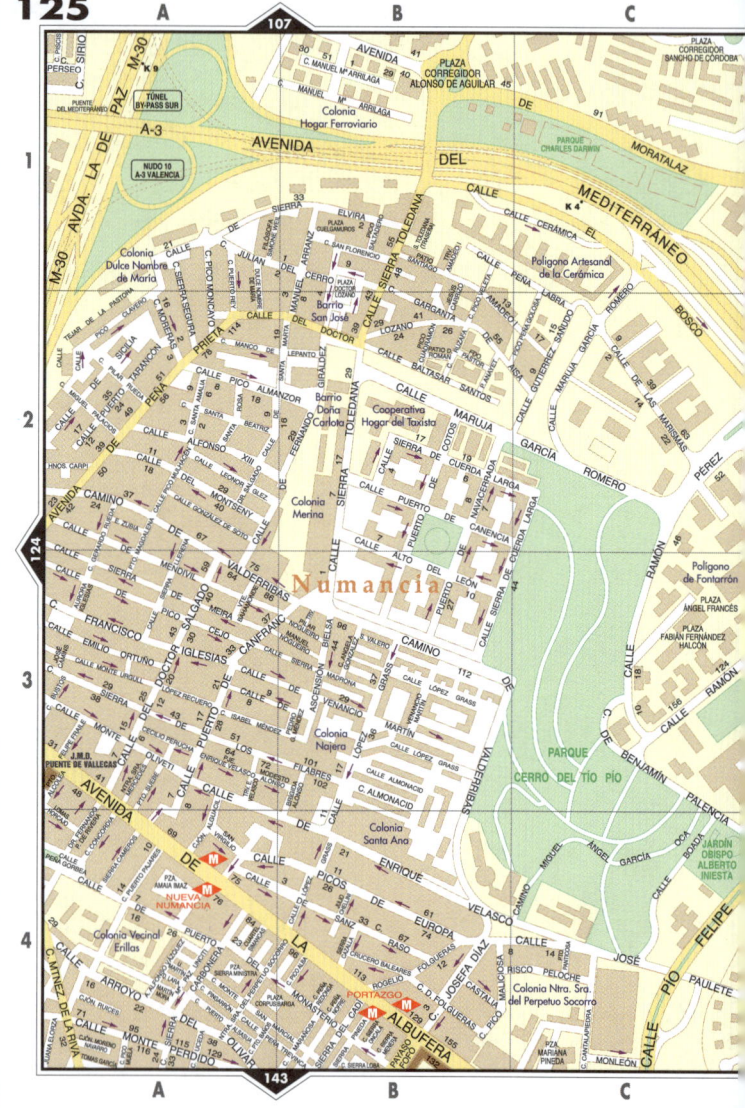

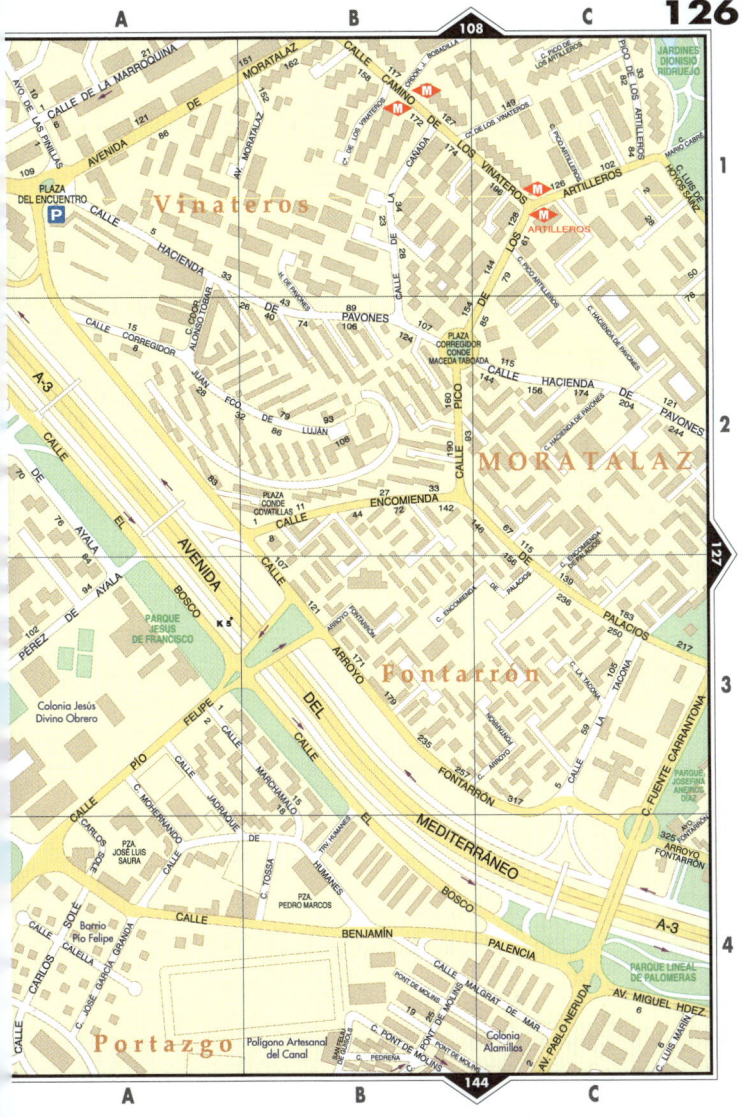

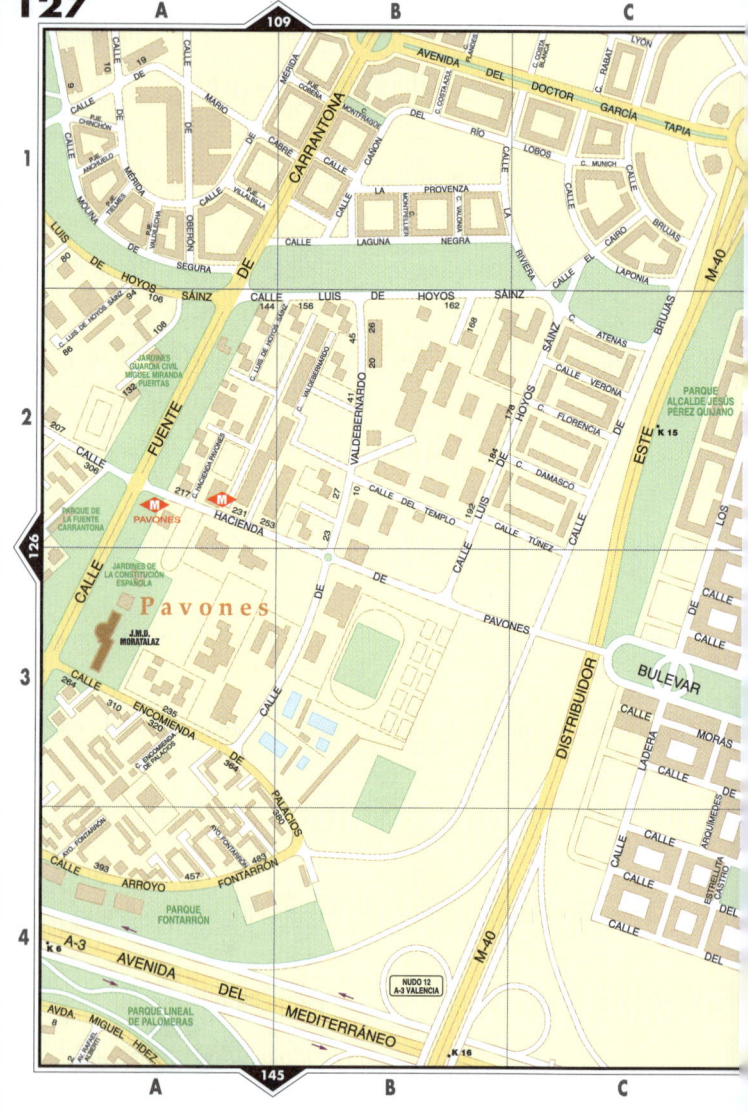

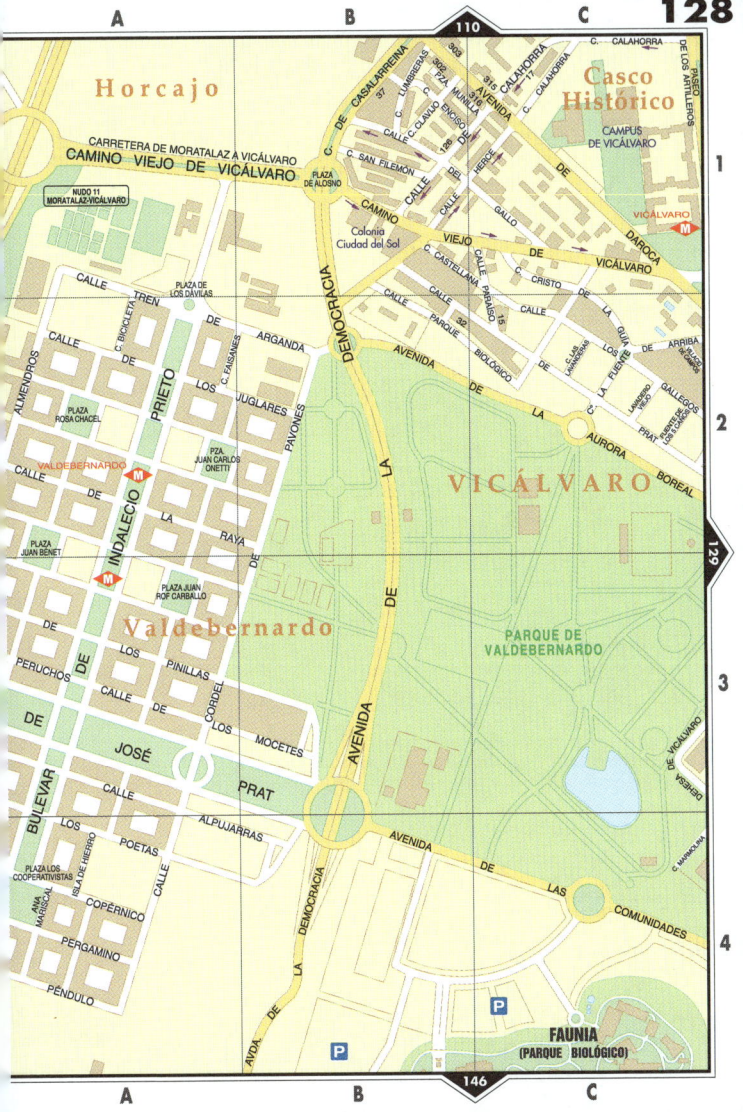

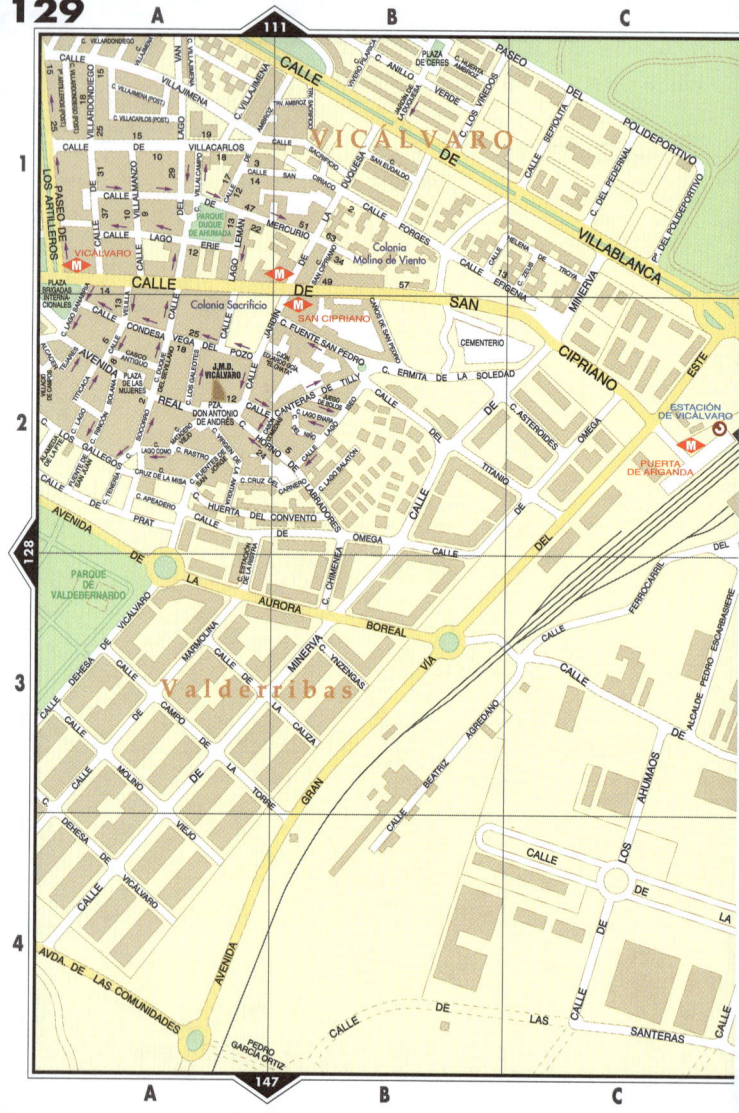

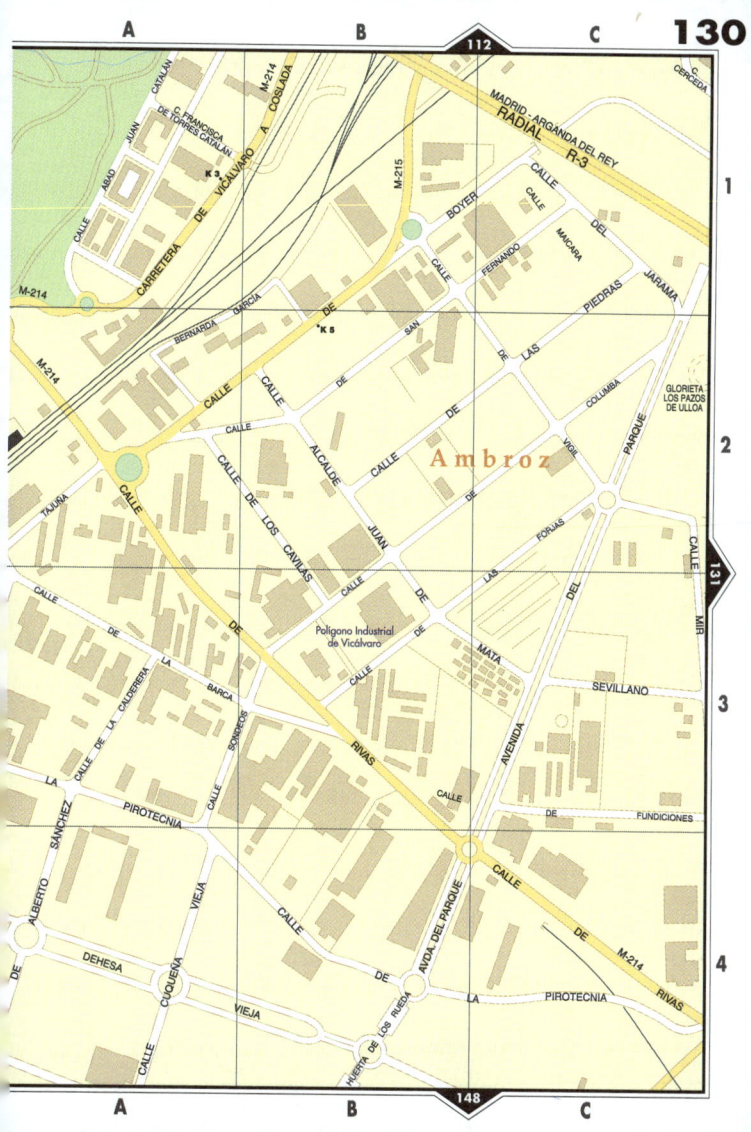

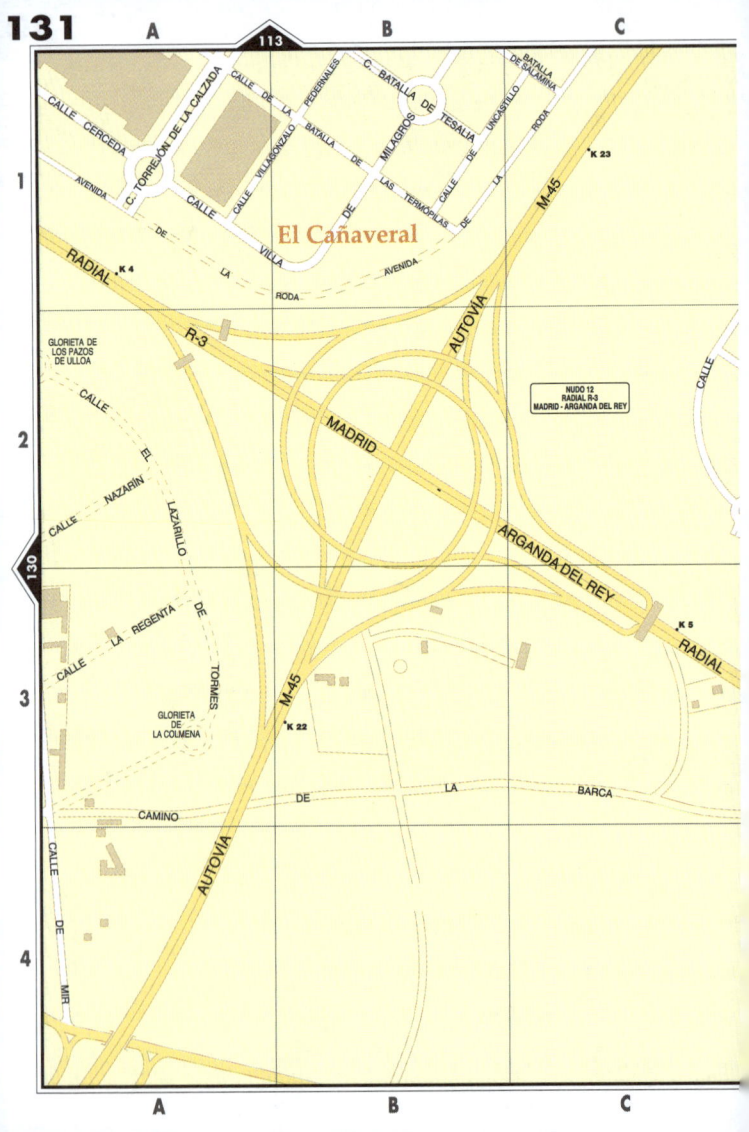

El Cañaveral

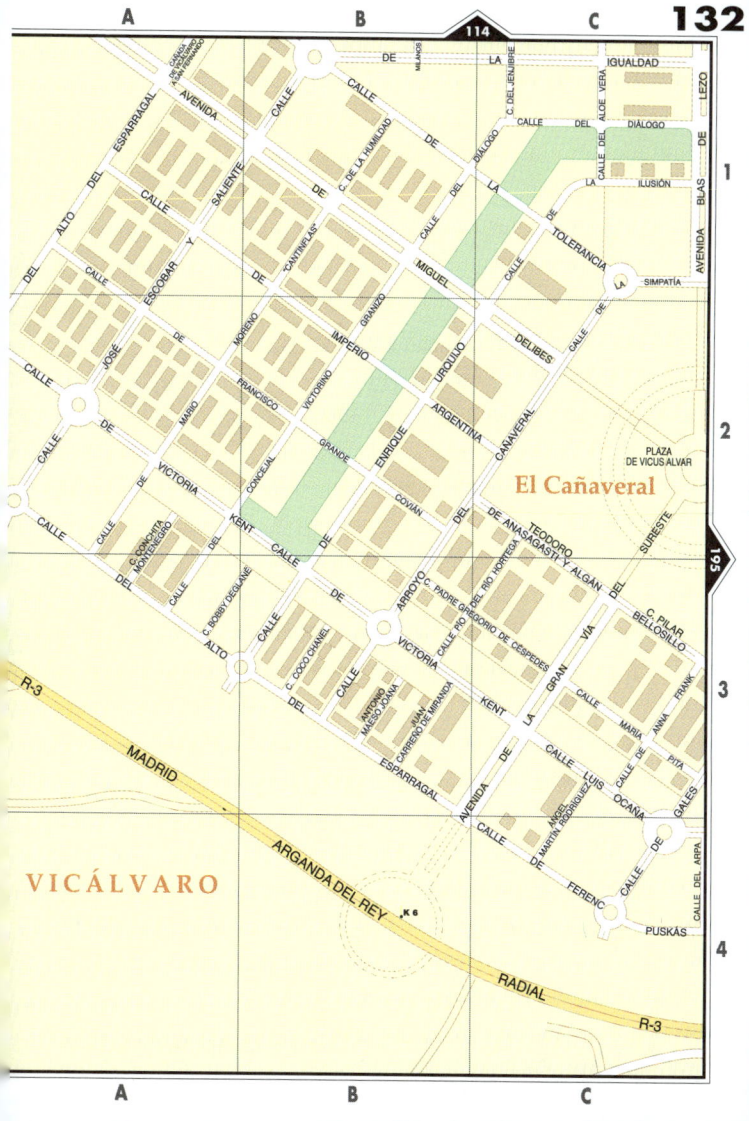

DE LA IGUALDAD

C. DEL JENJIBRE LEZO

ESPARRAGAL AVENIDA CALLE CALLE DIÁLOGO CALLE DEL DIÁLOGO DE BLAS

DEL SALIENTE DE CALLE DE LA HUMILDAD DE LA TOLERANCIA AVENIDA

ALTO CALLE ESCOBAR Y "CANTINFLAS" CALLE MIGUEL SIMPATÍA

DEL JOSÉ MARIO DE MORENO GRANIZO IMPERIO URQUIJO DELIBES DE

CALLE DE FRANCISCO VICTORINO ENRIQUE ARGENTINA CAÑAVERAL

CALLE CALLE VICTORIA GRANDE CONCEJAL COVIÁN **El Cañaveral** PLAZA DE VICUS ALVAR

CALLE KENT CALLE DE DE DE ANASAGASTI TEODORO Y ALGÁN SURESTE 195

C. CONCHITA MONTENEGRO DEL ARROYO PADRE GREGORIO DE CÉSPEDES DEL RÍO HORTEGA VÍA C. PILAR BELLOSILLO

C. BOBBY DEGLANE CALLE DE CALLE PÍO DE GRAN CALLE ANNA FRANK

C. ALTO C. COCO CHANEL VICTORIA KENT LA CALLE MARIA DE PITA

R-3 CALLE ANTONIO MÁEZU JOINA JUAN CARREÑO DE MIRANDA CALLE LUIS ÁNGEL MAEZTU RODRÍGUEZ PEÑA CALLE OCAÑA

MADRID DEL ESPARRAGAL AVENIDA DE CALLE DE GALES

VICÁLVARO ARGANDA DEL REY K 6 CALLE FERENC CALLE DEL ARPA

RADIAL R-3 PUSKÁS

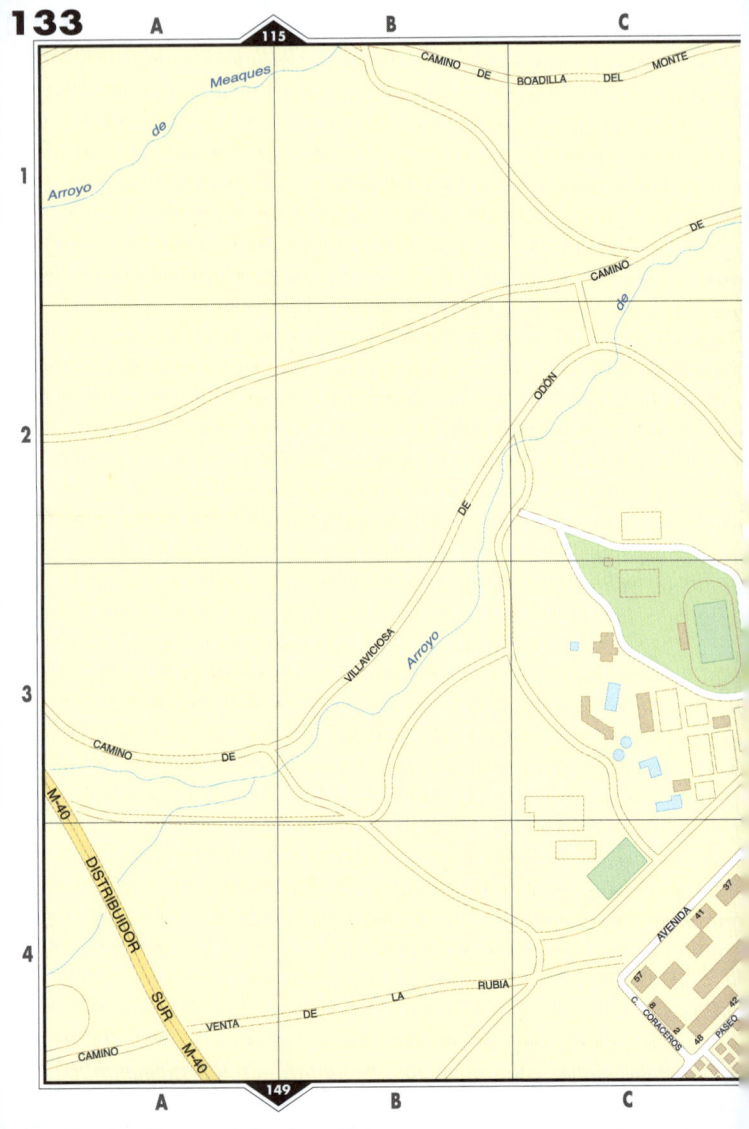

1

2

3

4

Meaques

de

Arroyo

CAMINO DE BOADILLA DEL MONTE

DE

CAMINO

de

ODON

VILLAVICIOSA Arroyo

DE

CAMINO DE

M-40

DISTRIBUIDOR SUR M-40

CAMINO

VENTA DE LA RUBIA

AVENIDA

C. CORACEROS PASEO

A · · · · · · B · · · 116 · · · C

ODÓN

DE

Valchico

VILLAVICIOSA

1

PICADERO

Dehesa de Tetuán

DEL

CAMINO

AVIACIÓN
ESPAÑOLA

A-5

892

461

465

C. DE CAMINITO

C. PUENTE DEL TIRO

Colonia Parque
de Europa

CALLE PUENTE

596

DE LIMA

2

135

EXTREMADURA

K 8

483

C. PEÑA DORADA

Campamento

ARQUEROS

CALLE DE LOS GRANADEROS

3

DE

AVENIDA

Colonia
Santa Margarita

LOS

5

9

HÚSARES

CALLE

CABO INFANTERÍA

DANTE VETERINARIO

1. ANTONIO PÉREZ X.

AVDA. DE LAS ÁGUILAS

3

Colonia
Dehesa del Príncipe

24

DON RODRÍGUEZ BUJÁN

503

175

168

DE

ROBERT CAPA

PAGÉS

MIRAVÉ

DE

DE

Barrio
San Ignacio
de Loyola

LOS

30

519

DOCTOR

FIDEL

CALLE

42

92

JARDINES
TENIENTE CORONEL
VESTEIRO

38

531

LA

PASEO DE LOS LANCEROS

46

PASEO

543

CALLE

C. SERRADILLA

DE

21

LANCEROS

10

ALABARDEROS

4

2

10

4

M

MONROY

LOS

30

M

ESTACIÓN
DE
CUATRO VIENTOS

AVIACIÓN

Colonia Militar
Cuatro Vientos

K 8

CUATRO VIENTOS

A-5

A · · · · · · B · · · 150 · · · C

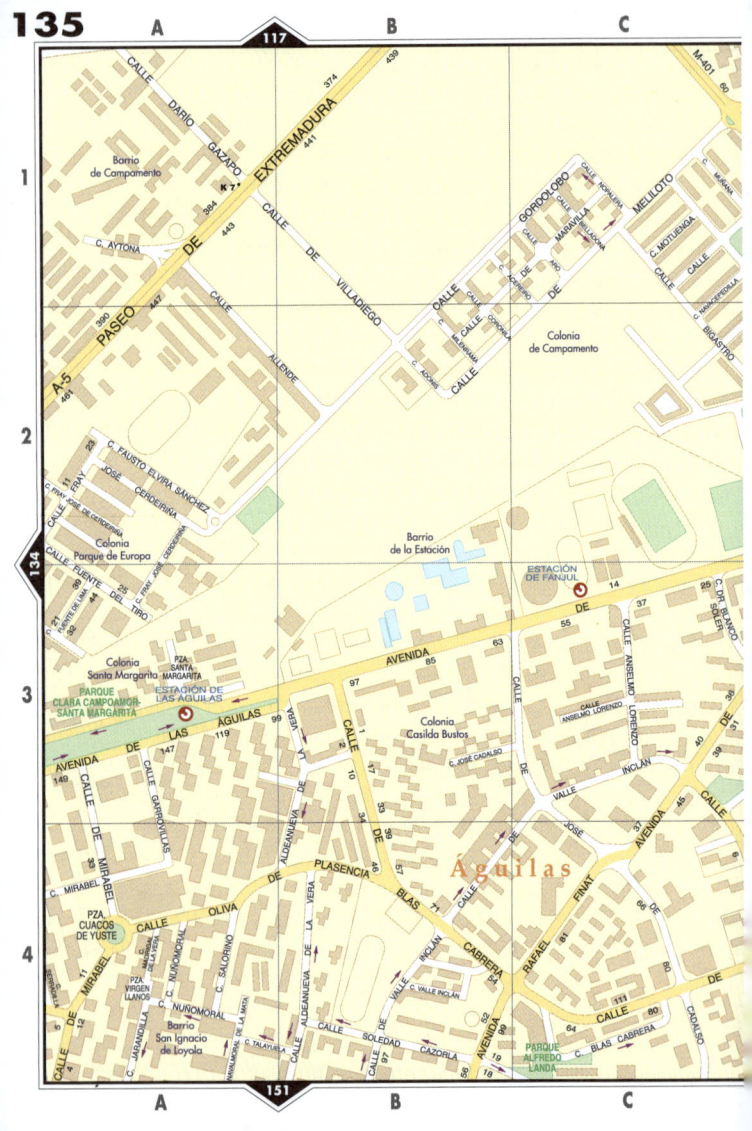

A   B   C

M-401

CALLE DARIO GAZAPO

Barrio
de Campamento

CALLE DE EXTREMADURA

374 439

441

443

C. AYTONA

K 7

384

390 447

PASEO DE

A-5
461

CALLE

CALLE DE VILLADIEGO

ALLENDE

GORDOLOBO

CALLE

CALLE

MANZANILLA

MELILOTO

CALLE NOGUERA

CALLE MARINA

CALLE MOTILLEJA

CALLE

CALLE

BIGASTRO

Colonia
de Campamento

CALLE

CALLE ADEME

C. BUJALANCE

CALLE

C. FAUSTO ELVIRA SANCHEZ

CALLE FENAY
C. PINY JOSE DE ORDOPRINA
C. PINY
JOSE CEROFRIÑA

CALLE FUENTE DEL TIRO

Colonia
Parque de Europa

Barrio
de la Estación

ESTACIÓN
DE FANJUL

14

C. DE BLANCO SOLER

CALLE

C. POETA DEL TIRO

PZA.
SANTA
MARGARITA

AVENIDA

63

B5

CALLE ANSELMO LORENZO

CALLE

CALLE

DE

INCLAN

Colonia
Santa Margarita

PARQUE
CLARA CAMPOAMOR
SANTA MARGARITA

LAS ÁGUILAS

97

99

1

DE

CALLE

2

CALLE ANSELMO LORENZO

Colonia
Casilda Bustos

C. JOSE CADALSO

AVENIDA
149

DE

CALLE GARROVILLAS

LAS ÁGUILAS
147

119

DE LA VERA

CALLE

10

34

DE

99

57

VALLE

JOSE

AVENIDA

CALLE

CALLE

DE

CALLE

CALLE MIRABEL

PZA.
CUACOS
DE YUSTE

CALLE

MIRABEL

DE

OLIVA

ALDEANUEVA

PLASENCIA

BLAS

71

Águilas

CALLE

FINAT

RAFAEL

DE

C. NUÑOMORAL

CALLE SOLORINO

DE LA VERA

INCLAN

CABRERA

AVENIDA

DE

PZA.
VIRGEN
LLANOS

C. NUÑOMORAL

C. VALLE INCLAN

CALLE

DE

MIRABEL

12

CALLE

CALLE

JARANDILLA

DE LA MATA

ALDEANUEVA

CALLE

SOLEDAD

CAZORLA

56

18

AVENIDA

64

CALLE

80

C. BLAS CABRERA

111

PARQUE
ALFREDO
LANDA

DE

CADALSO

Barrio
San Ignacio
de Loyola

A   B   C

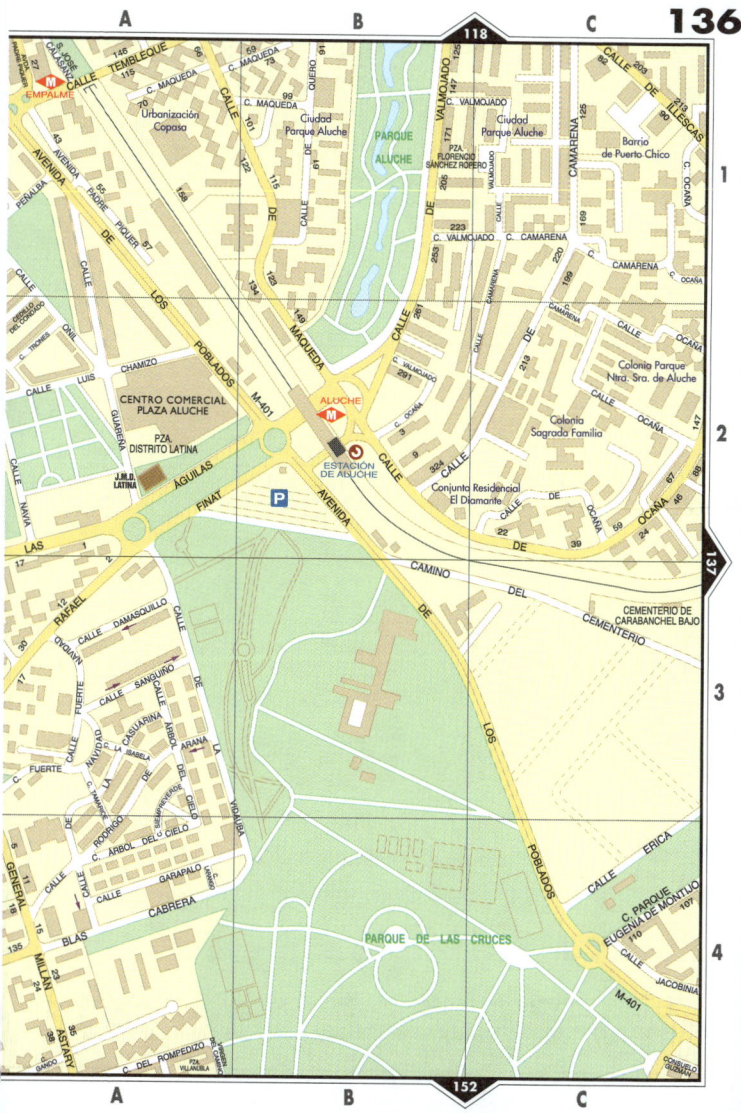

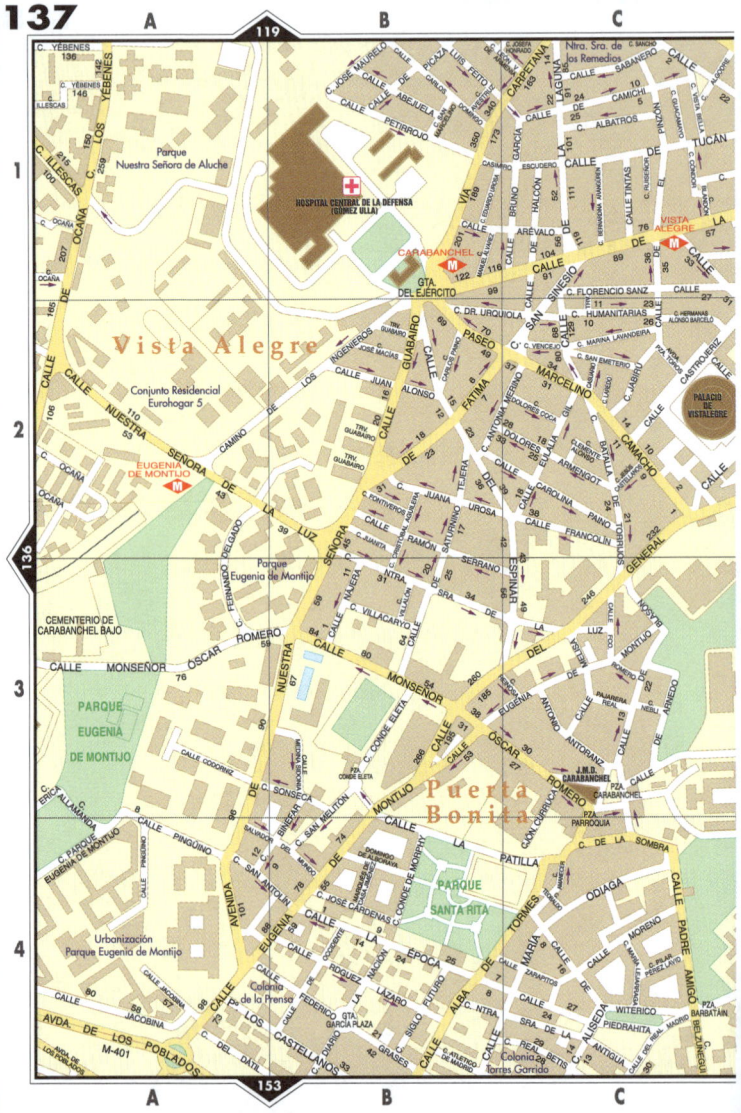

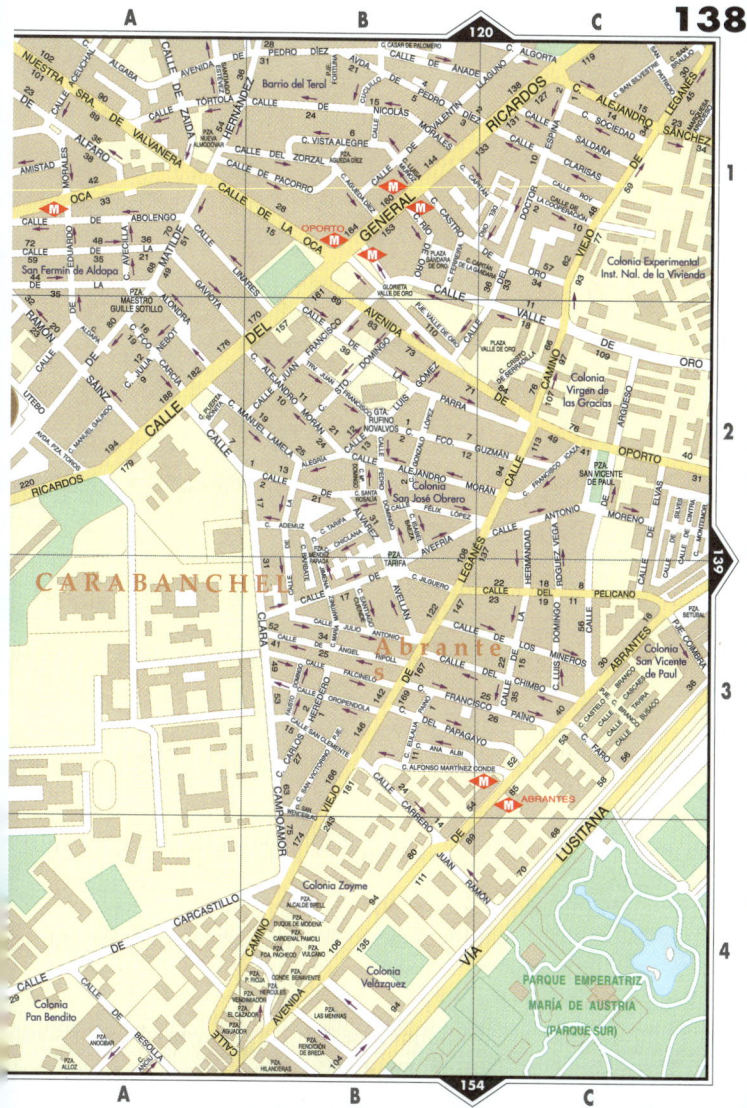

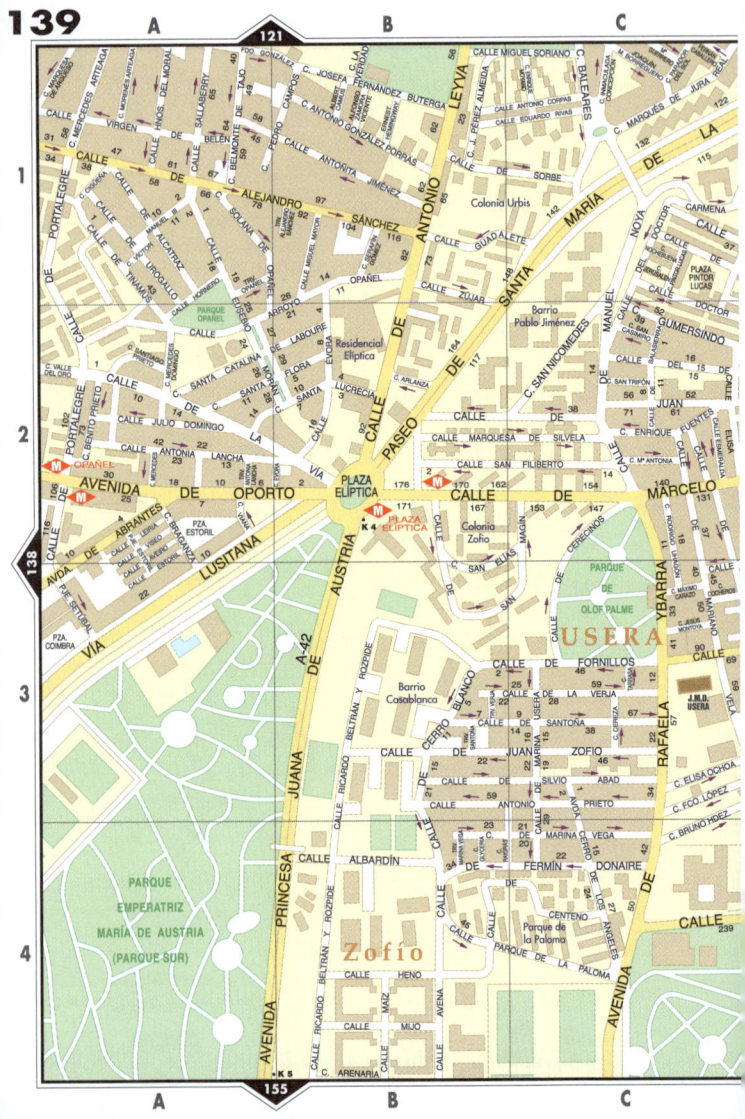

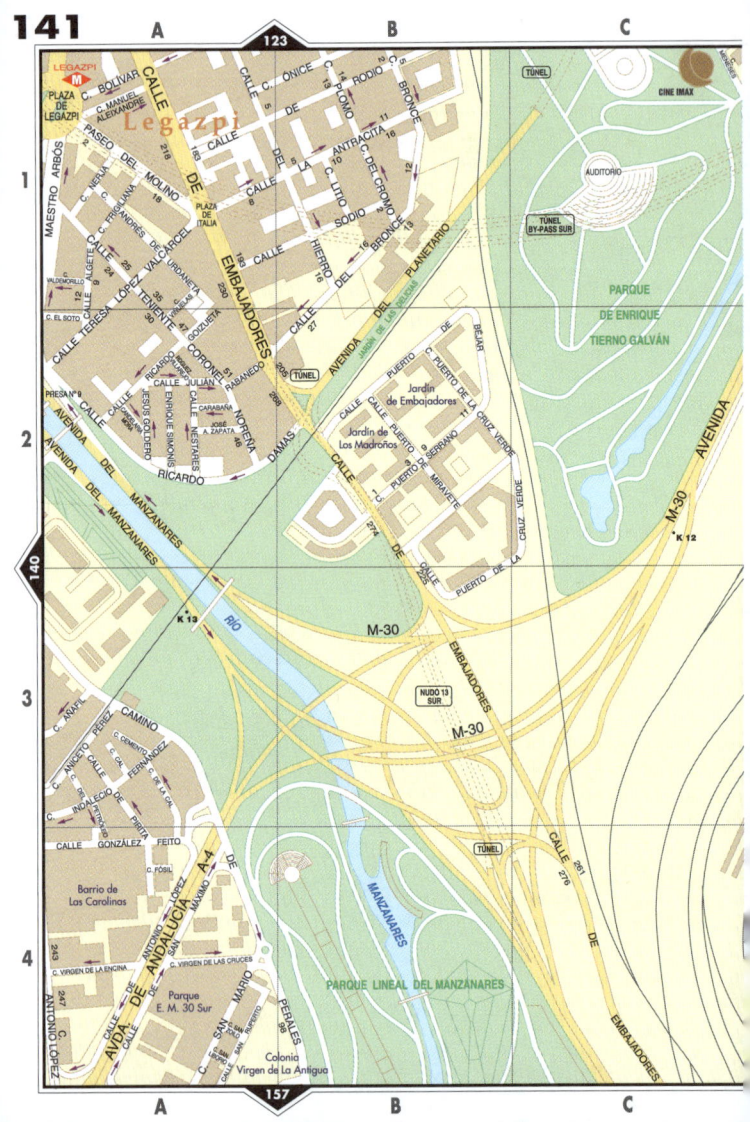

Legazpi

PLAZA DE LEGAZPI

PARQUE DE ENRIQUE TIERNO GALVÁN

Jardín de Embajadores

Jardín de Los Madroños

CINE IMAX

AUDITORIO

TÚNEL BY-PASS SUR

M-30

NUDO 13 SUR

M-30

PARQUE LINEAL DEL MANZANARES

Barrio de Las Carolinas

Parque E. M. 30 Sur

Colonia Virgen de La Antigua

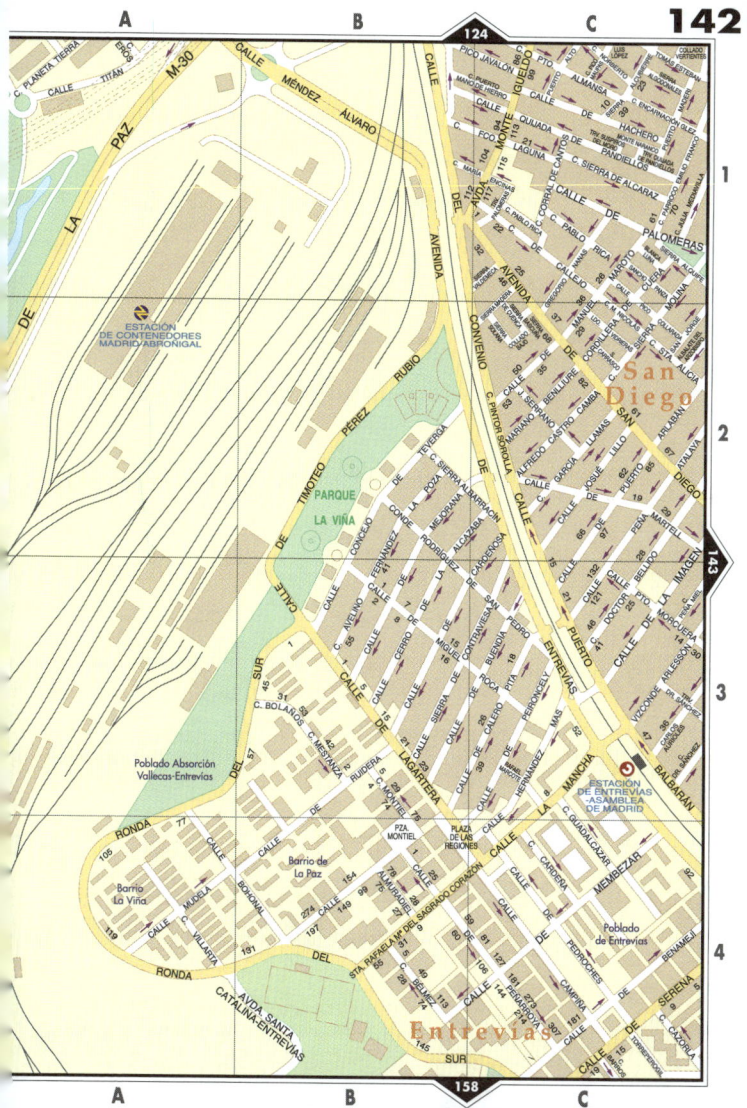

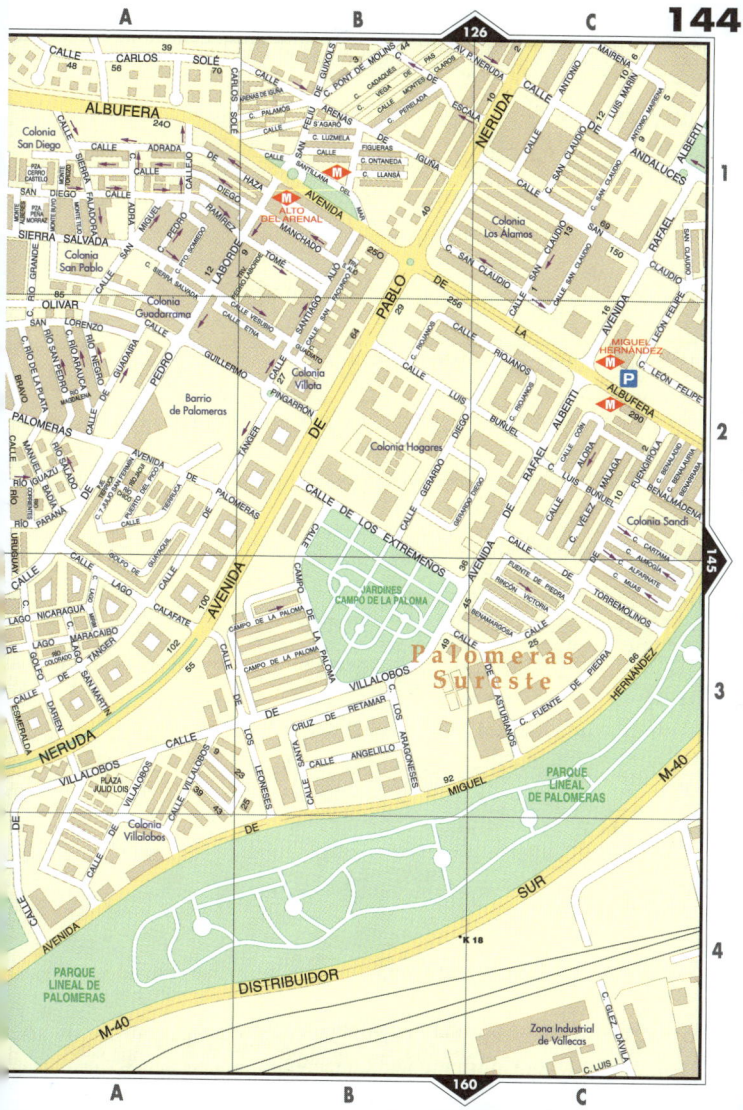

FAUNIA
(PARQUE BIOLÓGICO)

128

DEMOCRACIA

DEL

MEDITERRÁNEO

A-3

1

CALLE

SABINO

FERNÁNDEZ

CAMPO

CALLE

LEOPOLDO

CALVO

SOTELO

ESTACIÓN
DE
SANTA EUGENIA

HOSPITAL INFANTA LEONOR

AVENIDA GRAN VÍA DEL ESTE

AVDA. DE SANTA EUGENIA

2

JOAQUÍN
RUIZ GIMÉNEZ
CORTÉS

DE AZA

DE CASTILLO

Parque de
Santa Eugenia

147

GRAN VÍA DEL ESTE

VASARES

AVDA.

DE SANTA

3

Casco Histórico
de Vallecas

CAMINO

DE

CALLE AGUSTÍN

CLAUDIO
FERRERO FERRERO

GARCÍA MALLA

ENRIQUE

C. DIEGO
OLIVERA VICTORIO

CESAR PASTOR
LLOPIS

PZA.
CONVIVENCIA

Poblado de Absorción
de Vallecas U.V.A.

PZA.
ENRIQUE
DE MESA

CAMINO

DE

SANTA

PUENTELARPA

EUGENIA

Parque
DE SANTA
EUGENIA

FELIPE

ÁLVAREZ

Colonia
Urpisa

CALLE

PUERTO

BRUCH

DE

SIERRA

GORDA

GORDA

PZA.
ANTONIO
MARÍA SEGOVIA

GARCÍA

Colonia
Vilda

CALLE

CALLE

MANUEL

CALLE JESÚS

HOSPITAL VIRGEN
DE LA TORRE

CALLE

SIERRA

CALLE

MONTE

MONTJUICH

PZA.
MARTÍNEZ
OLMEDILLA

VASARES

CALLE

4

GADOR

MANUEL VÉLEZ

PZA. JUAN
MALASAÑA

C.

DE

CALLE

DEL

REAL

DE

Residencial
Nueva Delhi

ARGANDA

M-303

VILLA
DE VALLECAS

VIEJA
VILLA DE VALLECAS

FEDERICO

GARCÍA LORCA

PICO

CALLE SIERRA DE GUARA

CALLE SIERRA

CALLE PICO

C. MARÍA PÉREZ MEDEL

TRV. PUERTO DE REINOSA

DE

LA

CIERVA

AVDA. DEL ENSANCHE
DE VALLECAS

RAYO VALLECANO
DE MADRID

Colonia
Virgen de la Torre

MONTES DE TOLEDO

Colonia
Virgen del Rosario

CEMENTERIO

A   B   C

Cerro
de Almodóvar

Santa
Eugenia

Langostillo

Parque
de Santa Eugenia

PARQUE
DE SANTA
EUGENIA

ESTACIÓN
DE
SANTA EUGENIA

JARDÍN
ARTURO
VALLEJO
BAEZA

A-3

AVENIDA

AVENIDA

AVENIDA

GRAN VÍA DEL ESTE

CALLE LOS AHUMADOS

CALLE ALBERTO SÁNCHEZ

PEDRO

VASARES

CAMINO

LOS

DE

CAMINO

CERRO

DEL

ALMODÓVAR

CALLE

CAMINO

DEL

CERRO

DE

DEL

DE

AVENIDA

DE

SANTA

CALLE

CALLE

CALLE

ZAZUAR

LAS VIÑAS

DE

VIRGEN

FUENTESPINA

CALLE

EUGENIA

MEDITERRÁNEO

ALMODÓVAR

CARRETERA

CAMINO

M-203

STA. EUGENIA

CALLE

DE

ARGANDA

M-303

REAL

MAZATERÓN

AV. GAVIA

CALLE CIRILO MARTÍNEZ NOVILLO

POZA

DE

LA

SAL

A-3

K 10°

K 9

C. CASTRILLO DE Nª

PUENTELARRA

163

129

146

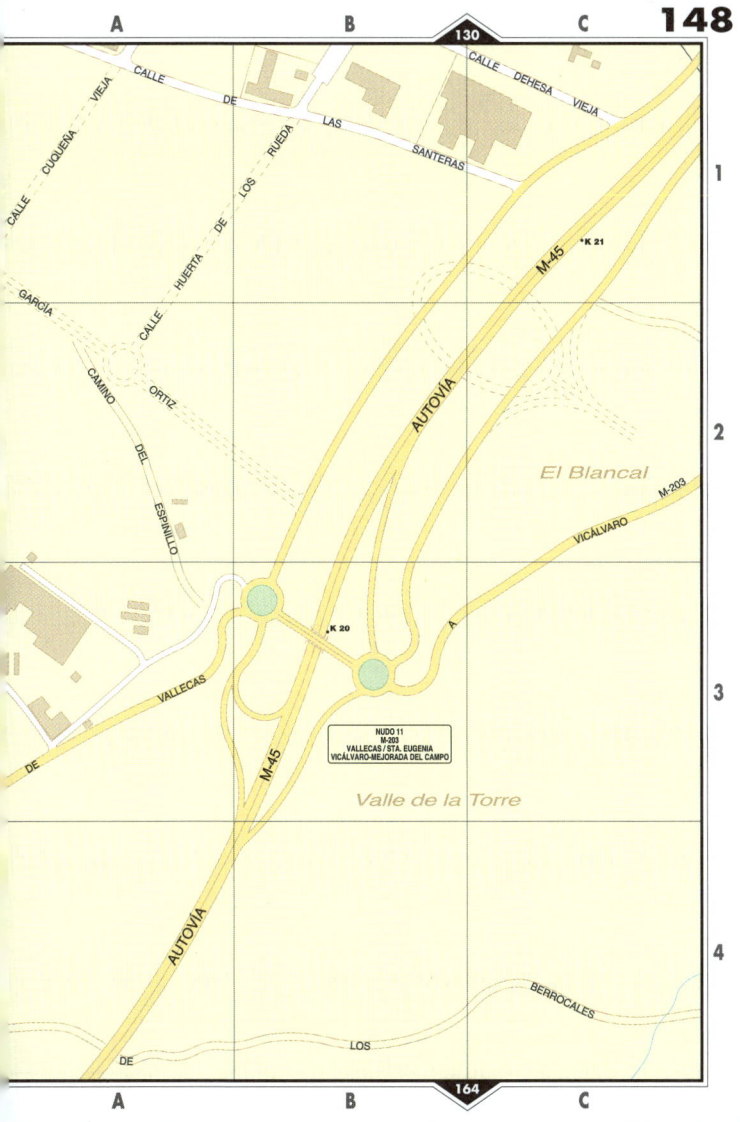

A B C

CALLE DEHESA VIEJA

CALLE CUQUEÑA VIEJA

CALLE DE

CALLE LAS

DE LAS RUEDA

SANTERAS

1

CALLE

GARCÍA

CALLE HUERTA DE LOS

M-45

*K 21

CAMINO

ORTIZ

2

DEL

El Blancal

ESPINILLO

M-203

VICÁLVARO

AUTOVÍA

,K 20

A

VALLECAS

3

DE

M-45

NUDO 11
M-203
VALLECAS / STA. EUGENIA
VICÁLVARO-MEJORADA DEL CAMPO

Valle de la Torre

AUTOVÍA

4

M-45

BERROCALES

DE

LOS

A B C

A B C

M-40 K 33

DISTRIBUIDOR

EXTREMADURA

CAMINO

CTRA. A LA VENTA DE LA RUBIA

NUDO 21
A-5 EXTREMADURA

K 10

DE

SUR K 32

CAMINO DE ALCORCÓN

PASEO

MUSEO
DE AERONÁUTICA

A-5

TÉRMINO

MUNICIPAL

DE ALCORCÓN

ENLACE

A-5 Y M-40

ENLACE A-5

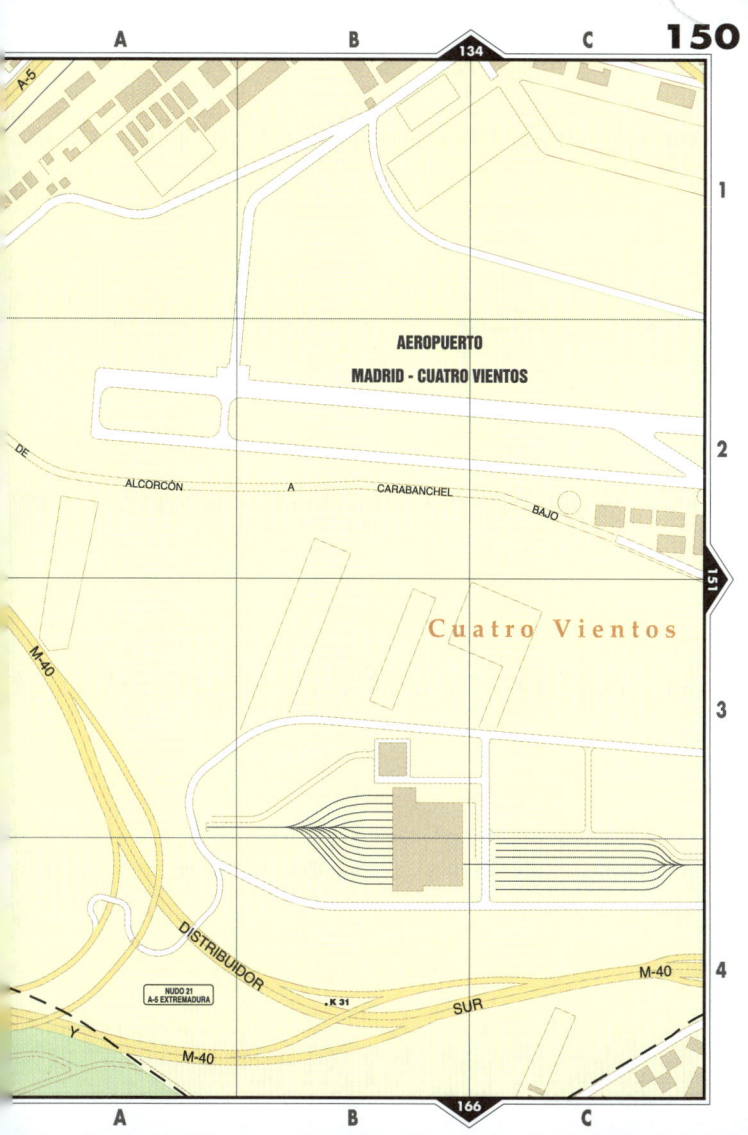

AEROPUERTO

MADRID - CUATRO VIENTOS

DE

ALCORCÓN   A   CARABANCHEL   BAJO

Cuatro Vientos

M-40

M-40

DISTRIBUIDOR

NUDO 21
A-5 EXTREMADURA

K 31

SUR

M-40

Y

A-5

134

151

166

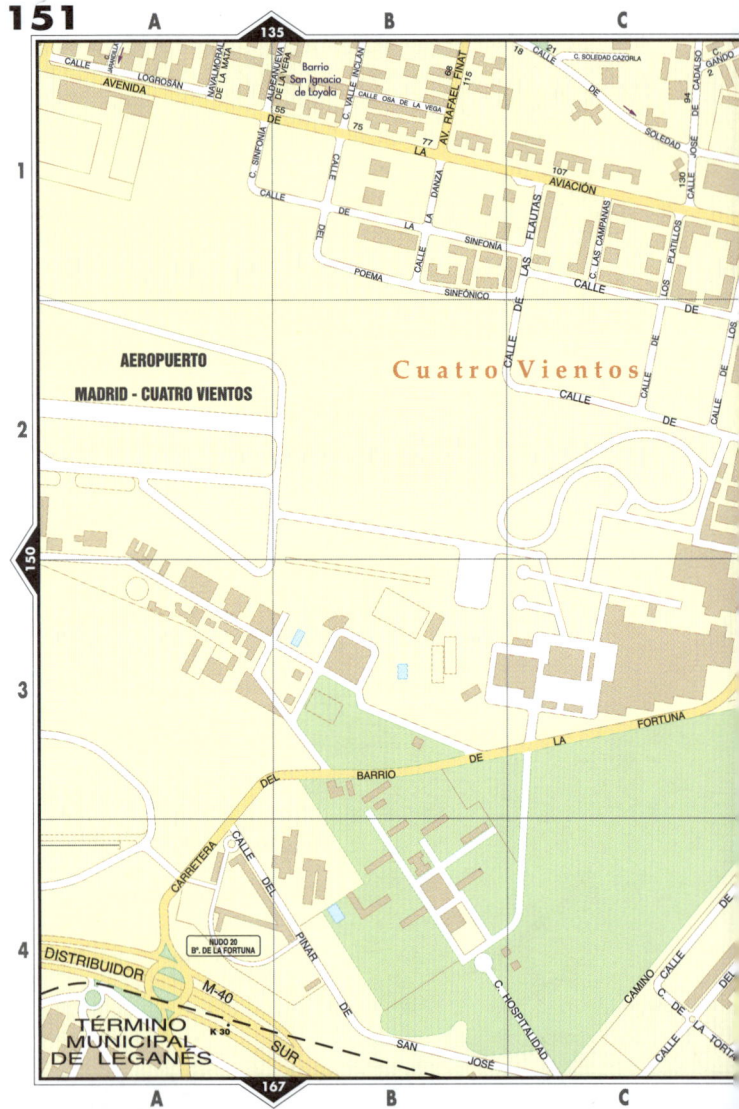

151

CALLE LOGROSÁN
AVENIDA
DE
LA
AVIACIÓN

Barrio
San Ignacio
de Loyola

C. SINFONÍA
CALLE
VALLE INCLÁN
CALLE OSA DE LA VEGA
AV. RAFAEL FINAT
C. SOLEDAD CAZORLA
C. GÁNDO
JOSÉ CADALSO

55
75
77
107

CALLE
DEL
POEMA
CALLE
LA
SINFONÍA
SINFÓNICO
DE LAS CAMPANAS
FLAUTAS
C. LOS PLATILLOS
DE
LOS

AEROPUERTO

MADRID - CUATRO VIENTOS

Cuatro Vientos

CALLE
DE
CALLE
DE

150

DE
LA
FORTUNA

BARRIO
DEL

CARRETERA
CALLE
DEL
PINAR
DE
SAN
JOSÉ

NUDO 20
Bº. DE LA FORTUNA

C. HOSPITALIDAD

CAMINO
CALLE
C.
DE
DEL
CALLE
LA TORTA

DISTRIBUIDOR
M-40
K 30
SUR

**TÉRMINO
MUNICIPAL
DE LEGANÉS**

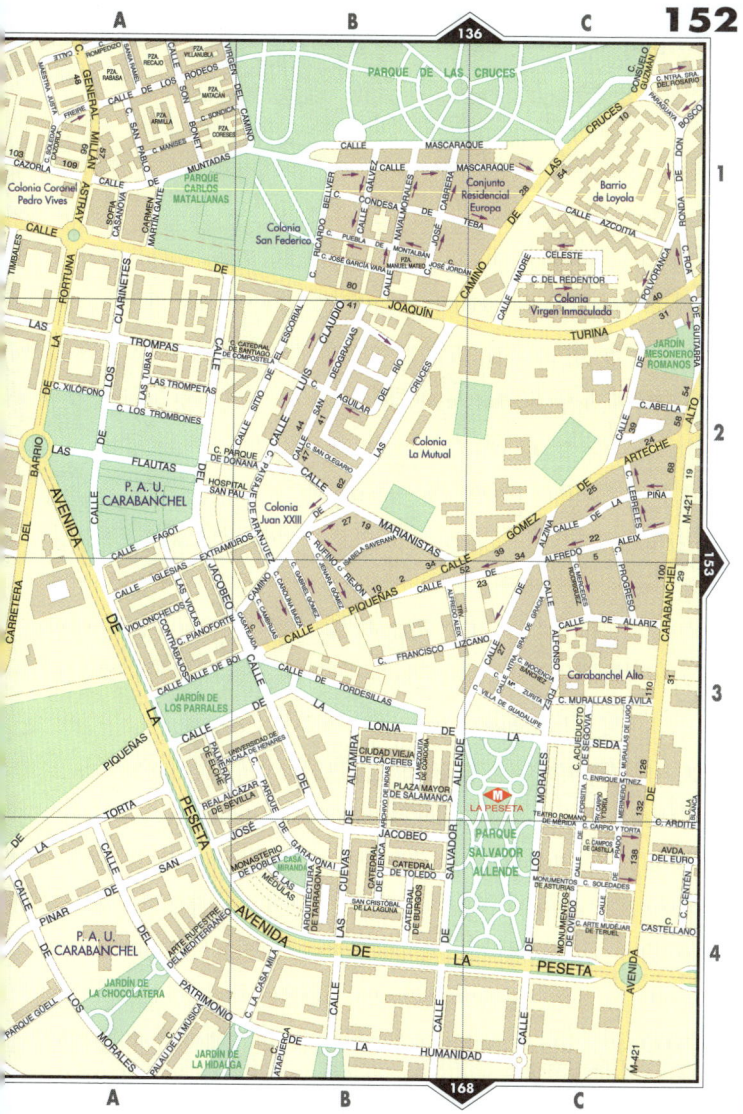

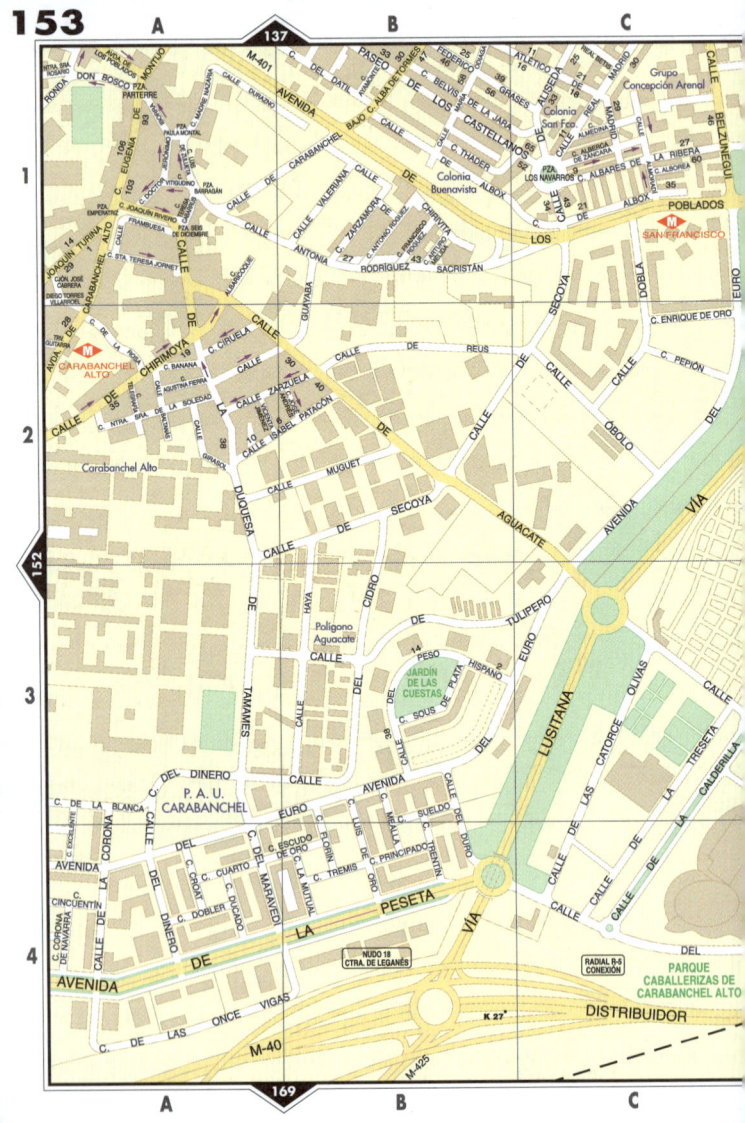

Colonia
del Conde de Aybar

C. BERRIO PLANA

PARQUE
PLANTAS Y FLORES

M-401

AVENIDA

LUSITANA

Poblado
de Absorción
Pan Bendito

CALLE ANGLO

CALLE BISCALIA

AVENIDA DE ABRANTES

VÍA LUSITANA

PAN
BENDITO

PTA HILANDERAS

T116

T112

T134

CALLE

CALLE 21

C. ANTONIO ROMERO

CALLE

PARQUE EMPERATRIZ
MARÍA DE AUSTRIA
(PARQUE SUR)

C. MAJARAMBROZ

C. CHINCHILLA

CARRANQUE

POLÁN

CALLE CAZALEGAS

CALLE UGENA

M-401

DE   LOS   POBLADOS

JARDÍN DE LOS POZUELOS

TANATORIO

CALLE SALVADOR VICENTE MARTÍN

CALLE JUAN

CALLE RON

HILARIO

HERRANZ

ESTABLOS

CALLE DE CERILLERAS

CALLE VENTURA DÍAZ BERNARDO

CALLE   DE   JUAN   MIEG

Buenavista

CALLE   DEL   HALCONERO   DEL   REY

PARQUE
DE LA VOLATERÍA

LUSITANA

CEMENTERIO   DE   CARABANCHEL

CEMENTERIO SUR

THALER

CENTRO COMERCIAL
Y DE OCIO
ISLAZUL

REAL

SUR

M-40

K 26

TÉRMINO

MUNICIPAL DE LEGANÉS

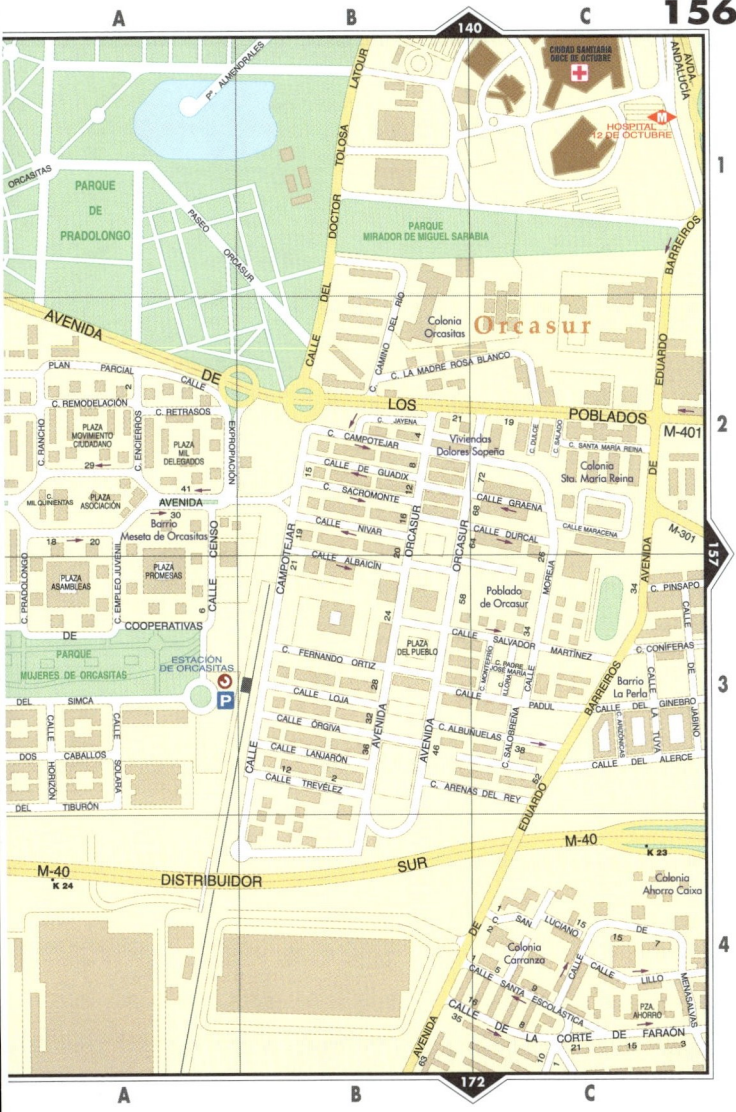

CIUDAD SANITARIA
ONCE DE OCTUBRE

HOSPITAL
12 DE OCTUBRE

AVDA. ANDALUCÍA

BARREIROS

1

P. ALMORALES

LATOUR

TOLOSA

DOCTOR

CALLE DEL

PASEO ORCASUR

ORCASITAS

PARQUE
DE
PRADOLONGO

AVENIDA

DE

CALLE

EXPLANACIÓN

PLAN
PARCIAL

C. REMODELACIÓN

C. RETRASOS

C. RANCHO

29

C. ENCIEIROS

PLAZA
MOVIMIENTO
CIUDADANO

PLAZA
MIL
DELEGADOS

AVENIDA

C. MIL QUINIENTAS

C. ASOCIACIÓN

41

18   20

30
Barrio
Meseta de Orcasitas

CALLE CENSO

C. EMPLEO JUVENIL

PLAZA
PROMESAS

COOPERATIVAS

C. PRADOLONGO

PLAZA
ASAMBLEAS

DE

PARQUE

MUJERES DE ORCASITAS

ESTACIÓN
DE ORCASITAS

P

PARQUE
MIRADOR DE MIGUEL SARABIA

C. CAMINO DEL RÍO

Colonia
Orcasitas

Orcasur

C. LA MADRE ROSA BLANCO

LOS

POBLADOS

M-401

C. JAYENA

C. CAMPOTEJAR

Viviendas
Dolores Sopeña

C. SANTA MARÍA REINA

C. SALADO

Colonia
Sta. María Reina

CALLE DE GUADIX

C. SACROMONTE

15

12

C. GRAENA

72

CALLE DURCAL

CALLE MARACENA

CALLE   NIVAR

ORCASUR

CALLE ALBAICÍN

ORCASUR

21

19

20

45

CALLE

58

MORERA

26

M-301

34

AVENIDA DE PINSAPO

CALLE   DE

CAMPOTEJAR

24

Poblado
de Orcasur

C. CONÍFERAS

C. FERNANDO ORTIZ

PLAZA
DEL PUEBLO

CALLE

SALVADOR   MARTÍNEZ

C. PADRE M.

PADUL

BARREIROS

Barrio
La Perla

CALLE DEL   GINEBRO   JABINO

CALLE   DE

CALLE LOJA

32

C. MONTERREY

C. PADRE MARÍA
JOSÉ MARÍA

CALLE DE LA TUYA

CALLE LARIONDA

CALLE ÓRGIVA

38

AVENIDA

C. ALBUÑUELAS

C. SALOBREÑA

34

CALLE   DEL   ALERCE

CALLE LANJARÓN

2

AVENIDA

46

CALLE TREVÉLEZ

CALLE

C. ARENAS DEL REY

EDUARDO

DOS   CABALLOS

CALLE   SOLARA

DEL   SIMCA

DEL   HORIZÓN

DEL   TIBURÓN

CALLE

3

157

M-40
K 24

DISTRIBUIDOR

SUR

M-40

EDUARDO

K 23

Colonia
Ahorro Caixa

SAN   LUCIANO

16

DE

DE

15   7

Colonia
Carranza

CALLE

CALLE

LILLO

CALLE SANTA ESCOLÁSTICA

PZA.
AHORRO

MENASALBAS

AVENIDA

CALLE   DE   LA

18
35

CORTE   DE   FARAÓN

21

15

4

A   B   C

A　　　　　B　　　　　C

CALLE DE BARROS

CALLE DE YUSTE

RONDA

C. ALCORES

MOYTANCHEZ

C. VILLUERCAS

C. VILLUERCAS

DE

CALLE ANGOVAL

CALLE

C. HORNACHOS

SANTA CATALINA
MERCANCÍAS

CATALINA — ENTREVÍAS

SANTA

DEL

IBOR

SUR

217

CALLE

CALLE

1

PARQUE DE ENTREVÍAS

DE

AVENIDA

DE

ENLACE

ENTRE

CALLE

PARQUE FORESTAL DE ENTREVÍAS

2

LA

M-30 / M-40

APEADERO
DE SANTA CATALINA

EMBAJADORES

Colonia
Santa Catalina

M-602

EMBAJADORES

DE

C. ESTACIÓN DEPURADORA DE AGUAS
SANTA CATALINA

Y

CONOCIMIENTO

DEL

CIENTO
DOS

3

CALLE

C. CIENTO TRES

INNOVACIÓN

CIENTO
UNO

LA

A-4

M-602

A. VALLECAS

AVENIDA

C. CIENTO CUATRO

C. CIENTO CINCO

DE

CTRA. VILLAVERDE

C. CIENTO SEIS

AVENIDA

LA

C. CIENTO SIETE

DE

NUDO 14
MERCAMADRID

4

AVE.

PLAZA DE
LA TECNOLOGÍA

M-40

K 21

A　　　　　B　　　　　C

M-40

HORMIGUERAS

CALLE

LUIS I

CALLE

CALLE

CALLE

CALLE

GONZÁLEZ

159

158

16

CALLE

LUIS

CAMINO

HORMIGUERAS
141
144

135

134

DE

CASAS

DE

DÁVILA

28

1

CAMINO

DEL

CALLE

POZO

TORRE

97

106

CALLE

DE

Zona Industrial de Vallecas

GAMONAL

M-602

DEL

TÍO

DON

MIRAVETE

VALLECAS

TÍO

RAIMUNDO

CARRETERA

DE

VILLAVERDE

AVENIDA

CALLE DEL
REAL DE SAN VICENTE

C. ISLA

2

CALLE

MIGUEL

M-602

MORATILLA

DE

LUZÓN

DE GUAM

M-31

VALLECAS

A

AVENIDA

DE

CALLE

GUADALCANAL

DE

ISLA

LOS

MIELEROS

VILLAVERDE

A

CALLE

DE

LA

VISAYAS

MORATA

DEMANDA

3

CALLE

CALLE

DE

ISLAS

MUROS

LA

DE

EJE

CALLE

DEL

CARTAGENA

LAS

SIERRA

LA ATALAYUELA

CEBREIRO

TAJUÑA

SURESTE

CALLE

DE

DO

CAMINO

CHINA

RÍO

PEDRAZA

INDIAS

RÍO

DEL

4

LA

CALLE

C. CERRO DE LA GAVIA

DE

MAGDALENA

DE

CUERVO

CALLE

PERALES

C.º DE LA

M-31

C.º DE

161

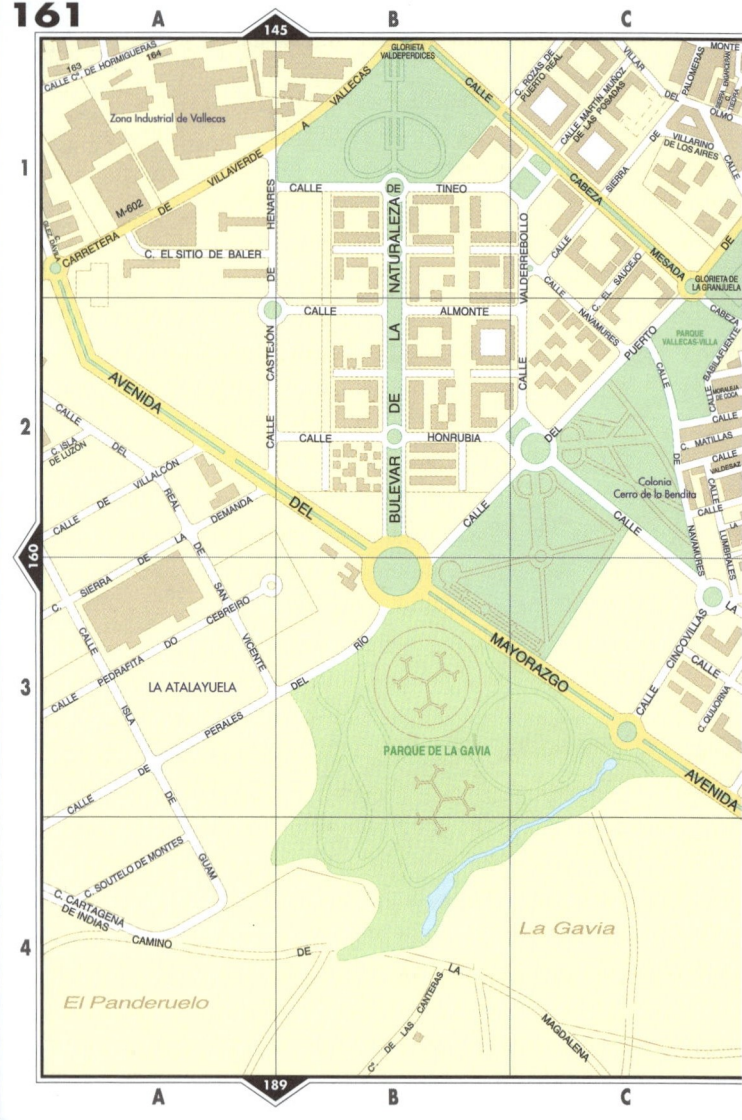

CALLE C. DE HORMIGUERAS

Zona Industrial de Vallecas

CALLE VALLECAS

GLORIETA VALDEPERDICES

CALLE

M-602

DE VILLAVERDE

CARRETERA

C. EL SITIO DE BALER

CALLE HENARES

CALLE DE CASTEJÓN

CALLE DE LA NATURALEZA

DE TINEO

CALLE

ALMONTE

CALLE

HONRUBIA

BULEVAR DE

C. ROZAS DE PUERTO REAL

CALLE MARTÍN MUÑOZ DE LAS POSADAS

VILLAR

MONTE

LOS PALOMARES

OLMO

VILLARINO DE LOS AIRES

SIERRA

CABEZA

CALLE

VALDERREBOLLO

MESADA

GLORIETA DE LA GRANJUELA

NAVAMURES

EL SAUCELO

PUERTO

PARQUE VALLECAS-VILLA

CABEZA

RABIA PELENTE

HORNALEZA DE COCA

C. MATILLAS

Colonia Cerro de la Bendita

CALLE

CALLE VALDESAZ

LUMBRALES

NAVAMURES

AVENIDA

DEL

CALLE ISLA DE LUZON

C. ISLA DE LUZON

CALLE DE VILLALCON

REAL

LA DEMANDA

DEL

RÍO

CALLE

C. SIERRA

DE

SAN CEBREIRO

DO VICENTE

LA ATALAYUELA

CALLE PEDRAFITA

ISLA

PERALES

DEL

MAYORAZGO

CINCOVILLAS

CALLE

CALLE

C. QUILORNA

AVENIDA

PARQUE DE LA GAVIA

CALLE

DE

GUAM

C. SOUTELO DE MONTES

C. CARTAGENA DE INDIAS

CAMINO

DE

LA

La Gavia

El Panderuelo

C.º DE LAS CANTERAS

MAGDALENA

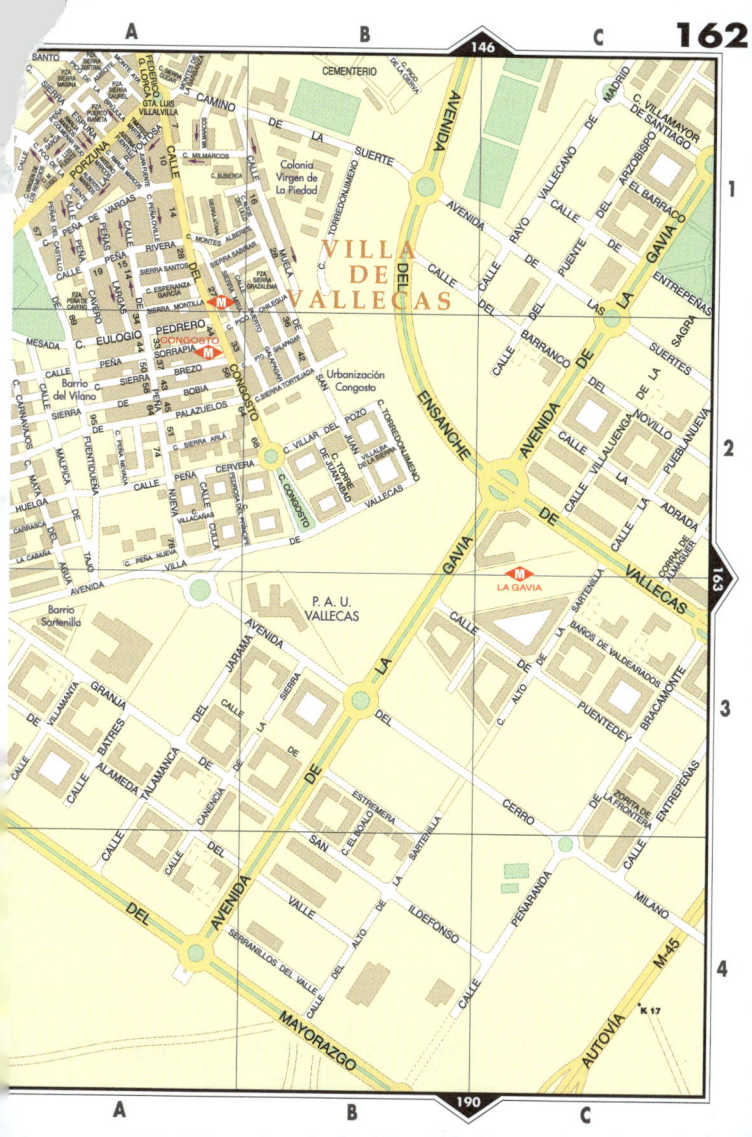

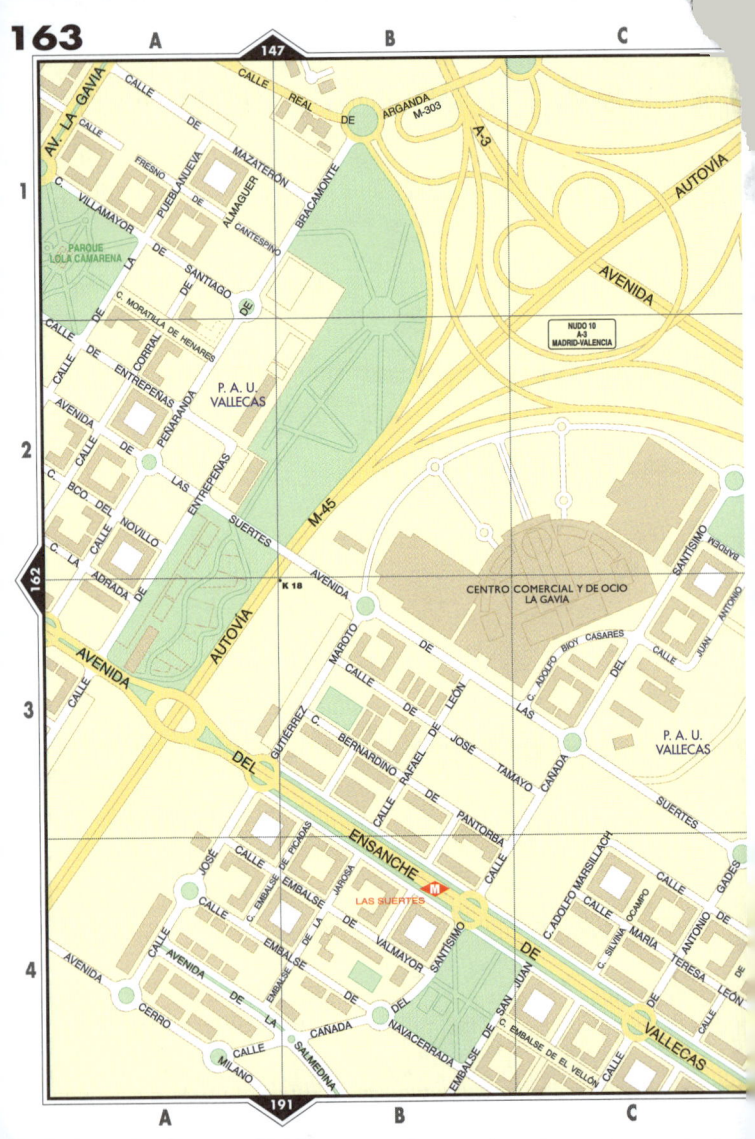

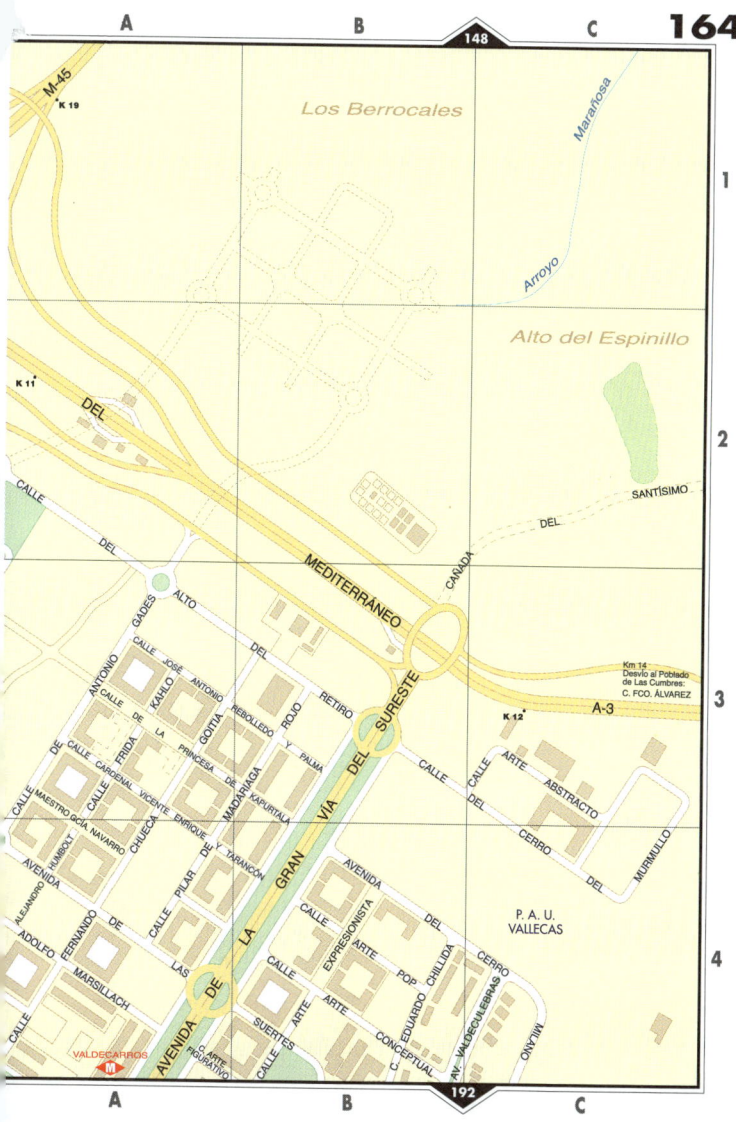

M-45

K 19

Los Berrocales

Marañosa

Arroyo

1

Alto del Espinillo

K 11

DEL

SANTÍSIMO

DEL

2

CALLE

DEL

MEDITERRÁNEO

CAÑADA

ALTO

GADES

DEL

RETIRO

SURESTE

Km 14
Desvío al Poblado
de Las Cumbres:
C. FCO. ÁLVAREZ

A-3

K 12

3

CALLE
ANTONIO
CALLE
JOSÉ
ANTONIO
REBOLLEDO
ROJO
Y
PALMA

KAHLO

GOITIA

CALLE

ARTE

ABSTRACTO

DE
CALLE
FRIDA
CARDENAL
VICENTE
ENRIQUE
Y
TARANCÓN
LA
PRINCESA
DE
MADARIAGA
DE
KAPURTALA

DEL

CERRO

DEL

MURMULLO

CALLE
MAESTRO
GUÍA
NAVARRO
CHUECA

AVENIDA
ALEJANDRO
HUMBOLT

CALLE
PILAR
DE

DE
LAS

AVENIDA
DEL

ARTE

CALLE
EXPRESIONISTA

CERRO

DEL

P. A. U.
VALLECAS

ADOLFO
FERNANDO
DE

MARSILLACH

CALLE

DE
VÍA
LA
GRAN
DEL

AVENIDA
DE
LAS
SUERTES

CALLE

ARTE

CALLE

ARTE

POP

CHILLIDA

CALLE
EDUARDO
CONCEPTUAL

AV. VALDEGUADALARRAMAS

AV. VALDEGUALBRAS

MILANO

4

VALDECARROS

C. ARTE
FIGURATIVO

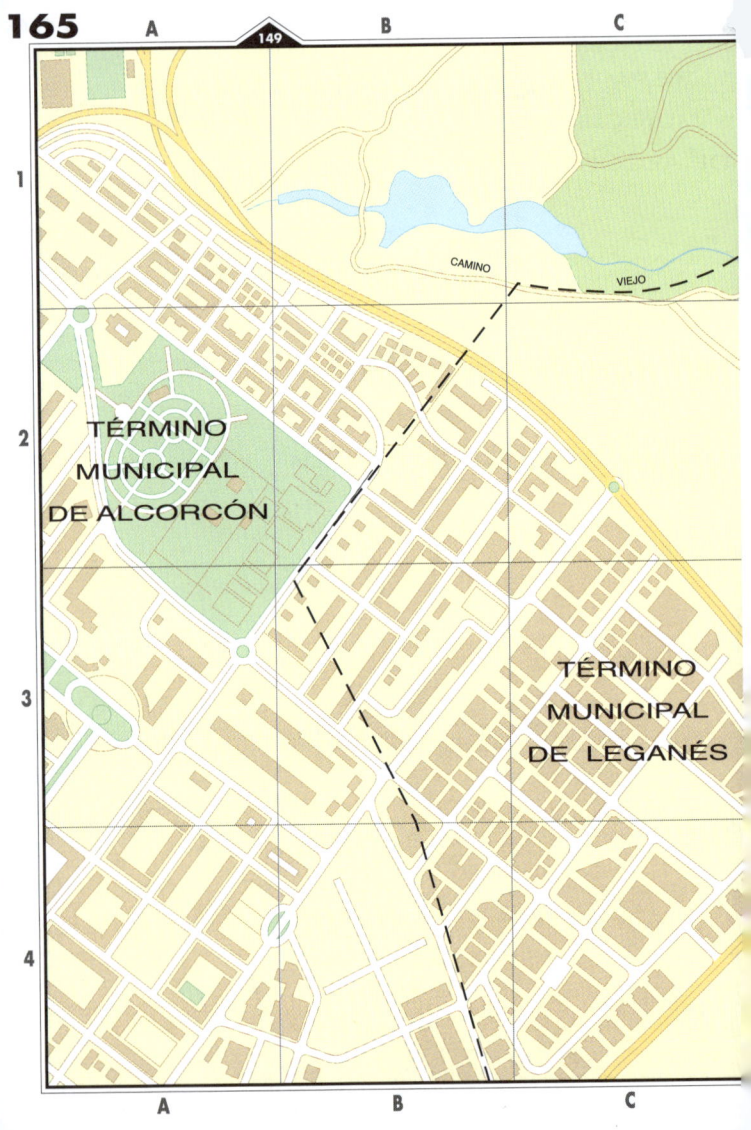

TÉRMINO
MUNICIPAL
DE ALCORCÓN

TÉRMINO
MUNICIPAL
DE LEGANÉS

CAMINO VIEJO

TÉRMINO
MUNICIPAL
DE ALCORCÓN

CAMINO DE LA CANALEJA

ALCORCÓN

MADRID

DE

TÉRMINO
MUNICIPAL
DE LEGANÉS

Prado Grande

El Pradillo

NAVALCARNERO

MADRID

Pedazo
del Estado

RADIAL R-5

C. PINAR DE SAN JOSÉ

M-40

K 29

Los Charcos

CENTRO
COMERCIAL

CARRETERA

DE

LA FORTUNA

M

LA

FORTUNA

Arroyo   de   la

Canaleja

NAVALCARNERO

MADRID

RADIAL R-5

Vía Muerta

TÉRMINO

MUNICIPAL

DE LEGANÉS

Los Charcos

El Pradillo

152

168

CALLE LA CALLE TORTA

C. ATAPUERCA

DE

JARDÍN
CUARTEL
GRANDE

LOS

SALVADOR
ALLENDE

MORALES

NUDO 19
AV. CARABANCHEL

M-40

DISTRIBUIDOR

NUDO 1
M-40 / A-5

SUR

K 29

M-421

LEGANÉS

RADIAL R-5

NUDO 2
RADIAL R-6
MADRID-NAVALCARNERO

M-45

NAVALCARNERO

A

MADRID

RADIAL R-5

MADRID

K 1

M-45

TÉRMINO

Los Frailes

MUNICIPAL

DE LEGANÉS

DE

Arroyo

NUDO 3
M-421 / M-425
CARABANCHEL-LEGANÉS

de

Butarque

CARRETERA

Butarque

Butarque

La Mora

M-421

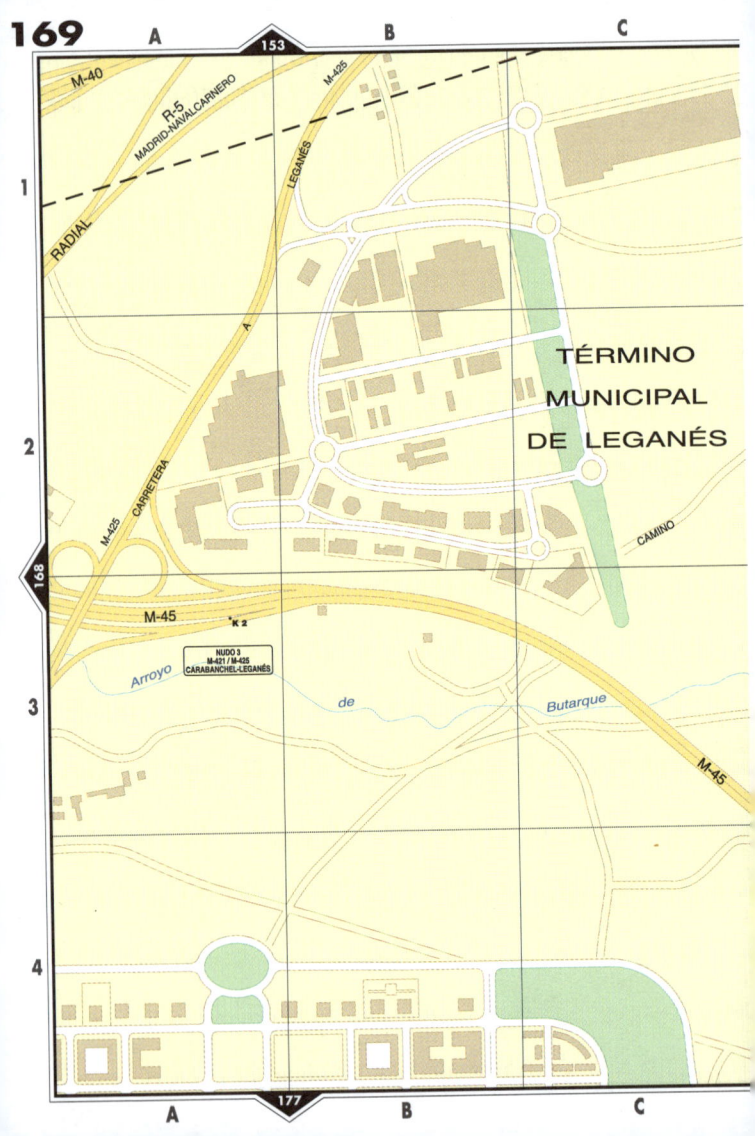

A B C

153

M-40
R-5
MADRID-NAVALCARNERO
RADIAL
M-425
LEGANÉS

1

A
CARRETERA
M-425

TÉRMINO
MUNICIPAL
DE LEGANÉS

2

M-425

CAMINO

168

M-45

K 2

NUDO 3
M-421 / M-425
CARABANCHEL-LEGANÉS

Arroyo
de
Butarque
M-45

3

M-45

4

A B C

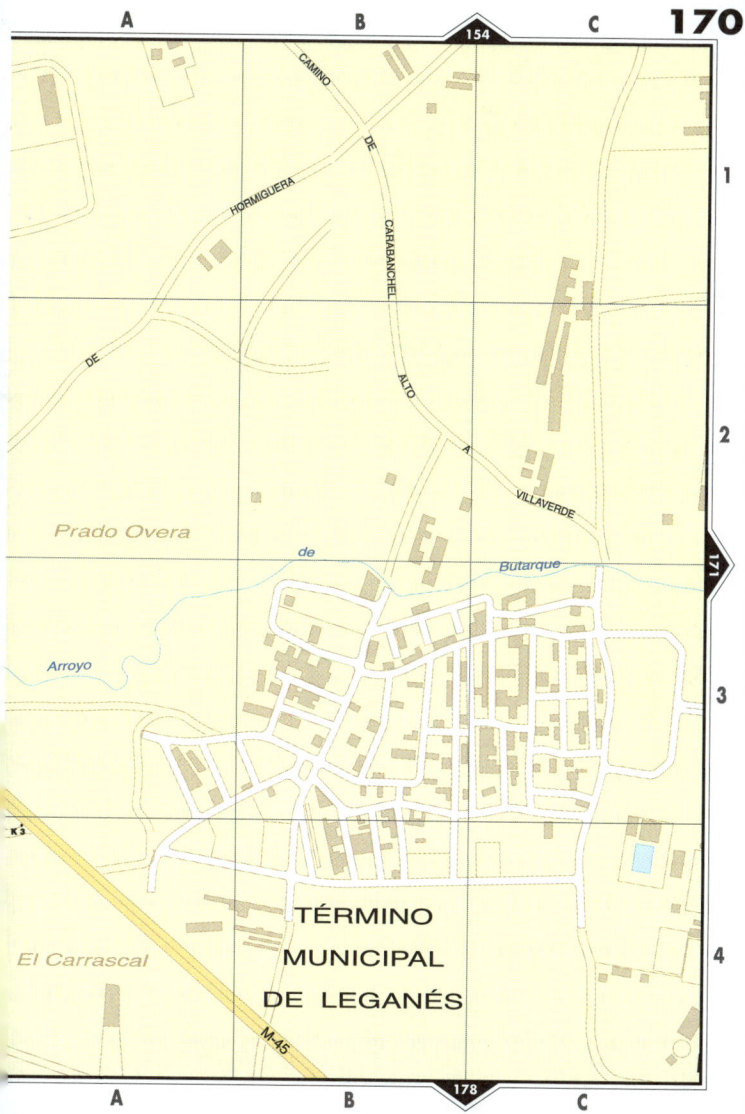

A   B   154   C

CAMINO

DE

HORMIGUERA

CARABANCHEL

DE

ALTO

A

1

VILLAVERDE

2

Prado Overa

de

Butarque

171

Arroyo

3

K 3

4

El Carrascal

TÉRMINO MUNICIPAL DE LEGANÉS

M-45

A   B   178   C

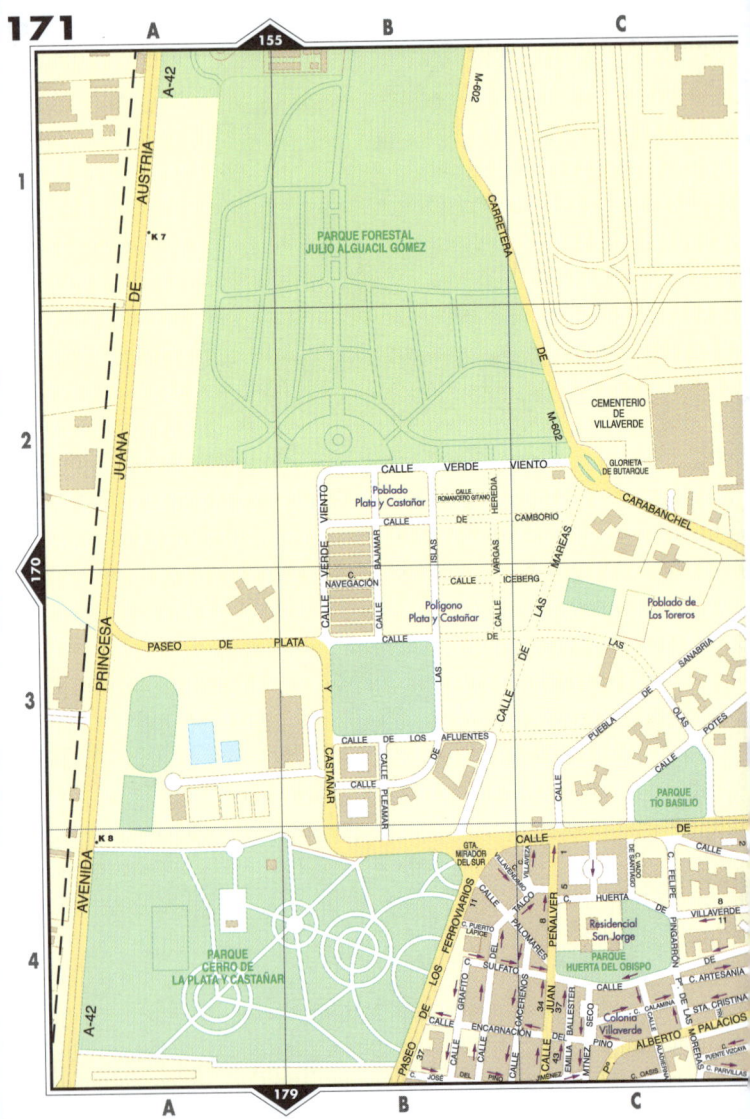

171

A   B   C

A-42

AUSTRIA

DE

JUANA

K 7

PARQUE FORESTAL
JULIO ALGUACIL GÓMEZ

CARRETERA

M-602

DE

M-609

CEMENTERIO
DE
VILLAVERDE

GLORIETA
DE BUTARQUE

CARABANCHEL

CALLE VERDE VIENTO

Poblado
Plata y Castañar

CALLE
ROMANCERO GITANO

170

PRINCESA

PASEO DE PLATA

CALLE VERDE VIENTO

BAJAMAR

C.
NAVEGACIÓN

CALLE

CALLE

DE

ISLAS

HEREDIA

CAMBORIO

VARGAS

CALLE

ICEBERG

Polígono
Plata y Castañar

DE

LAS

LAS

MAREAS

Poblado de
Los Toreros

SANABRIA

DE

OLAS

PUEBLA

POTES

Y

CASTAÑAR

CALLE

LAS

CALLE DE LOS AFLUENTES

CALLE

DE

CALLE

CALLE PLEMAR

Parque
TÍO BASILIO

K 8

AVENIDA

A-42

PARQUE
CERRO DE
LA PLATA Y CASTAÑAR

GTA.
MIRADOR
DEL SUR

CALLE

DE

CALLE

CALLE FELIPE DE PINGARRON

VILLAVERDE

C. ARTESANIA

FERROVIARIOS

LOS

DE

PASEO

CALLE

ENCARNACIÓN

SULFATO

GRAFITO

CALLE

JOSÉ

DEL

JIMÉNEZ

CALLE

PEÑALVER

PALOMARES

LAPIDE

VILLAMEA

PELASGOS

DE

CACEREÑOS

BALLESTER

CALLE

PINO

SECO

NÚÑEZ

JUAN

HUERTA

Residencial
San Jorge

Parque
HUERTA DEL OBISPO

CAMILIA

CALAMINA

Colonia
Villaverde

ALBERTO

DE

STA. CRISTINA

DE LAS

PALACIOS

PERAS

A   B   C

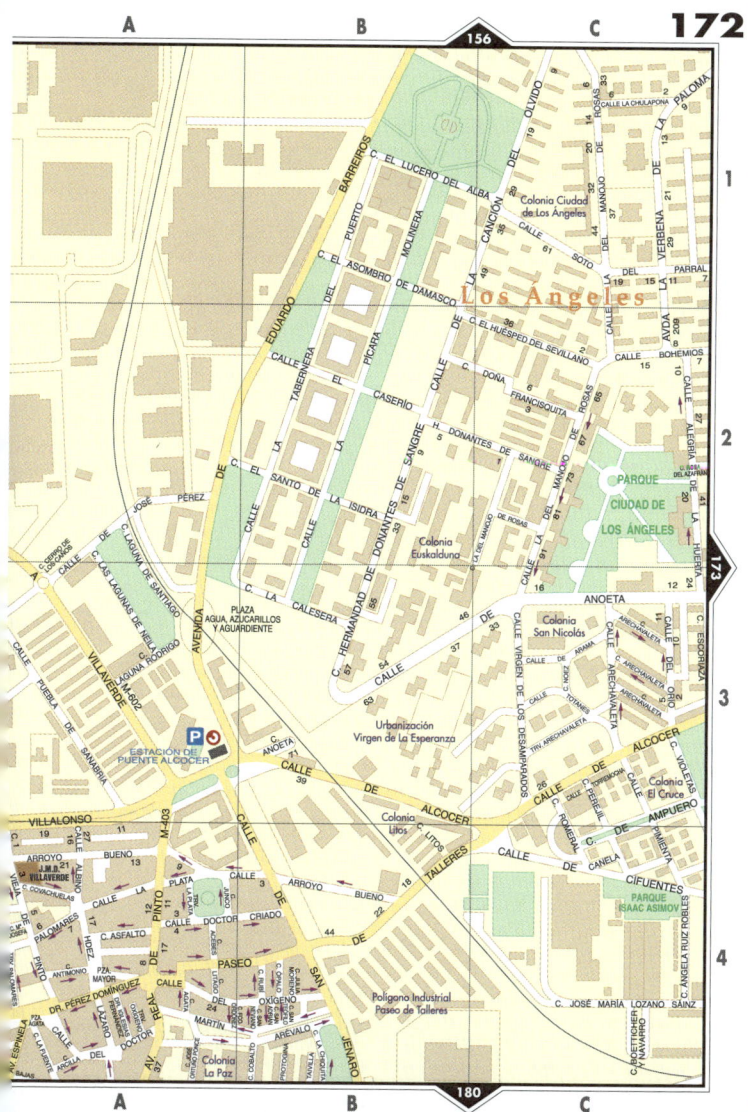

Los Rosales

Parque de la Dehesa Boyal

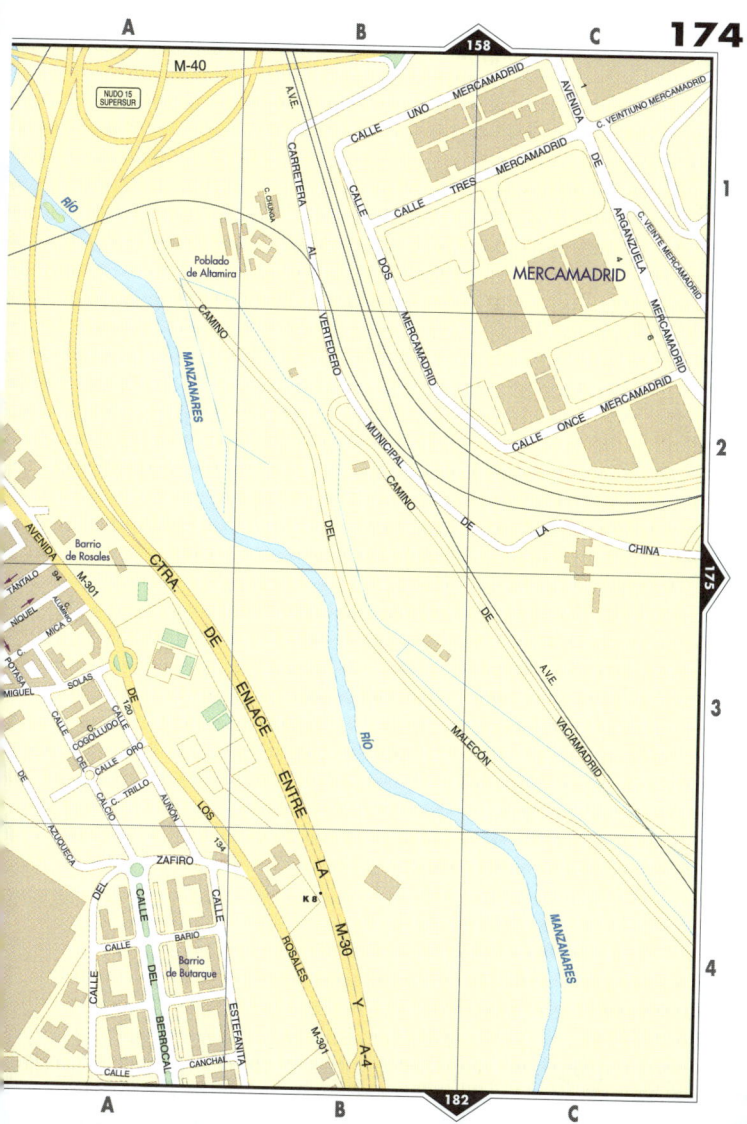

M-40

NUDO 15
SUPERSUR

RÍO

CALLE UNO MERCAMADRID

C. VEINTIUNO MERCAMADRID

AVENIDA

ARGANZUELA

CALLE TRES MERCAMADRID

C. VEINTE MERCAMADRID

DE

MERCAMADRID

C. CHUKA

CARRETERA

AVE

Poblado
de Altamira

CAMINO

AL

VERTEDERO

MERCAMADRID

MANZANARES

MUNICIPAL

CALLE ONCE MERCAMADRID

CAMINO

CALLE DOS MERCAMADRID

DEL

DE

AVENIDA

Barrio
de Rosales

CTRA

LA

CHINA

TÁNTALO

M-301

MIGUEL

MICA

SLOAS

DE

DE

MALECÓN

AVE. VÍA MERCAMADRID

POTYAS

SOLAS

MIGUEL

CALLE

COGOLLUDO

CALLE

ORO

DEL

ENLACE

CALCO

C. TRILLO

AURÓN

RÍO

AZOQUERA

DEL

ZAFIRO

ENTRE

CALLE

CALLE

BARIO

134

DEL

LA

MANZANARES

CALLE

CALLE

DEL

Barrio
de Butarque

ROSALES

M-30

Y

K 8

ESTEFANITA

CANCHAL

BERROCAL

CALLE

A-4

M-301

1

2

3

4

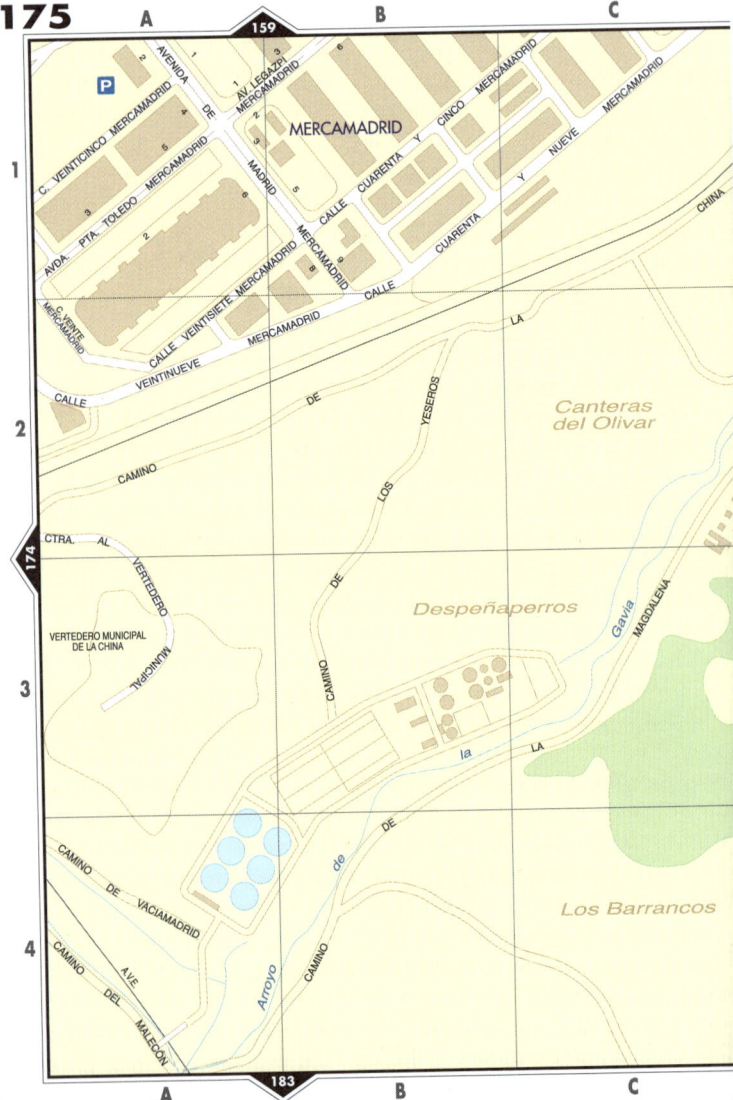

A   B   C

P

AV. LEGAZPI

AVENIDA   DE   MADRID

C. VEINTICINCO MERCAMADRID

AVDA.   PTA.   TOLEDO   MERCAMADRID

C. VEINTE   MERCAMADRID

CALLE   VEINTISIETE   MERCAMADRID

MERCAMADRID   VEINTINUEVE

CALLE

MERCAMADRID

MERCAMADRID   MERCAMADRID

MERCAMADRID

CALLE   CUARENTA   Y   CINCO   MERCAMADRID

CUARENTA

CALLE   Y   NUEVE   MERCAMADRID

MERCAMADRID

CHINA

LA

DE

YESEROS

LOS

*Canteras
del Olivar*

CAMINO

CTRA.   AL

VERTEDERO

VERTEDERO MUNICIPAL
DE LA CHINA

MUNICIPAL

DE

CAMINO

Despeñaperros

Gavia

MAGDALENA

la   LA

DE

de

CAMINO   DE   VACIAMADRID

AVE

CAMINO   DEL   MALECÓN

CAMINO

Arroyo

Los Barrancos

A   B   C

A   B   160   C

Barrio de
Los Barranquillos

YESEROS

MAGDALENA

Gavia

M-31

LOS

1

de   la   LA

DE

DE

CAMINO

Arroyo

CAMINO

EJE

RASTROJOS

LOS

2

DE

SURESTE

189

CAMINO

M-31

3

CAMINO

M-45

DE

K 14   AUTOVÍA

NUDO 8
M-31 EJE SURESTE

M-45

SANTA

4

AUTOVÍA

Casa del Cerro

MARÍA

A   B   184   C

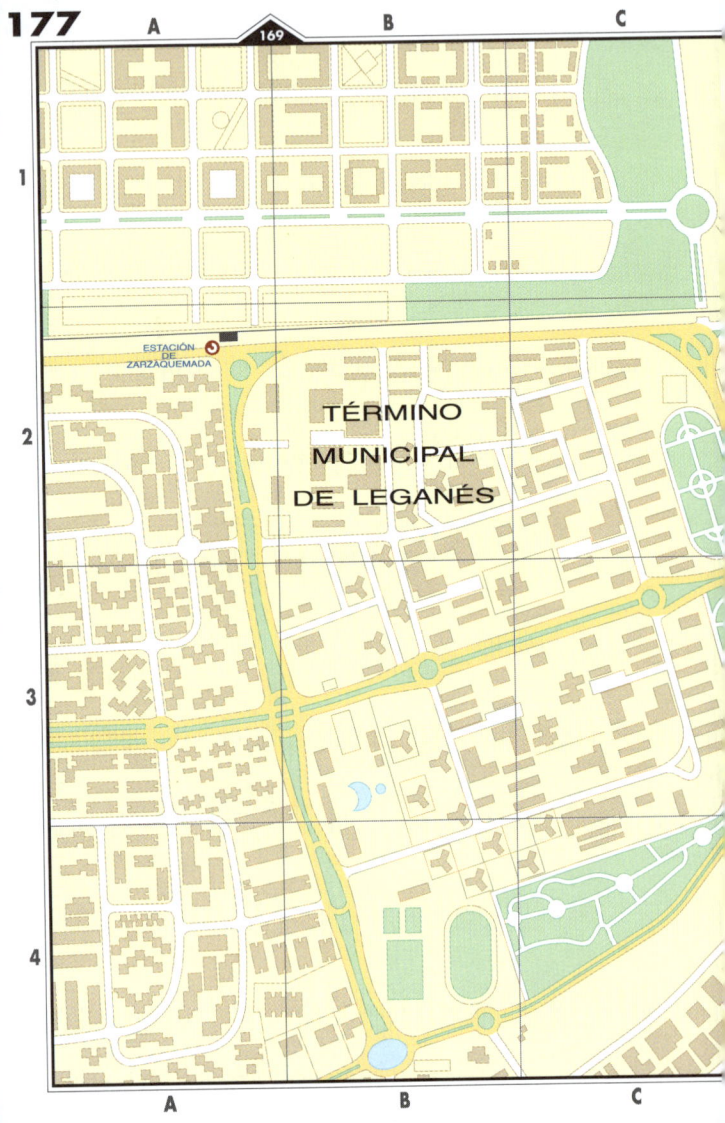

ESTACIÓN
DE
ZARZAQUEMADA

TÉRMINO

MUNICIPAL

DE LEGANÉS

K 4

M-45

A-42

1

El Carrascal

AUSTRIA

K 9

TÉRMINO

MUNICIPAL

DE LEGANÉS

K 5

2

179

El Bercial

JUANA

DE

M-45

PRINCESA

3

AVENIDA

A-42

TOLEDO

A

NUDO 4
A-42
MADRID-TOLEDO

TÉRMINO

MUNICIPAL

M-45

DE GETAFE

K 6

K 10

4

CTRA.

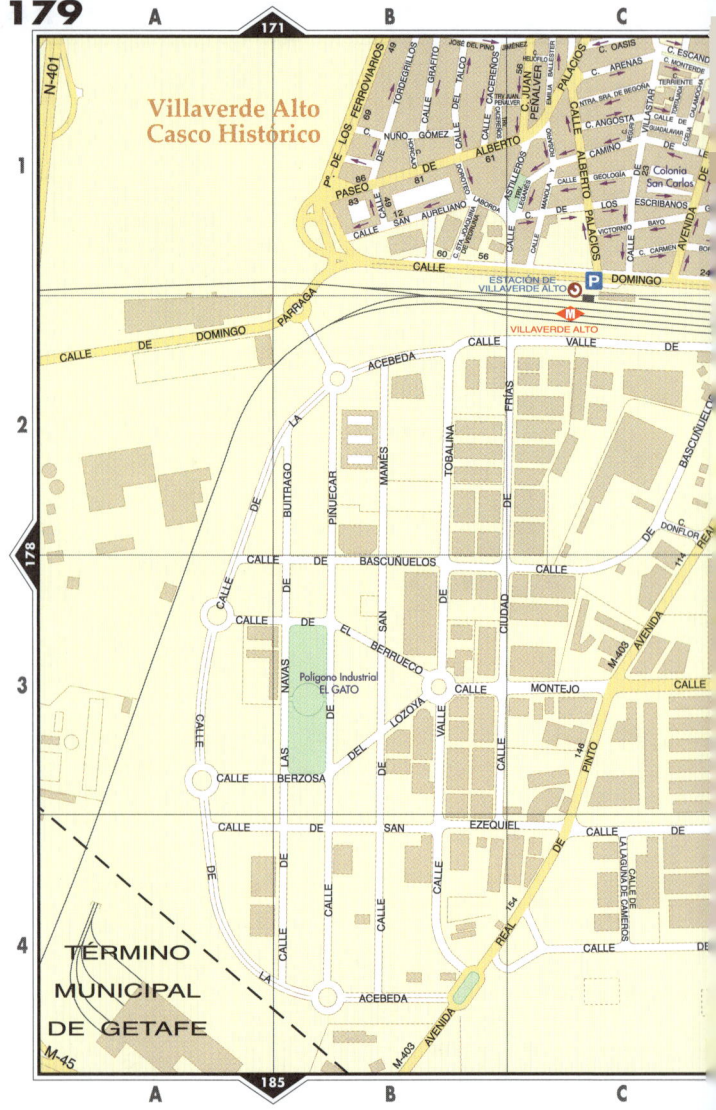

A   B   C

1
2
3
4

PARVILLAS BAJAS
PZA PARVILLAS 20
PARVILLAS ALTAS
C. MARISCAL GUTIÉRREZ
C. ALSIPUEDES
72 MADRE ISABEL LARRAÑAGA
DE OTERO
DE PINTO
GILENA
AS ALTAS
GREGORIO
C. DE COBALTO
C. PROTOMAN
C. TAKILLA
C. LUBIÁN
ORTIZ
AMADEO FERNÁNDEZ
DE LA
C. DE LUBIÁN
SAN
ESTACIO
SAN JENARO
CALLE
MAGNESIA
JIMÉNEZ
REAL
C. BISMUTO
CALLE
SARGENTO
BARRIGA 24
LENGUAS
DE
CEBO
DE
6
14
15
14
Colonia Antonia
CALLE TREN OBRERO
AVENIDA LABORAL
CCK GOMEZ ACEBO
AVDA
8
96
59
M-403
PARRAGA
DE
VILLAVERDE
SAN
DALMACIO
NORBERTO
SAN
1

ALINA
GTA. LOZARES
PINTO
67
GRAN
VÍA
DE
CALLE
DE
CALLE
DE
C. SAN BONIFACIO
73
29
50
CALLE
DE
44
CALLE
DE
36
SAN
30
NORBERTO
19
SAN TARSICIO
CALLE
DE
CALLE
DE
SAN
DALMACIO
2

DE
SAN
CESÁREO
CALLE
DE
SAN
CESÁREO
C. DEL CORTIJO
CJÓN. RESINA 12
DE
CALLE
DE
Zona Industrial de Villaverde
SAN
42
32
DE
LA
RESINA
CALLE
DE
LA
30
RESINA
3

SAN
BULEVAR NORTE
SEXTA
INTERMEDIA
NORTE
Colonia Marconi
LAGUNA
DEL
MARQUESADO
C. PRINCIPAL
AVDA
DE
MARCONI
ERASMO
SAN
EUSTAQUIO
CALLE
TRANSVERSAL
INTERMEDIA
SUR
BULEVAR SUR
ESTACIÓN DE SAN CRISTÓBAL INDUSTRIAL
LA
LAGUNA
DALGA
CAMINO DEL PUENTE COLGADO
4

PARQUE DE LA DEHESA BOYAL

CALLE DE BURJASOT

AV. LABORAL

S. DALMACIO

CALLE BENIFERRI

Pº MARÍA DROC

A-4

PASEO

MARÍA DROC

SAN DALMACIO

ANDALUCÍA

DE

18
32

79

PZA
LOS PINAZO

Poblado San Cristóbal de Los Ángeles

CALLE

DE ROCAFORT

CALLE MONCADA

CALLE

DE

10
6
2

GODELLA

51
53
61

72

52

90

31

46

13

CALLE

PZA
PALOMA
DE LA PAZ

21

CALLE

98

26

CALLE

53

57

CALLE

BENIMAMET

PLAZUELA
CURA
TOMÁS RUBIO

DE

CALLE

26

C. PATERNA

85

91

34

ROCAFORT

26

PATERNA

BENIMAMET

CALLE

ESTACIÓN
SAN CRISTÓBAL
DE LOS ÁNGELES

CALLE

CALLE

C. MARINE

CALLE

C. ARRE

San Cristóbal

Villaverde Bajo

SAN CRISTÓBAL

DE

AVENIDA

C.
CORTIJO

C. LOS HIDRATOS

CALLE LIGNITO

C.
GALENA

C. DE LA RESINA

Butarque

ESTACIÓN
DE CONTENEDORES
MADRID-EL SALOBRAL

AVDA. MARCONI

A-4

CALLE CABALLERO

CABALLERO
DEL VERDE GABÁN

DE

LA

CRUZ

DEL

CABALLERO DEL BOSQUE

CAMINO DE PERALES

DEL RÍO

CAMINO

DE

MOLINO

DEL

ENLACE

CARRETERA

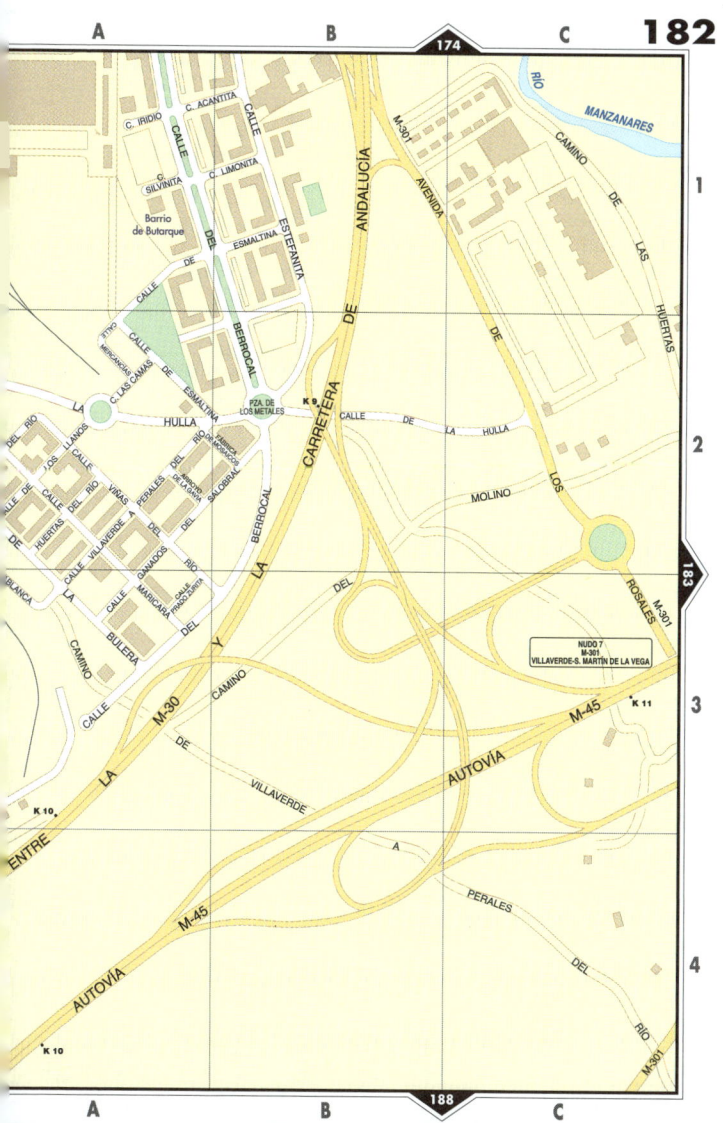

RÍO MANZANARES

C. IRIDIO
C. ACANTITA
CALLE
C. SILVINITA
C. LIMONITA
Barrio de Butarque
ESMALTINA
CALLE
DE
ESTEFANITA
CAMINO
DE
LAS
HUERTAS

1

M-301
AVENIDA
CARRETERA
DE
ANDALUCÍA

CALLE
DE
MERCADAL
CALLE
DE
LAS CAMAS
HULLA
CALLE
DE
ESMALTINA
BERROCAL
PZA. DE LOS METALES
K 9
CALLE
DE
LA
HULLA
DE

2

DEL RÍO
LA
CALLE DE LOS LLANOS
CALLE
DEL RÍO
PERALES
CALLE
DEL RÍO
PASEO DE LA RIBERA
SALOBRAL
LA
BERROCAL
MOLINO
LOS
ROSALES
M-301

CALLE DE
HUERTAS
DE
CALLE VILLAVERDE
DEL
VIÑAS
DEL RÍO
GANADOS
DEL
DEL

BLANCA
LA
CALLE
MARICABA
CAMINO
CALLE PRADO VERDE

NUDO 7
M-301
VILLAVERDE-S. MARTÍN DE LA VEGA

M-301

3

BULERA
CAMINO
Y
CAMINO
DEL
K 11
M-45

ENTRE
LA
M-30
DE
VILLAVERDE
AUTOVÍA
A

K 10

PERALES

M-45
DEL

4

AUTOVÍA
M-45
RÍO
M-301

K 10

183

CAMINO

A.V.E. (Madrid-Sevilla)

DEL

RÍO

AUTOVÍA

M-45

*K 12

A.V.E. (Madrid-Barcelona)

Los Llanos

CAMINO   DE   LAS   HUERTAS

MALECÓN

M-45

AUTOVÍA

CAMINO

M-301

MANZANARES

AVENIDA   DE   LOS   ROSALES

A.V.E. (Madrid-

M-301

ESTACIÓN DEPURADORA
DE BUTARQUE

Prado Zurita

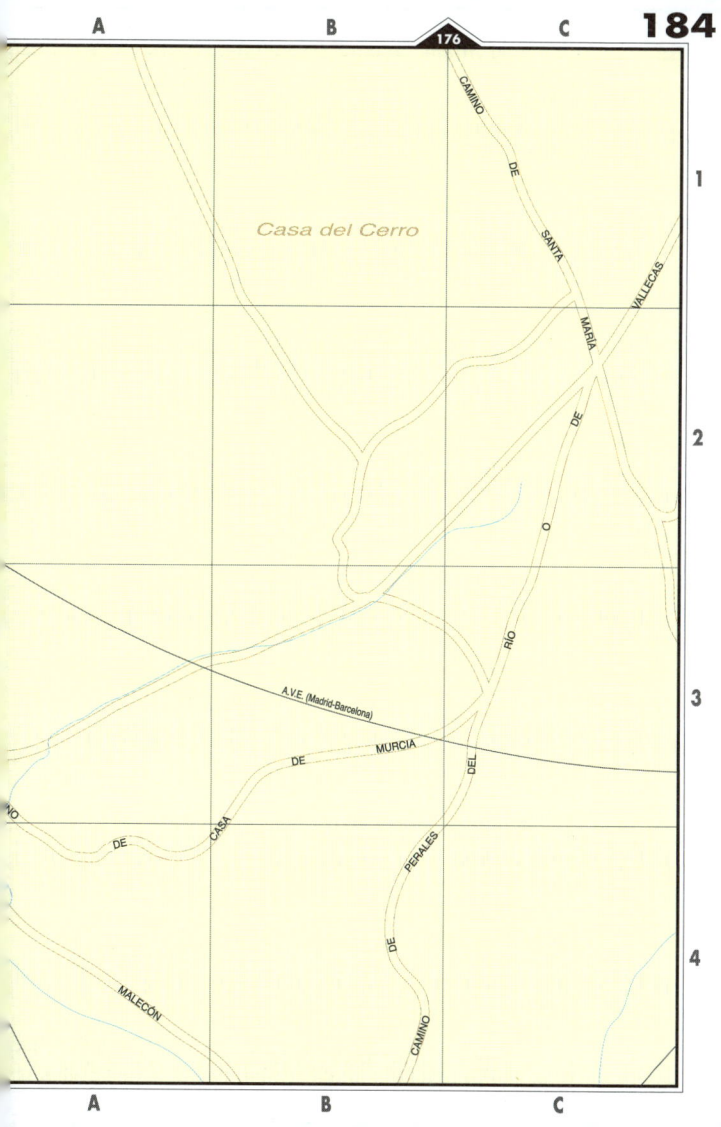

Casa del Cerro

CAMINO DE SANTA MARÍA

DE VALLECAS

RÍO

A.V.E. (Madrid-Barcelona)

DE MURCIA

DEL

CASA

DE

NO

PERALES

DE

MALECÓN

CAMINO

1

2

3

4

A   B   C

179

M-45 M-402

M-403

NUDO 5
M-403
VILLAVERDE ALTO-GETAFE

AUTOVÍA

K 7

M-45

VILLAVERDE

A

GETAFE

DE

CARRETERA

M-403

TÉRMINO

MUNICIPAL

DE GETAFE

1

2

3

4

A   B   C

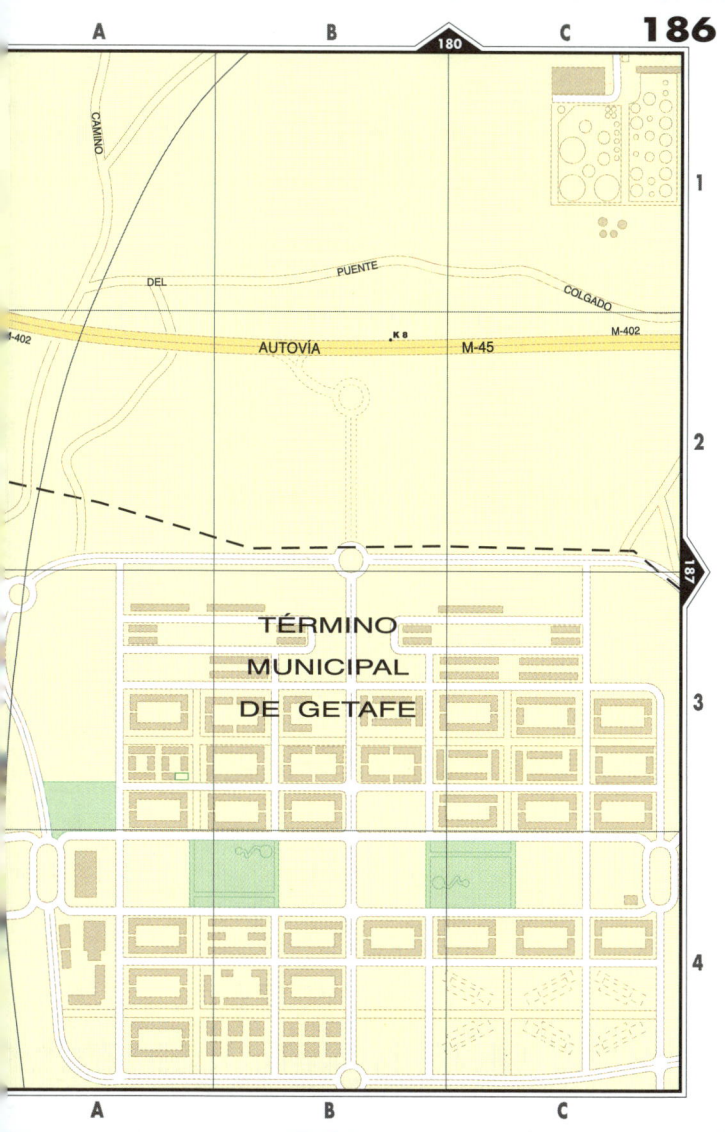

TÉRMINO

MUNICIPAL

DE GETAFE

CAMINO

PUENTE

DEL

COLGADO

M-402

AUTOVÍA

M-45

M-402

A

B

C

A

B

C

180

187

1

2

3

4

181

CAMINO   DE

K 11
M-30   Y   A-4

ENTRE

ENLACE

AUTOVÍA

M-45

A-4

M-45

• K 9

Los Llanos

ANDALUCÍA

CARRETERA   DE

NUDO 6
A-4
MADRID-ANDALUCÍA

DE

K 12•

CARRETERA

TÉRMINO

MUNICIPAL

DE GETAFE

A-4

Los Pelendengues

DEL

RIO

M-301

TÉRMINO

MUNICIPAL

DE GETAFE

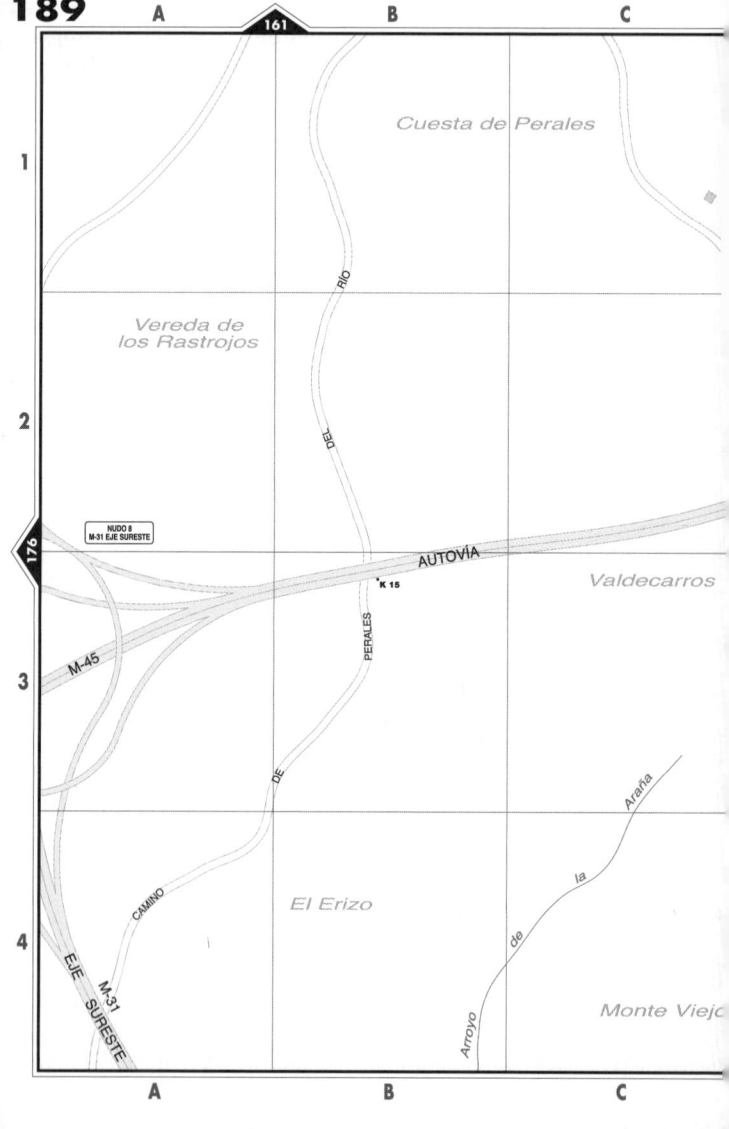

189

161

A B C

Cuesta de Perales

1

RÍO

Vereda de
los Rastrojos

2

DEL

176

NUDO 8
M-31 EJE SURESTE

AUTOVÍA

K 15

Valdecarros

PERALES

M-45

3

DE

Araña

la

CAMINO

El Erizo

de

EJE

Arroyo

Monte Viejo

M-31

4

SURESTE

A B C

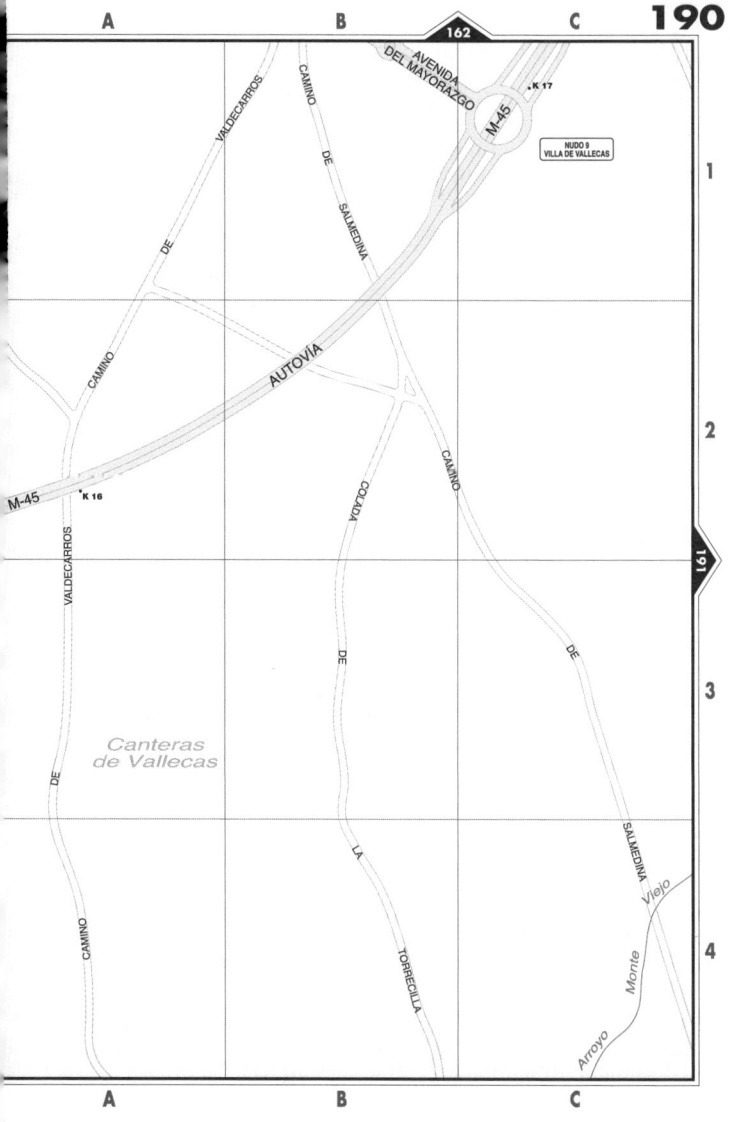

AVENIDA
DEL MAYORAZGO

. K 17

M-45

NUDO 9
VILLA DE VALLECAS

A

B

C

1

2

3

4

VALDECARROS

CAMINO

DE

SALMEDINA

AUTOVIA

M-45

. K 16

CAMINO

DE

COLADA

CAMINO

DE

VALDECARROS

DE

Canteras
de Vallecas

CAMINO

DE

LA

TORRECILLA

SALMEDINA

Monte

Viejo

Arroyo

A

B

C

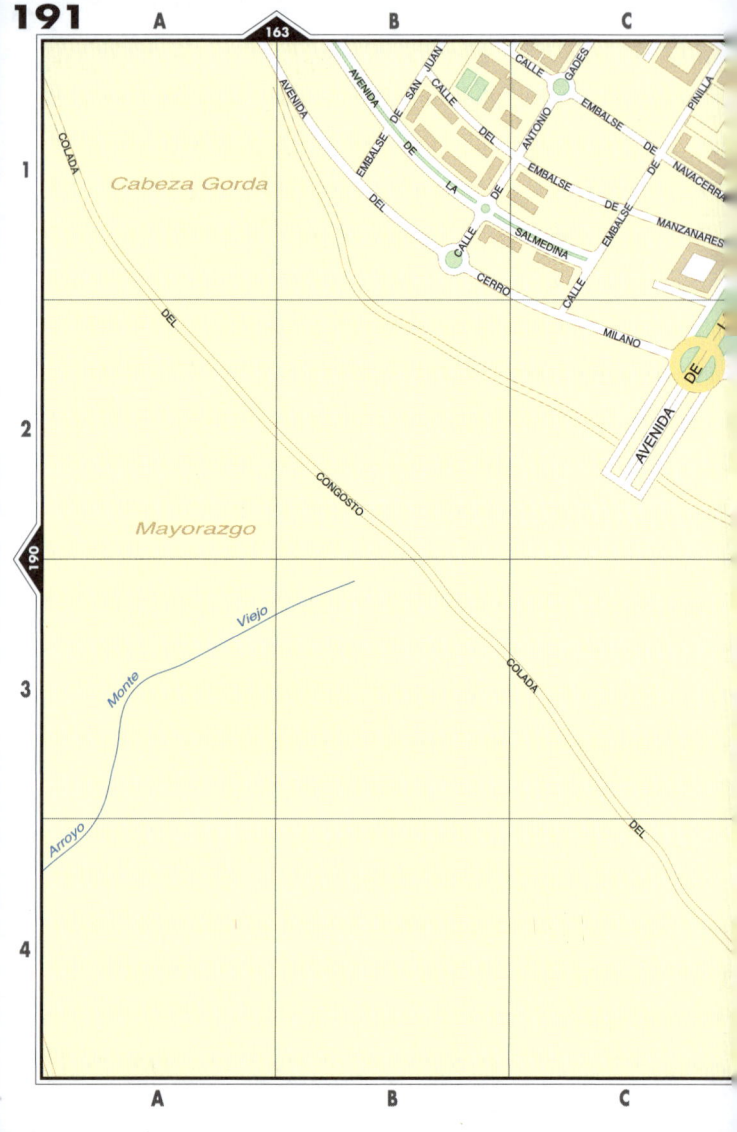

163

190

A B C

Cabeza Gorda

COLADA

AVENIDA

AVENIDA DE SAN JUAN

EMBALSE DE

CALLE

CALLE

DEL

LA

SALMEDINA

CERRO

CALLE

DEL

ANTONIO

CALLE

EMBALSE

DE

EMBALSE

DE

DEL

EMBALSE

CADES

PINILLA

DE NAVACERRA

MANZANARES

MILANO

AVENIDA DE L

DEL

CONGOSTO

Mayorazgo

Viejo

Monte

COLADA

Arroyo

DEL

1

2

3

4

A B C

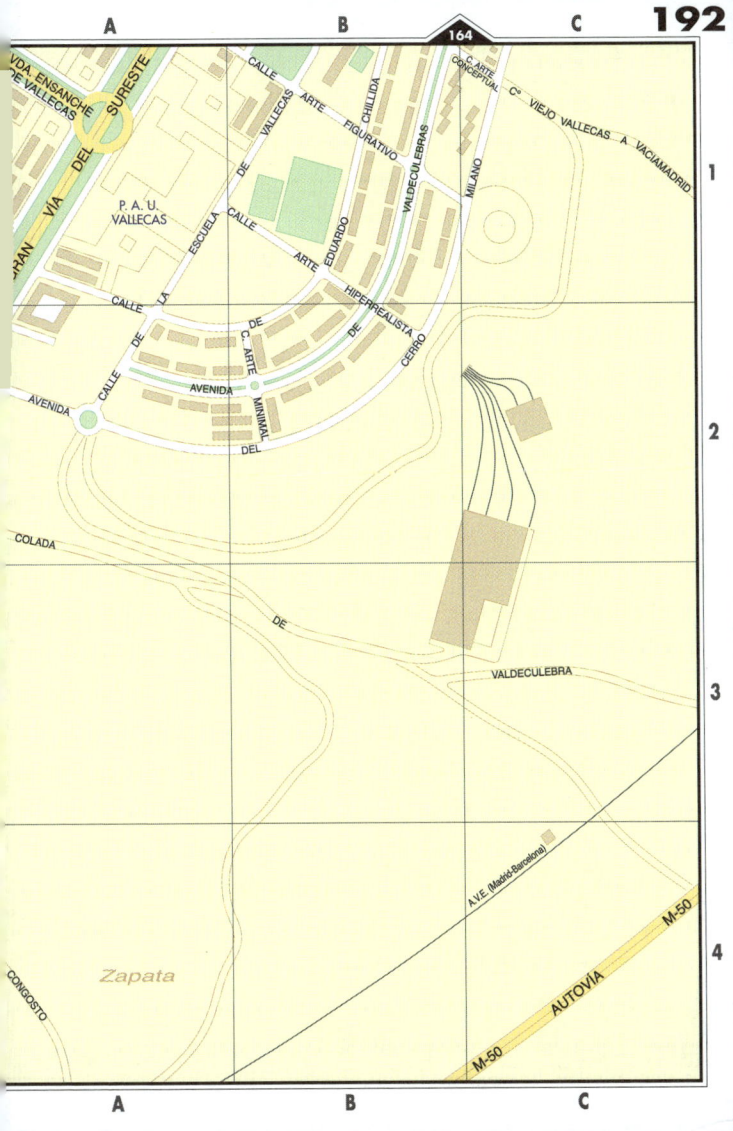

AVDA. ENSANCHE
DE VALLECAS

CALLE

VALLECAS

DE

CALLE

ESCUELA

CALLE

LA

DE

CALLE

ARTE

FIGURATIVO

ARTE

EDUARDO

ARTE

HIPERREALISTA

DE

C. ARTE

AVENIDA

MINIMAL

DEL

CHILLIDA

VALDECULEBRAS

CERRO

DE

MILANO

C. ARTE
CONCEPTUAL

Cº VIEJO VALLECAS A VACIAMADRID

GRAN VIA DEL SURESTE

P. A. U.
VALLECAS

AVENIDA

COLADA

DE

VALDECULEBRA

A.V.E. (Madrid-Barcelona)

M-50

M-50

AUTOVIA

Zapata

CONGOSTO

1

2

3

4

193

TÉRMINO MUNICIPAL
DE COSLADA

Los Hornillos

Las Minas

CAÑADA

AUTOVÍA   M-45

K 25

AUTOVÍA   M-45

NUDO 13
COSLADA

El Cañaveral

REAL

CALLE   MAYORAZGO   DE

C. SUERTES DE LA VILLA

GALIANA

El Raso

AVDA. BLAS DE LEZO

C. GRAL.
DE LA ABUELA

C. CERRO DE
LOS HOMBRES

C. SUERTES DUARTE

114

195

A   B   C

TÉRMINO MUNICIPAL DE
SAN FERNANDO DE HENARES

1

HOSPITAL DEL HENARES

Ⓜ HOSPITAL
HENARES

2

3

La Amarguilla

*Cerro de
la Herradura*

4

K 26

AUTOVÍA   M-45

M-50

A   B   C

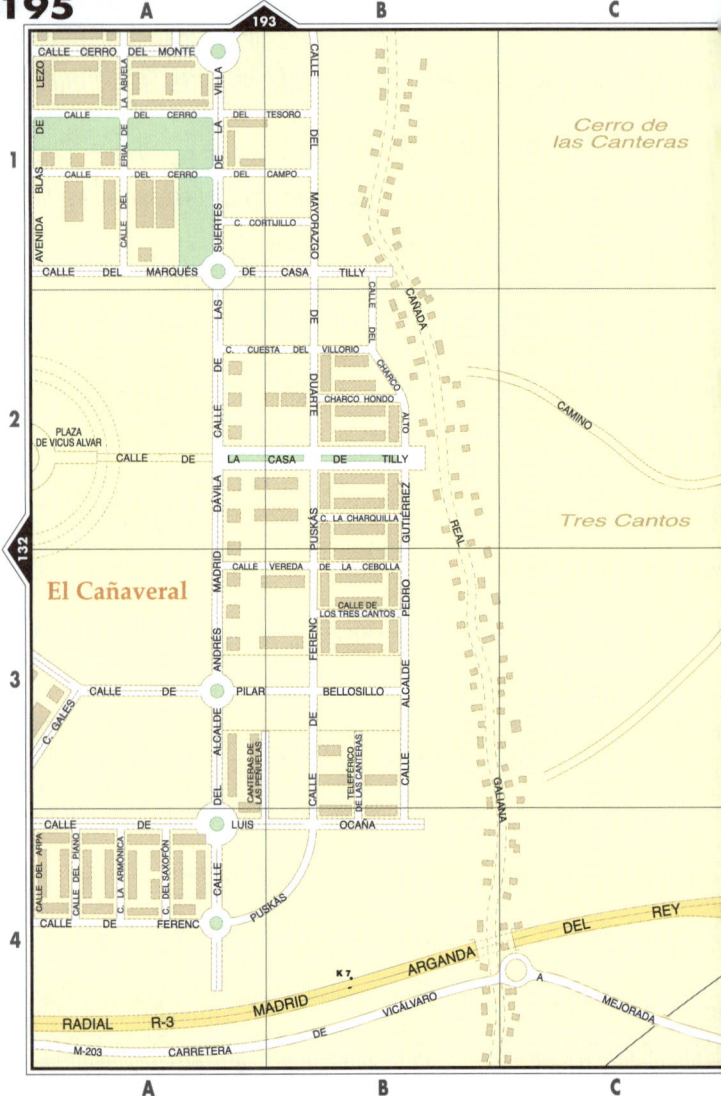

A   B   C

193

132

Cerro de
las Canteras

Tres Cantos

El Cañaveral

PLAZA
DE VICUS ALVAR

CALLE CERRO DEL MONTE
LEZO
CALLE DE LA ABUELA
DE
BLAS
AVENIDA
CALLE
CALLE DEL CERRO
EBAL DE
CALLE DEL
DEL CERRO
CALLE DEL CERRO
DEL
MARQUÉS
DEL TESORO
DEL
MAYORAZGO
CALLE
VILLA
DE LA
SUERTES
C. CORTIJILLO
DEL
CAMPO
DE CASA TILLY
DE
LAS
CALLE DE
CALLE DE
DUARTE
DAVILA
MADRID
ANDRÉS
ALCALDE
DEL
C. CUESTA DEL VILLORIO
CHARCO HONDO
LA CASA DE TILLY
C. LA CHARQUILLA
CALLE VEREDA DE LA CEBOLLA
CALLE DE
LOS TRES CANTOS
PILAR BELLOSILLO
FERENC
PUSKAS
GUTIÉRREZ
C. DEL
CHARCO ALTO
PEDRO
ALCALDE
CAÑADA
REAL
CALLE
DE
CALLE
DE
CAMINO
CALLE DE PILAR
C. GALES
CANTERAS DE
LAS PEÑUELAS
CALLE
DE
CALLE
DE
EDIFICIO
DE LAS CANTERAS
CALLE
OCAÑA
GALIANA
CALLE DEL ARPA
CALLE DEL PIANO
C. LA ARMONICA
C. DEL SAXOFON
LUIS
CALLE
DEL
PUSKAS
CALLE DE FERENC
RADIAL R-3
MADRID
ARGANDA
DEL REY
DE VICALVARO
MEJORADA
M-203 CARRETERA

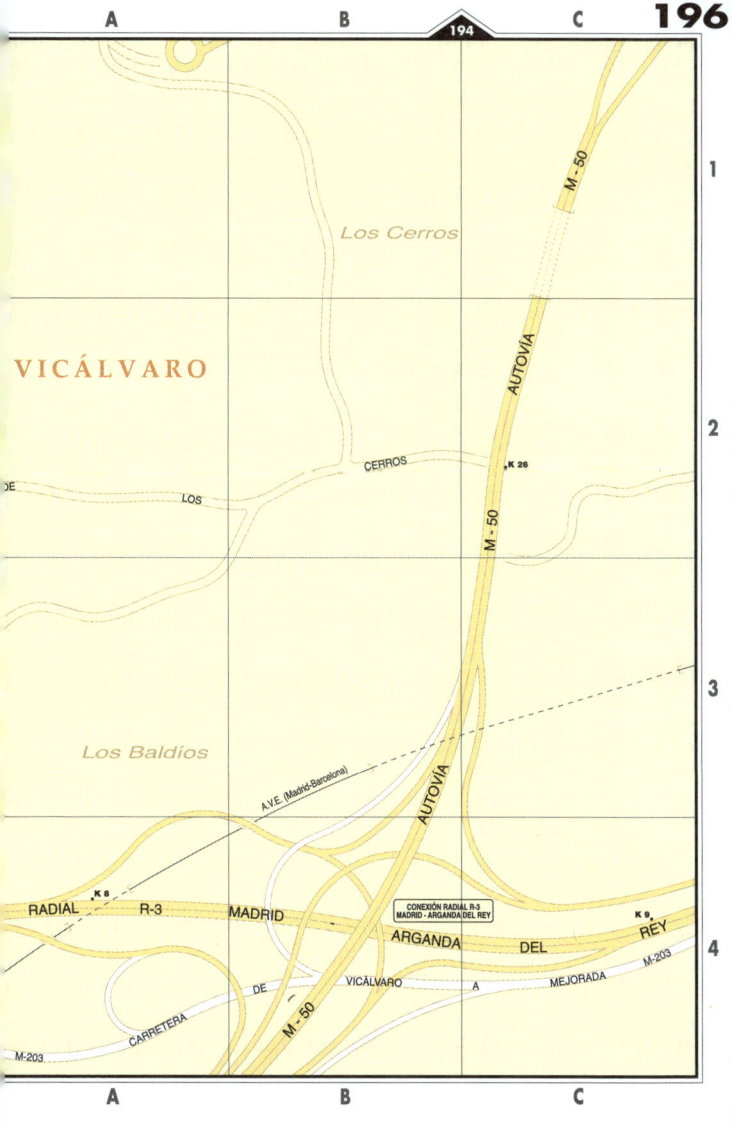

Los Cerros

VICÁLVARO

CERROS

DE   LOS

M - 50

AUTOVÍA

K 26

Los Baldíos

A.V.E. (Madrid-Barcelona)

AUTOVÍA

RADIAL   K 8   R-3   MADRID

CONEXIÓN RADIAL R-3
MADRID - ARGANDA DEL REY

ARGANDA   DEL   K 9   REY

CARRETERA   DE   VICÁLVARO   A   MEJORADA   M-203

M - 50

M-203

1

2

3

4

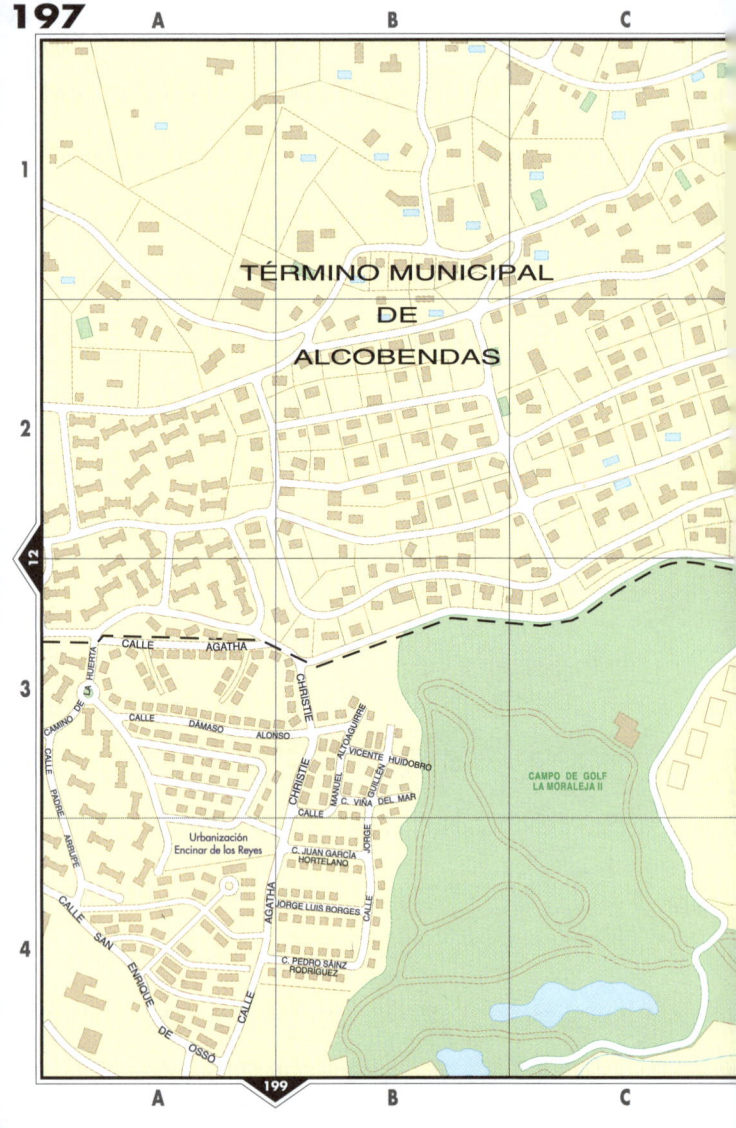

TÉRMINO MUNICIPAL

DE

ALCOBENDAS

CALLE AGATHA

CAMINO DE LA HUERTA

CALLE DÁMASO ALONSO

CALLE PADRE ARRUPE

CHRISTIE

CHRISTIE

MANUEL ALTOLAGUIRRE

VICENTE HUIDOBRO

CALLE

GUILLÉN

C. VIÑA DEL MAR

CALLE

JORGE

C. JUAN GARCÍA HORTELANO

JORGE LUIS BORGES

AGATHA

JORGE

C. PEDRO SAINZ RODRÍGUEZ

Urbanización Encinar de los Reyes

CALLE SAN ENRIQUE DE OSSÓ

CALLE

CAMPO DE GOLF LA MORALEJA II

TÉRMINO MUNICIPAL

DE

ALCOBENDAS

Valdefuentes

HORTALEZA

C. PEDRO DE RIBERA

RADIAL R-2

200

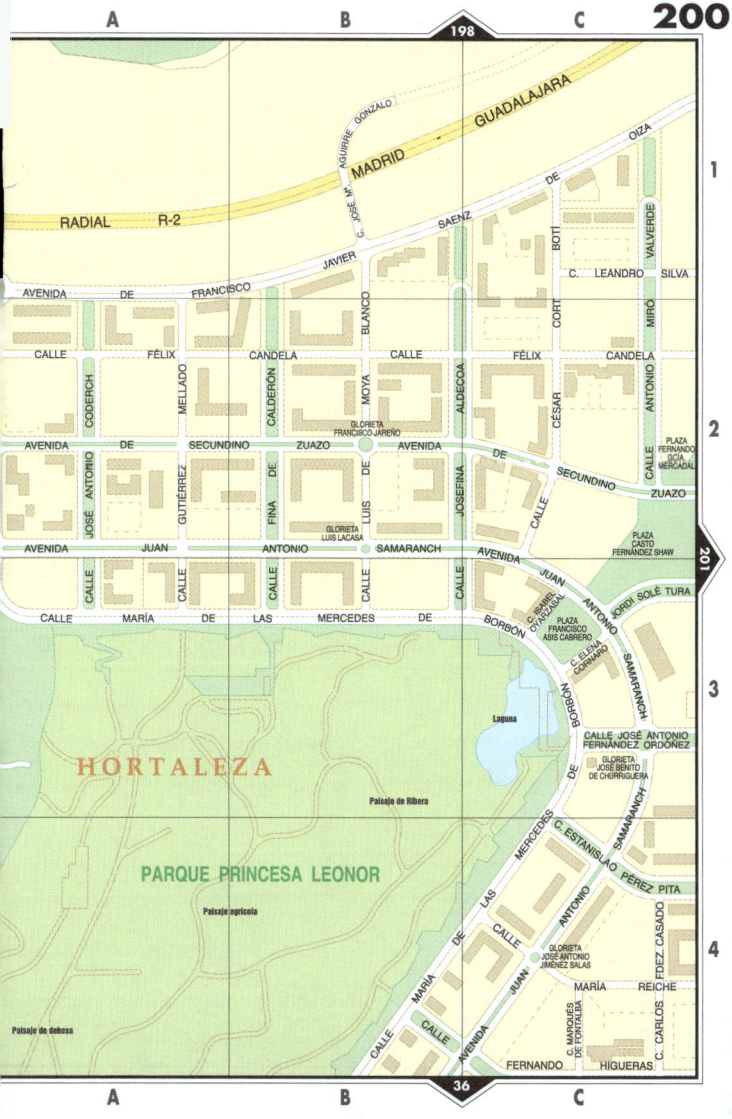

A   B   C

1

RADIAL R-2

MADRID GUADALAJARA

C. JOSÉ Mª AGUIRRE GONZALO

JAVIER SAENZ

DE

OIZA

BLANCO

BOTI

CORT

MIRÓ

VALVERDE

C. LEANDRO SILVA

AVENIDA DE FRANCISCO

CALLE FÉLIX CANDELA

CALLE FÉLIX CANDELA

CODERCH

MELLADO

CALDERÓN

MOYA

ALDECOA

CÉSAR

ANTONIO

CALLE

2

AVENIDA DE SECUNDINO ZUAZO AVENIDA

GLORIETA FRANCISCO JAREÑO

DE

SECUNDINO

ZUAZO

PLAZA FERNANDO GCÍA MERCADAL

JOSÉ ANTONIO

GUTIÉRREZ

FINA

DE

LUIS

DE

JOSEFINA

CALLE

PLAZA CASTO FERNÁNDEZ SHAW

AVENIDA JUAN ANTONIO SAMARANCH

GLORIETA LUIS LACASA

AVENIDA

JUAN

ANTONIO

C. ISABEL OYARZÁBAL

JORDI SOLÉ TURA

3

CALLE MARÍA DE LAS MERCEDES DE

BORBÓN

PLAZA FRANCISCO ASÍS CABRERO

C. ELENA CORNARO

SAMARANCH

BORBÓN

DE

Laguna

CALLE JOSÉ ANTONIO FERNÁNDEZ ORDÓÑEZ

GLORIETA JOSÉ BENITO DE CHURRIGUERA

SAMARANCH

HORTALEZA

Paisaje de Ribera

MERCEDES

C. ESTANISLAO PÉREZ PITA

PARQUE PRINCESA LEONOR

Paisaje agrícola

DE

LAS

ANTONIO

FDEZ. CASADO

4

GLORIETA JOSÉ ANTONIO JIMÉNEZ SALAS

MARÍA REICHE

JUAN

CALLE

C. MARQUÉS DE FONTALBA

C. CARLOS

Paisaje de dehesa

MARÍA

CALLE

CALLE

AVENIDA

FERNANDO HIGUERAS

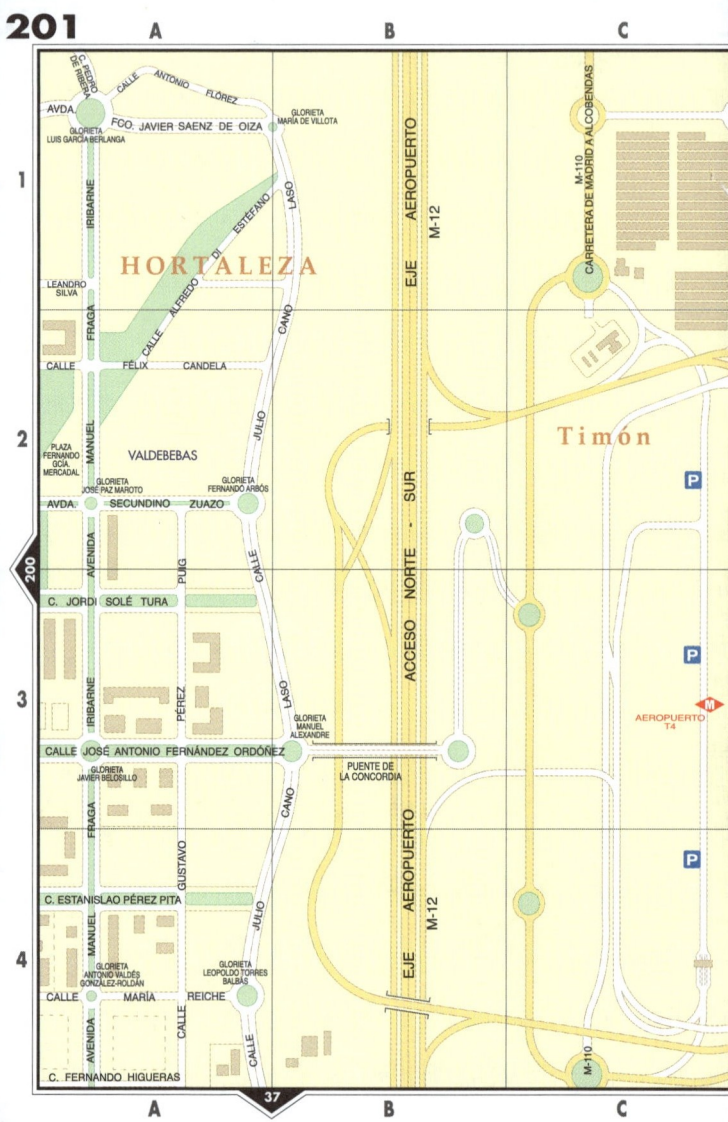

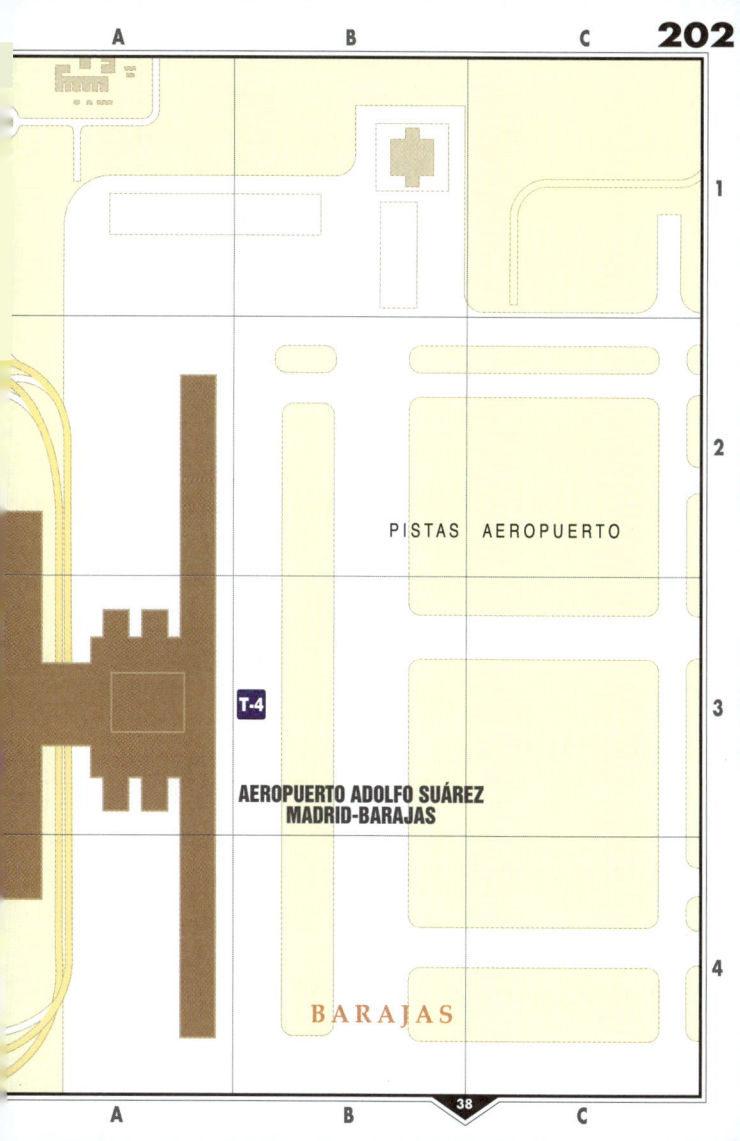

PISTAS   AEROPUERTO

T-4

AEROPUERTO ADOLFO SUÁREZ MADRID-BARAJAS

BARAJAS

SUGERENCIAS

OBSERVACIONES

Agradecemos al público usuario su colaboración en la localización de posibles errores u omisiones.

Para hacernos llegar sus sugerencias u observaciones, puede hacerlo:

Por correo: **Ediciones La Librería**
Mayor, 80
28013 - Madrid

Por correo electrónico: **info@edicioneslalibreria.es**

Si desea conocer algo más sobre nuestras publicaciones, puede visitar nuestra página web:
www.edicioneslalibreria.es

NOTAS

NOTAS

NOTAS

NOTAS